KOMMUNALES FINANZMANAGEMENT

4. Auflage

Die Studieninstitute
für kommunale Verwaltung in NRW

Die Studieninstitute
für kommunale Verwaltung in NRW

Baumeister | Erdtmann | Mühlenweg | Thienel

KOMMUNALES FINANZMANAGEMENT

4. Auflage

Maximilian Verlag
Hamburg

Bibliografische Information der Deutschen Nationalbibliothek
Die Deutsche Nationalbibliothek verzeichnet diese Publikation
in der Deutschen Nationalbibliografie; detaillierte bibliografische
Daten sind im Internet über http://portal.dnb.de abrufbar.

Redaktionsstand: 01.02.2026

ISBN 978-3-7869-1557-7

Stadthausbrücke 4, 20355 Hamburg
Ein Unternehmen der **TAMM**MEDIA
herstellung@koehler-mittler.de

Produktion: Reemers Publishing Services GmbH, Krefeld
Umschlaggestaltung: Marisa Tippe
Druck und Weiterverarbeitung: ADverts Ltd.,
Dzelzavas Straße 124, Riga, LV-1021, Lettland
www.adverts.lv

Printed in Europe

FSC www.fsc.org MIX Fördert gute Waldnutzung FSC® C106236

Inhalt

Die Autoren ... 9
Vorwort ... 10

1 EINFÜHRUNG IN DAS RECHNUNGSWESEN ... 11
1.1 Begriffspaare des Rechnungswesens ... 11
1.1.1 Einzahlungen und Auszahlungen ... 11
1.1.2 Einnahmen und Ausgaben ... 12
1.1.3 Erträge und Aufwendungen ... 14
1.1.4 Leistungen (Erlöse) und Kosten ... 15
1.2 Abgrenzung der Rechnungskreise ... 16
1.2.1 Externes Rechnungswesen ... 16
1.2.2 Internes Rechnungswesen ... 18
1.3 Zusammenfassende Darstellung zur Abgrenzung der Begriffspaare ... 21
1.4 Übungen zur Abgrenzung der Begriffspaare ... 24

2 KOMMUNALES HAUSHALTSRECHT ... 27
2.1 Einführung in das kommunale Haushaltsrecht ... 27
2.1.1 Kommunale Selbstverwaltung und Finanzhoheit als Merkmal der Kommunalverwaltung ... 27
2.1.2 Begriff der öffentlichen Finanzwirtschaft ... 28
2.1.3 Kommunaler Haushaltskreislauf ... 29
2.1.4 Abgrenzung der öffentlichen Finanzwirtschaft zur Privatwirtschaft ... 31
2.2 Ziele und Systematik des kommunalen Haushaltsrechts ... 32
2.2.1 Ziele ... 32
2.2.2 Drei-Komponenten-System ... 32
2.3 Besondere Bedeutung eines Kämmerers in der Kommunalverwaltung ... 34
2.4 Allgemeine Haushaltsgrundsätze ... 36
2.4.1 Einführung ... 36
2.4.2 Sicherung der stetigen Aufgabenerfüllung ... 36
2.4.3 Sparsames, wirtschaftliches und effizientes Handeln ... 38
2.4.4 Verpflichtung zur doppelten Buchführung ... 40
2.4.5 Beachtung gesamtwirtschaftlicher Belange ... 41
2.4.6 Sicherung der Liquidität (Zahlungsfähigkeit) ... 42
2.4.7 Rangfolge der Finanzmittelbeschaffung ... 43
2.5 Haushaltssatzung ... 46
2.5.1 Begriff, Struktur und Aufbau ... 46
2.5.2 Bedeutung des Kämmerers im Vorverfahren ... 49
2.5.3 Besondere Rechte der Einwohner und Abgabepflichtigen ... 50
2.5.4 Beratung und Beschlussfassung durch den Rat ... 50
2.5.5 Nach der Beschlussfassung Anzeige bei der Aufsichtsbehörde ... 51
2.5.6 Fristen und Wirksamwerden ... 51
2.5.7 Nachtragssatzung ... 52

2.6 Haushaltsplan und Teilpläne 53
2.6.1 Einführung 53
2.6.2 Haushaltsplan 53
2.6.3 Ergebnisplan 55
2.6.4 Finanzplan 60
2.6.5 Teilpläne 63
2.6.6 Übungsaufgaben 66
2.6.7 Teilergebnisplan 70
2.6.8 Teilfinanzplan 71
2.6.9 Verpflichtungsermächtigungen 76
2.6.10 Weitere Angaben in den Teilplänen 78
2.6.11 Gesamtüberblick: Haushaltssatzung – Haushaltsplan – Teilpläne 79
2.7 Haushaltsausgleich und Konsequenzen eines unausgeglichenen Haushalts 80
2.7.1 Einführung 80
2.7.2 Grundsatz, Arten und Varianten des Haushaltsausgleichs im Rahmen der Haushaltsplanung 81
2.7.3 Grundsatz, Arten und Varianten des Haushaltsausgleichs im Rahmen der Rechnungslegung 87
2.7.4 Ausgleichsrücklage 88
2.7.5 Inanspruchnahme der allgemeinen Rücklage 92
2.7.6 Haushaltsrechtliche Konsequenzen und Haushaltssicherungspflicht 94
2.7.7 Überschuldung 103
2.7.8 Übungsaufgaben 104
2.8 Veranschlagung im Teilplan 120
2.8.1 Einführung 120
2.8.2 Veranschlagungsgrundsätze 120
2.8.3 Schematische Veranschlagung eines Sachverhalts 126
2.8.4 Übungsaufgaben 130
2.8.5 Veranschlagung eines investiven Sachverhalts 134
2.9 Haushaltsrechtliche Sondersachverhalte 136
2.9.1 Einführung 136
2.9.2 Zugang von Vermögen 136
2.9.3 „Lebensdauer“ von Vermögen/Abschreibungen 144
2.9.4 Investitionszuwendungen Dritter (Sonderposten für Zuwendungen) 146
2.9.5 Abgang von Vermögen 147
2.9.6 Weitere bilanzielle Sonderposten 149
2.9.7 Aufwendungen für die Erhaltung der gemeindlichen Leistungsfähigkeit 151
2.9.8 Übungsaufgaben 153
2.10 Haushaltsausführung/Bewirtschaftung 168
2.10.1 Stundung, Niederschlagung und Erlass von Ansprüchen 168
2.10.2 Vorläufige Haushaltsführung 169
2.10.3 Flexible Bewirtschaftung des Haushalts 170
2.11 Kredite im kommunalen Haushaltsrecht 189
2.11.1 Einführung 189
2.11.2 Kredit zur Liquiditätssicherung 189
2.11.3 Kredit für Investitionen 190
2.11.4 Kredit zur Umschuldung 192

2.11.5 Beispielfall 193
2.11.6 Lösung in kurzer Aufsatzform 194
2.12 Bestandteile und Feststellung des Jahresabschlusses nach §§ 95 und 96 GO NRW 196
2.13 Übungsaufgabe Wissensanwendung, Mix aus diversen Themen 200

3 DOPPELTE BUCHFÜHRUNG IM KOMMUNALEN FINANZMANAGEMENT 201
3.1 Kommunale Bilanz 201
3.2 Konten der kommunalen Bilanz – Bestandskonten 205
3.2.1 Übungssachverhalte Bilanz/Bilanzkonten 212
3.2.2 Übungssachverhalte Bestandsbuchungen 213
3.2.3 Inventur/Inventar 214
3.3 Ergebnisrechnung 217
3.3.1 Aufgabe zum Themenkreis Auszahlung, Aufwand, Einzahlung, Ertrag 221
3.3.2 Übungssachverhalt 222
3.4 Finanzrechnung 224
3.5 Buchungen im Sachanlagebereich – Abschreibungen 230
3.5.1 Übungssachverhalte zum Thema Abschreibungen 234
3.6 Rückstellungen 235
3.6.1 Übungssachverhalte zum Thema Rückstellungen 240
3.7 Rechnungsabgrenzung, sonstige Forderungen und sonstige Verbindlichkeiten 241
3.7.1 Übungssachverhalte zum Thema sonstige Forderungen und sonstige Verbindlichkeiten 245
3.8 Aktive und passive Rechnungsabgrenzungsposten 246
3.8.1 Übungssachverhalte zur aktiven und passiven Rechnungsabgrenzung 250
3.9 Buchungen von Zuwendungen 251
3.9.1 Übungssachverhalt 1 zum Thema Sonderposten 255
3.9.2 Übungssachverhalt 2 zum Thema Sonderposten 255
3.10 Berücksichtigung von Vor- und Umsatzsteuer 257
3.11 Forderungen 260
3.11.1 Beispiel-Sachverhalt zu Forderungen 264
3.12 Grundsätze ordnungsgemäßer (kommunaler) Buchführung (GoB-k) 266
3.13 Jahresabschlussbuchungen 270

LÖSUNGEN ZU DEN ÜBUNGSAUFGABEN 277
Kapitel 3.2.1 277
Kapitel 3.2.2 280
Kapitel 3.3.1 282
Kapitel 3.3.2 284
Kapitel 3.5.1 286

Kapitel 3.6.1 288
Kapitel 3.7.1 290
Kapitel 3.8.1 292
Kapitel 3.9.1 294
Kapitel 3.9.2 295

DIE AUTOREN

Thomas Baumeister hat nach der Ausbildung zum Bankkaufmann als Diplom-Verwaltungswirt (FH) vielfältige berufliche Erfahrungen beim Kreis Unna gesammelt. Dort war er u. a. Projektleiter bei der Einführung des „Neuen Kommunalen Finanzmanagements" (NKF) und bei der Einführung der Thematik „Gesamtabschluss". Bei der Verwaltungs- und Wirtschaftsakademie in Bochum erwarb er erfolgreich das Wirtschaftsdiplom „Betriebswirt (VWA)" und in einem weiteren Studiengang das Wirtschaftsdiplom „Controllingbetriebswirt (VWA)". Beim Kreis Unna war er zuletzt als Leiter der Zentralen Finanzbuchhaltung tätig, ehe er 2010 zum Studieninstitut für kommunale Verwaltung Hellweg-Sauerland wechselte. Dort ist er Studienleiter und Geschäftsführer und unterrichtet als Dozent neben dem Fach „Handlungs- und Sozialkompetenz" alle finanzwirtschaftlichen Themengebiete.

Markus Erdtmann ist Sachgebietsleiter der Zentralen Finanzbuchhaltung des Kreises Unna. Nach dem Diplomstudium der Verwaltungswissenschaften an der FHöV NRW (jetzt HSPV NRW) und einem anschließenden Masterstudium des Europäischen Verwaltungsmanagements sowie der berufsbegleitenden Ausbildung zum „Bilanzbuchhalter kommunal" war er u. a. Mitglied in der Projektgruppe zur Einführung des NKF beim Kreis Unna und Teilnehmer im Landesprojekt zur Erstellung des NKF-Gesamtabschlusses. Markus Erdtmann hat seit vielen Jahren einen nebenamtlichen Lehrauftrag am Studieninstitut für kommunale Verwaltung Hellweg-Sauerland in Soest in den Fächern „Kommunale Buchführung", „Kommunales Finanzmanagement" sowie „Staats- und Europarecht".

Thomas Mühlenweg hat das Verwaltungshandwerk bei einer niederrheinischen Kreisverwaltung von der Pike auf gelernt. Dort hat er vielfältige berufliche Erfahrungen gesammelt und war einige Jahre mit unterschiedlichen Aufgaben der Kämmerei betraut, ehe er als hauptamtlicher Dozent zum Studieninstitut Niederrhein wechselte. Dort ist er als stellvertretender Geschäftsführer tätig und lehrt Finanzthemen in den Bereichen Aus- und Fortbildung. Nebenberuflich ist er als Lehrbeauftragter, Prüfer und Gutachter für die Hochschule für Polizei und öffentliche Verwaltung – HSPV – des Landes Nordrhein-Westfalen tätig.

Simon Thienel war nach dem Diplom-Studiengang Verwaltungsbetriebswirtschaft an der FHöV (jetzt HSPV NRW) in der Kämmerei der Stadt Ennepetal für das Aufgabengebiet Beteiligungs-, Schulden- und Vermögensmanagement zuständig. Darauf aufbauend war er zugleich Mitglied der Projektgruppe zur Einführung des „Neuen Kommunalen Finanzmanagements (NKF)" und dabei insbesondere für die Vermögenserfassung und -bewertung verantwortlich. Seit 2005 doziert Herr Thienel bei verschiedenen Bildungsträgern in den Bereichen Kommunales Haushaltsrecht, Marketing und Kommunale Buchführung. Im Jahr 2007 wechselte er hauptberuflich als Verwaltungsleiter und Hauptamtlicher Dozent zum Südwestfälischen Studieninstitut für kommunale Verwaltung und Verwaltungsakademie für Westfalen und war dort seit 2013 Geschäftsführer, Kämmerer und stellvertretender Studienleiter des Zweckverbands. Zum 01.01.2022 wechselte Simon Thienel zur Stadt Halver. Als Erster Beigeordneter und Stadtkämmerer verantwortet er dort u. a. den Fachbereich Finanzen und Zentrale Dienste.

VORWORT

Nachdem zum 01.01.2019 in Nordrhein-Westfalen das „Kommunale Finanzmanagement (KFM)" wiederholt vom Gesetzgeber modifiziert wurde, haben wir die erste Auflage dieses Lehrbuchs vom 14.08.2018 regelmäßig überarbeitet. Die Änderungen der Gemeindeordnung NRW und die Abschaffung der Gemeindehaushaltsverordnung NRW, ersetzt durch die Kommunalhaushaltsverordnung NRW, mündeten zunächst in einer zweiten Auflage. Insbesondere sei hier die weitere „Lockerung" der Regelungen des Gesetzgebers zum kommunalen Haushaltsausgleich genannt. Zudem hat der Gesetzgeber z. B. die Stellung des beauftragten Kämmerers im Vergleich zum bestellten Kämmerer weiter angeglichen, ohne dabei allerdings die in der siebten und letzten Handreichung empfohlene kommunal-verfassungsrechtliche Notwendigkeit eines stellvertretenden Kämmerers zu regeln. Daneben finden sich weitere kleinere und größere Auswirkungen, die sich z. B. daraus ergeben, dass im Rahmen des § 83 GO NRW das Wort „muss" bei der Deckung von über- und außerplanmäßigen Aufwendungen und Auszahlungen durch „kann" ersetzt wurde und somit die Frage erlaubt ist, ob die Verbindlichkeit des Haushaltsplans als wichtigste Grundlage des Verwaltungshandelns gemäß § 79 Abs. 4 GO NRW damit nicht latent unterwandert wird. Weitere redaktionelle Änderungen, die auf der Grundlage der Erfahrungen und des Feedbacks zu den ersten beiden Auflagen beruhen, wurden auch in die dritte Auflage eingearbeitet.
Bewusst haben wir auf eine Behandlung der vorübergehend geltenden Spezialvorschriften bezüglich des NKF-COVID-19-Isolierungsgesetzes verzichtet.
Gleichzeitig führt dies natürlich auch zu Veränderungen in den Lehr- und Stoffverteilungsplänen der Ausbildungsgänge der kommunalen Studieninstitute. Die Bedeutung des Fachs „Kommunale Buchführung" ist dabei nicht kleiner geworden.
Aufgrund der engen Verzahnung der Unterrichtsfächer Kommunale Buchführung und Haushaltsrecht (Kommunales Finanzmanagement) haben wir uns wiederholt für die Bündelung dieser Themen für die vierte Auflage dieses gemeinschaftlichen Werks der Studieninstitute Niederrhein (Krefeld), Hellweg-Sauerland (Soest) und Südwestfalen (Hagen) entschieden. Es wird weiterhin darauf Wert gelegt, dass wir mit der Ambition an dieses Lehrbuch herangegangen sind, ein Grundverständnis für die Finanzthemen der Kommunen zu vermitteln, und haben dabei bewusst auf kompliziertere Darstellungen verzichtet. Dieses Werk hat nicht den Anspruch, Bilanzbuchhalter/-innen auszubilden. Es soll die Lernenden in die Lage versetzen, neu erworbene Kenntnisse und Fähigkeiten auf Sachverhalte richtig anzuwenden und rechtliche Hintergründe erläutern zu können. Dafür wurde aufgrund des positiven Feedbacks zu den ersten drei Auflagen weiterhin darauf gesetzt, dieses Fachbuch in authentischer und verständlicher Sprache für die Lehrgangsteilnehmenden zu schreiben. Dem Wunsch nach Lösungshinweisen zu den Übungssachverhalten sind wir in dieser vierten Auflage durchgängig nachgekommen. Erläuterungen zum Altschuldenentlastungsgesetz (ASEG) haben wir bewusst ausgelassen, da derzeit nicht unterrichtsrelevant.
Unser Dank gilt der Arbeitsgemeinschaft der Studieninstitute in NRW, die uns als Fachdozenten wiederholt für dieses Projekt ausgewählt hat und dem Verlag für die wiederholt konstruktive und auch menschlich gute Zusammenarbeit.

Hagen im Oktober 2025
Thomas Baumeister, Markus Erdtmann, Thomas Mühlenweg und Simon Thienel

1 EINFÜHRUNG IN DAS RECHNUNGSWESEN

1.1 BEGRIFFSPAARE DES RECHNUNGSWESENS

Um sich mit der Systematik des Kommunalen Finanzmanagements inhaltlich zu beschäftigen, ist zunächst eine Abgrenzung der folgenden betriebswirtschaftlichen Begriffspaare erforderlich:

- Einzahlungen und Auszahlungen
- Einnahmen und Ausgaben
- Erträge und Aufwendungen
- Leistungen (Erlöse) und Kosten

1.1.1 Einzahlungen und Auszahlungen

Eine **Einzahlung** liegt vor, wenn in den „Herrschaftsbereich" eines Unternehmens (z. B. einer Kommune) Geld „fließt". Das Geld kann die Kommune auf unterschiedliche Art und Weise erreichen. In den meisten Fällen wird das Geld die Kommune auf dem Bankkonto per Überweisung erreichen (unbare Einzahlung). In einigen Fällen (z. B. Kindergartenbeiträge) wird das Geld durch die Kommune vom Konto des Zahlungspflichtigen durch ein SEPA-Lastschriftmandat (Einzugsermächtigung) eingezogen bzw. abgebucht. Auch hier handelt es sich um eine unbare Einzahlung. Eine unbare Einzahlung liegt auch im Falle der Bezahlung mittels EC-Karte vor (z. B. Bezahlung in der Zulassungsstelle). Einzahlungen können die Kommune auch bar erreichen, beispielsweise durch eine Barzahlung im Rahmen der Beantragung eines neuen Personalausweises im Bürgerbüro.

Bei einer Einzahlung erhöht sich der Bestand an liquiden Mitteln.

Eine **Auszahlung** liegt vor, wenn Geld den Herrschaftsbereich der Kommune verlässt. Auszahlungen können ebenso wie Einzahlungen auf verschiedene Weisen erfolgen. Den größten Teil der getätigten Auszahlungen werden auch hier die Überweisungen vom Bankkonto ausmachen (unbare Auszahlungen).

Bei einer Auszahlung vermindert sich der Bestand an liquiden Mitteln.

Einzahlungen und Auszahlungen werden im kommunalen Rechnungswesen detailliert erfasst und dokumentiert. Das für die Praxis wichtige Kriterium bei der Bestimmung von Einzahlungen und Auszahlungen ist die Tatsache, dass es sich um einen Zahlungsstrom zwischen der Kommune und einem Externen (also einer außenstehenden Rechtspersönlichkeit) handeln muss. Gelder, die innerhalb der Kommune fließen, stellen keine Einzahlung oder Auszahlung dar.

In vielen Kommunalverwaltungen werden mehrere Bankkonten unterhalten. Wenn Geld von einem Bankkonto der Kommune auf ein anderes Bankkonto der Kommune überwiesen wird, handelt es sich nicht um eine Einzahlung oder Auszahlung, sondern lediglich um eine „Umbuchung".

Ebenso handelt es sich nicht um eine Einzahlung oder Auszahlung, wenn (Bar-)Geld vom eigenen Bankkonto abgehoben wird. Bei einer Abhebung wird lediglich Buchgeld zu Bargeld gemacht. Beim umgekehrten Fall (dem eigenen Bankkonto wird [Bar-]Geld zugeführt), wird Bargeld zu Buchgeld gemacht. In beiden Fällen bleibt der Bestand an liquiden Mitteln unverändert.

1.1.2 Einnahmen und Ausgaben

Einnahmen und Ausgaben werden im Kommunalen Finanzmanagement (im Gegensatz zu den Einzahlungen und Auszahlungen) nicht detailliert abgebildet. Dennoch spielt auch dieses Begriffspaar eine wichtige Rolle im Finanzmanagement. Betriebswirtschaftlich wird an dieser Stelle das „Geldvermögen" betrachtet. Der Begriff **„Geldvermögen"** mag ein wenig verwirren, da hier nicht nur die liquiden Mittel (Bar- und Buchgeld), sondern darüber hinaus auch die (Geld-)Forderungen und (Geld-)Verbindlichkeiten betrachtet werden. Das Geldvermögen wird definiert als:

	Liquide Mittel
+	Forderungen
–	Verbindlichkeiten
=	Geldvermögen

Eine Erhöhung des Geldvermögens ist mit einer Einnahme und eine Verminderung des Geldvermögens mit einer Ausgabe gleichzusetzen.

Der Blickwinkel richtet sich an dieser Stelle nicht ausschließlich auf die tatsächlichen liquiden Mittel, sondern auch auf alle bereits getätigten Vorgänge, die zu einem späteren Zeitpunkt den Bestand der liquiden Mittel erhöhen (Forderungen), sowie auf alle bereits getätigten Vorgänge, die den Bestand der liquiden Mittel zu einem späteren Zeitpunkt vermindern (Verbindlichkeiten). An dieser Stelle ist der beschriebene Blickwinkel zukunftsorientiert und wird für die Liquiditätsplanung benötigt.

Anhand eines einfachen privaten Beispiels kann der Sinn und Zweck dieses Begriffspaares erläutert werden:

Am Wochenende möchte sich ein Schüler von der stressigen Lernwoche erholen und hat mit zwei Freunden einen Kinoabend geplant. Beim Blick in sein Portemonnaie entdeckt er noch genau 12 Euro. Erfahrungsgemäß werden ihm diese 12 Euro für den geplanten

Kinoabend nicht ausreichen, da er sich an diesem Abend auch Popcorn und Getränke kaufen möchte. Auf seinem Bankkonto befindet sich momentan kein Guthaben, eine Überziehung wird seitens seiner Bank nicht geduldet. Der Schüler hat vor einigen Tagen einem seiner beiden Freunde für die Bezahlung eines Lehrbuchs mit 40 Euro ausgeholfen. Die 40 Euro wollte ihm sein Freund bei dem geplanten Kinoabend zurückzahlen. Eigene Verbindlichkeiten gegenüber anderen Personen hat der Schüler nicht.

Das derzeitige Geldvermögen aus Sicht des Schülers stellt sich wie folgt dar:

	Liquide Mittel	12 €
+	Forderungen	+ 40 €
–	Verbindlichkeiten	– 0 €
=	Geldvermögen	= 52 €

Wie oben geschildert, kann der Schüler mit der Rückzahlung seiner Forderung bei dem Kinoabend rechnen und somit beruhigt das Wochenende planen, da ihm die Summe von 52 Euro für die Abendgestaltung vollkommen ausreicht.

Die Liquiditätsplanung erfolgt im privaten Bereich in der Regel intuitiv und wird nicht bewusst wahrgenommen. Die laufenden Zahlungen wie Gehalt, Miete und Versicherungen sind bekannt und werden beim Blick auf den aktuellen Kontoauszug automatisch „eingepreist".

Bei einem Unternehmen oder in der kommunalen Welt kann dies aufgrund der zahlreichen Zahlungsströme, Forderungen und Verbindlichkeiten aber nicht mehr rein intuitiv erfolgen. Um die tägliche Zahlungsfähigkeit gewährleisten zu können, sind hier weitere (systemtechnische) Hilfsmittel erforderlich.

In der Praxis folgt der Ausgabe entweder unmittelbar die Auszahlung (direkte Bezahlung beim Kauf), oder die Ausgabe und die Auszahlung fallen zu unterschiedlichen Zeitpunkten an. In diesen Fällen findet zunächst die Ausgabe statt, während die Auszahlung zu einem späteren Zeitpunkt erfolgt (Kauf einer Sache, Bezahlung findet später statt). Ebenso können auch Einnahme und Einzahlung gleichzeitig (Barzahlung in der Zulassungsstelle für eine Abmeldung) oder zu unterschiedlichen Zeitpunkten anfallen (Kunden werden VHS-Kurse in Rechnung gestellt, die Überweisung erfolgt zu einem späteren Zeitpunkt).

In der Regel führt jede Ausgabe auch zu einer Auszahlung und jede Einnahme auch zu einer Einzahlung, sofern die Verbindlichkeiten und Forderungen bezahlt werden. Eine Ausnahme stellen die Aufnahme und Rückzahlung von Krediten dar. Die Aufnahme eines Kredits führt zu einer Erhöhung der liquiden Mittel (= Einzahlung). Da sich die Verbindlichkeiten in gleichem Maße erhöhen, bleibt das Geldvermögen unverändert. In diesem Fall liegt eine Einzahlung vor, die nicht zu einer Einnahme führt. Bei der Tilgung (Achtung: Zinsen bleiben hier unberücksichtigt!) nehmen die liquiden Mittel ab (= Auszahlung), da jedoch die Verbindlichkeiten in gleicher Höhe abnehmen, bleibt auch hier das Geldvermögen unverändert. Demnach stellt die reine Tilgung eine Auszahlung dar, die nicht zu einer Ausgabe führt.

1.1.3 Erträge und Aufwendungen

Erträge und Aufwendungen bilden das „Kernstück“ des Kommunalen Finanzmanagements und haben somit eine zentrale Bedeutung. **Aufwendungen** werden als wertmäßiger Verbrauch von Gütern und Dienstleistungen definiert.

Wenn diese Definition in einzelne Bestandteile zerlegt wird, kann der Sinn und Zweck sehr einfach verstanden werden:

Güter:
Güter lassen sich in zwei grobe Kategorien einteilen. Auf der einen Seite gibt es die Verbrauchsgüter (Lebensmittel, Papier, Streusalz etc.) und die Gebrauchsgüter (Immobilien, Fahrzeuge etc.). Verbrauchsgüter werden tatsächlich (also physisch) verbraucht, während Gebrauchsgüter in ihrer Form grundsätzlich erhalten bleiben.

Dienstleistungen:
Dienstleistungen werden in der Regel in Form von Arbeitsleistung erbracht. Das Personal einer Kommunalverwaltung erbringt eine Dienstleistung für den Arbeitgeber bzw. Dienstherrn. Darüber hinaus können weitere Dienstleistungen „eingekauft“ werden. Dies können Fortbildungsangebote, Reinigungsleistungen oder Beratungsleistungen von Wirtschaftsprüfern sein.

Verbrauch:
Von einem Verbrauch wird gesprochen, wenn etwas weniger wird oder bei vollständigem Verbrauch ganz verschwunden ist.

Wertmäßig:
Der Verbrauch soll in einer ganz bestimmten Einheit gemessen werden. Verbrauchs- und Gebrauchsgüter kommen in völlig unterschiedlichen Maßeinheiten und Materialien vor. An dieser Stelle geht es nicht um Einheiten in Kilogramm, Liter, Kilowatt oder Stunden, sondern um den wertmäßigen Verbrauch in Geldeinheiten, also in Euro gemessen.

Es handelt sich somit um einen in Euro gemessenen Verbrauch. Einfach und umgangssprachlich ausgedrückt wird ein in Euro gemessener Wert „weniger“. Demnach liegt ein „Wertverlust“ vor. Noch einfacher definiert kann auch von **„ärmer werden“** gesprochen werden.

Erträge werden als wertmäßige Entstehung von Gütern und Dienstleistungen definiert. Beim Ertrag liegt eine Werteentstehung bzw. Wertemehrung vor. Einfacher ausgedrückt wird ein in Euro gemessener Wert „mehr“. Im Gegensatz zum Aufwand kann beim Ertrag auch von **„reicher werden“** gesprochen werden. Für die Entstehung eines Aufwands oder Ertrags ist ein paralleler Geldfluss möglich, aber nicht zwingend erforderlich, wie sich an späteren Beispielen noch zeigen wird.

1.1.4 Leistungen (Erlöse) und Kosten

Die Abbildung von Leistungen (Erlöse) und Kosten wird im Kommunalen Finanzmanagement nicht gefordert. Dies wäre auch nicht sinnvoll, wie sich aus den folgenden Ausführungen noch ergeben wird. **Kosten** werden als betriebszweckbezogener bewerteter Verzehr von Gütern und Dienstleistungen in einer Periode definiert.

Zunächst sollte der mittlere Teil der obigen Definition (bewerteter Verzehr von Gütern und Dienstleistungen) mit der Definition des Aufwands verglichen werden. Bei der Aufwandsdefinition heißt es „wertmäßig", bei der Kostendefinition „bewertet". In beiden Fällen geht es jedoch um einen ausgedrückten Wert in Geldeinheiten, also Euro. Bei der Aufwandsdefinition wird von „Verbrauch", bei den Kosten von „Verzehr" gesprochen. Inhaltlich handelt es sich bei einem Verzehr (ebenso wie bei einem Verbrauch) um eine Minderung eines Bestands.

Zusammenfassend kann demnach festgestellt werden, dass der mittlere Teil der Kostendefinition wiederum eine Art **„ärmer werden"** definiert. Dieser mittlere Teil der Definition ist jedoch noch eingebettet von den Formulierungen „betriebszweckbezogen" und „in einer Periode".

Anders als beim Aufwand wird bei den Kosten darauf geachtet, ob es sich um einen betriebszweckbezogenen Werteverzehr handelt oder nicht. Sofern es sich um einen Aufwand (also ein „ärmer werden") handelt, der nicht mit dem Betriebszweck in Zusammenhang steht, wäre der Begriff der Kosten zu verneinen. Anders ausgedrückt stellt ein nicht betriebszweckbezogener Werteverzehr keine Kosten dar. Weiterhin ist von Bedeutung, ob der Werteverzehr in einer bestimmten Periode stattgefunden hat. Mit dem Begriff „Periode" ist an dieser Stelle ein Zeitraum gemeint. Ebenso wie bei den Erträgen und Aufwendungen wird hier in der Regel ein Zeitraum von einem Jahr (Kalenderjahr) betrachtet.

Leistungen (Erlöse) werden als betriebszweckbezogene, bewertete Entstehung von Gütern und Dienstleistungen in einer Periode definiert.

Wie auch bei den Kosten wird bei den Leistungen (Erlöse) auf den Betriebszweck und auf einen bestimmten Zeitraum abgestellt. Deutlich werden die Unterschiede der Abgrenzung zum Ertrags- und Aufwandsbegriff, wenn die Blickwinkel der beiden Rechnungskreise (externes und internes Rechnungswesen) näher betrachtet werden.

1.2 ABGRENZUNG DER RECHNUNGSKREISE

Erträge und Aufwendungen werden in einem anderen Rechnungskreis abgebildet als Leistungen (Erlöse) und Kosten. Man unterscheidet zwischen dem externen und dem internen Rechnungswesen.

1.2.1 Externes Rechnungswesen

Erträge und Aufwendungen werden in zahlreichen Rechtsvorschriften (z. B. in der Gemeindeordnung NRW [GO NRW], der Kommunalhaushaltsverordnung NRW [KomHVO NRW], dem Handelsgesetzbuch [HGB]) sowie in steuerrechtlichen Vorschriften geregelt. An dieser Stelle ist jedoch weniger der Inhalt der einzelnen Vorschriften von entscheidender Bedeutung. An dieser Stelle ist die Frage nach dem **„Warum?"** elementar.

Warum gibt es für die Kommunen zahlreiche Vorschriften für die Abbildung von Erträgen und Aufwendungen? Warum gibt es zahlreiche Vorschriften für private Unternehmen (ab einer bestimmten Größenordnung) in der Bundesrepublik Deutschland?

Die Beantwortung dieser Fragestellungen lässt sich anhand eines Beispiels näher erläutern: Ein Schüler hat eine tolle Geschäftsidee und plant nach dem erfolgreichen Abschluss seiner Ausbildung die Gründung eines eigenen Unternehmens. Die Gründung dieses Unternehmens gelingt aus dem Stand, und der nun ehemalige Schüler ist als Geschäftsführer bereits seit Jahren erfolgreich mit seinem Unternehmen am Markt tätig. Sein Mitarbeiterstamm hat sich ebenso stetig vergrößert wie das Geschäftsvolumen. Um am Markt noch weiter wachsen zu können, plant er eine größere innovative Investition in Höhe von 1.000.000 Euro. Da er diese Summe zum jetzigen Zeitpunkt nicht zur Verfügung hat, spricht er bei seinem Kreditinstitut vor und beantragt einen Kredit in dieser Größenordnung.

- Das Kreditinstitut wird ihm diesen Kredit nur gewähren, wenn der Geschäftsführer verlässliches Zahlenmaterial zur Verfügung stellen wird. Dies wird nur gelingen, wenn es hierfür eindeutige und verbindliche (Rechts-)Vorschriften bzw. Regelungen gibt.

Nach Prüfung des vorgelegten Zahlenwerks bewilligt die Bank den beantragten Kredit. Der Geschäftsführer hat drei Anbieter ausfindig gemacht, die ihm das gewünschte Produkt in gleicher Qualität und mit identischen Garantie- und Servicebedingungen liefern können.

- Der Geschäftsführer wird nur dann das Angebot mit dem niedrigsten Kaufpreis wählen, wenn er die Bonität des Anbieters auf der Grundlage eines verlässlichen Zahlenwerks beurteilen kann. Welchen Nutzen hat eine anfängliche Einsparung beim Kaufpreis, wenn aufgrund einer drohenden Insolvenz des Anbieters zukünftige Garantie- und Serviceleistungen nicht eingehalten werden können?

Der Geschäftsführer hat sich für einen verlässlichen Anbieter entschieden und die Investition entsprechend getätigt. Erwartungsgemäß wird das Unternehmen durch diese Innovation auf dem Markt noch attraktiver und lockt weitere Interessenten an. Ein anderes Unternehmen möchte mit dem Geschäftsführer einen langfristigen und finanziell sehr lukrativen Vertrag schließen. Hierzu müsste der Geschäftsführer die Anzahl der beschäftigten Personen nicht unerheblich erhöhen und noch weitere Investitionen tätigen.

- Der Geschäftsführer wird diese Kooperation nur dann eingehen, wenn er in dem Interessenten einen verlässlichen Geschäftspartner sieht. Diese Beurteilung kann wiederum nur vorgenommen werden, wenn sich der Geschäftsführer auch hier auf verlässliches Zahlenmaterial verlassen kann.

Betrachtet man alle drei obigen Szenarien (Beantragung des Kredits, Auswahl des Anbieters, Kooperation mit einem Geschäftspartner), so war in allen Fällen verlässliches Zahlenmaterial unabdingbar, um eine abschließende Entscheidung treffen zu können.

Beim ersten Szenario benötigte das Kreditinstitut als Gläubiger für die Kreditvergabe das Zahlenwerk des Geschäftsführers. Beim zweiten Szenario benötigte der Geschäftsführer die Zahlenwerke der verschiedenen Anbieter, und beim dritten Szenario benötigte der Geschäftsführer das Zahlenwerk des möglichen Kooperationspartners.

Alle drei Szenarien haben gemeinsam, dass die Entscheidungsfinder jeweils die Zahlenwerke von Dritten, also von Außenstehenden, benötigten. Die Zahlenwerke hatten demnach für **Externe** eine große und entscheidende Bedeutung. Deswegen spricht man an dieser Stelle vom **externen Rechnungswesen**. In diesem Rechnungswesen werden Erträge und Aufwendungen abgebildet.

Für Außenstehende, Dritte, **Externe**, ist es von elementarer Bedeutung, ob und in welcher Höhe ein Unternehmen oder eine Kommune „Werte verloren" hat (also „ärmer" geworden ist) oder „Werte gewonnen" hat (also „reicher" geworden ist). Dabei ist es für den externen Betrachter zunächst unerheblich, ob der Werteverlust oder die Werteentstehung mit dem Betriebszweck im Zusammenhang steht oder nicht. Ebenso ist es aus externer Sicht zunächst unerheblich, ob beispielsweise der Werteverlust in der betrachteten Periode (also in dem betrachteten Jahr) tatsächlich auch entstanden ist oder ob die Entstehung dieses Werteverlusts bereits einen längeren Zeitraum zurückliegt.

Aus dem obigen Beispiel mit dem ehemaligen Schüler, der seit einigen Jahren als erfolgreicher Geschäftsführer tätig ist, lässt sich demnach ableiten, dass der Gesetzgeber entsprechende Vorschriften zu Erträgen und Aufwendungen nicht für das Unternehmen selbst, sondern für Externe erlassen hat.

Bei den gesetzlichen Vorschriften geht es um den Schutz von Außenstehenden, Externen.

Die gesetzlichen Vorschriften variieren von Land zu Land, ja sogar von Bundesland zu Bundesland. Während es für die privaten Unternehmen ab einer bestimmten Größenordnung bundeseinheitliche Regelungen im HGB gibt, gelten für die Kommunen in der

Bundesrepublik Deutschland länderspezifische Regelungen. Alle Regelungen haben jedoch eine Schutzfunktion für Externe.

Damit die Externen bestmöglich geschützt werden, hat der Gesetzgeber bei den Regelungen in der Bundesrepublik Deutschland das sog. „Vorsichtsprinzip" verankert. Aus diesem Vorsichtsprinzip lassen sich zahlreiche weitere Prinzipien im externen Rechnungswesen ableiten. Letztlich sollen sich die deutschen Unternehmen und auch Kommunen im Zweifel (wertmäßig) „kleiner machen". Denn nur so kann die Schutzfunktion sinnvoll gewährleistet werden.

Neben dieser Schutzfunktion gibt es noch weitere wichtige Ziele, die das externe Rechnungswesen sicherstellen soll. Durch ein einheitliches Zahlenwerk wird Transparenz geschaffen. Dies ist im geschäftlichen Miteinander wichtig und hat eine besondere Bedeutung beim kommunalen Haushalt. Hier soll eine ausreichende Transparenz für Externe (vor allen Dingen für die Bürger) geschaffen werden.

Durch diese geschaffene Transparenz kann auch eine Vergleichbarkeit zwischen den Kommunen geschaffen werden. Alle Kommunen in NRW unterliegen einheitlichen rechtlichen Vorschriften. An dieser Stelle sollte nicht unerwähnt bleiben, dass einheitliche Vorschriften aus Sicht des Staates auch zur Besteuerung privater Unternehmen notwendig sind.

1.2.2 Internes Rechnungswesen

Für Leistungen (Erlöse) und Kosten gibt es keine (direkten) gesetzlichen Vorschriften. Während bei den Erträgen und Aufwendungen der Blickwinkel auf die Außenwelt gerichtet ist, hat sich die Kosten- und Leistungsrechnung aus dem Blickwinkel des Unternehmens selbst entwickelt und ihren Ursprung gefunden. Die Kosten- und Leistungsrechnung wird als Hilfsmittel genutzt, um die Wirtschaftlichkeit und Produktivität eines Unternehmens (einer Kommune) oder auch bestimmter Teilbereiche zu untersuchen. Ebenso wird die Kosten- und Leistungsrechnung für die Preiskalkulation (im kommunalen Bereich für die Gebührenkalkulation) herangezogen.

Hinweis: In NRW gibt es in § 6 Kommunalabgabengesetz (KAG NRW) Regelungen zur Gebührenkalkulation. In diesen Regelungen wird auch auf den Kostenbegriff eingegangen. Dies ist jedoch nicht als Normierung der Kosten- und Leistungsrechnung zu verstehen. Gerade weil es keine Normierung der Kosten- und Leistungsrechnung gibt, hat der Gesetzgeber an dieser Stelle Regelungen getroffen, damit bei der Gebührenkalkulation nicht willkürliche Berechnungen vorgenommen werden.

Um ein Unternehmen von innen zu betrachten, macht es Sinn, bestimmte Berechnungsgrößen aus dem externen Rechnungswesen nicht zu berücksichtigen. Wie sich aus der Definition der Kosten bereits ableiten lässt, wird an dieser Stelle nur der betriebszweckbezogene Werteverzehr berücksichtigt. Wird eine Spende an eine mildtätige Organisation geleistet, so stellt diese Spende einen eindeutigen Werteverzehr dar und ist demnach als Aufwand zu buchen. Nach außen betrachtet ist das Unternehmen durch diese Spende „ärmer" geworden. Durch die Spende an die mildtätige Organisation haben aber die Beschäftigten in keiner Weise weniger produktiv gearbeitet. Deswegen würde dieser Sachverhalt als **betriebsfremder Aufwand** bei der Betrachtung der Wirtschaftlichkeit und Produktivität „von innen" unberücksichtigt bleiben.

Ebenso werden **periodenfremde Aufwendungen** nicht bei den Kosten berücksichtigt. Erhält das Unternehmen oder die Kommune einen unerwarteten Steuerbescheid vom Finanzamt, der sich auf einen bestimmten Sachverhalt aus Vorjahren bezieht, so ist dieser Aufwand zwar in einer anderen (vorherigen) Periode entstanden, da jedoch dieser Betrachtungszeitraum buchungstechnisch längst abgeschlossen ist, muss dieser Aufwand (periodenfremd) in der laufenden Periode gebucht werden. Wichtig hierbei ist, dass es sich um eine unerwartete Steuernachzahlung handeln muss. Wäre diese Steuernachzahlung zum damaligen Zeitpunkt bereits erwartet worden, hätte das Unternehmen oder die Kommune diesen Sachverhalt aufgrund des erwähnten „Vorsichtsprinzips" bereits zum damaligen Zeitpunkt (zumindest mit einem geschätzten Betrag als Rückstellung) aufwandstechnisch buchen müssen.

Darüber hinaus werden auch **außerordentliche Aufwendungen** nicht bei den Kosten erfasst. Dies lässt sich nicht unmittelbar aus der Definition ableiten, macht jedoch Sinn, wenn der Zweck der Kosten- und Leistungsrechnung verstanden wurde. Wenn durch einen sehr selten vorkommenden Hagelschaden ein größerer Sachschaden entsteht, liegt zweifelsfrei ein Werteverzehr vor, der als Aufwand zu buchen ist. Aus mehreren Gründen würde eine in dem Jahr der Entstehung dieses Schadens volle Veranschlagung bei den Kosten keinen Sinn machen. Zum einen würde die Produktivität der Beschäftigten dadurch sprunghaft sinken, und zum anderen würde dies zu einer einmaligen Erhöhung bei der Preiskalkulation führen. Eine völlige Vernachlässigung des kompletten Betrags wäre auch nicht zielführend, könnte aber durch die Berücksichtigung von kalkulatorischen Wagnissen in der Kosten- und Leistungsrechnung „ausgeglichen" werden.

Neben Aufwendungen, die keine Kosten darstellen, gibt es auch Kosten, die keine (oder zumindest nicht in gleicher Höhe anfallenden) Aufwendungen darstellen. An dieser Stelle wären die **kalkulatorischen Wagnisse** zu nennen, die eine „Glättung" unregelmäßig vorkommender Ereignisse vornehmen sollen. In der Privatwirtschaft werden diese bei unternehmerischem Risiko (z. B. Ausfallwagnisse im landwirtschaftlichen Bereich, Schadensereignisse etc.) vorgenommen. Aber auch im kommunalen Bereich können kalkulatorische Wagnisse gebildet werden. Wenn in einer größeren Kommune alle Fahrzeuge des Fuhrparks gegen sämtliche Schadensereignisse durch Vollkaskoversicherungen abgesichert sind, stellen die Vollkaskoversicherungen einen Werteverzehr der Kommune dar, der als Aufwand zu buchen wäre. Da die Fahrzeuge betriebstypisch eingesetzt werden und die Versicherungsprämie periodengerecht anfällt, würden in gleicher Höhe Kosten anfallen. Sollte die Kommune sämtliche Vollkaskoversicherungen kündigen (weil durch eine vergangenheitsorientierte Betrachtung davon ausgegangen wird, dass die zukünftig zu erwartenden Schäden geringer ausfallen werden als die gezahlte Vollkaskoprämie), könnten dafür gleichmäßige kalkulatorische Wagnisse in der Kostenrechnung berücksichtigt werden, welche die zukünftigen und sicherlich nicht gleichmäßig anfallenden Schadensfälle (die dann als Aufwendungen das externe Rechnungswesen belasten würden) in der Kostenrechnung „glätten" würden.

Eine weitere wichtige Bedeutung nehmen die **kalkulatorischen Zinsen** ein. Sofern für eine Investition ein Kredit aufgenommen wird, werden für die Bereitstellung des Kreditbetrags in der Regel Zinsen fällig, die einen Werteverzehr darstellen. Da eine Investition eine betriebstypische Tätigkeit darstellt, würde es sich in diesem Fall nicht nur um einen Zinsaufwand, sondern auch um Kosten handeln. Kalkulatorische Zinsen werden jedoch dem Kostenbegriff zugeordnet, stellen aber keinen Aufwand dar.

Der Unternehmer bzw. die Kommune könnte die Investition eventuell auch mit eigenen Mitteln tätigen. Im Vergleich zu einer Kreditaufnahme stellt diese Variante betriebswirtschaftlich in den meisten Fällen die günstigere Variante dar, da die zu zahlenden Zinsen bei einer Kreditaufnahme in der Regel oberhalb der Guthabenverzinsung liegen. Durch die eingesetzten eigenen Mittel wird jedoch auf einen Guthabenzins verzichtet. Da die Kosten- und Leistungsrechnung auch der Preiskalkulation dient, sollten die entgangenen Guthabenzinsen entsprechend berücksichtigt werden. Der Unternehmer bzw. die Kommune sollte sich durch die Inanspruchnahme von eigenem Kapital schließlich nicht „schlechter" stellen als vor der Investition. Für die Berechnung der kalkulatorischen Zinsen gibt es mehrere Berechnungsmöglichkeiten, auf die an dieser Stelle nicht gesondert eingegangen wird.

Weiterhin wird auch der **kalkulatorische Unternehmerlohn** den Kosten, aber nicht den Aufwendungen zugeordnet. In der kommunalen Welt spielt dieser Punkt eine eher untergeordnete Rolle. Wenn ein Unternehmer sich selbst kein angemessenes Gehalt zahlt, sondern aus dem „Gewinn" des eigenen Unternehmens seinen Lebensunterhalt bezieht, so sollte er bei der Preiskalkulation seiner Produkte einen entsprechenden Unternehmerlohn kalkulieren, damit im externen Rechnungswesen überhaupt ein Überschuss erzielt werden kann. Bei der Gebührenkalkulation einer Kommune kann der kalkulatorische Unternehmerlohn dann angewendet werden, wenn unentgeltliche Dienstleistungen (z. B. ehrenamtlicher Geschäftsführer bei einer kleineren gemeinnützigen kommunalen Unternehmung) erbracht werden. Wenn beispielsweise Beschäftigte einer Kommunalverwaltung für einen temporären Zeitraum aus ihren originären Fachbereichen für die Gebührenkalkulation in den für diese Tätigkeit zuständigen Fachbereich „abgezogen" werden, könnte bzw. sollte diese Tätigkeit entsprechend bei der Gebührenkalkulation berücksichtigt werden. Andererseits hätte der für die Gebührenkalkulation zuständige Fachbereich diese Dienstleistung über einen dritten Anbieter sicherlich teurer „einkaufen" müssen.

1.3 ZUSAMMENFASSENDE DARSTELLUNG ZUR ABGRENZUNG DER BEGRIFFSPAARE

Die Ausführungen unter 1.1 und 1.2 werden an dieser Stelle zusammenfassend dargestellt:

Auszahlungen/Einzahlungen

⬇

monetäre Zahlungsmittelströme zwischen der Unternehmung (Kommune) und der Umwelt (Externe)

Ausgaben/Einnahmen

⬇

Zahlungsmittel- und Güterströme
also auch:
Forderungen und Verbindlichkeiten

Ausgaben/Einnahmen

⬇

Liquide Mittel
\+ Forderungen
\– Verbindlichkeiten

Erhöhung = Einnahme
Minderung = Ausgabe

Aufwand

⬇

Wertmäßger Verbrauch von Gütern und Dienstleistungen

„ärmer werden"

Ertrag

⬇

Wert von erbrachten Gütern und Dienstleistungen

„reicher werden"

Kosten

⬇

Betriebszweckbezogen bewerteter Güter- und Dienstleistungsverzehr in einer Periode

Leistungen

⬇

Betriebszweckbezogen bewertete Güter- und Dienstleistungsentstehung in einer Periode

Aufwand, aber keine Auszahlung
z. B.:
Abschreibungen für in vergangenen Jahren angeschaffte Güter

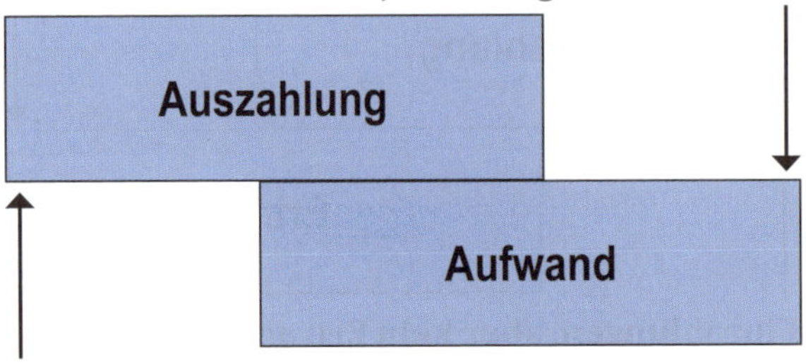

Auszahlungen, die kein Aufwand sind
z. B.:
Gehaltsauszahlungen, die erst das kommende Jahr betreffen; Tilgung von Krediten

Kosten, aber kein Aufwand
Zusatzkosten
kalkulatorische Kosten

- kalkulatorische Wagnisse
- kalkulatorische Zinsen
- kalkulatorischer Unternehmerlohn

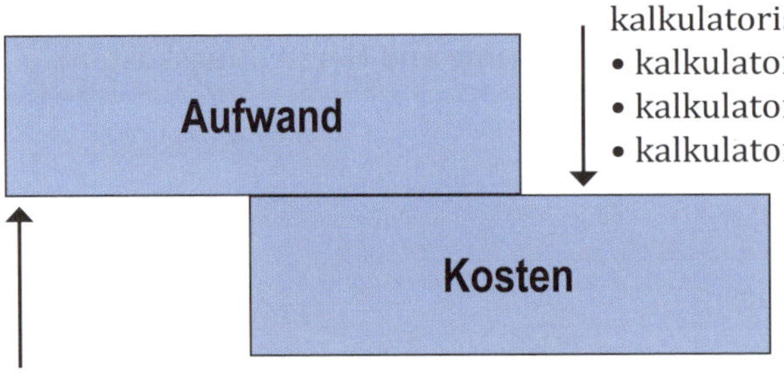

Aufwand, der nicht kostengleich ist
neutraler Aufwand

- betriebsfremd (z. B. geleistete Spende)
- periodenfremd (z. B. unerwartete Steuernachzahlung aus Vorjahren)
- außerordentlich (z. B. Totalschaden)

Ertrag, aber keine Einzahlung
z. B.:
Zuschreibung; Auflösung von Rücklagen

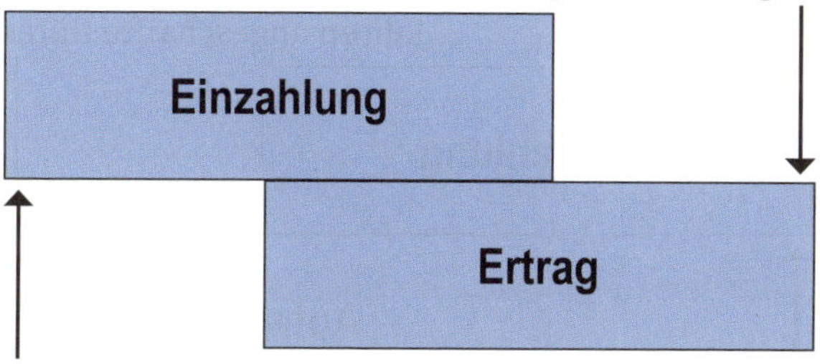

Einzahlungen, aber kein Ertrag
z. B.:
Aufnahme von Krediten

Leistung, aber kein Ertrag
Zusatzleistung
z. B.
erhöhte Bewertung selbst erstellter, aber noch nicht verkaufter Güter (nur die Differenz aus erhöhter Bewertung und Herstellungskosten)

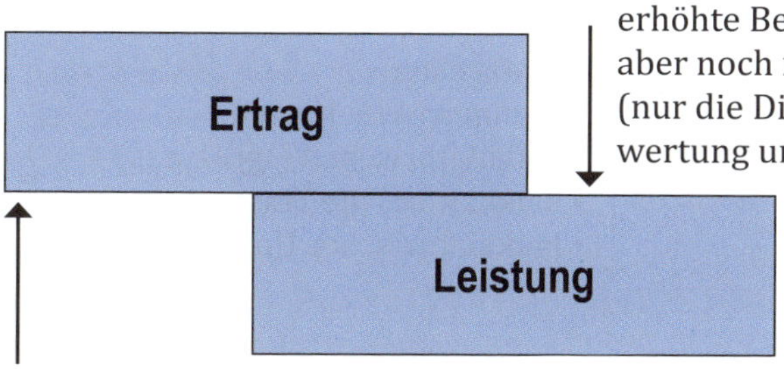

Ertrag, aber keine Leistung
neutraler Ertrag

- betriebsfremd (z. B. Zinsen aus Arbeitgeberdarlehen)
- periodenfremd (z. B. unerwartete Steuerrückzahlung aus Vorjahren)
- außerordentlich (z. B. Versicherungsleistung aus Totalschaden)

1.4 ÜBUNGEN ZUR ABGRENZUNG DER BEGRIFFSPAARE

Die obigen Ausführungen sollen anhand praktischer Beispiele bezogen auf eine Kommune näher vertieft werden. Die betriebswirtschaftlichen Begriffe „Auszahlung", „Ausgabe", „Aufwand" und „Kosten" sollen den folgenden Sachverhalten zugeordnet werden:

- Kauf und Bezahlung einer neuen Multimedia-Anlage für das kommunale Medienzentrum
- Überweisung der Versicherungsprämie für die Gebäudeversicherung
- Kauf von Papier für den Kopierer (Verbrauch wird unmittelbar unterstellt)
- Mietzahlung für ein angemietetes Dienstgebäude
- Abschreibung für ein Dienstfahrzeug im dritten Nutzungsjahr
- Überweisung der fälligen Stromrechnung
- Überweisung der Kreisumlage an den Kreis K
- Tilgung von Krediten
- Ausbuchung von Zinsen für ein Darlehen seitens der Hausbank
- Bezahlung von Aushilfskräften

Lösung:

- Kauf und Bezahlung einer neuen Multimedia-Anlage für das kommunale Medienzentrum

  Bereits im Moment des Kaufs entsteht eine Verbindlichkeit. In diesem Moment sinkt bereits das Geldvermögen. Es liegt eine Ausgabe vor. Durch die Bezahlung sinken die liquiden Mittel. Es liegt eine Auszahlung vor. Sofern die Multimedia-Anlage direkt beim Kauf bezahlt wird, fallen Ausgabe und Auszahlung zeitgleich an. Erfolgt die Bezahlung einige Tage später, findet im Moment des Kaufs zunächst eine Ausgabe statt und erst später die Auszahlung. Bei der Bezahlung selbst bleibt das Geldvermögen dann unverändert. Die liquiden Mittel sinken, aber in gleicher Höhe sinken ebenfalls die Verbindlichkeiten, sodass das Ergebnis aus liquiden Mitteln + Forderungen – Verbindlichkeiten unverändert bleibt. Aufwendungen und Kosten entstehen erst, wenn ein Werteverzehr der Multimedia-Anlage vorliegt. Da bei einer Multimedia-Anlage von einer nicht geringen Investitionssumme auszugehen ist, fällt ein Werteverzehr über die geplante Nutzungsdauer in Form von Abschreibungsbeträgen an. Die Anlage wird für betriebliche Zwecke des Medienzentrums benötigt. Insofern wäre der Werteverzehr den Aufwendungen und den Kosten zuzuordnen.

- Überweisung der Versicherungsprämie für die Gebäudeversicherung

  Mit der Überweisung findet eine Auszahlung statt. Bereits im Moment der Rechnungsstellung lag eine Verbindlichkeit gegenüber dem Versicherungsunternehmen und demnach eine Ausgabe vor. Die Versicherungsprämie stellt einen Werteverzehr dar. Dieser Werteverzehr ist betriebszweckbezogen, da das Gebäude für die betriebliche Leistungserstellung benötigt wird. Demnach liegen bei diesem Sachverhalt insgesamt Ausgabe, Auszahlung, Aufwand und Kosten vor.

- Kauf von Papier für den Kopierer (Verbrauch wird unmittelbar unterstellt)

  Durch den Kauf wird eine Ausgabe ausgelöst. Sicherlich kann beim Kauf einer kleineren Menge von einer sofortigen Bezahlung ausgegangen werden. Der Sachverhalt lässt dies an dieser Stelle allerdings offen. Bei kleineren Mengen wird die sog. „Fiktion des sofortigen Verbrauchs" unterstellt. Es würde keinen Sinn machen, am Jahresende die einzelnen Blätter in einem Kopierer oder Drucker zu zählen, um einen auf das einzelne Blatt genauen Verbrauch festzustellen. Deswegen ist in diesem Fall unmittelbar beim Erwerb des Papiers von Aufwand und Kosten auszugehen.

- Mietzahlung für ein angemietetes Dienstgebäude

  Die Begründung kann hier wie bei der Überweisung der Versicherungsprämie angeführt werden, sodass insgesamt Ausgabe, Auszahlung, Aufwand und Kosten zu bejahen sind.

- Abschreibung für ein Dienstfahrzeug im dritten Nutzungsjahr

  An dieser Stelle wird der Werteverzehr innerhalb einer Periode (ein Jahr, das dritte Nutzungsjahr) betrachtet. Es fallen demnach Aufwendungen und Kosten an.

- Überweisung der fälligen Stromrechnung

  Die Begründung kann hier wie bei der Überweisung der Versicherungsprämie angeführt werden, sodass insgesamt Ausgabe, Auszahlung, Aufwand und Kosten zu bejahen sind.

- Überweisung der Kreisumlage an den Kreis K

  Die Kreisumlage wird von den kreisangehörigen Kommunen an den Kreis gezahlt. Der Kreis übernimmt Aufgaben für die kreisangehörigen Kommunen (z. B. Zulassungsstelle, Aufgaben im Gesundheits- und Umweltbereich etc.). Aus Sicht der kreisangehörigen Kommune findet neben der Auszahlung und Ausgabe auch ein betriebszweckbezogener Werteverzehr statt, sodass auch Aufwendungen und Kosten anfallen.

- Tilgung von Krediten

  Bei der Tilgung von Krediten handelt es sich um die reine Rückzahlung zur Verfügung gestellter liquider Mittel. Ein Werteverzehr findet nicht statt. Da die Kommune durch die Aufnahme eines Kredits nicht „reicher" geworden ist (das Geld wurde nicht „geschenkt"), so wird sie durch die Rückzahlung auch nicht „ärmer". Eine Ausgabe liegt ebenfalls nicht vor, da die liquiden Mittel sinken, die Verbindlichkeiten aber im gleichen Maße abnehmen, sodass das Geldvermögen unverändert bleibt. Im Ergebnis handelt es sich ausschließlich um eine Auszahlung.

- Seitens der Hausbank werden Zinsen für ein Darlehen abgebucht

  Anders als die Tilgung stellen in Rechnung gestellte Zinsen einen Werteverzehr dar und mindern nicht die Höhe der Verbindlichkeiten. Da Kredite ausschließlich für betriebliche Zwecke aufgenommen werden, liegen hier Auszahlung, Ausgabe, Aufwand und Kosten vor.

- Bezahlung von Aushilfskräften

  Aushilfskräfte werden für die betriebliche Leistungserstellung benötigt. Im Ergebnis sind hier Auszahlung, Ausgabe, Aufwand und Kosten zu bejahen, da ein betrieblicher Werteverzehr vorliegt.

2 KOMMUNALES HAUSHALTSRECHT

2.1 EINFÜHRUNG IN DAS KOMMUNALE HAUSHALTSRECHT

2.1.1 Kommunale Selbstverwaltung und Finanzhoheit als Merkmal der Kommunalverwaltung

Dass die Gemeinden ihre Finanzen eigenverantwortlich regeln können, ist nicht selbstverständlich. Genauso ist die Existenz der Kommunalverwaltung im Staatssystem der Bundesrepublik Deutschland wenig selbstverständlich. Grundlage dafür ist unsere demokratische Verfassung, unser Grundgesetz. Wäre dies hier nun ein Staatsrecht-Lehrbuch, müsste erwähnt und ausgeführt werden, dass auch das Leben in einer Demokratie nicht selbstverständlich ist.

An dieser Stelle sei erwähnt, dass für die Kreisverwaltungen die Regelungen des § 75 (8. bis 12. Teil der) GO NRW überwiegend analog anzuwenden sind, mit der entscheidenden Ausnahme, dass eine Kreisverwaltung als Haupteinnahmequelle anders als die Gemeinden keine Steuern, sondern die sog. Kreisumlage von den kreisangehörigen Gemeinden erhebt. Somit unterscheiden sich auch die Haushaltssatzungen und die Art der Finanzierung. Die Kreisumlage wird von den kreisangehörigen Gemeinden an den Kreis gezahlt, was zur Folge hat, dass eine umlagefinanzierte Kreisverwaltung in keine finanzwirtschaftliche „Schieflage" kommen kann bzw. darf, obwohl der § 56a–c KrO NRW eine andere rechtliche Bewertung oder Aussagekraft vermuten lassen. Den Gemeinden ist vor Beschlussfassung über die Haushaltssatzung mit ihren Anlagen allerdings in öffentlicher Sitzung Gelegenheit zur Anhörung zu geben (vgl. § 55 Abs. 2 Satz 2 KrO NRW).

Die im nachfolgenden Text erklärten haushaltsrechtlichen Regelungen gelten für die Gemeindeverbände entsprechend, was in § 53 Kreisordnung (KrO) NRW geregelt ist. Aufgrund des etwas abweichenden Konstrukts einer Kreisverwaltung, findet man geringe Abweichungen in den §§ 55–56c KrO NRW. Gleiches gilt für kommunale Zweckverbände und ist in den §§ 18 ff. des Gesetzes zur kommunalen Gemeinschaftsarbeit (GkG) NRW geregelt.

Die Gemeinden und Gemeindeverbände besitzen auf ihren Gebieten verfassungsrechtlich fest verankerte Existenz- und Hoheitsrechte, zu denen auch die für dieses Lehrbuch relevante Finanzhoheit gehört. Diese Rechte beschränken sich haushaltsrechtlich auf das Gemeindegebiet; dort sind die Gemeinden und Gemeindeverbände alleinige Träger der öffentlichen Verwaltung und somit Körperschaft des öffentlichen Rechts (Gebietskörperschaft). Die Finanzhoheit ist Teil der Selbstverwaltungsgarantie, die Gemeinden und Gemeindeverbänden in Art. 28 Abs. 2 Grundgesetz (GG) zugesichert wird.

Wortwörtlich wird die Finanzhoheit nicht im Art. 28 Abs. 2 GG erwähnt, es wird von „finanzieller Eigenverantwortung" gesprochen und dem Recht „eine mit Hebesatzrecht wirtschaftskraftbezogene Steuerquelle zu erschließen". Somit können die Gemeinden Steuern (hier ist die Gewerbesteuer als sog. Realsteuer gemeint) erheben, um ihrer finanziellen Eigenverantwortung überhaupt gerecht werden zu können.

In der Folge wird dieses Recht in der jeweiligen Landesverfassung der Bundesländer, hier NRW, wieder aufgegriffen und weiter ausgeführt. In der Landesverfassung NRW finden sich dazu in den Artikeln 78 und 79 weitere Konkretisierungen. Beispielsweise haben die Gemeinden ein Steuer(er)findungsrecht, so ist die Zweitwohnsitzsteuer in NRW erstmals im Jahr 1990 von der Stadt Winterberg erhoben worden, nachdem diese Steuer in Überlingen (Baden-Württemberg) viele Jahre zuvor „erfunden" wurde. Die jeweilige neue Steuerart muss natürlich den strengen Anforderungen des Kommunalabgabengesetzes (KAG) NRW genügen und nach § 2 Abs. 2 KAG NRW vom Innenministerium (derzeit Ministerium für Heimat, Kommunales, Bau und Gleichstellung) und Finanzministerium NRW genehmigt werden, z. B. darf es keine gleichartige Steuer bereits geben.

Weiter heruntergebrochen endet diese Kausalkette (Herleitung der Finanzhoheit) in der Kommunalverfassung, der Gemeindeordnung (GO) NRW. Dort wird in § 1 ergänzend erwähnt, dass die Gemeinden „in Verantwortung für zukünftige Generationen handeln". Dieser „Nebensatz" wird im weiteren Verlauf dieses Lehrbuchs an vielen Stellen in rechtlicher, aber vor allem buchhalterischer Hinsicht wiederzufinden sein.

Im letzten Schritt ist zu klären, in welcher Form die Gemeinden ihre Finanzen verwalten, regeln und „managen" müssen. Letztendlich wird der kommunale Finanzspielraum in Form einer Satzung geregelt, die vom Stadtrat zu beschließen ist. Die Pflichtangaben dieser Satzung, der Haushaltssatzung, sind in § 78 GO NRW nachzulesen, der auch die Anspruchsgrundlage darstellt, diese Satzung überhaupt erlassen zu müssen.

2.1.2 Begriff der öffentlichen Finanzwirtschaft

Die öffentliche Finanzwirtschaft ist die gesamte wirtschaftliche Tätigkeit der öffentlichen Haushalte. Eine wesentliche Aufgabe ist die Feststellung des für den Wirtschaftszeitraum notwendigen Aufwandsbedarfs aller Aufgabenbereiche und die Feststellung der hierzu erforderlichen Erträge (sog. Bedarfsdeckungsfunktion).

Zu den Bedarfsdeckungsaufgaben gehören:

- Befriedigung öffentlicher Bedürfnisse durch die Bereitstellung von öffentlichen Gütern und Leistungen (z. B. auf kommunaler Ebene die Gewährleistung der Gefahrenabwehr inklusive des Brandschutzes, Sicherstellung der angemessenen Ausstattung der Schulen und Kindergärten oder Kulturangebote)
- Beeinflussung der Einkommens- und Vermögensverteilung (Sozialtransfer)

Unmittelbare Träger der öffentlichen Finanzwirtschaft sind in Selbstverwaltung alle juristischen Personen des öffentlichen Rechts. Diese werden eingeteilt in:

- Körperschaften
- Anstalten
- Stiftungen

Bund und Länder sind in ihrer Haushaltswirtschaft selbstständig und voneinander unabhängig. Sie tragen gesondert die Ausgaben, die sich aus der Wahrnehmung ihrer Aufgaben ergeben. Es gibt beispielsweise Bundesbeamte (z. B. Mitarbeiter von Bundesministerien oder Soldaten der Bundeswehr), Landesbeamte (z. B. Lehrer und Polizisten der Länder) und Kommunalbeamte (z. B. Bürgermeister, Landräte, Feuerwehrbeamte), sodass jede staatliche Ebene für die Besoldung und Ruhestandsbezüge ihrer Beamten, die sie zur Aufgabenerledigung beschäftigen, selbst aufkommt.

Diese Trennung schließt jedoch nicht aus, dass zwischen Bund, Ländern und Gemeinden ein diffiziles Finanzausgleichssystem (Länderfinanzausgleich, Kommunaler Finanzausgleich) besteht, auf das in dieser zweiten Auflage des Fachbuchs nicht näher eingegangen wird.

2.1.3 Kommunaler Haushaltskreislauf

Zu den einzelnen Verfahrensschritten sind detaillierte Ausführungen in den Kapiteln 2.5 bis 2.10 zu finden. Die Rechnungsprüfung wird nicht detailliert behandelt, es sei jedoch erwähnt, dass das jeweilige Rechnungsprüfungsamt die unterjährige Finanzwirtschaft und den Jahresabschluss in Bezugnahme auf die §§ 95 und 96 GO NRW im Auftrag des Rechnungsprüfungsausschusses prüft (siehe hierzu die §§ 101–106 GO NRW). Kleine kreisangehörige Gemeinden müssen kein eigenes Rechnungsprüfungsamt vorhalten oder können sich interkommunal zusammenschließen. Die kreisangehörigen Städte Wetter/Ruhr und Herdecke haben beispielsweise einige Jahre ein gemeinsames Rechnungsprüfungsamt vorgehalten und im Jahr 2017 diese Aufgabe an die Kreisverwaltung im Rahmen einer öffentlich-rechtlichen Vereinbarung übertragen. Mittlere und große kreisangehörige Städte sowie kreisfreie Städte müssen ein Rechnungsprüfungsamt einrichten (§ 101 GO NRW).

Anhand des nachstehenden Schaubilds wird der kommunale Haushaltskreislauf schematisch dargestellt.

Haushaltsjahr	2024	2025	2026
Planung	für 2025	für 2026	für 2027
Bewirtschaftung	für 2024	für 2025	für 2026
Rechnungslegung	für 2023	für 2024	für 2025

Abbildung zum Haushaltskreislauf

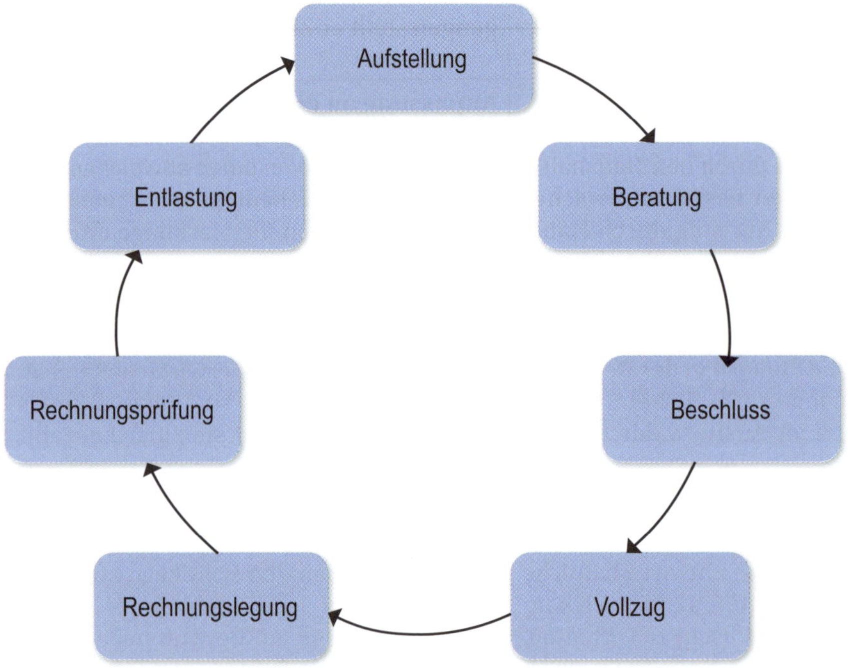

2.1.4 Abgrenzung der öffentlichen Finanzwirtschaft zur Privatwirtschaft

Anhand der nachstehenden Abbildung werden die Unterschiede zwischen der öffentlichen Verwaltung und der Privatwirtschaft skizziert.

Öffentliche Verwaltung	Privatwirtschaft
Bedarfsdeckung Dem öffentlichen Finanzwesen ist je nach Größenordnung eine gewisse Aufgabenstellung vorgegeben, für die eine gewisse Bereitstellung von Ressourcen erforderlich ist. Der Ressourcenbedarf soll gedeckt werden, wobei kein Gewinnstreben vorliegt.	**Gewinnmaximierung** Der Kaufmann beabsichtigt, einen größtmöglichen Gewinn zu erzielen. Er beginnt mit seiner Tätigkeit nur, wenn er sich daraus einen Gewinn erhofft. Bei seinen Überlegungen stellt er Ziel und Mittel gegenüber.
Bindung an den Plan Die Haushaltswirtschaft des öffentlichen Gemeinwesens wird durch den Haushaltsplan bzw. das Budget bestimmt, welches durch den Rat/den Kreistag durch Haushaltssatzung normiert ist.	**Anpassung an die Marktlage** Der Kaufmann stellt zwar Pläne auf, jedoch kann er jederzeit von ihnen abweichen. Das ist schon dadurch bedingt, dass eine ständige Anpassung an die Marktlage erfolgen muss.
Zwangseinnahmen/-erträge Die wesentlichen Erträge beruhen auf Zwang, wobei die Steuern in der Regel den Großteil ausmachen. Die Erhebung von Zwangserträgen ist Ausfluss der Finanzhoheit.	**Eigenmittel** Der Kaufmann kann nur auf Eigenmittel zurückgreifen, die er zu erwirtschaften hat. Fremdmittel (Kredite) sind letzten Endes auch Eigenmittel, weil sie zurückgezahlt werden müssen.
Gesamtwirtschaftliches Gleichgewicht Die öffentliche Hand hat im Rahmen ihrer Finanzwirtschaft das gesamtwirtschaftliche Gleichgewicht zu beachten. Sie hat sich konjunkturgerecht (antizyklisch) zu verhalten. Hinweis: Die öffentliche Finanzwirtschaft verfügt über einen gewichtigen Anteil am Bruttosozialprodukt.	**Egoistische Ziele** Stabilitätsbewusstes Handeln wird der Privatwirtschaft von den Politikern zwar immer nahegelegt, jedoch fehlt jeder Zwang. Da der Kaufmann auf Gewinn bedacht ist, führt seine konsequente Marktausnutzung zu einem wirtschaftlichen Egoismus.
Minimalprinzip = mit dem geringsten Mitteleinsatz den gewünschten Erfolg (Planerfüllung) erzielen.	**Maximalprinzip** = mit vorgegebenen Mitteln den größten Erfolg erzielen.

2.2 ZIELE UND SYSTEMATIK DES KOMMUNALEN HAUSHALTSRECHTS

2.2.1 Ziele

Die Umstellung von der Kameralistik auf das Kommunale Finanzmanagement (auf die Historie soll acht Jahre nach Einführung nicht näher eingegangen werden) war eine der größten und einschneidendsten Reformen „in der Welt" der öffentlichen Verwaltung, die es jemals gegeben hat. In Fachkreisen wird auch von einer „Jahrhundertreform" gesprochen. Die komplette Systematik des Rechnungswesens wurde ersetzt und führt in zahlreichen Punkten zu anderen haushaltsrechtlichen Auswirkungen, Berechnungen, Entscheidungen, Überlegungen und letztendlich zu mehr **intergenerativer Gerechtigkeit**. Schon in § 1 der GO NRW steht seit einigen Jahren: „Sie (die Gemeinden) tragen zugleich Verantwortung für zukünftige Generationen." Im Verlauf des Buchs sind viele Beispiele dazu zu finden (z. B. Rückstellungen und Abschreibungen in der kommunalen Bilanz). Das neue Rechnungswesen ist ehrlich(er) geworden und führt in der Gegenwart zum Teil zu harten Einschnitten. Aber es wird sich in und für zukünftige Generationen sprichwörtlich auszahlen. Finanzwirtschaftliche Veränderungen der öffentlichen Haushalte (z. B. Verschuldung) merken die Einwohner oft erst sehr zeitversetzt, teilweise sogar erst nachfolgende Generationen.

Ziele sind neben der Generationengerechtigkeit insbesondere:

- Transparenz von Ressourcenverbrauch und Ressourcenaufkommen für Politik, Einwohner und Verwaltung
- Produkt-/Outputorientierung anstatt Inputorientierung
- Optimierung der Steuerung durch Verwaltungsvorstand und Rat
- Vereinheitlichung des Rechnungswesens
- Erstellung einheitlicher, konsolidierter Konzernabschlüsse (Gesamtabschluss des „Konzerns Stadt")
- Darstellung des Gesamtressourcenaufkommens und -verbrauchs
- Darstellung des Vermögens
- Hervorhebung der Ziele und Ergebnisse des Verwaltungshandelns
- Unterstützung der flexiblen Haushaltsführung.

2.2.2 Drei-Komponenten-System

Das in der nachfolgenden Übersicht dargestellte Drei-Komponenten-System zeigt die drei wichtigsten Bestandteile des neuen Rechnungswesens: die Bilanz, die Finanzrechnung und die Ergebnisrechnung. Sie bilden zusammen mit den Teilfinanz- und Teilergebnisrechnungen je Produktbereich, Produktgruppe und Produkt, dem Lagebericht und Anhang den Jahresabschluss nach § 95 Abs. 1 GO NRW. Die dargestellten Komponenten können nicht isoliert voneinander betrachtet werden, sie haben Bezüge zueinander. In der Finanzrechnung werden alle Ein- und Auszahlungen erfasst; der Saldo verändert den Wert der liquiden Mittel (Bank und Kasse) auf der Aktivseite der Bilanz. In der Ergebnisrechnung werden alle Erträge und Aufwendungen des Haushaltsjahres erfasst; der Saldo wirkt sich auf das Eigenkapital auf der Passivseite der Bilanz aus. Überschüsse in der Ergebnisrechnung erhöhen das Eigenkapital, Defizite verringern es. Der zu Beginn des Haushaltsjahres aufzustellende Haushaltsplan orientiert sich entsprechend an dieser Struktur, er besteht aus dem Ergebnis- und dem Finanzplan mit den dazugehörigen Teilplänen je Produktbereich (gesetzlich normiert, 17 an der Zahl) und den weiteren Untergliederungen je Produktgruppe oder Produkt (vgl. § 4 KomHVO NRW).

Abbildung des Drei-Komponenten-Systems (vgl. Kapitel 3.1)

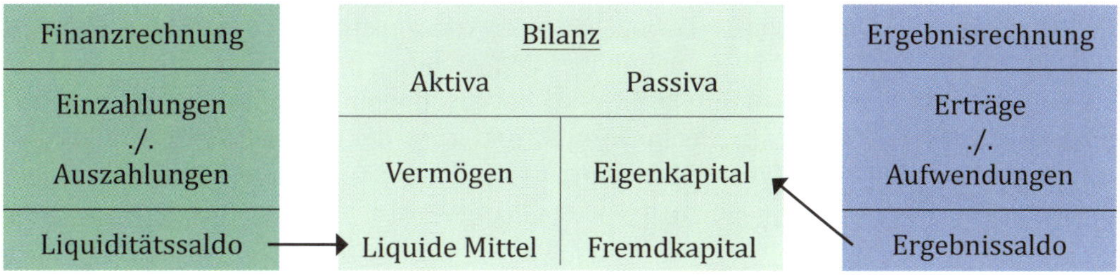

2.3 BESONDERE BEDEUTUNG EINES KÄMMERERS IN DER KOMMUNALVERWALTUNG

Mit der Einführung des Neuen kommunalen Finanzmanagements sieht die Gemeindeordnung das Amt des Kämmerers für alle Kommunen verbindlich vor. Bis dahin war allein für kreisfreie Städte die Bestellung eines Stadtkämmerers, und zwar in Gestalt eines Beigeordneten, verpflichtend (vgl. § 71 Abs. 4 GO NRW). Im kreisangehörigen Raum war wahlweise ein Beigeordneter oder ein Laufbahnbeamter zum Kämmerer oder ein Laufbahnbeamter, später auch ein tariflich Beschäftigter, zum „für das Finanzwesen zuständigen Bediensteten" zu bestellen. Letzterer wurde mit Gesetz vom 16.11.2004 (GV. NRW, S. 644) in der Gemeindeordnung aufgegeben, sodass auch in jenen kreisangehörigen Gemeinden, in denen bislang ein „für das Finanzwesen zuständiger Bediensteter" bestellt war, an dessen Stelle ein Kämmerer tritt. Mit Erlass vom 28.01.2005 hat das Innenministerium erklärt, dass mit dieser Gesetzesänderung lediglich eine formale Änderung der Funktionsbezeichnung und keine materielle Änderung der Rechtsstellung verbunden sei. Danach sollte zwischen einem „beauftragten" Kämmerer und einem „bestellten" Kämmerer deutlich unterschieden werden. Nur Letztgenannter soll(te) alle der im Gesetz zugewiesenen Aufgaben wahrnehmen können.

Im Einzelnen handelt es sich dabei um:

- Mitgliedschaft im Verwaltungsvorstand (§ 70 Abs. 1 Satz 1 GO NRW)
- Aufstellung des Entwurfs der Haushaltssatzung mit ihren Anlagen
- (§ 80 Abs. 1 GO NRW)
- Recht zur schriftlichen Stellungnahme, soweit der Bürgermeister von diesem Entwurf abweicht (§ 80 Abs. 2 GO NRW)
- Recht, seine abweichende Meinung zur Haushaltssatzung in den Beratungen des Rates zu vertreten (§ 80 Abs. 4 GO NRW)
- Aufstellung des Entwurfs einer Nachtragssatzung (§ 81 GO NRW)
- Entscheidung über die Leistung über- und außerplanmäßiger Aufwendungen und Auszahlungen, soweit der Rat keine abweichende Regelung getroffen hat (§ 83 GO NRW), gilt seit 01.01.2019 für beauftragte und bestellte Kämmerer
- Entscheidung über außer- und überplanmäßige Verpflichtungsermächtigungen (§ 85 GO NRW)
- Aufstellung des Entwurfs des Jahresabschlusses (§ 95 Abs. 5 Satz 1 GO NRW)
- Recht zur schriftlichen Stellungnahme, soweit der Bürgermeister von dem vorgelegten Entwurf des Jahresabschlusses abweicht (§ 95 Abs. 5 Satz 3 GO NRW)
- Recht zur Vertretung seiner abweichenden Meinung in der Beratung des Rates über den Jahresabschluss (§ 96 Abs. 1 Satz 3 GO NRW)
- Aufstellung des Entwurfs des Gesamtabschlusses (§ 116 Abs. 5 i. V. m. § 95 Abs. 3 GO NRW)
- Recht zur Abgabe einer schriftlichen Stellungnahme, soweit der Bürgermeister von dem vorgelegten Entwurf abweicht (§ 116 Abs. 1 i. V. m. § 95 Abs. 3 GO NRW)
- Aussprechen einer haushaltswirtschaftlichen Sperre (§ 25 KomHVO NRW)
- Aufsicht über die Finanzbuchhaltung, sofern nicht als Verantwortlicher für die Finanzbuchhaltung nach § 93 Abs. 2 GO NRW bestellt

Bei einem „beauftragten" Kämmerer liegt seit 01.01.2019 nunmehr auch die Entscheidung über außer- und überplanmäßige Aufwendungen und Auszahlungen (§ 83 GO NRW) und über außer- und überplanmäßige Verpflichtungsermächtigungen (§ 85 GO NRW). Dies gilt nach wie vor ausdrücklich nicht für den Erlass einer Haushaltssperre (§ 25 KomHVO NRW) und die Aufsicht über die Finanzbuchhaltung (§ 32 KomHVO NRW). Die Unterschiede der Rechte und Pflichten zwischen einem beauftragten und einem bestellten Kämmerer sind nach wie vor gegeben, wurden jedoch wiederholt geringer. In der Praxis, der täglichen Arbeit des Kämmerers, besteht der Unterschied letztendlich meist in der organisatorischen Einbettung aus politischen oder sonstigen personalwirtschaftlichen Gründen und der Besoldung sowie der „Machtfülle".

Das Arbeitsgebiet des Kämmerers umfasst die gesamte Verwaltung des Geldwesens der Gemeinde. Die mit dem Amt des Kämmerers verbundenen unentziehbaren Befugnisse verschaffen ihm eine Rechtsposition, die zumindest einer Organstellung nahekommt. Aus diesem Grund erfolgt die Bestellung des „bestellten" Kämmerers durch den Rat.

In der letzten, 7. Handreichung für die Kommunen zum Kommunalen Finanzmanagement wird auf die Notwendigkeit der Funktion eines stellvertretenden Kämmerers verwiesen, somit vom Gesetzgeber zukünftig verlangt. Und das zu Recht, wenn man sich die besonderen Rechte im Haushaltsrecht ansieht, bei denen bei einem längeren Ausfall des bestellten Kämmerers nicht unbedingt formell fehlerfrei und rechtssicher der Oberbürgermeister, Bürgermeister, Landrat oder andere „einspringen" könnten.

2.4 ALLGEMEINE HAUSHALTSGRUNDSÄTZE

2.4.1 Einführung

Bei jedem finanzwirtschaftlichen Handeln der Kommune bzw. der Kämmerin oder des Kämmerers sind die kommunalhaushaltsrechtlichen Vorschriften zu beachten. Diese enthalten zunächst in § 75 GO NRW, aber auch in weiteren Vorschriften der GO NRW die sog. allgemeinen Haushaltsgrundsätze. Dies sind grundsätzliche Regelungen, die immer wieder herangezogen werden müssen, um einzelne haushaltsrechtliche Entscheidungen zu überprüfen – im Vorfeld oder auch im Nachgang. Somit gelten sie bereits bei der Haushaltsplanung, aber auch bei der Bewirtschaftung und bei der Rechnungslegung. Die allgemeinen Haushaltsgrundsätze sind auch bei jeder haushaltsrechtlichen Entscheidung heranzuziehen, die jede mitarbeitende Person im täglichen Arbeitsleben in der Kommune fällen muss. Dabei ist es nicht immer notwendig, dass man bewusst an die Haushaltsgrundsätze denkt, da die eigentliche Entscheidung vielleicht mit einem anderen Rechtsgebiet zusammenhängt. So beeinflusst z. B. eine sozialhilferechtliche Leistungsentscheidung nachrangig auch haushaltsrechtliche Gesichtspunkte, da hiermit ein sog. Haushaltsansatz (Planwert) bewirtschaftet wird (Sozialhilfe wird gewährt und ausgezahlt = Aufwendungen und Auszahlungen).

Die wesentlichen allgemeinen Haushaltsgrundsätze sind:

- Sicherung der stetigen Aufgabenerfüllung
- Sparsames, wirtschaftliches und effizientes Handeln
- Verpflichtung zur doppelten Buchführung
- Beachtung gesamtwirtschaftlicher Belange
- Sicherung der Liquidität (Zahlungsfähigkeit)
- Beachtung der Rangfolge der Finanzmittelbeschaffung

Im Weiteren sollen die einzelnen allgemeinen Haushaltsgrundsätze näher betrachtet werden.

2.4.2 Sicherung der stetigen Aufgabenerfüllung

Gemäß § 75 Abs. 1 Satz 1 GO NRW muss die Kommune sicherstellen, dass sie die ihr obliegenden Aufgaben dauerhaft (stetig) wahrnehmen und erfüllen kann. Die grundlegenden Aufgaben einer Kommune können dabei in vier Blöcke eingeteilt werden:

1. Als Ausfluss des Sozialstaatsprinzips nach Artikel 20 GG die Herstellung und Gewährleistung der sozialen Sicherung, insbesondere in Form von Sozial- und Jugendhilfe nach dem Sozialgesetzbuch
2. Herstellung und Gewährleistung der öffentlichen Sicherheit und Ordnung, insbesondere durch das Einwohnermeldewesen, die vielfältigen Aufgaben der Ordnungs- und Ausländerbehörden, der Einrichtungen der Feuerwehren, der Bauordnungsbehörden etc.

3. Sicherstellung und Zugang zur Bildung als Schulträger und durch weitere Bildungseinrichtungen wie Volkshochschulen und Museen, Kunstausstellungen etc.
4. Bereitstellung der örtlichen Infrastruktur, wie Straßen, Wege inkl. Radwege, Plätze u. a. öffentliche Einrichtungen

Diese Aufgaben werden häufig als Pflichtaufgaben (zur Erfüllung nach Weisung) oder als pflichtige Selbstverwaltungsangelegenheiten der Kommune wahrgenommen. Darüber hinaus liegt es aber auch im kommunalen Interesse, weitere Angebote für die Bürger vorzuhalten, wie z. B. die unter 3. genannten Museen und Kunstausstellungen. Diese zählen wie auch die Vorhaltung von Theatereinrichtungen, Spielplätzen, Schwimmbädern u. a. zu den sog. freiwilligen Aufgaben.

Ist eine Aufgabe im kommunalen Bestand, hat das Finanzmanagement dafür Sorge zu tragen, diese zu finanzieren, also die stetige Aufgabenerfüllung sicherzustellen. Die Bestandsaufgaben haben dabei immer Vorrang vor neuen Aufgaben. Das Vertretungsorgan (Rat/Kreistag) sollte also über eine neue Aufgabe (z. B. Errichtung eines neuen Freizeitbads) nur dann positiv entscheiden, wenn ihre Finanzierung sichergestellt ist (z. B. weil andere Aufgaben, etwa die bisherigen veralteten Freibäder, wegfallen oder ein anderer Träger die Finanzierung zugesagt hat, etwa das Land für die Einrichtung einer zentralen Ausländerbehörde oder einer Erstaufnahmeeinrichtung).

Die Aufgabenerfüllung muss stetig, also mindestens mittelfristig, sichergestellt sein. Es reicht demnach nicht aus, dass sich die Kämmerin oder der Kämmerer bzw. das Vertretungsorgan im Rahmen der Haushaltsplanung auf ein Jahr (i. d. R. das unmittelbar folgende Jahr) konzentriert. Diese Sichtweise ist zu kurzfristig, da sich in den darauffolgenden Jahren erhebliche Veränderungen, auch in der Aufgabenstruktur, ergeben können. Die Hinzunahme weiterer Aufgaben, wie z. B. die Einrichtung einer zentralen Ausländerbehörde, lässt sich meist nicht kurzfristig umsetzen, sondern bedarf einer (mehrjährigen) Planung. Um solche Entwicklungen bereits während des Planungsprozesses aufzuzeigen, ist es sinnvoll, neben dem eigentlichen Haushaltsplanjahr auch die Folgejahre zu betrachten.

§ 84 Abs. 1 GO NRW sieht daher vor, dass im Rahmen der Haushaltsplanung ein insgesamt fünfjähriger Zeitraum zu betrachten ist. Der Zeitraum beginnt im aktuellen Jahr, umfasst das eigentliche Planjahr („Basis-Planjahr“) und erstreckt sich auf die drei folgenden Jahre:

Aktuelles Haushaltsjahr	Planjahr („Basis-Planjahr“)	Folgejahr 1	Folgejahr 2	Folgejahr 3

Beispiel:
Die kreisangehörige Gemeinde Studienhausen plant im Sommer des Jahres 01 das Haushaltsjahr 02. Zu berücksichtigen im Rahmen des sog. mittelfristigen Planungszeitraums sind

- *das aktuelle Haushaltsjahr = 01,*
- *das (Basis-)Planjahr = 02 und*
- *die drei Folgejahre = 03 bis 05.*

2.4.3 Sparsames, wirtschaftliches und effizientes Handeln

Gemäß § 75 Abs. 1 Satz 3 GO NRW ist die Haushaltswirtschaft sparsam, wirtschaftlich und effizient zu führen.

Der Grundsatz der **Sparsamkeit** bezieht sich auf folgenden Aspekt:

Für die Aufgabenerfüllung sollen möglichst wenig Ressourcen (Mittel) verbraucht werden, sowohl finanzielle als auch personelle und andere materielle/immaterielle Ressourcen (z. B. Arbeitsmaterial, Arbeitsplatzausstattung, Softwareunterstützung). Grundsätzlich bezieht sich dabei der Aspekt der Sparsamkeit immer auf das Einsparen finanzieller Mittel. Sparsam handeln heißt demnach eigentlich Einsparen von Zahlungsmitteln/Geld. In der alltäglichen Praxis verhält sich ein Mensch sparsam, wenn er aus mehreren Alternativen die finanziell günstigste auswählt.

Beispiel:
Jedes Auto erfüllt seinen grundsätzlichen Zweck: die Fortbewegung von Punkt A zu einem Punkt B. Die Autos unterscheiden sich aber hinsichtlich ihrer Verarbeitung und Ausstattung. So kann man z. B. einen Kleinwagen (Anschaffungspreis 12.500 Euro), einen Mittelklassewagen (Anschaffungspreis 25.000 Euro) oder einen Oberklassewagen (Anschaffungspreis 50.000 Euro) kaufen. Will man sich sparsam verhalten, wählt man den Kleinwagen, da dieser in seiner Anschaffung die günstigste Variante darstellt.

Der Grundsatz der Sparsamkeit ist in den Kommunen auch schon deshalb zu beachten, weil die Finanzierung der einzelnen Maßnahmen oder Investitionen letztendlich durch die Bürger*innen bzw. die Abgabepflichtigen erfolgt. Nach § 10 Satz 2 GO NRW ist auf die wirtschaftliche Leistungsfähigkeit der Abgabepflichtigen Rücksicht zu nehmen. Ein sparsames Handeln bewirkt, dass die Abgabepflichtigen nicht übermäßig bzw. unverhältnismäßig hoch belastet werden. Unter anderem auch aus diesem Grund sind öffentliche Aufträge grundsätzlich auszuschreiben (vgl. § 26 KomHVO NRW).

Der Grundsatz des sparsamen Handelns kann niemals für sich allein betrachtet werden. Bei jedem Handeln ist auch immer zugleich der Grundsatz der **Wirtschaftlichkeit** zu berücksichtigen, denn nicht immer ist das finanziell günstigste Angebot auch zugleich das (wirtschaftlich) beste.

Wirtschaftliches Handeln bzw. wirtschaftliche Entscheidungen beziehen sich nicht nur auf den Anschaffungspreis, sondern berücksichtigen auch immer das Kosten-Nutzen-Verhältnis. Betriebswirtschaftlich betrachtet werden also neben den Anschaffungs- oder Herstellungskosten auch die Folgekosten wie Abschreibungen, Unterhaltungskosten o. Ä. in die Betrachtung einbezogen, um zu einer Entscheidung zu gelangen. Hierfür können betriebswirtschaftliche Kostenberechnungsmethoden wie die statische oder dynamische Wirtschaftlichkeitsbetrachtung verwendet werden.

Beispielfortführung:
Es soll ein neues, repräsentatives Auto für den Bürgermeister beschafft werden. Man hat sich grundsätzlich für ein Modell der Oberklasse entschieden, da hier längere Fahrstrecken

komfortabler zurückgelegt werden können. In diesem Preissegment werden drei Fahrzeuge gleicher Ausstattung in die engere Wahl genommen:

- *Modell 1 von Hersteller A, Anschaffungskosten 80.500 Euro, gute Werte in der Pannenstatistik, guter Wiederverkaufswert*
- *Modell 2 von Hersteller B, Anschaffungskosten 67.000 Euro, miserable Werte in der Pannenstatistik, schlechter Wiederverkaufswert*
- *Modell 3 von Hersteller C, Anschaffungskosten 72.300 Euro, gute Werte in der Pannenstatistik, guter Wiederverkaufswert*

Nach dem Grundsatz der Sparsamkeit wäre Modell 2 zu wählen, da hier mit dem niedrigsten Anschaffungswert gerechnet werden kann. Wirtschaftlicher wären aber die Modelle 1 oder 3, da mit weniger Reparaturen und damit mit weniger Folgekosten zu rechnen ist. Beide Modelle haben eine gute Pannenstatistik und gute Wiederverkaufswerte. Eine Auswahl zwischen diesen beiden Modellen erfolgt im Rahmen der Wirtschaftlichkeit und Sparsamkeit. Der Bürgermeister sollte sich daher für Modell 3 entscheiden.

Die öffentliche Finanzwirtschaft handelt im Rahmen der Wirtschaftlichkeit grundsätzlich nach dem sog. Minimalprinzip. Ein (vom Vertretungsorgan, vom Verwaltungsvorstand, von den Entscheidungsträgern) definiertes Ziel soll mit möglichst geringem Mitteleinsatz erreicht werden. Ob die Kommune tatsächlich wirtschaftlich gehandelt hat, ermittelt die Kosten- und Leistungsrechnung als internes Rechnungswesen.

Soll im Rahmen der Haushaltsplanung eine Neubeschaffung oder Herstellung eines Vermögensgegenstands erfolgen, ist zwischen mehreren in Betracht kommenden Alternativen eine Wirtschaftlichkeitsbetrachtung, mindestens aber ein Vergleich der Anschaffungs- oder Herstellungskosten sowie der Folgekosten vorzunehmen (§ 13 Abs. 1 KomHVO NRW). Für die Investitionsplanung wird also der Grundsatz des wirtschaftlichen Handelns noch einmal explizit festgeschrieben.

Sowohl sparsames als auch wirtschaftliches Handeln beziehen sich immer auf das erzielbare Ergebnis. Demgegenüber steht der Grundsatz des effizienten Handelns (**Effizienz**). Dieser betrachtet in der Regel weniger das Ergebnis, sondern vielmehr die Form, Art und Weise der Ergebniserreichung – betrachtet also Arbeitsabläufe, Arbeitsform und Organisation.

Eine Aufgabe kann auf unterschiedliche Art und Weise wahrgenommen werden. Arbeitsabläufe können im Rahmen einer einheitlichen Sachbearbeitung zusammengefasst werden, um den Vorgang/Antrag vollumfänglich zu entscheiden und die Bürger*innen mit möglichst wenigen unterschiedlichen Stellen der Verwaltung zu konfrontieren. Diese Arbeitsabläufe finden sich häufig in einem Bürgerbüro. Effizientes Arbeiten wird hier anhand der Verkürzung von Bearbeitungs- und Wartezeiten gemessen. Aus Sicht der Verwaltung kann es aber auch sinnvoll sein, Arbeitsabläufe zu unterteilen und die mitarbeitenden Personen zu spezialisieren, um effizient arbeiten zu können. So wird häufig die Bearbeitung von Zahlungseingängen von Aufgaben der Vollstreckung (z. B. Gehaltspfändungen, Kontopfändungen, Beantragung von Erzwingungshaftverfahren bei Bußgeldern) personell getrennt, da insbesondere im Aufgabenbereich der Vollstreckung Spezialwissen vorhanden sein muss. In der produzierenden Privatwirtschaft findet häufig eine Spezialisierung von Arbeitsschritten in Teilschritte statt. Insbesondere die Automobilindustrie unterteilt die anstehende Arbeit sehr kleinteilig. Dies ermöglicht ein insgesamt schnelleres Herstellen des Produkts. Das Arbeiten am Fließband zeigt, dass Spezialisierung und kleinteilige Segmentierung einzelner Aufgaben zu einem effizienten Produktionsprozess führen können.

2.4.4 Verpflichtung zur doppelten Buchführung

Die Kommune hat nach § 75 Abs. 1 Satz 2 GO NRW Bücher zu führen, in denen nach Maßgabe der GO NRW und nach den Grundsätzen ordnungsmäßiger Buchführung (GoB) unter Berücksichtigung der besonderen kommunalhaushaltsrechtlichen Bestimmungen die Verwaltungsvorfälle und die Vermögens-, Ertrags- und Finanzlage (VEF-Lage / wirtschaftliche Lage der Kommune) in der Form der doppelten Buchführung ersichtlich zu machen sind. Nach § 93 Abs. 1 Satz 2 GO NRW muss die Buchführung dabei so beschaffen sein, dass innerhalb einer angemessenen Zeit ein Überblick über diese drei Lagen gegeben werden kann. Diese drei Lagen lassen sich unmittelbar den drei Komponenten des kommunalen Rechnungswesens zuordnen:

- Vermögenslage → Bilanz als Gegenüberstellung von Mittelherkunft (Fremd- oder Eigenkapital) und Mittelverwendung (Anlage- und Umlaufvermögen),
- Ertragslage → Ergebnishaushalt (Ergebnisplan und Ergebnisrechnung) zur Ermittlung des Jahresergebnisses und
- Finanzlage → Finanzhaushalt (Finanzplan und Finanzrechnung) zur Darstellung, inwiefern sich die liquiden Mittel verändern werden (Planung) bzw. verändert haben (Rechnungslegung).

§ 95 Abs. 1 Satz 2 GO NRW greift den Grundsatz der Verpflichtung zur doppelten Buchführung explizit noch einmal für die Rechnungslegung auf. Hiernach ist der Jahresabschluss nach den Grundsätzen ordnungsmäßiger Buchführung unter Berücksichtigung der besonderen kommunalhaushaltsrechtlichen Bestimmungen aufzustellen und hat klar und übersichtlich zu sein.

Auch § 28 Abs. 1 Satz KomHVO NRW greift den Grundsatz auf. Hier heißt es: „Alle Geschäftsvorfälle sowie die Vermögens- und Schuldenlage sind nach dem System der doppelten Buchführung und unter Beachtung der Grundsätze ordnungsmäßiger Buchführung in den Büchern klar ersichtlich und nachprüfbar aufzuzeichnen."

Die Bedeutung der doppelten Buchführung als führendes Rechnungswesen-System für die kommunale Ebene in NRW wird mit diesen Vorschriften hervorgehoben.

§ 75 Abs. 1 Satz 2 und § 95 Abs. 1 Satz 2 GO NRW verweisen aber auch auf „besondere kommunalhaushaltsrechtliche Bestimmungen", die zu berücksichtigen sind. Damit kann die kaufmännische doppelte Buchführung nicht 1:1 auf die Kommunen übertragen werden. Doch was könnten das für „Besonderheiten" sein? Hier ein kleiner exemplarischer Überblick:

- Nach § 44 Abs. 1 KomHVO NRW existiert ein Aktivierungsverbot für selbst hergestellte immaterielle Vermögensgegenstände (wie z. B. selbst programmierte Software). § 248 Abs. 2 Satz 1 HGB sieht für Kaufleute hier ein Wahlrecht vor.
- Erträge und Aufwendungen aus dem Abgang und der Veräußerung von Vermögensgegenständen nach § 90 Abs. 3 Satz 1 GO NRW sowie aus Wertveränderungen von Finanzanlagen sind gemäß § 44 Abs. 3 KomHVO NRW unmittelbar mit der allgemeinen Rücklage zu verrechnen und damit nicht ergebniswirksam darzustellen. Solche Sachverhalte hat der Kaufmann über das Jahresergebnis abzuwickeln (und damit in der Gewinn- und Verlustrechnung).
- In den Jahresabschlüssen 2020 bis 2023 sind sog. „Aufwendungen zur Erhaltung der gemeindlichen Leistungsfähigkeit" gemäß § 33a Abs. 1 KomHVO NRW als „Bilanzierungshilfe" zu aktivieren und gemäß § 33a Abs. 3 KomHVO NRW i. V. m. § 6 Abs. 1 des NKF-COVID-19-Ukraine-Isolierungsgesetzes beginnend im Haushaltsjahr 2026 linear über längstens 50 Jahre erfolgswirksam abzuschreiben. Nach Abs. 2 der Vorschrift besteht die Möglichkeit, die Bilanzierungshilfe einmalig im Haushaltsjahr 2026 ganz oder in Anteilen erfolgsneutral gegen das Eigenkapital auszubuchen. Weder das Steuerrecht noch das Handelsrecht sieht solche Regelungen vor.

2.4.5 Beachtung gesamtwirtschaftlicher Belange

Gemäß § 75 Abs. 1 Satz 4 GO NRW sind beim finanzwirtschaftlichen Handeln auch die Belange des sog. gesamtwirtschaftlichen Gleichgewichts zu beachten. Diese ergeben sich aus dem Gesetz zur Förderung der Stabilität und des Wachstums der Wirtschaft (StWG). Nach § 1 Satz 2 StWG sind die zu berücksichtigenden Ziele:

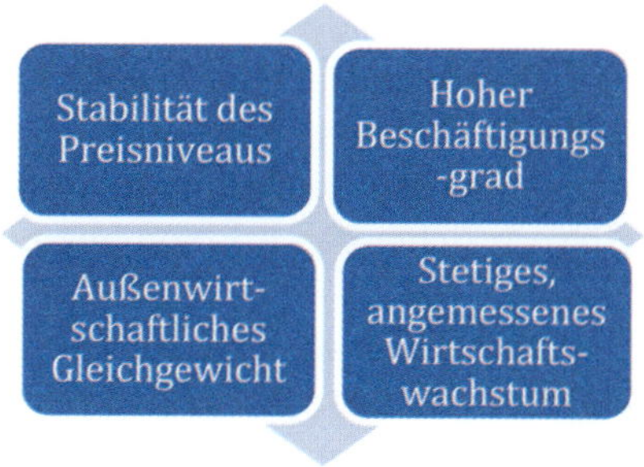

Bund und Länder haben nach § 1 Satz 1 StWG bei ihren finanzpolitischen Maßnahmen die Erfordernisse des gesamtwirtschaftlichen Gleichgewichts zu beachten. Gemeinden und Gemeindeverbände haben bei ihrer Haushaltswirtschaft den Zielen des § 1 Rechnung zu tragen (vgl. § 16 Abs. 1 StWG).

Im Rahmen der Volkswirtschaftslehre werden die vier Ziele des gesamtwirtschaftlichen Gleichgewichts häufig auch als „Magisches Viereck" bezeichnet. Die einzelnen Zielrichtungen und ihre Indikatoren können der folgenden Überblickstabelle entnommen werden:

	Indikator	Ziel
Stabilität des Preisniveaus	Inflationsrate	Geld soll seine Funktion als Tauschmittel, Wertespeicher und Recheneinheit wahrnehmen können (Annahme: Inflationsrate von unter 2 % p. a.)
Hoher Beschäftigungsgrad	Arbeitslosenquote	Vollbeschäftigung (Annahme: Arbeitslosenquote von unter 3 %)
Außenwirtschaftliches Gleichgewicht	Außenbeitragsquote	Vermeidung eines kontinuierlichen Leistungsbilanzdefizits (Import > Export) oder Leistungsbilanzüberschusses (Import < Export)
Stetiges, angemessenes Wirtschaftswachstum	Bruttonationaleinkommen/ Bruttoinlandsprodukt	Stetige, allgemeine Erhöhung des Wohlstands in der Gesellschaft

2.4.6 Sicherung der Liquidität (Zahlungsfähigkeit)

Gemäß § 75 Abs. 6 GO NRW muss die Liquidität der Kommune jederzeit sichergestellt sein.

Liquiditätssicherung bedeutet nichts anderes als Zahlungsfähigkeit bzw. Deckung der Bankkonten und sonstigen (Bar-)Geldbestände (= der liquiden Mittel), um Verbindlichkeiten begleichen und anstehende Auszahlungen leisten zu können.

Die Zahlungsfähigkeit ist durch eine angemessene Liquiditätsplanung sicherzustellen (vgl.vgl. § 89 Abs. 1 GO NRW i. V. m. § 31 Abs. 6 KomHVO NRW). Diese obliegt in der Regel der „Kasse". Sie muss vorausschauend die in den nächsten Tagen anstehenden (größeren) Auszahlungen (wie z. B. Auszahlungen der Gehälter und Besoldungen, der Sozialhilfe und Kosten der Unterkunft, der Kreisumlage an den Kreis) und (größeren) Einzahlungen (wie z. B. Schlüsselzuweisungen des Landes, Grund- und Gewerbesteuern, Kreisumlage bei den Kreisen) gegenüberstellen, um festzustellen, ob ein positiver Saldo der liquiden Mittel erzielt werden kann oder ob anstehende Auszahlungen höher als die zu erwartenden Einzahlungen sind und dadurch ein Liquiditätsengpass entsteht.

Im zweiten Fall wäre mit dem bankkontoführenden Kreditinstitut ein Überziehungskredit zu vereinbaren. Diese Art des Dispositionskredits nennt man im Rahmen des kommunalen Finanzmanagements Kredit zur Sicherung der Liquidität oder auch Liquiditätskredit. Er sichert die Zahlungsfähigkeit und stellt eine kurzfristige Verbindlichkeit der Kommune gegenüber dem Kreditinstitut dar, da das bereitgestellte Geld wieder kurzfristig an die Bank zurückfließen muss. Die Ermächtigung zur Aufnahme dieser Liquiditätskredite ergibt sich aus § 89 Abs. 2 Satz 1 GO NRW und aus der örtlichen Haushaltssatzung mit einem Maximalrahmen des Kreditvolumens. Liquiditätskredite dürfen nur aufgenommen werden, sofern für die Auszahlungen keine anderen Mittel zur Verfügung stehen, sind also subsidiär (nachrangig).

§ 89 Abs. 4 GO NRW verpflichtet die Kommunen zudem, die von ihr nach dem 31.12.2025 aufgenommenen Liquiditätskredite innerhalb von höchstens 36 Monaten nach Ablauf des Haushaltsjahres, für das sie aufgenommen worden sind, vollständig zu tilgen.

2.4.7 Rangfolge der Finanzmittelbeschaffung[1]

Die Kommune ist in der Finanzierung ihrer Aufgaben bzw. in Bezug auf die Beschaffung der Finanzmittel nicht frei, sondern an eine Rangfolge gebunden. Diese ergibt sich aus § 77 Abs. 2 und 4 GO NRW:

① Auf Rang 1 stehen die **sonstigen Finanzmittel**, die im Gesetz selbst nicht weiter definiert werden. Dies sind negativ abgegrenzt alle Finanzmittel, die nicht zu den speziellen Finanzmitteln zählen (s. u.). Hierzu gehören sowohl öffentlichrechtliche als auch privatrechtliche Erträge, da eine Kommune auch als private Rechtspersönlichkeit auftreten kann, z. B. als Vermieterin von Wohnraum. So zählen zu den übrigen Finanzmitteln z. B. Mieten und Pachten, Zins- und Kapitalerträge, Zuwendungen wie die Schlüsselzuweisungen oder bedarfsbezogene Zuweisungen des Landes, aber auch Verwarn- und Bußgelder.

② Auf Rang 2 stehen die **Entgelte** für die von der Kommune erbrachten Leistungen. Zu diesen Entgelten zählen aus dem kommunalen Abgabenrecht die Gebühren und Beiträge (vgl. § 1 Abs. 1 KAG NRW) sowie privatrechtliche Entgelte.

Gebühren sind dabei nach § 4 Abs. 2 KAG NRW Geldleistungen, die als Gegenleistung für eine besondere Leistung (Amtshandlung oder sonstige Tätigkeit) der Verwaltung oder für die Inanspruchnahme öffentlicher Einrichtungen und Anlagen erhoben werden. Hierzu gehören die Verwaltungsgebühren und die Benutzungsgebühren.

Beiträge sind gemäß § 8 Abs. 2 Satz 1 KAG NRW Geldleistungen, die dem Ersatz des Aufwands für die Herstellung, Anschaffung oder Erweiterung öffentlicher Einrichtungen und Anlagen, bei Straßen, Wegen und Plätzen auch für deren Verbesserung (ohne lfd. Unterhaltung und Instandsetzung) dienen. Nach Satz 2 der Vorschrift werden sie von den Grundstückseigentümern als Gegenleistung dafür erhoben, dass ihnen durch die Möglichkeit der Inanspruchnahme der Einrichtungen und Anlagen wirtschaftliche Vorteile geboten werden. Gemäß § 8 Abs. 1 Satz 3 KAG NRW gilt aber, dass für Straßenausbaumaßnahmen, die von dem zuständigen Organ ab dem 01.01.2024 beschlossen werden oder die in Ermangelung eines gesonderten Beschlusses frühestens im Haushalt des Jahres 2024 stehen, keine Beiträge erhoben werden. Diese werden gemäß § 8a Abs. 1 KAG NRW vom Land NRW an die Kommunen erstattet.

Selbst bestimmte Entgelte können auch privatrechtliche Leistungsentgelte wie Eintrittsgelder sein, wenn die Einrichtung in einer privatrechtlichen Gesellschaftsform geführt wird.

---

[1] Zum Thema Kredite im kommunalen Haushaltsrecht vgl. Kapitel 2.10.

③ Auf Rang 3 stehen die **Steuern**. Nach § 3 Abs. 1 und 3 Abgabenordnung (AO) sind Steuern Geldleistungen, die nicht eine Gegenleistung für eine besondere Leistung darstellen und von einem öffentlich-rechtlichen Gemeinwesen zur Erzielung von Einkünften allen auferlegt werden, bei denen der Tatbestand zutrifft, an den das Gesetz die Leistungspflicht knüpft. Die Erzielung von Einnahmen kann Nebenzweck sein. Einfuhr- und Ausfuhrabgaben gehören zu den Steuern. Zu den klassischen kommunalen Steuern zählen die Grund- und Gewerbesteuer. Aber auch die Hundesteuer, Zweitwohnsitzsteuer oder die Vergnügungssteuer können hier genannt werden.

Steuern sind nachrangig/subsidiär und dürfen erst dann erhoben oder erhöht werden, wenn andere, vorrangige Finanzierungsquellen nicht ausreichen.

Bei der Erhebung und Erhöhung von Abgaben (Rang 2 und 3) muss die Kommune auf die wirtschaftliche Leistungsfähigkeit der Abgabepflichtigen achten (vgl. § 10 Satz 2 und § 77 Abs. 3 GO NRW). Diese dürfen nicht unverhältnismäßig überbelastet werden.

④ Auf Rang 4 und nur für investive Zwecke können **Einzahlungen aus Krediten** generiert werden. Da Krediteinzahlungen nicht zu Erträgen führen, können laufende Aufwendungen und damit auch die üblichen laufenden Aufgaben (wie Gewährung von Sozialhilfe) durch sie nicht finanziert werden. Auch für Investitionen sind Kredite nachrangig und nur dann aufzunehmen, wenn eine andere Finanzierung nicht möglich (Variante 1) oder wirtschaftlich unzweckmäßig wäre (Variante 2, vgl. § 77 Abs. 4 GO NRW). Der Begriff des Investitionskredits ergibt sich aus § 86 GO NRW.

Formal nicht unter den Kreditbegriff fällt der sog. Liquiditätskredit i. S. d. § 89 Abs. 2 GO NRW, der durch die „Kasse" im Rahmen der Sicherstellung der Liquidität aufgenommen werden darf und kurzfristiger Natur ist. Er dient lediglich der Aufrechterhaltung der Zahlungsfähigkeit, kann also auch nicht zur langfristigen, stetigen Aufgabenerfüllung eingesetzt werden (Einzahlung, kein Ertrag).

Bei der Variante 2 besteht Erklärungsbedarf. Dazu muss man Rang 1 bis 3 jeweils beispielhaft betrachten:

1. Sonstige Finanzmittel: Es wäre z. B. mittel- bis langfristig wirtschaftlich unzweckmäßig, kommunales Eigentum zu veräußern, sodass eine Kreditaufnahme bevorzugt wird. So wäre der Verkauf des Stadtwalds „in der Not" kein gutes Mittel, um die Liquidität zu erhöhen, da die Kommune vermutlich dann keinen angemessenen Kaufpreis erzielen kann und zugleich z. B. die Erträge aus dem Holzverkauf etc. wegbrächen. Auch der Verkauf und das gleichzeitige „Zurückleasen" von Gebäuden, des Straßenbahnnetzes oder der Kanalisation würde ad hoc viel Geld in die „Kasse" spülen, jedoch über die Jahre und Jahrzehnte ein Verlustgeschäft für zukünftige Generationen bedeuten.
2. Gebühren und Beiträge müssen kostendeckend kalkuliert werden, sodass hier keine „Gewinne" erwirtschaftet werden dürfen.
3. Steuersätze können grundsätzlich sehr frei gestaltet werden, jedoch ist dies ein Balanceakt, da eine überhöhte Gewerbe- und Grundsteuer die Kommune unattraktiv für

Einwohner*innen sowie für Gewerbetreibende machen kann. In dieser Spirale würden dann irgendwann weitere Erträge wegbrechen und manch Bürgermeister*in spricht hier dann auch vom sog. „kommunalen Tod".

Eine Kreditaufnahme soll also als letztes Mittel dienen, obgleich dies die Einwohner*innen bzw. die Abgabepflichtigen eigentlich am schlimmsten finanziell belastet. So bemerken sie z. B. eine Steuererhöhung sehr konkret und bewusst durch den ihnen übersandten Steuerbescheid. Aber die für sie weitaus nachteilhaftere Verschuldung spüren sie erst zeitversetzt, meist erst ihre Kinder und Enkel, da die Zinsen über viele Jahre aufgebracht werden müssen.

Zusammenfassend lässt sich folgende **Reihenfolge der Finanzmittel** festhalten:

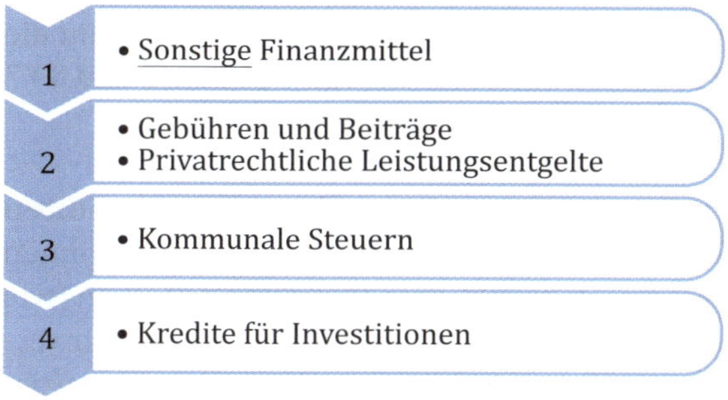

2.5 HAUSHALTSSATZUNG

2.5.1 Begriff, Struktur und Aufbau

Die Definition des Bundesverfassungsgerichts in einem Urteil vom 14.07.1959 zu der Frage, was eine öffentlich-rechtliche Satzung ausmacht, beinhaltet diese drei wesentlichen Komponenten:

- Es handelt sich regelmäßig um *generell-abstrakte* Rechtsnormen. Generell sind sie wegen ihrer Wirkung für eine Vielzahl von Personen abstrakt, weil sie auf eine Vielzahl von Sachverhalten anwendbar sind.
- Selbstverwaltungskörperschaften können durch Satzung objektives Recht für ihren Aufgabenbereich setzen. Dieses Selbstverwaltungsrecht folgt für die Kommunen aus Art. 28 Abs. 2 GG, der bestimmt, dass den Gemeinden das Recht gewährleistet sein muss, alle Angelegenheiten der örtlichen Gemeinschaft im Rahmen der Gesetze in eigener Verantwortung zu regeln.
- Zu den mit *Satzungsautonomie* ausgestatteten juristischen Personen des öffentlichen Rechts gehören Gebietskörperschaften, somit Gemeinde und Gemeindeverbände.

Der Gemeinderat erlässt, ändert oder hebt Satzungen auf.

Satzungen müssen wie andere Rechtsnormen inhaltlich hinreichend bestimmt sein (Art. 20 Abs. 3 GG). In der Haushaltssatzung wird die Aufstellung eines Haushaltsplans geregelt. Auch die Haushaltssatzung unterliegt den satzungsrechtlichen Regelungen.

Die Gemeinde hat für jedes Jahr eine Haushaltssatzung zu erlassen. Für den Erlass einer Satzung bedarf es einer Ermächtigungsgrundlage in einem Gesetz, dies ist hier in diesem Fall § 78 GO NRW, in dem die Pflichtbestandteile jeder Haushaltssatzung vom Gesetzgeber vorgegeben werden. Eine Angabe ist zu jedem Punkt immer erforderlich; im Zweifel die Angabe „0“ oder „nicht vorgesehen“.

Nachfolgend wird eine Haushaltssatzung exemplarisch abgebildet, die in Klammern und ab den §§ 8 ff. Alternativangaben aufzeigt:

Haushaltssatzung

der Stadt Studienhausen für das Haushaltsjahr 2025

Aufgrund der §§ 78 ff. der Gemeindeordnung für das Land Nordrhein-Westfalen in der Fassung der Bekanntmachung vom 14.07.1994 (GV. NRW. S. 666), zuletzt geändert durch Gesetz vom 30.07.2024 (GV. NRW. S. 444), in der zurzeit gültigen Fassung hat der Rat der Stadt Studienhausen am 28.11.2024 folgende Haushaltssatzung beschlossen:

§ 1

Der Haushaltsplan für das Haushaltsjahr 2025, der die für die Erfüllung der Aufgaben des Zweckverbands voraussichtlich anfallenden Erträge und entstehenden Aufwendungen sowie eingehenden Einzahlungen und zu leistenden Auszahlungen und notwendigen Verpflichtungsermächtigungen enthält, wird

im Ergebnisplan mit

Gesamtbetrag der Erträge auf	1.728.000 €
Gesamtbetrag der Aufwendungen auf	1.828.000 €

im Finanzplan mit

Gesamtbetrag der Einzahlungen aus lfd. Verwaltungstätigkeit auf	1.855.000 €
Gesamtbetrag der Auszahlungen aus lfd. Verwaltungstätigkeit auf	1.708.000 €
Gesamtbetrag der Einzahlungen aus der Investitionstätigkeit auf	80.000 €
Gesamtbetrag der Auszahlungen aus der Investitionstätigkeit auf	69.000 €
Gesamtbetrag der Einzahlungen aus der Finanzierungstätigkeit auf	50.000 €
Gesamtbetrag der Auszahlungen aus der Finanzierungstätigkeit auf	50.000 €

festgesetzt.

§ 2

Der Gesamtbetrag der Kredite, deren Aufnahme für Investitionen erforderlich ist, wird auf 5.000.000 €
festgesetzt.
(alternativ: Kredite für Investitionen werden nicht veranschlagt.)

§ 3

Der Gesamtbetrag der Verpflichtungsermächtigungen, der zur Leistung von Investitionsauszahlungen in künftigen Jahren erforderlich ist, wird auf 100.000 €
festgesetzt.
(alternativ: Verpflichtungsermächtigungen werden nicht veranschlagt.)

§ 4

Die Verringerung der allgemeinen Rücklage aufgrund des voraussichtlichen Jahresergebnisses im Ergebnisplan wird auf 100.000 €
festgesetzt.
(alternativ: Eine Inanspruchnahme des Eigenkapitals soll nicht erfolgen.)

§ 5

Der Höchstbetrag der Kredite, die zur Liquiditätssicherung in Anspruch genommen werden dürfen, wird auf 5.100.000 € festgesetzt.
(alternativ: Kredite zur Liquiditätssicherung werden nicht beansprucht.)

§ 6

Die Steuersätze für die Gemeindesteuern werden für das Haushaltsjahr 2025 wie folgt festgesetzt:

Grundsteuer

für die land- und forstwirtschaftlichen Betriebe
(Grundsteuer A) auf 285 v. H.

für die Grundstücke (Grundsteuer B) auf 782 v. H.
(Anmerkung der Verfasser: Zum 01.01.2025 tritt die Grundsteuerreform in Kraft. In NRW wurde sich für das sog. Bundesmodell entschieden. Man kann weiterhin die Grundsteuer B in einem einheitlichen Hebesatz erheben oder differenziert, sprich für Wohnbauten und Gewerbegrundstücken unterschiedliche Hebesätze erlassen. Hier gehen wir von einem einheitlichen Hebesatz aus)

Gewerbesteuer auf 495 v. H.

§ 7

Nach dem Haushaltssicherungskonzept ist der Haushaltsausgleich im Jahr 2028 wiederhergestellt. Die im Haushaltssicherungskonzept enthaltenen Konsolidierungsmaßnahmen sind bei der Ausführung des Haushaltsplans umzusetzen.
(alternativ: entfällt)

§§ 8 ff.

Hier können weitere Vorschriften gemäß § 78 Abs. 2 GO NRW aufgenommen werden:

Beispiele:

Die Wertgrenze für Investitionen i. S. d. § 41h der GO NRW i. V. m. § 4 Abs. 4 der KomHVO NRW wird auf 50.000 Euro festgesetzt.

Die Haushaltssatzung kann nur durch Nachtragssatzung geändert werden (vgl. Kapitel 2.9). Dafür werden z. B. folgende Wertgrenzen bestimmt:

1. Als erheblich i. S. d. § 81 Abs. 2 Nr. 1 GO NRW mit der Pflicht zum Erlass einer Nachtragssatzung gilt ein zusätzlicher Fehlbetrag in Höhe von mehr als 25 % des Volumens der ordentlichen Aufwendungen aus laufender Verwaltungstätigkeit.

2. Als erheblich sind Mehraufwendungen und Mehrauszahlungen i. S. d. § 81 Abs. 2 Nr. 2 GO NRW anzusehen, wenn sie im Einzelfall das Volumen von 25 % der ordentlichen Aufwendungen bzw. der Auszahlungen aus laufender Verwaltungstätigkeit überschreiten.
3. Der Rat kann bei einem Beschluss über erhebliche Abweichungen die Aufstellung einer Nachtragssatzung zurückstellen.
4. Als geringfügig i. S. d. § 81 Abs. 3 GO NRW gelten Auszahlungen für nicht veranschlagte und zusätzliche Investitionen und Auszahlungen aus Finanzierungstätigkeit bei der Abwicklung von Geldanlagen bis zur Höhe von insgesamt 400.000 Euro.

Hier könnten Angaben zu den Budgets nach § 21 KomHVO NRW stehen, wenn diese nicht in den Teilplänen ausgewiesen werden (vgl. § 4 Abs. 5 KomHVO NRW, siehe Kapitel 2.9).

Studienhausen, den 28.11.2024

2.5.2 Bedeutung des Kämmerers im Vorverfahren

Der Erlass (oder auch der „Weg“ der Haushaltssatzung) ist grundsätzlich sehr verständlich und chronologisch in § 80 GO NRW dargestellt. Dennoch bedarf es einiger Erläuterungen aus der Praxis heraus, die hier „zwischen den Zeilen“ nicht sofort zu erkennen sind. Zunächst erkennt man in den ersten beiden Absätzen sehr gut die besondere Bedeutung des Kämmerers in einer Verwaltung (vgl. dazu Kapitel 2.3). Nicht nur, dass der Kämmerer den Entwurf der Haushaltssatzung aufstellt, sondern ihm steht auch ein besonderes „Vetorecht“ zu.

Zunächst sei gesagt, dass die Erstellung des Entwurfs der Haushaltssatzung mit ihren Anlagen (Haushaltsplan, Stellenplan etc.) Monate bzw. ganzjährig dauert und mit zahlreichen Besprechungen und Verhandlungen innerhalb der Verwaltung und auch mit der Politik verbunden ist. Mittelanmeldungen der Fachämter werden diskutiert, hinterfragt und gesammelt. Das bedeutet, dass auch die Fachbereichsleiter, Amtsleiter etc. Fachkenntnisse in der Materie haben sollten, da sie im Vorfeld entscheidend beteiligt werden und das Ergebnis der internen Beratungen im ersten Entwurf der Haushaltssatzung mündet. Der Verwaltungsvorstand stellt gemäß § 70 Abs. 2c GO NRW den Haushaltsplan auf, unbeschadet der Rechte des Kämmerers.

§ 80 Abs. 1 GO NRW geht von einem „normalen“ Ablauf aus: Der Kämmerer legt vor, der „Chef“ (Oberbürgermeister, Bürgermeister oder Landrat) bestätigt förmlich den vorgelegten Entwurf. In Absatz 2 der Vorschrift wird allerdings deutlich, was passiert, wenn der Oberbürgermeister, Bürgermeister oder der Landrat mit dem Kämmerer uneins ist. Hier muss der Kämmerer natürlich hierarchiebedingt dem Organ der Gemeinde nachfolgen und die gewünschten Änderungen in den Entwurf einpflegen, jedoch hat der Kämmerer das besondere Recht, dem Entwurf eine schriftliche Stellungnahme beizufügen, in der er seine abweichende Auffassung begründet. Diese Stellungnahme müssen die Obengenannten dem Rat zusammen mit dem Haushalt zuleiten. Hier „zieht“ der Gesetzgeber den Kämmerer annähernd auf Augenhöhe mit einem Organ der Gemeinde, um eine kritische und eingehende

Beratung und Einvernehmen schon bei der Erstellung des Entwurfs jenseits von etwaigen parteipolitischen Hintergründen zu bewirken. Es wäre politisch und von der Sache her nämlich fast eine „Palastrevolution“ und durchaus medienwirksam für die Lokalpolitik, wenn Organ und Kämmerer mit divergierenden Auffassungen in eine öffentliche Ratssitzung gehen, in der dem höchsten Organ, dem Rat, diese Uneinigkeit genauso offenbart werden muss wie der Öffentlichkeit. Gleichzeitig hat der Gesetzgeber die Gewissheit, dass im Fall der Fälle der Kämmerer oder der Oberbürgermeister, Bürgermeister, Landrat im „Inneren der Verwaltung“ ein Regulativ für den jeweils anderen sein könnte.

2.5.3 Besondere Rechte der Einwohner und Abgabepflichtigen

Nachdem nun der fertige Entwurf der Haushaltssatzung nach § 80 Abs. 3 GO NRW dem Rat zugeleitet wird, ist er danach unverzüglich öffentlich bekannt zu geben. Das erfolgt heutzutage im Internet oder ausschnittsweise (nur die Satzung an sich, ein Verweis auf das Schwarze Brett oder die Website) in der Tageszeitung und im jeweiligen Amtsblatt i. S. d. § 4 der Bekanntmachungsverordnung NRW. In der jeweiligen Hauptsatzung müssen die entsprechenden Medien und Bekanntmachungsmöglichkeiten genau benannt werden. Somit wird der Souverän, die Bevölkerung, fast zeitgleich mit dem Rat oder Kreistag informiert. An dieser Stelle gibt es ein besonderes Recht der Einwohner (jeder, der in der Gemeinde wohnt) oder Abgabepflichtigen (jeder, der Steuern, Gebühren oder Beiträge in der Gemeinde zahlt, auch wenn er nicht dort wohnt): Sie können Einsicht nehmen **und** Einwendungen (keinen Einspruch) gegen die Haushaltssatzung mit ihren Anlagen erheben. Dazu muss den Einwendungsberechtigten in der öffentlichen Bekanntgabe zuvor eine Mindestfrist von 14 Tagen eingeräumt werden, und es ist exakt die Stelle anzugeben, bei der die Einwendungen schriftlich oder zur Niederschrift erhoben werden können. Die Frist ist so zu setzen, dass die Ratsmitglieder noch rechtzeitig vor der ersten Ratssitzung zum Haushalt davon erfahren. Für den unbestimmten Rechtsbegriff „rechtzeitig“ gibt es an dieser Stelle keine haushaltsrechtliche Definition. Bedauerlicherweise wird hiervon in der Praxis selten Gebrauch gemacht.

2.5.4 Beratung und Beschlussfassung durch den Rat

An dieser Stelle endet das Vorverfahren, und mit § 80 Abs. 4 GO NRW beginnt erst formell die Beratung des Rates. Dieser Absatz ist sehr kurz gehalten und vermittelt den Eindruck, dass lediglich eine Ratssitzung zum Haushalt stattfinden würde, in der beraten und beschlossen wird. Das ist in der Praxis allerdings unüblich bis nicht machbar. Man stelle sich z. B. einmal die Länge solch einer Sitzung bei einem Haushalt mit über 2.000 Seiten vor. In der Praxis gestaltet es sich derart, dass der Rat den ersten Entwurf zur Kenntnis nimmt und ihn dann sofort zur Beratung in die jeweiligen Fachausschüsse weiterleitet. In den Fachausschüssen sitzen die meisten Ratsmitglieder selbst, da jeder Politiker meist auf ein/zwei Themengebiete spezialisiert ist, zudem werden weitere Parteimitglieder in die Ausschüsse berufen, und sog. sachkundige Bürger nehmen teil. Das hat den Vorteil, dass der vorgenannte Personenkreis sich detailliert mit einem Teilbereich des Haushalts auseinandersetzen kann, in dem er sich auch unterjährig unabhängig von den Finanzen auskennt und um die „Geschichte hinter den Zahlen“ weiß. Dort wird beraten, verhandelt, diskutiert, die Fachdezernenten werden dazu geladen etc.

Dann fassen die Ausschüsse Empfehlungsbeschlüsse und erstellen Änderungslisten, die abschließend in die neuen Haushaltsentwürfe eingepflegt werden. Der Gemeinderat kann hier aber jederzeit Beschlüsse „kassieren“ oder Themen an sich ziehen, da er das sog. „Königsrecht des Rates“ besitzt und die Endfassung beschließt (siehe hierzu auch § 41 GO NRW).

Die Mehrheiten des Gemeindeorgans werden eins zu eins auf die Ausschüsse übertragen, sodass die Beschlusslage im Ausschuss somit rein theoretisch in Korrelation zu einem Ratsbeschluss in der Sache stünde. Auch in diesen öffentlichen Ratssitzungen (außer zur wichtigsten Anlage des Haushaltsplans, dem Stellenplan, sind die Sitzungen nicht öffentlich) kann jederzeit der Kämmerer seine abweichende Auffassung vertreten. Somit muss er eingeladen werden und vom Vorsitzenden des Rates, der die Sitzung leitet (und unisono der Oberbürgermeister, Bürgermeister oder Landrat ist), ein Rederecht eingeräumt bekommen.

Sollten die Beratungen bis in das zu beschließende Jahr andauern, gilt gemäß § 82 GO NRW die vorläufige Haushaltsführung, was zu gewissen Einschränkungen führt (siehe hierzu Kapitel 2.9.2). Bei den Beratungen werden gemäß § 59 Abs. 2 GO NRW verpflichtend der Finanzausschuss, bei kreisfreien Städten gemäß § 37 Abs. 4 GO NRW die Bezirksvertretungen und grundsätzlich immer auch alle freiwillig gebildeten Fachausschüsse (z. B. Kultur-, Sport- oder Jugendhilfeausschuss) beteiligt.

2.5.5 Nach der Beschlussfassung Anzeige bei der Aufsichtsbehörde

Wenn der Rat seinen Beschluss abschließend gefasst hat, gelangt man in § 80 Abs. 5 GO NRW. Dann ist bei einem ausgeglichenen Haushalt (echt/tatsächlich oder fiktiv) der Haushalt bei der jeweiligen Aufsichtsbehörde anzuzeigen. Bei einer Anzeige des Haushalts nimmt die Aufsichtsbehörde lediglich Kenntnis und gibt bei Bedarf Anregungen, ein formelles Einschreiten ist nicht vorgesehen. Die Aufsichtsbehörde der kreisangehörigen Städte ist der jeweilige Landrat als untere staatliche Aufsichtsbehörde. Bei Kreisen, kreisfreien Städten und z. B. den Zweckverbänden fungiert die Bezirksregierung als Aufsichtsbehörde, in NRW gibt es insgesamt fünf Bezirksregierungen (Münster, Düsseldorf, Arnsberg, Detmold und Köln). Siehe dazu die Ausführungen in 2.5.4. Auf die Auswirkungen bei einem unausgeglichenen Haushalt und der Notwendigkeit eines Haushaltssicherungskonzepts wird in Kapitel 2.5 dieses Buchs genauer eingegangen.

2.5.6 Fristen und Wirksamwerden

Im weiteren Verlauf des § 80 Abs. 5 GO NRW geht es um das Wirksamwerden des vom Gemeindeorgan beschlossenen Haushalts. Der Beschluss über den Haushalt soll vor dem 30.11. erfolgen und der Aufsichtsbehörde zum 30.11. angezeigt werden. Dann hat die Aufsichtsbehörde bis zum 30.12. Zeit (die Frist kann von der Aufsichtsbehörde verlängert oder verkürzt werden) für eine förmliche Kenntnisnahme, vorher darf der Haushalt von der Gemeinde nicht bekannt gemacht werden. Sollte alles form- und fristgerecht ablaufen, könnte die Gemeinde den Haushalt rechtzeitig im entsprechenden Amtsblatt oder im Internet (vgl. dazu § 4 der Bekanntmachungsverordnung NRW) förmlich bekannt machen, dann würde die Haushaltssatzung fristgerecht einen Tag nach Bekanntmachung gemäß § 7

Abs. 4 GO NRW zum 01.01. in Kraft treten und, wie in § 78 Abs. 3 GO NRW vorgesehen, vom 01.01. bis 31.12. wirken. **Sie kann Festsetzungen für zwei Jahre (sog. Doppelhaushalt)**, allerdings nach Jahren getrennt, enthalten.

Der § 80 Abs. 6 GO NRW ist vom Gesetzgeber bei der Fristangabe in Form einer Analogie formuliert. Letztendlich heißt das übersetzt, dass der Haushalt so lange zur Einsichtnahme verfügbar gehalten werden muss (jeder Einwohner und jeder Abgabepflichtige kann jederzeit Einsicht nehmen), bis die Rechnungslegung des Haushaltsjahres beschlossen wurde (analog zur Regelung über die Auslegung des Jahresabschlusses in § 96 Abs. 2 GO NRW).

2.5.7 Nachtragssatzung[2]

Die Haushaltssatzung kann nur durch eine Nachtragssatzung geändert werden. Außer bei den Festsetzungen innerhalb des Ergebnis- und Finanzplans nach § 78 Abs. 2 Nr. 1a und 1b GO NRW, dort wird zunächst durch die Budgetierung und die Möglichkeit des § 83 GO NRW innerhalb des Haushaltsplans versucht, einen Ausgleich herbeizuführen. Gelingt dies nicht mehr oder sind die Abweichungen von den Planansätzen „erheblich" (dieser unbestimmte Begriff sollte in der Haushaltssatzung mit einem Prozentsatz oder absolutem Betrag definiert werden), kann in letzter Konsequenz ebenfalls eine Nachtragssatzung notwendig sein (vgl. § 81 GO NRW).

---

2 Genauere Ausführung zur Nachtragssatzung siehe Kapitel 2.9.3.5.

2.6 HAUSHALTSPLAN UND TEILPLÄNE

2.6.1 Einführung

Gemäß § 78 Abs. 2 Nr. 1 GO NRW enthält die Haushaltssatzung die Festsetzungen des Haushaltsplans. In der Haushaltssatzung wird damit der kommunale Haushaltsplan vom Vertretungsorgan in einfacher Mehrheit beschlossen. Die Haushaltssatzung legt u. a. das Volumen der Aufwendungen und Erträge im Ergebnisplan sowie einzelne Volumina von Ein- und Auszahlungen im Finanzplan fest. Der Haushaltsplan samt seinen Anlagen bildet damit eine Anlage zur Haushaltssatzung.

2.6.2 Haushaltsplan

Der Haushaltsplan soll als eine für die Wirtschaftsführung der Kommune verbindliche, produktorientierte „Zusammenstellung der im Haushaltsjahr zu erbringenden Leistungen und den hierfür veranschlagten Erträgen und Aufwendungen sowie Einzahlungen und Auszahlungen"[3] verstanden werden. Dies bestätigt § 79 Abs. 4 GO NRW. Demnach ist der Haushaltsplan Grundlage für die Haushaltswirtschaft der Kommune.

Mit dem Haushaltsplan und seinen Anlagen bindet das Vertretungsorgan im Innenverhältnis die Verwaltung. Er stellt eine verbindliche Vorgabe für die Haushaltsausführung (unterjährige Bewirtschaftung) und eine Ermächtigung für die Kommune dar, die veranschlagten (geplanten) Mittel im Laufe des Haushaltsjahres in Anspruch nehmen zu dürfen.

Ansprüche und Verbindlichkeiten Dritter werden durch den Haushaltsplan weder begründet noch aufgehoben (§ 79 Abs. 4 Satz 3 GO NRW). Dies gilt auch für Ansprüche der Kommune gegen Dritte.

Die **Pflichtbestandteile** des Haushaltsplans ergeben sich aus § 79 Abs. 1 GO NRW und § 1 KomHVO NR. Hierzu zählen zuerst die eigentlichen Pläne in Form von

- Ergebnisplan nach § 2 KomHVO NRW und
- Finanzplan nach § 3 KomHVO NRW.

Diese sind zu ergänzen um die Teilpläne in Form von

- Teilergebnisplänen nach § 4 Abs. 3 KomHVO NRW und
- Teilfinanzplänen nach § 4 Abs. 4 KomHVO NRW.

Das Haushaltssicherungskonzept nach § 76 GO NRW ist Bestandteil des Haushaltsplans, sofern ein solches aufzustellen ist oder freiwillig aufgestellt wird.

---

[3] Bernhardt/Mutschler/Stockel-Veltmann: Kommunales Finanzmanagement NRW, 6. Auflage, Witten, 2010, S. 98.

Dem Haushaltsplan sind nach § 1 Abs. 2 Satz 1 KomHVO NRW bestimmte **Pflichtanlagen** beizufügen, von denen hier nur einige genannt werden sollen:

- Vorbericht (vgl. § 7 KomHVO NRW)
- Stellenplan (vgl. § 79 Abs. 2 Satz 2 GO NRW und § 8 KomHVO NRW)
- Haushaltsquerschnitt als Überblick über die Haushaltswirtschaft der Kommune
- Bilanz des Vorvorjahres (ausgehend vom „Basis-Planjahr")
- Übersicht über die (zukünftige) Entwicklung des Eigenkapitals (ausgehend von der Schlussbilanz des Vorvorjahres)
- Übersicht über die Zuwendung an die Fraktionen

Zwei Pflichtanlagen sollen etwas näher betrachtet werden:

Der **Vorbericht** nach § 7 KomHVO NRW ist für die Beurteilung der Vermögens-, Finanz- und Ertragslage der Kommune für das Vertretungsorgan, interessierte Einwohner*innen, Abgabepflichtige sowie für die Aufsichtsbehörde von Bedeutung. Er gibt einen Überblick über die wichtigsten Eckpunkte des Haushaltsplans. Darüber hinaus sind auch die Zielsetzungen sowie die Rahmenbedingungen der Planung zu erläutern.

Der **Stellenplan** nach § 8 KomHVO NRW ist Grundlage für die Personalwirtschaft der Kommune. Er enthält Angaben zur Anzahl der Mitarbeitenden, zur Zuordnung der Mitarbeitenden zu den Besoldungs- und Tarifgruppen und eine Aufteilung der Mitarbeitenden auf die einzelnen (normierten) Produktbereiche im Rahmen einer Stellenübersicht.

Im **Vergleich zur Haushaltssatzung** enthält der Haushaltsplan mehr Informationen:

- Die Haushaltssatzung enthält lediglich Festsetzungen von Gesamtbeträgen der Erträge und Aufwendungen sowie der Ein- und Auszahlungen. Im Haushaltsplan werden die Erträge/Aufwendungen und Ein-/Auszahlungen differenziert nach unterschiedlichen Arten (z. B. Personalaufwand, Transferaufwand, Aufwand aus Abschreibungen) dargestellt. Die Arten werden zu Blöcken zusammengefasst, zu denen im Ergebnis- bzw. im Finanzplan Zwischensummen gezogen werden.
- Die Haushaltssatzung enthält entsprechend den gesetzlichen Vorgaben aus § 78 GO NRW nur Festsetzungen zu einem Haushaltsjahr, dem „Basis-Planjahr". Dies ergibt sich schon aus dem Grundsatz, dass die Haushaltssatzung nur für ein Jahr (dem Haushaltsjahr = Kalenderjahr) gilt und jedes Jahr neu zu erlassen ist. Im Haushaltsplan sind hingegen zu den einzelnen Aufwands-/Ertrags-/Auszahlungs-/Einzahlungsarten mehrere Jahre in einer Zeitreihe darzustellen, um eine Entwicklung erkennen zu können. Dies ergibt sich aus § 84 Abs. 1 GO NRW sowie § 1 Abs. 3 KomHVO NRW.
- In der Haushaltssatzung werden die geplanten Werte nicht erläutert. Durch die umfangreichen Pflichtanlagen zum Haushaltsplan können mehr Informationen entnommen werden. Ansätze werden erläutert oder separat dargestellt.

Gemäß § 84 Abs. 1 GO NRW hat die Kommune ihrer Haushaltswirtschaft eine **fünfjährige Ergebnis- und Finanzplanung** zugrunde zu legen und in den Haushaltsplan einzubeziehen.

Nach § 1 Abs. 3 KomHVO NRW sind zusätzlich die Ergebnisse des Vorvorjahres (ausgehend vom „Basis-Planjahr") beizufügen, sodass sich folgende spaltenmäßige Darstellung ergibt:

		Basis-Planjahr			
−2	−1	⇔	+1	+2	+3
Ergebnis	Planwert	Planwert	Planwert	Planwert	Planwert
	aktuelles Jahr				

Beispiel:
Wird die Haushaltssatzung für das Haushaltsjahr („Basis-Planjahr") 02 aufgestellt, müssen im Haushaltsplan Werte zu folgenden Jahren angegeben werden:

00	*01*	*02*	*03*	*04*	*05*
Ergebnis	*Planwert*	*Planwert*	*Planwert*	*Planwert*	*Planwert*

Die mittelfristige Planung für die zukünftigen Jahre nach dem „Basis-Planjahr" hat keine Vollzugsverbindlichkeit und dient als Orientierung.

2.6.3 Ergebnisplan

Im Ergebnisplan werden die einzelnen Aufwendungen und Erträge der Kommune, nach verschiedenen Arten unterteilt und mit Zwischensummen abgetrennt, dargestellt. Hier wird das geplante Jahresergebnis abgeleitet, also ein möglicher Jahresüberschuss oder Jahresfehlbedarf. Insoweit ist der Ergebnisplan im Rahmen der Haushaltsplanung das zentrale Element. Hier ergibt sich, ob ein echter Haushaltsausgleich i. S. d. § 75 Abs. 2 Satz 1 GO NRW erreicht und ob der erste allgemeine Haushaltsgrundsatz nach § 75 Abs. 1 Satz 1 GO NRW, die sichere und stetige Aufgabenerfüllung, eingehalten werden kann.

Die Inhalte und Gliederung des Ergebnisplans ergeben sich aus § 2 KomHVO NRW und Anlage 4 VV Muster zur GO NRW und KomHVO NRW. Dabei sind folgende Zwischensummen zu ziehen:

	Ordentliche Erträge		
./.	Ordentliche Aufwendungen	=	Ordentliches Ergebnis
	Finanzerträge		
./.	Finanzaufwendungen	=	Finanzergebnis
			Ergebnis der laufenden Verwaltungstätigkeit
	Außerordentliche Erträge		
./.	Außerordentliche Aufwendungen	=	Außerordentliches Ergebnis
			Jahresergebnis

Insgesamt ergibt sich folgender (verpflichtender) Aufbau des Ergebnisplans:

Ergebnisplan

		Ertrags- und Aufwandsarten	Ergebnis des Vorvorjahres EUR	Ansatz des Vorjahres EUR	Ansatz des Haushaltsjahres EUR	Planung Haushaltsjahr +1 EUR	Planung Haushaltsjahr +2 EUR	Planung Haushaltsjahr +3 EUR
			1	2	3	4	5	6
1		Steuern und ähnliche Abgaben						
2	+	Zuwendungen und allgemeine Umlagen						
3	+	Sonstige Transfererträge						
4	+	Öffentlich-rechtliche Leistungsentgelte						
5	+	Privatrechtliche Leistungsentgelte						
6	+	Kostenerstattungen und Kostenumlagen						
7	+	Sonstige ordentliche Erträge						
8	+	Aktivierte Eigenleistungen						
9	+ / -	Bestandsveränderungen						
10	=	**Ordentliche Erträge**						
11	-	Personalaufwendungen						
12	-	Versorgungsaufwendungen						
13	-	Aufwendungen für Sach- und Dienstleistungen						
14	-	Bilanzielle Abschreibungen						
15	-	Transferaufwendungen						
16	-	Sonstige ordentliche Aufwendungen						
17	=	**Ordentliche Aufwendungen**						
18	=	**Ordentliches Ergebnis** (= Zeilen 10 und 17)						
19	+	Finanzerträge						
20	-	Zinsen und sonstige Finanzaufwendungen						
21	=	**Finanzergebnis** (= Zeilen 19 und 20)						
22	=	**Ergebnis der lfd. Verwaltungstätigkeit** (= Zeilen 18 und 21)						
23	+	Außerordentliche Erträge						
24	-	Außerordentliche Aufwendungen						
25	=	**Außerordentliches Ergebnis** (= Zeilen 23 und 24)						
26	=	**Jahresergebnis** (= Zeilen 22 und 25)						
27	=	**Globaler Minderaufwand**						
28	=	**Jahresergebnis nach Abzug globaler Minderaufwand** (= Zeilen 26 und 27)						

Nachrichtlich:

29	Verrechnete Erträge bei Vermögensgegenständen						
30	Verrechnete Erträge bei Finanzanlagen						
31	Verrechnete Aufwendungen bei Vermögensgegenständen						
32	Verrechnete Aufwendungen bei Finanzanlagen						
33	**Verrechnungssaldo** (= Zeilen 29 bis 32)						

Unterhalb des Ergebnisplans und damit nicht ergebniswirksam sind besondere Sachverhalte nach § 44 Abs. 3 KomHVO NRW auszuweisen. Auf diese haushaltsrechtliche Besonderheit wird zu einem späteren Zeitpunkt eingegangen.[4]

Die Zuordnung der einzelnen Erträge und Aufwendungen zu den Positionen des Ergebnisplans ist gemäß § 2 Abs. 3 KomHVO NRW auf Grundlage des vom für Kommunales zuständigen Ministeriums bekannt gegebenen Kontierungsplans vorzunehmen. Dieser kann den Anlagen 19 und 20 VV Muster zur GO NRW und KomHVO NRW entnommen werden. Die Zuordnung zu den einzelnen Positionen ist (im Überblick) wie folgt vorzunehmen:

A | Die ordentlichen Erträge

Position	Erläuterung
Steuern und ähnliche Abgaben	• Grund- und Gewerbesteuer • Vergnügungs-, Hunde-, Zweitwohnungssteuer u. Ä. • Gemeindeanteile an der Einkommens- und an der Umsatzsteuer • Fremdenverkehrs- und Spielbankabgaben
Zuwendungen und allgemeine Umlagen	• Schlüsselzuweisungen vom Land • Bedarfs- und allgemeine Zuweisungen des Landes und/oder des Bundes • Zuwendungen für laufende Zwecke • Erträge aus der Auflösung von Sonderposten für Zuwendungen • Allgemeine Umlagen (z. B. Kreisumlage oder Zweckverbandsumlage) Der Begriff der Zuwendungen ist wie folgt zu unterscheiden: • Eine Zuweisung ist eine Übertragung finanzieller Mittel zwischen Körperschaften des öffentlichen Rechts. • Ein Zuschuss ist eine Übertragung finanzieller Mittel zwischen dem unternehmerischen/privaten Bereich und Körperschaften des öffentlichen Rechts (z. B. Spende).
Sonstige Transfererträge	Erhaltene Geldleistungen ohne konkrete Gegenleistung, die nicht unter die ersten beiden Positionen fallen, insbesondere Ersatz von sozialen Leistungen (z. B. Rückforderung zu Unrecht erbrachter Sozialhilfe)
Öffentlich-rechtliche Leistungsentgelte	Entgelte für eine konkrete Gegenleistung, deren Rechtsgrundlage öffentlich-rechtlicher Natur ist, insbesondere Verwaltungs- und Benutzungsgebühren

4 Siehe hierzu die Kapitel zur Haushaltsplanung und Veranschlagung (Kapitel 2.8).

Position	Erläuterung
Privatrechtliche Leistungsentgelte	Entgelte für eine konkrete Gegenleistung, deren Rechtsgrundlage nicht öffentlich-rechtlicher Natur ist, insbesondere Verkaufserträge sowie Mieten und Pachten sowie privatrechtliche Eintrittsgelder
Kostenerstattungen und Kostenumlagen	Hierunter zu verstehen sind der Ersatz für Aufwendungen, die eine Stelle für eine andere Stelle erbracht hat. Der Erstattung liegt dabei ein auftragsähnliches Verhältnis zugrunde. Unerheblich ist, auf welcher Rechtsgrundlage die Erstattungspflicht beruht, ob die Erstattung die Kosten des Empfängers voll oder nur teilweise deckt oder ob sie pauschaliert ist. Zu unterscheiden sind: • Kostenerstattung = 1:1-Erstattung von Leistungen, die die Kommune im Auftrag eines Dritten erbracht hat • Kostenumlage = pauschale Erstattung von Leistungen, die die Kommune im Auftrag eines Dritten erbracht hat
Sonstige ordentliche Erträge	Auffangtatbestand für alle übrigen Erträge, z. B.: • Bußgelder • Säumniszuschläge aus dem Mahnverfahren • Stundungs- und Verzugszinsen • Erträge aus Zuschreibungen • Erträge aus der Auflösung von Rückstellungen
Aktivierte Eigenleistungen	• Eigenleistung = Einsatz eigenen Personals oder Materials bei der Herstellung von Anlagevermögen • Aktivierung = Aufnahme in die Bilanz
Bestandsveränderungen	Ergebnis von Inventurdifferenzen bei fertigen und unfertigen Erzeugnissen (kann auch negativ sein)

B | Die ordentlichen Aufwendungen

Position	Erläuterung
Personalaufwendungen	Aufwendungen für aktiv Beschäftigte, z. B.: • Bruttobezüge der beamteten Personen • Bruttoentgelte der tariflich Beschäftigten • Beiträge zu (Zusatz-)Versorgungskassen • Beiträge zur gesetzlichen Sozialversicherung und Beihilfen • Zuführung zu Pensions-, Urlaubs- und anderen Personalrückstellungen

Position	Erläuterung
Versorgungs-aufwendungen	Aufwendungen für aus dem Dienst ausgeschiedene Beschäftigte, z. B.: • Leistungen an Versorgungsempfänger*innen, für die keine Rückstellung während der aktiven Beschäftigungszeit gebildet worden ist • Aufwendungen aufgrund der Anpassung der gebildeten Versorgungsrückstellungen (z. B. aufgrund von Besoldungserhöhungen, die auch auf die Versorgungsbezüge angewendet werden)
Aufwendungen für Sach- und Dienstleistungen	• Aufwendungen für Fertigung, Vertrieb und Wareneinkauf (direkter Verbrauch bei Kauf oder Entnahme aus dem Vorrat) • Aufwendungen für Energie, Wasser, Abwasser, Treibstoffe etc. • Aufwendungen für Unterhaltung und Bewirtschaftung von Grundstücken, Gebäuden, Infrastrukturvermögen etc. • Schülerbeförderung und Lernmittel • Aufwendungen für Kostenerstattungen an Dritte
Bilanzielle Abschreibungen	Abschreibungen auf das Anlage- und das Umlaufvermögen (ohne Abschreibungen auf das Finanzanlagevermögen, da diese mit der allgemeinen Rücklage zu verrechnen sind)
Transfer-aufwendungen	Zahlungen an die öffentliche Hand oder an Private, denen keine Gegenleistung gegenübersteht (ohne zu zahlende Steuern): • geleistete Zuwendungen an Dritte • Sozial- und Jugendhilfe • Leistungen an Arbeitssuchende • zu leistende allgemeine Umlagen (z. B. Kreisumlage, Landschaftsumlage) • Aufwendungen aus Verlustübernahmen
Sonstige ordentliche Aufwendungen	Auffangtatbestand, z. B.: • Aufwendungen für Personaleinstellungen, Aus- und Fortbildung, Reisekosten, Dienst- und Schutzkleidung für Beschäftigte • Mieten (ohne Nebenkosten), Pachten, Leasing • Aufwandsentschädigungen für die Mitglieder des Vertretungsorgans • Geschäftsaufwendungen wie Büromaterial, Zeitungen, Fachliteratur, Telefon, Porto etc. • Beiträge zu Verbänden, Vereinen und Versicherungen • Zuwendungen an die Fraktionen • Verfügungsmittel des Hauptverwaltungsbeamten • Steueraufwendungen, z. B. Grundsteuer, KFZ-Steuer, Aufwendungen aus Steuern vom Einkommen und vom Ertrag • Aufgabenbezogene Leistungsbeteiligung aus der Umsetzung der Grundsicherung für Arbeitssuchende (Kosten der Unterkunft) • Aufwendungen aus Schadensfällen • Kontoführungsentgelte, Entgelte für elektronische und digitale Bezahlverfahren

C | Positionen des Finanzergebnisses

Position	Erläuterung
Finanzerträge	• Zinserträge • Erträge aus Beteiligungen (Gewinnausschüttung) • Erträge aus Wertpapieren (Dividenden)
Zinsen und sonstige Finanzaufwendungen	• Zinsaufwendungen • Sonstige Aufwendungen, die sich aus der Aufnahme fremden Kapitals ergeben

D | Das außerordentliche Ergebnis

Das außerordentliche Ergebnis spielt im Rahmen der Haushaltsplanung selten eine Rolle, da es in der Regel nicht vorausschauend geplant werden kann. Damit Aufwendungen und Erträge außerordentlich sind, müssen folgende drei Merkmale kumulativ erfüllt sein:

1. selten (oder zumindest unregelmäßig)
2. ungewöhnlich
3. im Verhältnis zum Gesamthaushaltsvolumen von einiger Bedeutung

Dies können z. B. Aufwendungen sein, die sich aufgrund besonderer Schadensereignisse wie Erdbeben, Hochwasser oder Sturm ergeben.

Achtung: Die Definition von außerordentlichen Aufwendungen und Erträgen im kommunalen Haushaltsrecht ist eine andere als bei der Abgrenzung zwischen Aufwendungen und Kosten bzw. Erträge und Leistungen (Erlöse), wie in Kapitel 1 dargestellt. Der Hagelschaden am Dienstfahrzeug würde haushaltsrechtlich den sonstigen ordentlichen Aufwendungen zugeordnet werden, da er zwar selten und ungewöhnlich, aber im Verhältnis zum Gesamtvolumen des Haushalts von geringer Bedeutung ist. In der Kostenrechnung würde dieser jedoch als außerordentlicher Aufwand gelten.

Übungen zur Zuordnung von Sachverhalten zu den Positionen im Ergebnisplan finden sich in Kapitel 2.6.6 (Aufgabe 2).

2.6.4 Finanzplan

Im Finanzplan werden die einzelnen Auszahlungen und Einzahlungen der Kommune dargestellt – nach verschiedenen Arten unterteilt und mit Zwischensummen abgetrennt. Hier wird die voraussichtliche Veränderung der liquiden Mittel (Bank- und Barguthaben der Kommune) im „Basis-Planjahr" angezeigt und ausgehend vom Planbestand der liquiden Mittel zu Ende des aktuellen Haushaltsjahres ihr voraussichtlicher Bestand zu Ende des „Basis-Planjahres" ermittelt.

Der Finanzplan ist unter Berücksichtigung des Grundsatzes der Liquiditätssicherung gemäß § 75 Abs. 6 GO NRW aufzustellen. Für die Erlangung des Haushaltsausgleichs hat er keine Bedeutung. Er gibt aber Auskunft über das geplante Investitionsvolumen und den notwendigen Kreditbedarf.

Die Gliederung des Finanzplans ergibt sich aus § 3 KomHVO NRW bzw. Anlage 5 VV Muster zur GO NRW und KomHVO NRW. Dabei sind folgende Zwischensummen zu ziehen:

	Einz. aus lfd. Verwaltungstätigkeit	
./.	Ausz. aus lfd. Verwaltungstätigkeit	= Saldo aus lfd. Verwaltungstätigkeit
	Einz. aus Investitionstätigkeit	
./.	Ausz. aus Investitionstätigkeit	= Saldo aus Investitionstätigkeit
		= Finanzmittelüberschuss/ Finanzmittelfehlbedarf
	Aufnahme/Rückflüsse von Darlehen	
./.	Tilgung u. Gewährung v. Darlehen	= Saldo aus Finanzierungstätigkeit
		= Änderung des Bestands an eigenen Finanzmitteln

Die Zuordnung der einzelnen Einzahlungen und Auszahlungen zu den Positionen des Finanzplans ist gemäß § 3 Abs. 3 KomHVO NRW auf Grundlage des vom für Kommunales zuständigen Ministeriums bekannt gegebenen Kontierungsplans vorzunehmen. Dieser kann den Anlagen 19 und 20 VV Muster zur GO NRW und KomHVO NRW entnommen werden.

Für die mit den Erträgen und Aufwendungen namensgleichen Positionen der Einzahlungen und Auszahlungen aus lfd. Verwaltungstätigkeit gilt die Zuordnung entsprechend des Ergebnisplans. Daher wird an dieser Stelle auf eine Wiederholung verzichtet und auf obige Erläuterungen verwiesen. Im Vergleich zum Ergebnisplan enthält der Finanzplan aber besondere Positionen, die nur hier zu finden sind:

- Die Positionen der Investitionstätigkeit geben Auskunft über einzelne Investitionsarten wie z. B. Baumaßnahmen oder die Beschaffung von beweglichem Anlagevermögen (wie Fahrzeugen oder Betriebs- und Geschäftsausstattung) und deren Finanzierung wie z. B. über Zuwendungen und Erlöse aus dem Verkauf von vorhandenem Vermögen. Die Einzahlungen aus Zuwendungen für Investitionsmaßnahmen führen i. d. R. zu einem bilanziellen Sonderposten nach § 44 Abs. 5 KomHVO NRW. Auch Einzahlungen aus Beiträgen i. S. d. §§ 8 und 8a KAG NRW werden hier ausgewiesen.
- Die Positionen der Finanzierungstätigkeit geben Auskunft über Kreditaufnahmen und Kredittilgungen.

Insgesamt ergibt sich folgender (verpflichtender) Aufbau des Finanzplans:

Finanzplan

Einzahlungs- und Auszahlungsarten			Ergebnis des Vorvorjahres EUR	Ansatz des Vorjahres EUR	Ansatz des Haushaltsjahres EUR	Planung Haushaltsjahr +1 EUR	Planung Haushaltsjahr +2 EUR	Planung Haushaltsjahr +3 EUR
			1	2	3	4	5	6
1		Steuern und ähnliche Abgaben						
2	+	Zuwendungen und allgemeine Umlagen						
3	+	Sonstige Transfereinzahlungen						
4	+	Öffentl.-rechtl. Leistungsentgelte						
5	+	Privatrechtliche Leistungsentgelte						
6	+	Kostenerstattung, Kostenumlagen						
7	+	Sonstige Einzahlungen						
8	+	Zinsen u. sonstige Finanzeinzahlungen						
9	=	**Einzahlungen aus laufender Verwaltungstätigkeit**						
10	-	Personalauszahlungen						
11	-	Versorgungsauszahlungen						
12	-	Ausz. für Sach- und Dienstleistungen						
13	-	Zinsen u. sonstige Finanzauszahlungen						
14	-	Transferauszahlungen						
15	-	Sonstige Auszahlungen						
16	=	**Auszahlungen aus laufender Verwaltungstätigkeit**						
17	=	**Saldo aus laufender Verwaltungstätigkeit** (= Zeilen 9 und 16)						
18	+	Zuwendungen für Investitionsmaßnahmen						
19	+	Einzahlungen aus der Veräußerung von Sachanlagen						
20	+	Einzahlungen aus der Veräußerung von Finanzanlagen						
21	+	Einzahlung aus Beiträgen u.ä. Entgelten						
22	+	Sonstige Investitionseinzahlungen						
23	=	**Einzahlung aus Investitionstätigkeit**						
24	-	Auszahlungen für den Erwerb von Grundstücken und Gebäuden						
25	-	Auszahlungen für Baumaßnahmen						
26	-	Auszahlungen für den Erwerb von beweglichen Anlagevermögen						
27	-	Auszahlungen für den Erwerb von Finanzanlagen						
28	-	Auszahlungen von aktivierbaren Zuwendungen						
29	-	Sonstige Investitionsauszahlungen						
30	=	**Auszahlung aus Investitionstätigkeit**						
31	=	**Saldo aus Investitionstätigkeit** (= Zeilen 23 und 30)						
32	=	**Finanzmittelüberschuss / -fehlbetrag** (= Zeilen 17 und 31)						
33	+	Aufnahme und Rückflüsse von Krediten für Investitionen und diesen ...						
34	+	Aufnahme und Rrückflüsse von Krediten zur Liquiditätssicherung						
35	-	Tilgung und Gewährung von Krediten für Investitionen und diesen						
36	-	Tilgung und Gewährung von Krediten zur Liquiditätssicherung						
37	=	**Saldo aus Finanzierungstätigkeit**						
38	=	**Änderung des Bestandes an eigenen Finanzmitteln** (= Zeilen 32 und 35)						
39	+	Anfangsbestand an Finanzmitteln						
40	=	**Liquide Mittel** (= Zeilen 36 und 37)						

Übungen zur Zuordnung von Sachverhalten zu den Positionen im Finanzplan finden sich in Kapitel 2.6.6 (Aufgabe 2).

2.6.5 Teilpläne

Die Haushaltssatzung zeigt einen groben Überblick über die geplante haushaltswirtschaftliche Situation der Kommune, die insbesondere im Ergebnis- und im Finanzplan sowie im Vorbericht weiter differenziert dargestellt wird. Die Frage ist allerdings, ob die bisherigen Informationen ausreichen, um die Kommune finanzwirtschaftlich steuern zu können. Der Gesetzgeber hat diese Frage mit „Nein" beantwortet:

- Aus dem Ergebnis- und dem Finanzplan kann entnommen werden, um welche Art von Aufwand/Ertrag bzw. Auszahlung/Einzahlung es sich handelt, mit denen die Kommune in den zukünftigen Haushaltsjahren rechnet.
- Es fehlt die Angabe, **wo** – also in welchem Bereich der Kommune – die einzelnen Aufwendungen/Erträge bzw. Auszahlungen/Einzahlungen entstehen.

Daher besteht der Haushaltsplan nach § 79 Abs. 2 Satz 1 GO NRW i. V. m. § 1 Abs. 1 Nr. 3 und § 4 KomHVO NRW auch aus den sog. Teilplänen.

Die Teilpläne sind nach den örtlichen Gegebenheiten in der Kommune produktorientiert aufzubauen, müssen aber aus Vergleichbarkeitsgründen einer festgelegten Mindestgliederung folgen.

Bevor aber auf die haushaltsrechtlichen Einzelheiten eingegangen werden soll, ist zunächst zu klären, was überhaupt ein „**Produkt**" ist.

Produkte können verwaltungsextern oder verwaltungsintern sein. Dabei sind verwaltungsexterne Produkte solche Produkte, die für Abnehmer außerhalb der Verwaltung erbracht werden, z. B. eine Baugenehmigung, das Ausstellen eines Führerscheins oder die Gewährung von Hilfe zur Pflege innerhalb von Einrichtungen. In der Kostenrechnung kommen diese Produkte in den Endkostenstellen vor. Verwaltungsinterne Produkte bilden die Grundlage für die Erbringung externer Produkte und richten sich an Abnehmer innerhalb der eigenen Verwaltung. Hierunter fallen insbesondere die sog. Serviceleistungen wie Gebäudereinigung, Controlling, Buchführung, Personalabteilung und die Datenverarbeitung. In der Kostenrechnung kommen verwaltungsinterne Produkte in den Vorkostenstellen vor.

Ein Produkt kann aus mehreren Leistungen gebildet werden. Leistungen bestehen aus einzelnen Tätigkeiten:

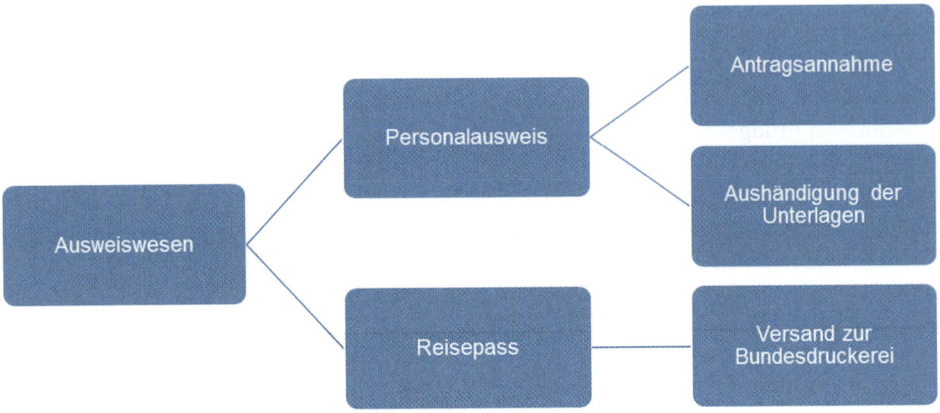

Produkt **Leistung** **Tätigkeiten**

Produkte können zu Produktgruppen und diese wiederum zu Produktbereichen (z. B. Fachbereiche, Ämter) zusammengefasst werden:

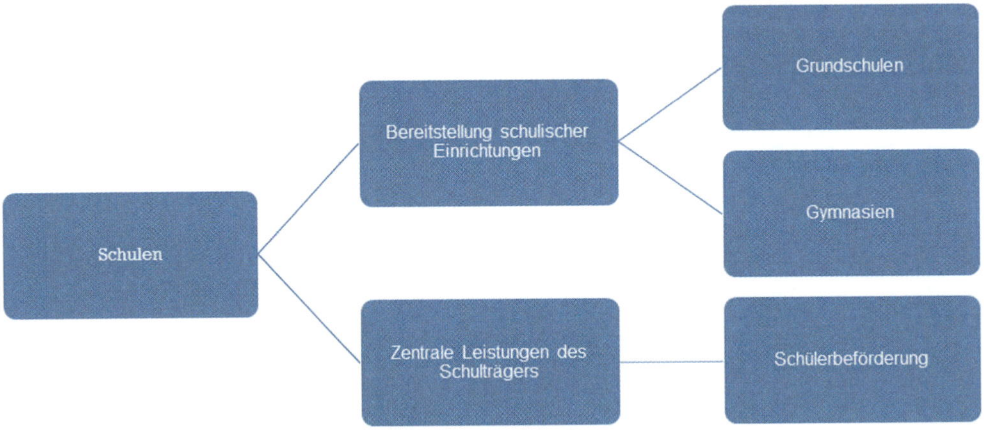

Produktbereich **Produktgruppe** **Produkt**

Nachdem nun die Grundlagen zu einem Produkt geklärt sind, zurück zu den haushaltsrechtlichen Bestimmungen und zur Mindestgliederung der Teilpläne. Diese ist, wie bereits oben angesprochen, aus Gründen der Vergleichbarkeit (interkommunale Vergleiche, Begutachtung durch die Aufsichtsbehörde o. Ä.) erforderlich.

Die **Mindestgliederung** der Teilpläne ergibt sich aus § 4 Abs. 1 Satz 1 KomHVO NRW sowie den verbindlichen Anlagen 6 und 7 VV Muster zur GO NRW und KomHVO NRW. Demnach sind 17 sog. normierte Produktbereiche zu bilden:

Produktbereiche		
01 Innere Verwaltung 02 Sicherheit und Ordnung 03 Schulträgeraufgaben 04 Kultur und Wissenschaft 05 Soziale Leistungen 06 Kinder-, Jugend- und Familienhilfe	07 Gesundheitsdienste 08 Sportförderung 09 Räumliche Planung und Entwicklung, Geoinformationen 10 Bauen und Wohnen 11 Ver- und Entsorgung 12 Verkehrsflächen und -anlagen, ÖPNV	13 Natur- und Landschaftspflege 14 Umweltschutz 15 Wirtschaft und Tourismus 16 Allgemeine Finanzwirtschaft 17 Stiftungen

Alle Aufwendungen/Erträge und alle Auszahlungen/Einzahlungen sind auf die Teilpläne aufzuteilen, damit die Ressourcen korrekt den einzelnen Entstehungsbereichen zugeordnet werden können. § 18 KomHVO NRW sieht nur wenige **Ausnahmen** vor:

- Personalaufwendungen/-auszahlungen für nicht im Stellenplan geführte Personen können produktorientiert oder zentral veranschlagt werden (§ 18 Abs. 1 Satz 2 KomHVO NRW). Gemeint sind hier z. B. Beamtenanwärter/-innen oder Auszubildende.
- Versorgungs- und Beihilfeaufwendungen/-auszahlungen können auf die Teilpläne aufgeteilt oder zentral veranschlagt werden (§ 18 Abs. 2 KomHVO NRW).

Häufig werden die Teilpläne auf oberster Ebene nach den normierten Produktbereichen aufgebaut. Unterhalb dieser Ebene ist jede Kommune frei, eine den örtlichen Gegebenheiten angepasste Unterteilung vorzunehmen.

Im Rahmen dieses Lehrbuchs wird im Weiteren lediglich die gesetzlich normierte Ebene in Form der 17 Produktbereiche für die Betrachtung der Teilergebnis- und der Teilfinanzpläne herangezogen. Jede Tätigkeit der Kommune ist also unter einem der 17 normierten Produktbereiche zu fassen.

2.6.6 Übungsaufgaben[5]

Aufgabe 1
Ordnen Sie die einzelnen Aufgaben den normierten Produktbereichen zu.

Sachverhalt	Normierter Produktbereich
Kantinenbetrieb	
Erstellen von Gebührenbescheiden für den Kindergartenbeitrag	
Wahrnehmung der Aufgaben einer zentralen Ausländerbehörde (ZAB)	
Aufgaben der Wohnungsbauförderung	
Erledigung von Aufgaben eines Abendgymnasiums im Rahmen der Schulträgerschaft	
Bankgutschrift für Tagesgeldzinsen	
Unterhaltung eines Tourismusbüros	
Adoptionsvermittlung	
Einrichtung eines Ausländerbeirates	
Straßenreinigung	
Durchführen von amtsärztlichen Untersuchungen	
Friedhofsverwaltung	
Durchführung von Volkszählungen (ZENSUS)	
Aufwandsentschädigung für den städtischen Heimatpfleger	
Erstellen von Gebührenbescheiden für die Müllentsorgung	
Führungen im städtischen Museum	
Erweiterung des städtischen Freibads um eine „Superrutsche“	
Forderungsmanagement (Mahnungen, Stundungen und Vollstreckungsangelegenheiten)	
Überweisung der Landschaftsumlage an den Landschaftsverband	
Gewährung von Hilfe zur Pflege innerhalb von Einrichtungen	
Anbieten von Sommerfreizeiten für Jugendliche	
Strauchschnittarbeiten im Stadtpark	
Überweisung des Beitrags an den überörtlichen Verkehrsverbund	

5 Übungsaufgabe: Niveau 1 + 2 (alle Lehrgänge).

Lösung zu Aufgabe 1

Sachverhalt	Normierter Produktbereich
Kantinenbetrieb	01 | Innere Verwaltung
Erstellen von Gebührenbescheiden für den Kindergartenbeitrag	06 | Kinder-, Jugend- und Familienhilfe
Wahrnehmung der Aufgaben einer zentralen Ausländerbehörde (ZAB)	02 | Sicherheit und Ordnung
Aufgaben der Wohnungsbauförderung	10 | Bauen und Wohnen
Erledigung von Aufgaben eines Abendgymnasiums im Rahmen der Schulträgerschaft	03 | Schulträgeraufgaben
Bankgutschrift für Tagesgeldzinsen	16 | Allgemeine Finanzwirtschaft
Unterhaltung eines Tourismusbüros	15 | Wirtschaft und Tourismus
Adoptionsvermittlung	06 | Kinder-, Jugend- und Familienhilfe
Einrichtung eines Ausländerbeirates	01 | Innere Verwaltung
Straßenreinigung	12 | Verkehrsflächen und -anlagen, ÖPNV
Durchführen von amtsärztlichen Untersuchungen	07 | Gesundheitsdienste
Friedhofsverwaltung	13 | Natur- und Landschaftspflege
Durchführung von Volkszählungen (ZENSUS)	02 | Sicherheit und Ordnung
Aufwandsentschädigung für den städtischen Heimatpfleger	04 | Kultur und Wissenschaft
Erstellen von Gebührenbescheiden für die Müllentsorgung	11 | Ver- und Entsorgung
Führungen im städtischen Museum	04 | Kultur und Wissenschaft
Erweiterung des städtischen Freibads um eine „Superrutsche“	08 | Sportförderung
Forderungsmanagement (Mahnungen, Stundungen und Vollstreckungsangelegenheiten)	01 | Innere Verwaltung
Überweisung der Landschaftsumlage an den Landschaftsverband	16 | Allgemeine Finanzwirtschaft
Gewährung von Hilfe zur Pflege innerhalb von Einrichtungen	05 | Soziale Leistungen
Anbieten von Sommerfreizeiten für Jugendliche	06 | Kinder-, Jugend- und Familienhilfe
Strauchschnittarbeiten im Stadtpark	13 | Natur- und Landschaftspflege
Überweisung des Beitrags an den überörtlichen Verkehrsverbund	12 | Verkehrsflächen und -anlagen, ÖPNV

Aufgabe 2

Ordnen Sie die folgenden Sachverhalte den korrekten Positionen des Ergebnis- und Finanzplans unter Verwendung der Anlagen 4 und 5 VV Muster zur GO NRW und KomHVO NRW zu.

Sachverhalt		Position Ergebnisplan	Position Finanzplan
1	Gewerbesteueraufkommen		
2	Lernmittel an den Schulen		
3	Beihilfe für aktive Beamte		
4	Dienstreisen für die Beschäftigten und Beamten		
5	Jugendhilfe		
6	Schlüsselzuweisungen des Landes NRW		
7	Gebäudereinigung		
8	Mieterträge		
9	Instandhaltung der Kreisstraßen		
10	Der Kreis veranschlagt die Kreisumlage (aus Sicht des Kreises)		
11	Zuschüsse an private Vereine im Stadtgebiet		
12	Erwerb von Fachliteratur		
13	Rückzahlung zu viel erhaltener Sozialhilfe durch den Hilfeempfänger		
14	Gewinnausschüttung der Stadtwerke an die Stadt		
15	Kauf von Anteilen an einem Pensionsfonds (Wertpapiere des Anlagevermögens)		
16	Zu zahlende Kreisumlage an den Kreis (aus Sicht der kreisangehörigen Kommune)		
17	Reparaturen der Dienstfahrzeuge		
18	KFZ-Steuern für die Dienstfahrzeuge		
19	Aufkommen an Baugebühren zu Gunsten der Stadt		
20	Arbeitgeberanteil zur Sozialversicherung für die aktiv Beschäftigten		
21	Zuführung zu Pensionsrückstellungen für Pensionäre		
22	Verfügungsmittel des Hauptverwaltungsbeamten		
23	Abbuchung der Kontoführungsentgelte durch die Hausbank		
24	Außenanstrich der Schulgebäude		
25	Beschaffung eines neuen Feuerwehrfahrzeugs		
26	Hilfe zur Pflege innerhalb von Einrichtungen		

Sachverhalt		Position Ergebnisplan	Position Finanzplan
27	Mieten für angemietete Dienstgebäude		
28	Abschreibungen der Dienstgebäude		
29	Übernahme des Verlustes der eigenen Wirtschaftsförderungsgesellschaft mbH		
30	Fortbildung des eigenen Personals		
31	Tilgung eines Investitionskredites		

Lösung zu Aufgabe 2

Sachverhalt		Position Ergebnisplan	Position Finanzplan
1	Gewerbesteueraufkommen	01	01
2	Lernmittel an den Schulen	13	12
3	Beihilfe für aktive Beamte	11	11
4	Dienstreisen für die Beschäftigten und Beamten	16	15
5	Jugendhilfe	15	14
6	Schlüsselzuweisungen des Landes NRW	02	02
7	Gebäudereinigung	13	12
8	Mieterträge	05	05
9	Instandhaltung der Kreisstraßen	13	12
10	Der Kreis veranschlagt die Kreisumlage (aus Sicht des Kreises)	02	02
11	Zuschüsse an private Vereine im Stadtgebiet	15	14
12	Erwerb von Fachliteratur	16	15
13	Rückzahlung zu viel erhaltener Sozialhilfe durch den Hilfeempfänger	03	03
14	Gewinnausschüttung der Stadtwerke an die Stadt	19	08
15	Kauf von Anteilen an einem Pensionsfonds (Wertpapiere des Anlagevermögens)	--	27
16	Zu zahlende Kreisumlage an den Kreis (aus Sicht der kreisangehörigen Kommune)	15	14
17	Reparaturen der Dienstfahrzeuge	13	12
18	KFZ-Steuern für die Dienstfahrzeuge	16	15
19	Aufkommen an Baugebühren zu Gunsten der Stadt	04	04
20	Arbeitgeberanteil zur Sozialversicherung für die aktiv Beschäftigten	11	11

Sachverhalt		Position Ergebnisplan	Position Finanzplan
21	Zuführung zu Pensionsrückstellungen für Pensionäre	12	--
22	Verfügungsmittel des Hauptverwaltungsbeamten	16	15
23	Abbuchung der Kontoführungsentgelte durch die Hausbank	16	15
24	Außenanstrich der Schulgebäude	13	12
25	Beschaffung eines neuen Feuerwehrfahrzeugs	--	26
26	Hilfe zur Pflege innerhalb von Einrichtungen	15	14
27	Mieten für angemietete Dienstgebäude	16	15
28	Abschreibungen der Dienstgebäude	14	--
29	Übernahme des Verlustes der eigenen Wirtschaftsförderungsgesellschaft mbH	15	14
30	Fortbildung des eigenen Personals	16	15
31	Tilgung eines Investitionskredites	--	35

2.6.7 Teilergebnisplan

Die Teilergebnispläne enthalten je normiertem Produktbereich die anfallenden und ihm zuzurechnenden Aufwendungen und Erträge sowie das zu erwartende Teilergebnis für die einzelnen Haushaltsjahre. So ist eine differenzierte Betrachtung im Rahmen der verwaltungsinternen und politischen Haushaltsplanberatungen möglich.

Die Struktur und die Inhalte der einzelnen Teilergebnispläne ergeben sich aus § 4 Abs. 3 KomHVO NRW und Anlage 9 VV Muster zur GO NRW und KomHVO NRW. Dabei folgt das verbindliche Muster der Teilergebnisplanpositionen dem Aufbau des Ergebnisplanes. Insofern wird auf obige Ausführungen verwiesen.

Die Teilergebnispläne enthalten im Vergleich zum Ergebnisplan eine zusätzliche Information, nämlich die **Aufwendungen und Erträge aus internen Leistungsbeziehungen** nach § 4 Abs. 3 Satz 2 und § 16 KomHVO NRW. Dies sind Aufwendungen und Erträge aus einem internen Leistungsaustausch zwischen zwei Produktbereichen bzw. Organisationseinheiten innerhalb einer Kommune.

Beispiele:

- *Die Hausdruckerei erstellt für die Kämmerei die Druckbände des Haushaltsplans*
- *Die Personalabteilung erbringt die Dienstleistung der Personalsachbearbeitung für den Fachbereich Straßenverkehr*
- *Die EDV-Abteilung führt eine hausinterne Schulung zu den Office-Standardprogrammen für die Mitarbeitenden des Sozialamtes durch*
- *Das Gebäudemanagement stellt Räumlichkeiten für die Ausländerbehörde zur Verfügung und vereinbart eine „interne Raummiete"*

Erträge und Aufwendungen aus internen Leistungsbeziehungen müssen nicht zwingend erfasst werden. Sie können ausgewiesen werden, um den Ressourcenverbrauch und den Ressourcenzuwachs so exakt wie möglich den einzelnen Bereichen zuzuordnen. Werden Erträge und Aufwendungen aus internen Leistungsbeziehungen in den Teilplänen ausgewiesen, müssen sie sich gemäß § 16 KomHVO NRW im Ergebnisplan insgesamt ausgleichen. Daher wird auf ihre Darstellung im Ergebnisplan verzichtet. Da solche Erträge und Aufwendungen niemals zahlungswirksam werden können (sie stellen keine Ein- und Auszahlungen dar), entfällt eine Angabe in den Teilfinanzplänen. Sie gehören eigentlich zum internen Rechnungswesen und werden dort als Kosten im Betriebsabrechnungsbogen (BAB) im Rahmen einer internen Leistungsverrechnung und der sekundären Kostenverrechnung verteilt.

2.6.8 Teilfinanzplan

Die Teilfinanzpläne enthalten je normiertem Produktbereich die anfallenden und ihm zuzurechnenden Auszahlungen und Einzahlungen für die einzelnen Haushaltsjahre.

Die Gliederung der einzelnen Teilfinanzpläne ergibt sich aus § 4 Abs. 4 KomHVO NRW und den Anlagen 10A und 10B VV Muster zur GO NRW und KomHVO NRW. Das Kommunalhaushaltsrecht verpflichtet die Kommunen aber nicht zur vollumfänglichen Darstellung aller Ein- und Auszahlungen, sondern nur zur Darstellung derjenigen aus der Investitionstätigkeit. Die übrigen Ein- und Auszahlungsarten sowie die jeweiligen Salden aus der lfd. Verwaltungstätigkeit und aus der Finanzierungstätigkeit können je normiertem Produktbereich dargestellt werden, müssen aber nicht. In der Praxis wird von dieser Vereinfachung häufig Gebrauch gemacht, da die zahlungswirksamen Erträge und Aufwendungen sonst doppelt dargestellt würden (im Teilergebnisplan und im Teilfinanzplan).

Im weiteren Verlauf dieses Lehrbuchs wird unterstellt, dass die zu bildenden Teilfinanzpläne der Mindestgliederung folgen. Ausgewiesen werden demnach die Einzahlungen und Auszahlungen aus Investitionstätigkeit sowie der Saldo daraus. Auf die Angabe der anderen Ein- und Auszahlungsarten und Zwischensalden wird verzichtet.

Die Investitionstätigkeit der Kommune ist in den Teilfinanzplänen umfangreich darzustellen. Zunächst ist eine Gesamtübersicht aller Ein- und Auszahlungen aus der Investitionstätigkeit, getrennt nach einzelnen Arten, sowie der Saldo aus der Investitionstätigkeit für den einzelnen normierten Produktbereich anzugeben. Dies geschieht im **Teil A** entsprechend der Anlage 10A VV Muster zur GO NRW und KomHVO NRW, der sog. **Zahlungsübersicht**:

Teilfinanzplan (A. Zahlungsübersicht)

	Einzahlungs- und Auszahlungsarten	Ergebnis des Vorvorjahres EUR	Ansatz des Vorjahres EUR	Ansatz des Haushaltsjahres EUR	Verpflichtungsermächtigungen EUR	Planung Haushaltsjahr +1 EUR	Planung Haushaltsjahr +2 EUR	Planung Haushaltsjahr +3 EUR
		1	2	3	4	5	6	7
	Laufende Verwaltungstätigkeit *(Ein- und Auszahlungen nach Arten können wie im Finanzplan abgebildet werden)*							
	Investitionstätigkeit							
	Einzahlungen							
1	aus Zuwendungen für Investitionsmaßnahmen							
2	aus der Veräußerung von Sachanlagen							
3	aus der Veräußerung von Finanzanlagen							
4	aus Beiträgen u.ä. Entgelten							
5	sonstige Investitionseinzahlungen							
6	**Summe: (invest. Einzahlungen)**							
	Auszahlungen							
7	für den Erwerb von Grundstücken und Gebäuden							
8	für Baumaßnahmen							
9	für den Erwerb von beweglichem Anlagevermögen							
10	für den Erwerb von Finanzanlagen							
11	von aktivierbaren Zuwendungen							
12	Sonstige Investitionsauszahlungen							
13	**Summe: (invest. Auszahlungen)**							
14	**Saldo: der Investitionstätigkeit** (Einzahlungen ./. Auszahlungen)							

Anmerkung: Zu den Verpflichtungsermächtigungen in Spalte 4 ist anzugeben, wie sich die Belastungen auf die folgenden Jahre verteilen.

Neben diesem Überblick sind **einzelne Investitionen** etwas genauer zu betrachten. Welche Investitionen das sein sollen, legt grundsätzlich das Vertretungsorgan in Form einer **Wertgrenze** fest. In § 4 Abs. 4 Satz 3 KomHVO NRW heißt es hierzu: „Die Investitionen sind einzeln oberhalb der vom Vertretungsorgan festgelegten Wertgrenze unter Angabe der Ein- und Auszahlungen sowie der jeweiligen Investitionssumme und der Verpflichtungsermächtigungen für die Folgejahre darzustellen." Die Zuständigkeit des Rates ergibt sich dabei aus § 41 Abs. 1 Satz 2 Buchstabe h GO NRW. Für die Zuständigkeit des Kreistages gilt § 26 Abs. 1 Satz 1 Buchstabe g KrO NRW.

Auch im Teil B des Teilfinanzplans sind die Investitionsaus- und -einzahlungen nach Arten unterteilt abzubilden. Dabei kommen grundsätzlich alle Zeilen in Betracht, die auch im Teilfinanzplan – Teil A abgebildet werden (s. o.). Es kann aber auf die Zeilen verzichtet werden, die für die jeweilige Investitionsmaßnahme oberhalb der Wertgrenze nicht infrage kommen.

Der verpflichtende Aufbau des Teilfinanzplans – Teil B ergibt sich aus der Anlage 10B VV Muster zur GO NRW und KomHVO NRW:

Teilfinanzplan (B. Planung einzelner Investitionsmaßnahmen)

Investitionsmaßnahmen	Ergebnis des Vorvorjahres EUR 1	Ansatz des Vorjahres EUR 2	Ansatz des Haushalts-jahres EUR 3	Verpflichtungs-ermächtigungen EUR 4	Planung Haushalts-jahr +1 EUR 5	Planung Haushalts-jahr +2 EUR 6	Planung Haushalts-jahr +3 EUR 7	Bisher bereitgestellt (einschl. Sp. 2) EUR 8	Gesamt-Einzahlungen / Auszahlungen EUR 9
Investitionsmaßnahmen oberhalb der festgestzene Wertgrenze									
Maßnahme: Maßnahme 1									
+ Einzahlungen aus Investitionszuwendungen		**Hinweis:** Die im Muster (vgl. Anlage 9B VV Muster) dargestellten Zeilen für eine Maßnahme sind nur exemplarisch. Sie sind individuell auszutauschen und auf die Investitionsmaßnahme anzupassen. Zur Verfügung stehen grundsätzlich alle in Anlage 9A VV Muster angezeigten Ein- und Auszahlungszeilen.							
- Auszahlungen für den Erwerb von Grundstücken und Gebäuden									
- Auszahlungen für Baumaßnahmen									
Saldo: **(Einzahlungen ./. Auszahlungen)**									
Maßnahme: Maßnahme 2									
+ Einzahlungen aus Investitionszuwendungen		**Hinweis:** Die im Muster (vgl. Anlage 9B VV Muster) dargestellten Zeilen für eine Maßnahme sind nur exemplarisch. Sie sind individuell auszutauschen und auf die Investitionsmaßnahme anzupassen. Zur Verfügung stehen grundsätzlich alle in Anlage 9A VV Muster angezeigten Ein- und Auszahlungszeilen.							
- Auszahlungen für den Erwerb von Grundstücken und Gebäuden									
- Auszahlungen für Baumaßnahmen									
Saldo: **(Einzahlungen ./. Auszahlungen)**									
Investitionsmaßnahmen unterhalb der festgesetzten Wertgrenzen									
Summe der investiven Einzahlungen		**Hinweis:** Alle Maßnahme, die jeweils unter der Wertgrenze liegen, sind hier aufzusummieren (darzustellen sind lediglich getrennt die Summe aller Einzahlungen und die Summe aller Auszahlungen für diese Maßnahmen)							
Summe der investiven Auszahlungen									
Saldo: (Einzahlungen ./. Auszahlungen)									

Anmerkung: Zu den Verpflichtungsermächtigungen in Spalte 4 ist anzugeben, wie sich die Belastungen auf die folgenden Jahre verteilen.

Liegen die Auszahlungen für die einzelne Investitionsmaßnahme oberhalb der vom Vertretungsorgan festgelegten Wertgrenze, so muss die Maßnahme einzeln im Teil B des Teilfinanzplans ausgewiesen werden. Liegen die Auszahlungen für die einzelne Maßnahme unterhalb dieser Wertgrenze, so wird nur eine Summe aller Maßnahmen unterhalb der festgesetzten Wertgrenze abgebildet.

Zu beachten ist bei der Aufstellung des maßnahmenbezogenen Teilfinanzplans – Teil B, dass die im Muster (vgl. Anlage 10B VV Muster zur GO NRW und KomHVO NRW) dargestellten Zeilen für eine Maßnahme nur exemplarisch sind. Sie sind individuell auszutauschen und auf die Investitionsmaßnahme anzupassen. Zur Verfügung stehen grundsätzlich alle in Anlage 9A VV Muster zur GO NRW und KomHVO NRW angezeigten Ein- und Auszahlungszeilen.

Beispiel für die Zeilendarstellung:
Es soll eine Baumaßnahme durchgeführt werden: Der bestehende städtische Kindergarten wird um einen Gebäudeteil erweitert. Hierzu ist auch ein angrenzendes Grundstück zu erwerben. Nach Abschluss der eigentlichen Baumaßnahme werden Inventargegenstände erworben. Das Land wird die Maßnahme fördern. Insgesamt liegt die Maßnahme oberhalb der Wertgrenze.

Im Teilfinanzplan – Teil B ist eine einzelne Maßnahme „Erweiterung des städtischen Kindergartens" mit folgenden Ein- und Auszahlungsarten auszuweisen:

Maßnahme: Erweiterung des städtischen Kindergartens
- *Einzahlungen aus Investitionszuwendungen*
- *Auszahlungen für den Erwerb von Grundstücken*
- *Auszahlungen für Baumaßnahmen*
- *Auszahlungen für den Erwerb von beweglichem Anlagevermögen*

Beispiel für die maßnahmenbezogene Darstellung (*wertgrenzen-abhängig*):
Der Rat hat im freiwilligen Teil der Haushaltssatzung festgelegt, dass investive Maßnahmen oberhalb einer Wertgrenze von 50.000 Euro im Einzelfall einzeln darzustellen sind.

Die Organisationseinheit „Allgemeiner Fuhrpark" beabsichtigt folgende Anschaffungen:

a. *Die geplante Anschaffung eines neuen Dienst-Pkw* für das hauseigene Bistro wird voraussichtlich zu Auszahlungen für die Beschaffung von beweglichem Anlagevermögen *i. H. v. 32.500 Euro führen. Diese Maßnahme liegt unterhalb der festgesetzten Wertgrenze.*
b. *Für den Bürgermeister soll ebenfalls ein neues Fahrzeug angeschafft werden. Hier wird allerdings mit Anschaffungskosten von 60.000 Euro gerechnet. Der Betrag liegt oberhalb der Wertgrenze.*
c. *Für den allgemeinen Fuhrpark soll auch ein neues E-Fahrzeug angeschafft werden, Anschaffungspreis 45.000 Euro.*

Die Investitionsmaßnahmen a. bis c. sind wie folgt im Teilfinanzplan – Teil B darzustellen:

Es ist zunächst eine Maßnahme „oberhalb der festgelegten Wertgrenze" (Maßnahme a) auszuweisen, und zwar die „Neubeschaffung eines Dienstfahrzeuges für den Bürgermeister".

Hier ist eine „Auszahlung für den Erwerb von beweglichem Anlagevermögen" i. h. v. 60.000 Euro in der Spalte 3 „Ansatz des Haushaltsjahres" und der Saldo der Maßnahme mit –60.000 Euro zu veranschlagen.

Unter den „Investitionsmaßnahmen unterhalb der festgelegten Wertgrenze" ist als „Summe der investiven Auszahlungen" in der Spalte 3 „Ansatz des Haushaltsjahres" ein Betrag i. H. v. 77.500 Euro (für Maßnahmen a und c) und ein Saldo mit insgesamt –77.500 Euro anzusetzen.

Teilfinanzplan (B. Planung einzelner Investitionsmaßnahmen)

Investitionsmaßnahmen	Ergebnis des Vorvorjahres EUR 1	Ansatz des Vorjahres EUR 2	Ansatz des Haushaltsjahres EUR 3	Verpflichtungsermächtigungen EUR 4	Planung Haushaltsjahr +1 EUR 5	Planung Haushaltsjahr +2 EUR 6	Planung Haushaltsjahr +3 EUR 7	Bisher bereitgestellt (einschl. Sp. 2) EUR 8	Gesamt-Einzahlungen / Auszahlungen EUR 9
Investitionsmaßnahmen oberhalb der festgesetzten Wertgrenze									
Maßnahme: Dienstfahrzeug für den Bürgermeister									
– Auszahlungen für den Erwerb von beweglichem Anlagevermögen			-60.000						
Saldo: (Einzahlungen ./. Auszahlungen)			**-60.000**						

Investitionsmaßnahmen unterhalb der festgesetzten Wertgrenzen									
Summe der investiven Einzahlungen			0						
Summe der investiven Auszahlungen			-77.500						
Saldo: (Einzahlungen ./. Auszahlungen)			**-77.500**						

2.6.9 Verpflichtungsermächtigungen

In den Teilfinanzplänen A und B ist neben den bekannten Spaltenvorgaben der Ansatzplanungen zu den einzelnen Jahren entsprechend dem mittelfristigen Planungszeitraum nach § 84 Abs. 1 GO NRW und § 1 Abs. 3 KomHVO NRW in den verbindlichen Mustern nach Anlage 10 A und 10B VV Muster zur GO NRW und KomHVO NRW noch eine zusätzliche Spalte vorgesehen: die Angabe zu den sog. Verpflichtungsermächtigungen.

Verpflichtungsermächtigungen sind *Verpflichtungen zur Leistung von Auszahlungen für Investitionen in künftigen Jahren.* Gemäß § 85 Abs. 1 Satz 1 GO NRW dürfen sie grundsätzlich nur eingegangen werden, wenn der Haushaltsplan (in Form der Teilfinanzpläne) hierzu ermächtigt.

Nach § 12 Abs. 1 KomHVO NRW sind die Verpflichtungsermächtigungen in den Teilfinanzplänen maßnahmenbezogen zu veranschlagen. Dabei ist anzugeben, wie die Belastungen voraussichtlich auf die künftigen Jahre verteilt werden.

Verpflichtungsermächtigungen können nur für investive Auszahlungen i. S. d. § 4 Abs. 4 Satz 3 KomHVO NRW für die Folgejahre eingegangen werden. Damit können sie zwangsläufig auch nur bei den „Auszahlungen aus Investitionstätigkeit" im Teilfinanzplan ausgewiesen werden. In der Anlage 10A VV Muster zur GO NRW und KomHVO NRW ist die entsprechende Spalte (Nr. 4) daher für die „laufende Verwaltungstätigkeit" geschwärzt.

Die einzelnen Bestandteile der vorgenannten Definition sollen etwas näher betrachtet werden:

1. Verpflichtung
   ... i. d. R. aufgrund eines Vertrags, der im „Basis-Planjahr" zwischen der Kommune (Auftraggeber) und einem Dritten (Auftragnehmer) eingegangen werden soll (z. B. Vertrag über eine längere, jahresübergreifende Bauleistung).
2. Auszahlung
   ... geplanter Zahlungsmittelabfluss, der im Teilfinanzplan auszuweisen ist.
3. künftige Haushaltsjahre
   ... Verpflichtung bezieht sich auf die dem „Basis-Planjahr" folgenden drei Haushaltsjahre (Auszahlung bezieht sich auf die Zukunft).
4. Investition
   ... es muss sich um eine Auszahlung handeln, um bilanzielles Anlagevermögen erwerben oder herstellen zu wollen (z. B. Bau einer Gemeindestraße).

Der haushaltsrechtliche Zweck einer Verpflichtungsermächtigung ergibt sich aus dem Grundsatz der zeitlichen Bindung der Haushaltssatzung und damit auch des Haushaltsplans für ein Haushaltsjahr (= Kalenderjahr, vgl. § 78 Abs. 1 i. V. m. Abs. 3 und 4 GO NRW). Der Kommune wäre es nicht möglich, im „Basis-Planjahr" einen langfristig verbindlichen Vertrag mit z. B. einem Generalunternehmer für eine mehrjährige Bauleistung abschließen zu können, da Haushaltsmittel für das folgende Jahr („Basis-Planjahr" +1) erst mit der folgenden Haushaltssatzung zur Verfügung gestellt werden können. Dies wäre aber ggf. unwirtschaftlich und widerspräche den Grundsätzen aus § 75 Abs. 1 Satz 3 GO NRW (Wirtschaftlichkeit und Sparsamkeit), da es zu Bauverzögerungen, erneuten Ausschreibungen, steigenden Preisen o. Ä. kommen könnte. Durch eine Verpflichtungsermächtigung kann aber ein zeitlich längerfristig bindender Vertrag im „Basis-Planjahr" zu Lasten der drei folgenden Jahre abgeschlossen werden, wenn die Haushaltssatzung und der Haushaltsplan dazu ermächtigen.

Ist eine Verpflichtungsermächtigung für die Folgejahre geplant und wird sie „in Anspruch genommen" (es werden Aufträge für die Zukunft vergeben), so führt dies zwangsläufig dazu, dass im Jahr der Inanspruchnahme auch ein Ansatz für die Maßnahme zu bilden ist.

Beispiel:
Die kreisangehörige Gemeinde Studienhausen plant den Neubau eines Radwegs. Dafür sollen im „Basis-Planjahr" 02 Grundstücke gekauft werden. Zudem sollen die einzelnen Gewerke 02 öffentlich ausgeschrieben und die Aufträge nach Möglichkeit auch vergeben werden, damit direkt Anfang *des Jahres 03 die Baumaßnahme beginnen kann. Der Radweg soll bereits im Sommer des Jahres 03 fertiggestellt sein.*

Die kreisangehörige Gemeinde Studienhausen plant eine Investition, die sicherlich oberhalb der festgelegten Wertgrenze für den Einzelausweis im Teilfinanzplan – Teil B liegen dürfte. Für das Jahr 02 werden Auszahlungen für den Erwerb von Grundstücken geplant. Darüber hinaus werden für das Jahr 03 Auszahlungen für Baumaßnahmen geplant. Diese werden zur Verpflichtungsermächtigung erklärt, sodass die Gemeinde bereits im Jahr 02 verbindlich mit diesem Budget für das Haushaltsjahr 03 rechnen kann. Die Ausschreibung und die Auftragsvergabe können schon im Jahr 02 erfolgen. Die Verpflichtungsermächtigung aus 02 (für 03) würde bei der Haushaltsplanung für das Jahr 03 zum verbindlichen Ansatz.

Ohne den Ansatz einer Verpflichtungsermächtigung wäre die zeitliche Planung bzw. die Fertigstellung im Sommer 03 nicht zu halten, da die Baumaßnahme erst nach den Ausschreibungen im Jahr 03 beginnen könnte. Oder die gesamte Planung müsste bereits im Jahr 02 abgewickelt werden. Dies könnte aber zu Problemen hinsichtlich der Bauplanung des Tiefbaubereichs führen.

Die Summe aller geplanten Verpflichtungsermächtigungen ist nach § 78 Abs. 2 Satz 1 Nr. 1d GO NRW in der Haushaltssatzung festzusetzen. Auch hier entscheidet also das Vertretungsorgan über die zukünftigen Verpflichtungen der Kommune.

Gemäß § 1 Abs. 2 Satz 1 Nr. 6 KomHVO NRW ist dem Haushaltsplan eine Übersicht über die aus Verpflichtungsermächtigungen in den einzelnen Jahren voraussichtlich fällig werdenden Auszahlungen beizufügen.

2.6.10 Weitere Angaben in den Teilplänen

Nach § 4 Abs. 2 KomHVO NRW sollen produktorientierte Ziele unter Berücksichtigung des einsetzbaren Ressourcenaufkommens (Erträge) und des voraussichtlichen Ressourcenverbrauchs (Aufwendungen) festgelegt sowie Kennzahlen zur Zielerreichung bestimmt werden.

Ein Ziel ist ein in der Zukunft liegender, gegenüber dem Gegenwärtigen im Allgemeinen veränderter, erstrebenswerter und angestrebter Zustand. Ziele müssen dabei „smart" formuliert werden, d. h.:

- spezifisch = Ziele müssen eindeutig definiert sein („so präzise wie möglich")
- messbar = Ziele müssen messbar sein
- ansprechend = die Ziele müssen erstrebenswert sein
- realistisch = das gesteckte Ziel muss möglich und realisierbar sein
- terminiert = das Ziel muss mit einem fixen Datum festgelegt werden können

Eine Kennzahl ist eine Messzahl, die zur Quantifizierung dient. Sie misst den Grad der Zielerreichung in einer relativen Zahl (niemals in einer absoluten Zahl).

Die Angabe von Zielen und Kennzahlen soll in den Teilplänen erfolgen. Die KomHVO NRW verpflichtet die Kommunen nicht dazu (keine „Muss-Vorschrift"). Im Rahmen einer ziel- oder wirkungsorientierten Steuerung wird aber die Angabe von Zielen und Kennzahlen an Bedeutung gewinnen.

Neben den Zielen und Kennzahlen können weitere, freiwillige Angaben in den Teilplänen gemacht werden. Dies können z. B. sein:

- gesetzliche oder vertragliche Auftragsgrundlage des Produkts bzw. der Aufgabe
- Definition der Zielgruppe(n)
- weitergehende Erläuterungen in Form von Leistungsbeschreibungen („Was wird überhaupt gemacht?")
- Angabe von Leistungsmengen (wie Fallzahlen)

Die Ansätze im Haushaltsplan sind gemäß § 19 KomHVO NRW, soweit erforderlich, zu erläutern. Die Vorschrift nennt dabei einige Sachverhalte, bei denen eine Erläuterung des Ansatzes aus Gründen der Information und Nachvollziehbarkeit verpflichtend ist, u. a. bei der Planung neuer Investitionsmaßnahmen oder wesentlicher Aufwands- und/oder Ertragspositionen. Der einzelne Teilplan scheint für solche Erläuterungen der geeignete Ort zu sein, da man sich hier auf der „untersten Ebene" der Haushaltsplanung befindet.

2.6.11 Gesamtüberblick: Haushaltssatzung – Haushaltsplan – Teilpläne

Die Haushaltssatzung gibt einen ersten, relativ groben Überblick über die haushaltswirtschaftliche Situation der Kommune. Sie informiert über die Gesamtsummen des Ergebnis- und des Finanzplans, über Maximalhöhen zu Kreditermächtigungen und gibt Auskunft darüber, ob ein Haushaltsausgleich erreicht werden kann. Der Ergebnis- und der Finanzplan fächern die groben Informationen der Haushaltssatzung auf:

- horizontal (Zeilendarstellung): Die Erträge/Aufwendungen bzw. die Ein- und Auszahlungen werden in verschiedene Arten unterteilt.
- vertikal (Spaltendarstellung): Neben dem eigentlichen „Basis-Planjahr" werden weitere Haushaltsjahre dargestellt, um eine mittelfristige Entwicklung für die Zukunft ableiten zu können.

Aus dem Ergebnis- und dem Finanzplan kann das „**Was?**" abgeleitet werden. Die Teilpläne geben Auskunft über das „**Wo?**" in der Kommune, indem die Ansätze verursachungsgerecht den Produkten bzw. normierten Produktbereichen zugeordnet werden.

Von „unten nach oben" betrachtet, werden die Zahlen aus den Teilplänen über den Haushaltsplan in die Haushaltssatzung immer weiter verdichtet dargestellt.

2.7 HAUSHALTSAUSGLEICH UND KONSEQUENZEN EINES UNAUSGEGLICHENEN HAUSHALTS

2.7.1 Einführung

Neben den zahlreichen allgemeinen Haushaltsgrundsätzen, die im Kapitel 2.4 beschrieben wurden, muss sich die Kommune bzw. die Kämmerin / der Kämmerer auch daran messen lassen, wie der Haushalt grundsätzlich geführt wird (Planung) bzw. wurde (Rechnungslegung): Wird ein „Gewinn" oder ein „Verlust" erwirtschaftet?

Haushaltsrechtlich werden die handelsrechtlich und im allgemeinen Sprachgebrauch bekannten Begriffe „Gewinn" und „Verlust" aber nicht verwendet:

- Erwirtschaftet die Kommune mehr Erträge als Aufwendungen in einem Jahr, spricht man haushaltsrechtlich von einem „Jahresüberschuss".
- Sind die Aufwendungen größer als die Erträge, spricht man von einem „Jahresfehlbedarf" (im Rahmen der Haushaltsplanung) bzw. von einem „Jahresfehlbetrag" (bei der Rechnungslegung).[6]

Jahresüberschüsse bzw. Jahresfehlbedarfe/Jahresfehlbeträge werden aus dem Ergebnishaushalt (Ergebnisplan bei der Haushaltsplanung bzw. Ergebnisrechnung bei der Erstellung des Jahresabschlusses) abgeleitet. Damit erlangt diese Komponente haushaltsrechtlich eine zentrale Rolle.

Die unterschiedlichen Aufgaben werden im externen Rechnungswesen durch die Aufwendungen ausgedrückt: Ressourcen in Form von Personal, Sachmitteln, Dienstleistungen etc. werden eingesetzt, um eine Aufgabe erfüllen zu können. Diesen Aufgaben kann auch ein Wertezuwachs gegenüberstehen (Erträge). Dies können z. B. Gebührenerträge, Zuweisungen des Landes oder Steuererträge sein.

Ziel der öffentlichen Finanzwirtschaft ist es nicht, Überschüsse zu erwirtschaften. Im Rahmen des „Kostendeckungsgedankens" reicht es aus, wenn die Erträge genauso hoch sind wie die Aufwendungen. Ist dieses Ziel erreicht, sind mindestens die der Gemeinde obliegenden Aufgaben finanziert. Dies entspricht dem ersten allgemeinen Haushaltsgrundsatz aus § 75 Abs. 1 Satz 1 GO NRW (stetige Aufgabenerfüllung). In diesem Fall spricht man auch davon, dass ein sog. Haushaltsausgleich erreicht werden kann. Es geht in diesem Zusammenhang auch immer um die beiden ergänzenden Fragestellungen

---

[6] Auch wenn der Gesetzgeber mit dem 3. NKF-Weiterentwicklungsgesetz NRW die Begriffe „Jahresfehlbedarf" und „Jahresfehlbetrag" nicht mehr „geordnet korrekt" verwendet, sollen die beiden Begriffe im Rahmen dieses Lehrbuches auch weiterhin korrekt verwendet werden.

1. Wie kann/darf/muss ein Jahresergebnis haushaltsrechtlich verwendet werden?
2. Ergeben sich aus dem Jahresergebnis und aus seiner Verwendung haushaltsrechtliche Konsequenzen für die Kommune?

In den folgenden Kapiteln wird das Thema „Haushaltsausgleich" näher beschrieben. Die damit zusammenhängenden Fragen sollen zunächst aus Sicht der Haushaltsplanung (also vorausschauend; Kapitel 2.7.2) und dann auch noch einmal aus Sicht der Rechnungslegung (also rückwirkend, Kapitel 2.7.3) beantwortet werden, da insbesondere seit dem 3. NKF-Weiterentwicklungsgesetz NRW unterschiedliche Regelungen herangezogen werden müssen.

2.7.2 Grundsatz, Arten und Varianten des Haushaltsausgleichs im Rahmen der Haushaltsplanung

Gemäß § 75 Abs. 2 Satz 1 GO NRW **muss** der Haushalt in jedem Jahr in Planung und Rechnung ausgeglichen sein. In dieser Vorschrift ist damit der allgemeine Grundsatz formuliert. Es handelt sich um eine Muss-Vorschrift, die Kommune hat also kein Wahlrecht.

Die Vorschrift sieht **zwei Arten** der Zielerreichung vor: einen sog. echten und einen sog. fiktiven Haushaltsausgleich. Diese beiden Arten können in **unterschiedlichen Varianten** ausgeprägt sein. Die verschiedenen Konstellationen sollen im Folgenden einzeln betrachtet werden.

Nach § 75 Abs. 2 Satz 2 GO NRW **ist** der Haushalt ausgeglichen, wenn der Gesamtbetrag der Erträge die Höhe des Gesamtbetrags der Aufwendungen erreicht oder übersteigt.

Sind die Erträge also genauso hoch wie die Aufwendungen, erreicht die Kommune eine Deckung; sind die Erträge größer als die Aufwendungen, wird ein Jahresüberschuss erreicht. In beiden Fällen ist die Voraussetzung nach § 75 Abs. 2 Satz 2 GO NRW erfüllt. Man spricht von einem **echten Haushaltsausgleich**, da der Haushalt ausgeglichen ist (Signalwort in der Vorschrift). Ist dieser Zustand erreicht, kann die Kommune ihre Aufgaben finanzieren. Die Aufgabenerfüllung ist (mindestens in dem betroffenen Jahr) sichergestellt. Die Kommune muss mit keinen haushaltsrechtlichen Konsequenzen, wie z. B. ein Einschreiten der Aufsichtsbehörde, rechnen.

Beispiele:
Die Stadt Studienhausen erwirtschaftet folgende Szenarien im Rahmen der Haushaltsplanung:

Szenario 1	*Szenario 2*	*Szenario 3*
Die Erträge sind genauso hoch wie die Aufwendungen. Es wird eine „schwarze Null" erreicht.	*Die Erträge übersteigen die Aufwendungen um 0,5 Mio. Euro. Es wird ein Jahresüberschuss erzielt.*	*Die Aufwendungen übersteigen die Erträge um 0,25 Mio. Euro. Es wird ein Jahresfehlbedarf erzielt.*
Es wird ein echter Ausgleich erreicht.	*Es wird ein echter Ausgleich erreicht.*	*Es wird **kein** echter Ausgleich erreicht.*
§ 75 Abs. 2 Satz 1 GO NRW	*§ 75 Abs. 2 Satz 1 GO NRW*	--

(1) Entsteht ein **Jahresüberschuss** (Szenario 1), erhöht dieser gemäß § 75 Abs. 3 Satz 2 GO NRW, soweit er nicht für den Haushaltsausgleich verwendet wird, die Ausgleichsrücklage.

In Kapitel 2.7.4 wird erläutert, was die Ausgleichsrücklage ist und welche Bedeutung ihr im kommunalen Haushaltsrecht zukommt.

Die Formulierung „soweit er nicht für den Haushaltsausgleich verwendet wird", wird verständlicher, wenn man sie im Gesamtkontext der folgenden Varianten, insbesondere der Variante 5 sieht. Ein Jahresüberschuss soll nämlich für aufgelaufene Jahresfehlbeträge/Jahresfehlbedarfe aus anderen vorgelagerten Haushaltsjahren herangezogen werden, um diese dann auszugleichen, soweit in der Planung die Varianten 2 bis 4 nicht greifen.

Beispiel:
Die Stadt Studienhausen plant im Jahr 1 einen echten Haushaltsausgleich mit einem Jahresüberschuss von 1,0 Mio. Euro (vgl. auch Szenario 1). Dieser Jahresüberschuss ist nun nach § 75 Abs. 3 Satz 2 GO NRW der Ausgleichsrücklage zuzuführen, soweit er nicht für den nachträglichen Haushaltsausgleich bzw. zur Kompensation aufgelaufener Jahresfehlbeträge aus den letzten drei Jahren herangezogen werden muss.

Unterstellt, im letzten Jahr (Planjahr -1) wurde ein Jahresfehlbetrag i. H. v. 0,7 Mio. Euro erwirtschaftet, wäre dieser zunächst mit dem Jahresüberschuss aus dem Jahr 1 zu verrechnen. Es verbliebe noch ein Jahresüberschuss i. H. v. 0,3 Mio. Euro, der nun der Ausgleichsrücklage zuzuführen ist. Es handelt sich dabei um eine gebundene, gesetzlich vorgeschriebene Zuführung und nicht um eine freie Entscheidung durch den Rat.

(2) Nach § 75 Abs. 2 Satz 3 GO NRW **gilt** die Verpflichtung zum Haushaltsausgleich als erfüllt, wenn der Fehlbedarf im Ergebnisplan oder der Fehlbetrag in der Ergebnisrechnung durch Inanspruchnahme der sog. Ausgleichsrücklage gedeckt werden kann.

Damit kann auch ein Ausgleich dargestellt werden, obwohl die Aufwendungen größer als die Erträge sind. Der Gesetzgeber knüpft hier aber folgende kumulative Bedingungen:

1. Es wird ein Jahresfehlbedarf/Jahresfehlbetrag erwirtschaftet, die Aufwendungen sind also höher als die Erträge und es wird kein echter Haushaltsausgleich dargestellt.
2. Der Fehlbedarf/Fehlbetrag kann durch Inanspruchnahme der Ausgleichsrücklage gedeckt werden.

Was ist überhaupt die „Ausgleichsrücklage"? Diese Frage wird in Kapitel 2.7.4 beantwortet.

Sind beide Voraussetzungen kumulativ erfüllt, ist der Haushalt zwar nicht ausgeglichen, er gilt (Signalwort) aber als ausgeglichen. Daher spricht man in diesem Fall vom sog. **fiktiven Haushaltsausgleich.**

Die Inanspruchnahme der Ausgleichsrücklage ist in § 4 der Haushaltssatzung festzusetzen (vgl. Anlage 1 VV Muster zur GO NRW und KomHVO NRW bzw. § 78 Abs. 2 Satz 1 Nr. 2 GO NRW).

Beispiele:
Die Stadt Studienhausen erwirtschaftet folgende Szenarien im Ergebnisplan:

Szenario 1	***Szenario 2***	***Szenario 3***
Die Aufwendungen übersteigen die Erträge um 0,25 Mio. Euro. Es wird ein Jahresfehlbedarf erzielt. Die Ausgleichsrücklage hat noch einen Bestand von 1,0 Mio. Euro.	*Die Aufwendungen übersteigen die Erträge um 0,25 Mio. Euro. Es wird ein Jahresfehlbedarf erzielt. Die Ausgleichsrücklage hat noch einen Bestand von 0,1 Mio. Euro.*	*Die Aufwendungen übersteigen die Erträge um 0,25 Mio. Euro. Es wird ein Jahresfehlbedarf erzielt. Es gibt keine Ausgleichsrücklage mehr.*
Es wird ein fiktiver Ausgleich erreicht.	*Es wird* ***kein*** *fiktiver Ausgleich nach § 75 Abs. 2 Satz 3 GO NRW erreicht, weil die Ausgleichsrücklage nicht mindestens so hoch ist wie der Jahresfehlbetrag.*	*Es wird* ***kein*** *fiktiver Ausgleich nach § 75 Abs. 2 Satz 3 GO NRW erreicht, weil keine Ausgleichsrücklage vorhanden ist, die in Anspruch genommen werden könnte.*
§ 75 Abs. 2 Satz 3 GO NRW	--	--

3

Bereits mit dem 2. NKF-Weiterentwicklungsgesetz NRW (Inkrafttreten am 01.01.2019) wurden die beiden unter 1 und 2 dargestellten Möglichkeiten eines ausgeglichenen Haushalts um eine weitere Alternative ergänzt, die allerdings **nur für die Haushaltsplanung** greift und mit dem 3. NKF-Weiterentwicklungsgesetz NRW (Inkrafttreten am 31.12.2023) sogar noch ausgebaut wurde. Diese ist in § 79 Abs. 3 Satz 1 Halbsatz 1 GO NRW geregelt. Hier heißt es: „Kann der Ausgleich des Jahresergebnisses trotz Ausnutzung von Spar- und Ertragsmöglichkeiten nicht erreicht werden, kann im Ergebnisplan eine pauschale Kürzung von Aufwendungen bis zu einem Betrag von 2 Prozent der Summe der ordentlichen Aufwendungen veranschlagt werden (**globaler Minderaufwand**).“ Es ist an dieser Stelle anzumerken, dass auch nur dann das Instrument des globalen Minderaufwandes angewendet werden sollte, wenn alle Spar- und Ertragsmöglichkeiten ausgeschöpft sind.

Auch in diesem Fall spricht man von einem fiktiven Haushaltsausgleich, da das Instrument des globalen Minderaufwandes ja nur eine grobe Einsparzielsetzung für das nächste Haushaltsjahr ist. Ob diese tatsächlich greift, werden dann die Bewirtschaftung und der Jahresabschluss zeigen.

Die Veranschlagung eines globalen Minderaufwandes erfolgt ausschließlich im Ergebnisplan nach § 2 KomHVO NRW und im Rahmen der Anlage 4 VV Muster zur GO NRW und

KomHVO NRW, und dort in Zeile 27. Eine Aufteilung in die einzelnen Teilpläne ist nicht (mehr) vorgesehen.

Zudem muss der globale Minderaufwand in § 1 der Haushaltssatzung festgesetzt werden (vgl. Anlage 1 VV Muster zur GO NRW und KomHVO NRW).

Beispiel 1:
Die Stadt Studienhausen plant für das Haushaltsjahr 1 mit einem Jahresfehlbedarf i. H. v. 1,5 Mio. Euro. Eine Ausgleichsrücklage ist nicht mehr vorhanden. Die ordentlichen Aufwendungen betragen 20,0 Mio. Euro.

Eine Veranschlagung eines globalen Minderaufwandes führt nicht zum Ziel, einen fiktiven Haushaltsausgleich nach § 79 Abs. 3 Satz 1 Halbsatz 1 GO NRW herzustellen. 2 Prozent der ordentlichen Aufwendungen entsprechen 0,4 Mio. Euro. Diese würden den voraussichtlichen Jahresfehlbedarf nur gering beeinflussen und dieser wäre dann nur noch mit 1,1 Mio. Euro auszuweisen.

Beispiel 2:
Die Stadt Studienhausen plant für das Haushaltsjahr 1 mit einem Jahresfehlbedarf i. H. v. 0,25 Mio. Euro. Eine Ausgleichsrücklage ist nicht mehr vorhanden. Die ordentlichen Aufwendungen betragen 20,0 Mio. Euro.

Eine Veranschlagung eines globalen Minderaufwandes ist zielführend, einen fiktiven Haushaltsausgleich nach § 79 Abs. 3 Satz 1 Halbsatz 1 HGO NRW herzustellen. 2 Prozent der ordentlichen Aufwendungen entsprechen 0,4 Mio. Euro. Der Jahresfehlbedarf beträgt „nur“ 0,25 Mio. Euro. Nach Veranschlagung des globalen Minderaufwandes läge ein „ausgeglichenes Ergebnis“ vor.

4

Die Möglichkeit der Veranschlagung eines globalen Minderaufwandes kann auch mit der Inanspruchnahme der Ausgleichsrücklage **kombiniert** werden. Gemäß § 79 Abs. 3 Satz 1 Halbsatz 2 GO NRW kann der globale Minderaufwand anstelle oder zusätzlich zur Inanspruchnahme der Ausgleichsrücklage verwendet werden.

Sofern also die Ausgleichsrücklage zur Deckung des Fehlbedarfs nicht ausreicht, kann zusätzlich im Ergebnisplan eine pauschale Kürzung von Aufwendungen bis zu einem Betrag von 2 Prozent der Summe der ordentlichen Aufwendungen veranschlagt werden (globaler Minderaufwand; § 75 Abs. 2 Satz 4 Alt. 3 GO NRW). Wichtig ist, dass beide Maßnahmen zusammen auch das Ziel erreichen können, am Ende einen „noch ausgeglichenen“ Haushalt darzustellen. Reichen auch beide Maßnahmen in Kombination nicht aus, so wird zunächst „für den Moment“ kein Ausgleich erreicht. Kann das Ziel aber im Rahmen der Haushaltsplanung unter Anwendung dieser beiden Möglichkeiten dargestellt werden, so spricht man auch hier von einem fiktiven Haushaltsausgleich.

Die kombinierte Veranschlagung ist in der Haushaltssatzung in ihren §§ 1 und 4 festzusetzen und der globale Minderaufwand muss im Ergebnisplan separat ausgewiesen werden (vgl. obige Ausführungen unter 2 und 3).

Erläuterungen zur „Ausgleichsrücklage" finden sich in Kapitel 2.7.4.

Beispiel:
Die Stadt Studienhausen plant für das Haushaltsjahr 1 mit einem Jahresfehlbedarf i. H. v. 1,5 Mio. Euro. Eine Ausgleichsrücklage ist noch mit einem Bestand von 1,1 Mio. Euro vorhanden. Die ordentlichen Aufwendungen betragen 20,0 Mio. Euro.

Eine Veranschlagung eines globalen Minderaufwandes führt in Kombination mit der Einnahme aus der Ausgleichsrücklage zum Ziel, einen fiktiven Haushaltsausgleich nach § 79 Abs. 3 Satz 1 Halbsatz 1 GO NRW herzustellen. 2 Prozent der ordentlichen Aufwendungen entsprechen 0,4 Mio. Euro. Diese würden den voraussichtlichen Jahresfehlbedarf nur gering beeinflussen und dieser wäre dann noch mit 1,1 Mio. Euro auszuweisen. Dieser ausgewiesene Jahresfehlbedarf könnte dann aber über die Ausgleichsrücklage vollständig gedeckt werden.

5

Greifen die Möglichkeiten 1 bis 4 nicht, einen (echten oder fiktiven) Haushaltsausgleich darzustellen, kann nach § 79 Abs. 3 Satz 2 GO NRW ein verbleibender Jahresfehlbedarf in der mittelfristigen Ergebnis- und Finanzplanung (§ 84 Abs. 1 GO NRW) längstens in die drei folgenden Haushaltsjahre **vorgetragen** werden. Diese Regelung gilt damit ebenfalls nur im Rahmen der Haushaltsplanung. Für die Rechnungslegung wird auf untenstehende gesonderte Ausführungen verwiesen.

Im Falle des **bilanziellen Verlustvortrages** kann nur in der jahresübergreifenden Gesamtbetrachtung die Frage nach dem Erreichen eines (fiktiven) Haushaltsausgleichs beantwortet werden. Auch ist hier immer die Regelung aus § 95 Abs. 2 GO NRW zu berücksichtigen, da hier festgelegt wird, was genau in und am Ende dieses Dreijahreszeitraumes passieren soll:

1. Ein Jahresfehlbetrag soll unverzüglich gedeckt werden.
2. Ein Jahresfehlbetrag **soll** durch Entnahme aus der Ausgleichsrücklage gedeckt werden.
3. Ein danach (nach 2) verbleibender Jahresfehlbetrag **ist** spätestens nach drei Jahren mit der allgemeinen Rücklage zu verrechnen, soweit er nicht mit Jahresüberschüssen in einem vorhergehenden Haushaltsjahr gedeckt werden kann.

Unter Berücksichtigung dieser Vorschrift gilt also für die Planung Folgendes:

1. Ein nach Inanspruchnahme der Ausgleichsrücklage und/oder Veranschlagung eines globalen Minderaufwandes verbleibender Jahresfehlbedarf kann längstens in die drei folgenden Haushaltsjahre vorgetragen („Bilanzieller Verlustvortrag") werden.
2. Der gebildete bilanzielle Verlustvortrag **soll** in den drei folgenden Haushaltsjahren mit dann geplanten Jahresüberschüssen verrechnet werden.
3. Ist am Ende des Dreijahres-Zeitraumes immer noch ein (Rest-)Verlustvortrag vorhanden, **ist** dieser mit der allgemeinen Rücklage zu verrechnen. In diesem Fall kann **kein Ausgleich** mehr hergestellt werden.

Was ist denn die „allgemeine Rücklage"? Diese Frage wird in Kapitel 2.7.5 beantwortet.

Der Vortrag eines geplanten Jahresfehlbedarfs ist nach § 78 Abs. 2 Satz 1 Nr. 2 GO NRW und Anlage 1 VV Muster zur GO NRW und KomHVO NRW in § 4 der Haushaltssatzung festzusetzen.

Beispiel:
Die Stadt Studienhausen plant für das Haushaltsjahr 1 mit einem Jahresfehlbedarf i. H. v. 1,5 Mio. Euro. Eine Ausgleichsrücklage ist noch mit einem Bestand von 1,0 Mio. Euro vorhanden. Die ordentlichen Aufwendungen betragen 20,0 Mio. Euro.

Eine Veranschlagung eines globalen Minderaufwandes führt in Kombination mit der Einnahme aus der Ausgleichsrücklage nicht zum Ziel, einen fiktiven Haushaltsausgleich nach § 79 Abs. 3 Satz 1 Halbsatz 1 GO NRW herzustellen. 2 Prozent der ordentlichen Aufwendungen entsprechen 0,4 Mio. Euro. Diese würden den voraussichtlichen Jahresfehlbedarf nur gering beeinflussen und dieser wäre dann noch mit 1,1 Mio. Euro auszuweisen. Dieser ausgewiesene Jahresfehlbedarf könnte auch nicht über die Ausgleichsrücklage gedeckt werden, da sie um 0,1 Mio. Euro zu niedrig ist.

Der verbleibende Jahresfehlbedarf ist längstens in die drei Folgejahre vorzutragen und zunächst mit dort auszuweisenden Überschüssen oder am Ende dieses Zeitraumes mit der allgemeinen Rücklage zu verrechnen.

Es wären folgende Szenarien denkbar:

Szenario 1	***Szenario 2***	***Szenario 3***
Im Folgejahr +1 nach dem Planjahr wird bereits ein Jahresüberschuss von 0,6 Mio. Euro geplant.	*In den Folgejahren +1 und +2 nach dem Planjahr wird jeweils ein Jahresüberschuss von 0,05 Mio. Euro eigeplant.*	*In den Folgejahren +1 bis +3 nach dem Planjahr werden jeweils selbst Jahresfehlbedarfe geplant.*
Der verbleibende Jahresfehlbedarf aus dem Planjahr (0,1 Mio. Euro) soll mit dem Jahresüberschuss verrechnet werden, so dass dieser nur noch mit 0,5 Mio. Euro für eine Zuführung in die Ausgleichsrücklage zur Verfügung steht (siehe auch Variante 1).	*Der verbleibende Jahresfehlbedarf aus dem Planjahr (0,1 Mio. Euro)* ***soll*** *mit den beiden geplanten Jahresüberschüssen vollständig verrechnet werden.*	*Der verbleibende Jahresfehlbedarf aus Planjahr (0,1 Mio. Euro)* ***ist*** *am Ende des Jahres +3 mit der allgemeinen Rücklage zu verrechnen.* *Es kann abschließend* ***kein Ausgleich*** *dargestellt werden.*

2.7.3 Grundsatz, Arten und Varianten des Haushaltsausgleichs im Rahmen der Rechnungslegung

Gemäß § 75 Abs. 2 Satz 1 GO NRW muss der Haushalt in jedem Jahr in Planung und Rechnung ausgeglichen sein. Diese Vorschrift gilt also auch im Rahmen der Erstellung des Jahresabschlusses. Auch hier ist zwischen dem echten und dem fiktiven Ausgleich zu unterscheiden.

Im Unterschied zum Haushaltsplanungsprozess gelten für die Rechnungslegung aber zum Teil andere Vorschriften, die hier betrachtet werden sollen.

① Entsteht im Rahmen der Rechnungslegung ein **Jahresüberschuss**, übersteigen also die Erträge die Aufwendungen, handelt es sich auch hier um den sog. echten Haushaltsausgleich i. S. d. § 75 Abs. 2 Satz 2 GO NRW. Gleiches würde gelten, wenn die Erträge und Aufwendungen gleich hoch sind.

Ein Jahresüberschuss erhöht nach § 75 Abs. 3 Satz 2 GO NRW kraft Gesetzes die Ausgleichsrücklage, soweit er nicht für den Haushaltsausgleich verwendet werden muss. Es ist also kein gesonderter Beschluss über die Verwendung eines Jahresüberschusses durch das Vertretungsorgan notwendig, da das Gesetz die unmittelbare Folge eines Jahresüberschusses regelt. Es gibt keine andere Entscheidungsmöglichkeit.

Bezüglich der Formulierung „soweit er nicht für den Haushaltsausgleich verwendet werden muss" wird auf die Ausführungen unter Kapitel 2.7.2 (Variante 1) verwiesen.

Entsteht also ein Jahresüberschuss, gelten in der Haushaltsplanung und in der Rechnungslegung dieselben Vorschriften der GO NRW.

② Entsteht in der Rechnungslegung ein **Jahresfehlbetrag**, sind die Aufwendungen also höher als die Erträge, kann kein echter Haushaltsausgleich dargestellt werden. Es ist aber zu prüfen, wie mit diesem Jahresfehlbetrag umzugehen ist und ob nicht ggf. ein fiktiver Haushaltsausgleich dargestellt werden kann.

Die Behandlung eines Jahresfehlbetrages in der Rechnungslegung richtet sich nach § 95 Abs. 2 GO NRW und folgt einer zwingenden Reihenfolge:

1. Er **soll** im Jahresabschluss durch Entnahme aus der Ausgleichsrücklage ausgeglichen werden (Satz 2 der Vorschrift). Damit entsteht eine Ausgleichsfiktion wie in § 75 Abs. 2 Satz 3 GO NRW vorgesehen.
2. Ein danach verbleibender Jahresfehlbetrag (also nach Maßnahme 1) **soll** in den folgenden drei Jahren mit den dort entstehenden Jahresüberschüssen verrechnet werden (Satz 3 der Vorschrift). Es wird also zunächst ein „Bilanzieller Verlustvortrag" gebildet und im Eigenkapital ausgewiesen.
3. Ein danach (also nach Maßnahmen 1 und 2) verbleibender Jahresfehlbetrag **ist** spätestens nach drei Jahren mit der allgemeinen Rücklage zu verrechnen (Satz 3 der Vorschrift). Die allgemeine Rücklage darf dabei nicht negativ sein (Satz 4 der Vorschrift).

Beispiel:
Die Stadt Studienhausen legt die Jahresrechnung für das abgeschlossene Haushaltsjahr 1 vor. Es wird ein Jahresfehlbetrag i. H. v. 1,0 Mio. Euro ausgewiesen.

Folgende Szenarien sind denkbar:

Szenario 1	***Szenario 2***	***Szenario 3***
Es besteht eine Ausgleichsrückklage in ausreichender Höhe.	*Es besteht eine Ausgleichsrücklage mit einem Bestand von 0,5 Mio. Euro. Im Folgejahr wird ein Jahresüberschuss i. H. v. 1,25 Mio. Euro erwirtschaftet.*	*Es besteht eine Ausgleichsrücklage mit einem Bestand von 0,5 Mio. Euro. In den drei Folgejahren werden keine Jahresüberschüsse erwirtschaftet. Eine allgemeine Rücklage ist in ausreichendem Maße vorhanden.*
Der Jahresfehlbetrag soll mit der Ausgleichsrücklage ausgeglichen werden. Es entsteht ein fiktiver Haushaltsausgleich nach § 75 Abs. 2 Satz 2 GO NRW.	*Die Ausgleichsrücklage soll „geleert" werden, der verbleibende Jahresfehlbetrag (0,5 Mio. Euro) soll als „Bilanzieller Verlustvortrag" eingestellt werden. Dieser soll im Folgejahr gegen den Jahresüberschuss gerechnet werden.*	*Die Ausgleichsrücklage soll „geleert" werden, der verbleibende Jahresfehlbetrag (0,5 Mio. Euro) soll als „Bilanzieller Verlustvortrag" eingestellt werden. Dieser ist spätestens im Jahr +3 gegen die allgemeine Rücklage auszubuchen. Es wird **kein Ausgleich** dargestellt.*

Bezüglich der Ausgleichsrücklage und der allgemeinen Rücklage wird auf die Ausführungen in den Kapiteln 2.7.4 und 2.7.5 verwiesen.

Das Instrument des globalen Minderaufwandes findet in der Rechnungslegung keine Anwendung und ist ausschließlich im Rahmen der Haushaltsplanung anwendbar.

2.7.4 Ausgleichsrücklage

Nach § 75 Abs. 3 Satz 1 GO NRW ist in der Bilanz eine Ausgleichsrücklage zusätzlich zur allgemeinen Rücklage als gesonderter Posten des bilanziellen Eigenkapitals anzusetzen.

Das Eigenkapital besteht seit dem 3. NKF-Weiterentwicklungsgesetz NRW insgesamt aus **fünf Posten** (vgl. § 42 Abs. 4 Nr. 1 KomHVO NRW bzw. Anlage 25 VV Muster zur GO NRW und KomHVO NRW):

1. Allgemeine Rücklage
2. Sonderrücklagen
3. Ausgleichsrücklage

4. Bilanzieller Verlustvortrag
5. Jahresüberschuss/Jahresfehlbetrag (insgesamt: Jahresergebnis)

Die Summe aller fünf Posten bildet das Eigenkapital der Kommune.

Posten 2

Eine **Sonderrücklage** ist in den Fällen des § 44 Abs. 4 KomHVO NRW zu bilden bzw. kann in den dort genannten Fällen gebildet werden. In den weiteren Ausführungen zum Haushaltsausgleich im Rahmen dieses Lehrbuchs soll sie als nachrangig angesehen werden und wird daher nicht weiter betrachtet.

Posten 5

Das **Jahresergebnis** ergibt sich unmittelbar aus den Werten des Ergebnishaushalts, kann also in einer der drei folgenden Alternativen vorliegen:

Übersteigen die Erträge die Aufwendungen, spricht man von einem „Jahresabschluss". Sind die Erträge genauso hoch wie die Aufwendungen, decken sie diese („Deckung"). Übersteigen die Aufwendungen die Erträge, handelt es sich um einen Jahresfehlbedarf (in der Planung) bzw. um einen Jahresfehlbetrag (in der Rechnungslegung).

Posten 4

Der „**Bilanzielle Verlustvortrag**" ergibt sich aus nicht ausgeglichenen Jahresfehlbeträgen, die jeweils in den drei Folgejahren entweder mit einem Jahresüberschuss ausgeglichen werden sollen oder nach Ende dieses Zeitraumes gegen die allgemeine Rücklage auszubuchen sind. Es wird auf die Ausführungen in den Kapiteln 2.7.2 und 2.7.3 verwiesen.

Posten 3

Die Höhe der **Ausgleichsrücklage** bestimmt sich nach § 75 Abs. 3 Satz 2 GO NRW, wobei es sich hier um eine Muss-Vorschrift handelt: Jahresüberschüsse erhöhen die Ausgleichsrücklage, soweit sie nicht für den Haushaltsausgleich, also für den Ausgleich früherer Jahresfehlbeträge, verwendet werden. Eine betragliche Obergrenze für die Ausgleichsrücklage gibt es somit nicht (mehr). Sie erwirbt also immer mehr den Charakter einer handelsrechtlichen „Gewinnrücklage". Auch diese Vorschrift wurde mit dem 3. NKF-Weiterentwicklungsgesetz NRW ab dem 31.12.2023 (nochmals) verändert. Es erscheint jedoch sehr kritisch, ob diese Neuregelung noch dem Gedanken der intergenerativen Gerechtigkeit entspricht.

Posten 1

Die **Allgemeine Rücklage** ist eine Saldogröße/Restgröße, die mathematisch wie folgt ermittelt wird:

	Summe aller Aktiva
./.	Fremdkapital (inkl. Rückstellungen)
./.	Sonderposten
./.	Sonderrücklagen
./.	Ausgleichsrücklage
./.	Jahresergebnis
./.	Bilanzieller Verlustvortrag
=	Allgemeine Rücklage

Die aktuell geltenden gesetzlichen Bestimmungen im kommunalen Haushaltsrecht sehen keinen Mindestbestand für die allgemeine Rücklage vor. Dieser könnte auch theoretisch 0 Euro sein, obwohl die Ausgleichsrücklage einen Bestand von mehreren Millionen Euro ausweist. Jahresüberschüsse erhöhen kraft Gesetzes die Ausgleichsrücklage, sofern sie nicht aufgelaufene Jahresfehlbeträge der Vergangenheit ausgleichen. Eine pflichtige Zuführung in die allgemeine Rücklage ist nicht vorgesehen. § 75 Abs. 3 Satz 3 GO NRW regelt lediglich, dass im Rahmen der Feststellung des Jahresabschlusses durch das Vertretungsorgan nach § 96 Abs. 1 GO NRW aus der Ausgleichsrücklage Beträge in die allgemeine Rücklage umgebucht werden **können** (Wahlrecht). § 95 Abs. 2 Satz 3 GO NRW gibt vor, dass die allgemeine Rücklage nicht negativ sein darf. Insofern kann abgeleitet werden, dass eine Umbuchung von der Ausgleichs- in die allgemeine Rücklage nur noch dann (pflichtig) erfolgt, wenn die allgemeine Rücklage ansonsten negativ würde. Dies kann sich z. B. auch aus Verrechnungssachverhalten im Rahmen der Anwendung des § 44 Abs. 3 KomHVO NRW ergeben.[7]

Im Rahmen der Einführung des NKF (spätestens zum 01.01.2009) konnte die Ausgleichsrücklage einmalig bis zur Höhe eines Drittels des erstmalig bilanzierten Eigenkapitals gebildet werden, durfte aber die Höhe eines Drittels der jährlichen Steuereinnahmen und der allgemeinen Zuweisungen im Durchschnitt der letzten drei Jahre vor der erstmaligen Bilanzierung nicht überschreiten. In der bis zum 31.12.2018 geltenden Vorschrift durfte die Ausgleichsrücklage einen Bestand von 1/3 des Eigenkapitals nicht überschreiten. In der dann bis zum 30.12.2023 geltenden Vorschrift konnten der Ausgleichsrücklage Jahresüberschüsse durch Beschluss des Vertretungsorgans zugeführt werden, soweit die allgemeine Rücklage einen Mindestbestand von 3 Prozent der Bilanzsumme des Jahresabschlusses aufwies.

Beispiel für die erstmalige Bildung der Ausgleichsrücklage:
Die kreisangehörige Gemeinde Studienhausen stellt per 01.01.2009 erstmalig eine Bilanz auf. Die Aktivposten wurden mit insgesamt 45.000.000 Euro bewertet. Die Passivposten ohne Eigenkapital betrugen 41.500.000 Euro.

Das Eigenkapital und seine einzelnen Posten wurden wie folgt bestimmt:

	Summe Aktiva	*45.000.000,00 Euro*
./.	*Summe Passiva*	*41.500.000,00 Euro*
=	*Eigenkapital*	*3.500.000,00 Euro*

Eigenkapital	*3.500.000,00 Euro*
davon max. 1/3	*1.166.666,66 Euro*

Die jährlichen Steuereinnahmen und Einnahmen aus allgemeinen Zuweisungen für die Jahre 2006 bis 2008 betrugen:

---

7 Siehe zu den Verrechnungssachverhalten insbesondere Kapitel 2.9.5.

	2006	2007	2008	Durchschnitt
Steuern	12.500.000,00	12.850.000,00	13.100.000,00	12.816.666,67
Allgemeine Zuweisungen	6.850.000,00	6.700.000,00	6.700.000,00	6.750.000,00
Summe	**19.350.000,00**	**19.550.000,00**	**19.800.000,00**	**19.566.666,67**
Davon 1/3	**6.450.000,00**	**6.516.666,66**	**6.600.000,00**	**6.522.222,22**

Die Ausgleichsrücklage durfte per 01.01.2009 mit einem Betrag von 1.166.666,66 Euro angesetzt werden.

Der gebildeten Ausgleichsrücklage kommt eine Art „Pufferfunktion" zu. Sie kann in Anspruch genommen werden, um Jahresfehlbedarfe/Jahresfehlbeträge auszugleichen und so haushaltsrechtlich den fiktiven Ausgleich zu erreichen. Wird dieser Status erreicht, hat die Kommune genau wie beim echten Haushaltsausgleich mit keinen weiteren Konsequenzen wie z. B. einem aufsichtsbehördlichen Einschreiten zu rechnen. Ihre Inanspruchnahme ist auch geboten, um solche Konsequenzen abzuwenden.

Voraussetzung für das Erreichen des fiktiven Haushaltsausgleichs ist aber, dass die Ausgleichsrücklage mindestens so hoch wie der Jahresfehlbedarf bzw. Jahresfehlbetrag ist. Reicht die Ausgleichsrücklage nicht mehr aus, diesen in voller Höhe zu decken, ist kein Haushaltsausgleich gemäß § 75 Abs. 2 Satz 3 GO NRW erreicht. Trotzdem wird der Ausgleichsrücklage zunächst der noch vorhandene Betrag entnommen, bis ihr Bestand null ist.

Beispiel für die Inanspruchnahme der Ausgleichsrücklage:
Die Ausgleichsrücklage der Gemeinde Studienhausen beträgt per 31.12. des Jahres 0 noch 2.450.000 Euro. Im Jahr 1 können die Erträge die Aufwendungen decken. Im Jahr 2 erwirtschaftet die Gemeinde lt. Planung einen Jahresfehlbedarf von 2.199.000 Euro. Dieser kann vollständig aus der Ausgleichsrücklage entnommen werden. Der Haushalt gilt nach § 75 Abs. 2 Satz 3 GO NRW als ausgeglichen. Die Ausgleichsrücklage weist nach Inanspruchnahme noch einen Restbestand von 251.000 Euro aus.

Erwirtschaftet die Gemeinde Studienhausen für das Jahr 2 (Planung) allerdings einen Jahresfehlbedarf von 2.450.001 Euro, reicht die Ausgleichsrücklage nicht mehr aus. Ihr werden 2.450.000 Euro entnommen. Es verbleibt ein ungedeckter Restbedarf von 1 Euro. Der Haushalt ist nicht und gilt auch nicht als ausgeglichen i. S. d. § 75 Abs. 2 Satz 2 und 3 GO NRW.

Der Ausgleichsrücklage sind auch Jahresfehlbedarfe von mehreren Jahren hintereinander (oder mit Unterbrechungen) zu entnehmen – so lange, bis ihr Bestand „null" ist. Werden Jahresüberschüsse erwirtschaftet, greift die Vorschrift des § 75 Abs. 3 Satz 2 GO NRW. Hiernach sind Jahresüberschüsse der Ausgleichsrücklage zuzuführen, sofern sie nicht für den Haushaltsausgleich verwendet werden.

Beispiel für die Zuführung in die Ausgleichsrücklage:
Im Jahr 0 erwirtschaftet die Gemeinde Studienhausen einen Jahresüberschuss i. H. v. 650.000 Euro. Das Eigenkapital enthält folgende Posten:

Eigenkapital per 31.12. des Jahres 0:
- *Allgemeine Rücklage: 6.900.000 Euro*
- *Ausgleichsrücklage: 800.000 Euro*
- *Jahresüberschuss: 650.000 Euro*

Ergebnisvorträge aus Vorjahren sind nicht entstanden.

Das Eigenkapital weist insgesamt einen Betrag von 8.350.000 Euro aus. Der erwirtschaftete Jahresüberschuss ist vollständig der Ausgleichsrücklage zuzuführen.

Nach Ergebnisverwendung sieht das Eigenkapitalfolgendermaßen aus:

- Allgemeine Rücklage: 6.900.000 Euro
- Ausgleichsrücklage: 1.450.000 Euro

Auch im Jahr 1 kann (voraussichtlich) ein Jahresüberschuss erwirtschaftet werden:

- *Allgemeine Rücklage: 6.900.000 Euro*
- *Ausgleichsrücklage: 1.450.000 Euro*
- *Jahresüberschuss: 2.200.000 Euro*

Das Eigenkapital weist insgesamt einen Betrag von 10.550.000 Euro aus. Auch dieser Jahresüberschuss ist vollständig der Ausgleichsrücklage zuzuführen.

Nach Ergebnisverwendung sieht das Eigenkapital folgendermaßen aus:

- *Allgemeine Rücklage: 6.900.000 Euro*
- *Ausgleichsrücklage: 3.650.000 Euro*

Eine Inanspruchnahme/Verringerung der Ausgleichsrücklage ist in der Haushaltssatzung festzusetzen (vgl. § 78 Abs. 2 Satz 1 Nr. 2 GO NRW).[8]

2.7.5 Inanspruchnahme der allgemeinen Rücklage

Ist der geplante Jahresfehlbedarf oder der eingetretene Jahresfehlbetrag höher als der Bestand der Ausgleichsrücklage oder ist keine Ausgleichsrücklage (mehr) vorhanden und/ oder reicht die Veranschlagung des globalen Minderaufwands im Rahmen der Haushaltsplanung nicht aus, kann ein verbleibender Jahresfehlbedarf/Jahresfehlbetrag längstens in die drei folgenden Haushaltsjahre vorgetragen werden (vgl. § 79 Abs. 3 GO NRW für die Haushaltsplanung und § 95 Abs. 2 GO NRW für die Rechnungslegung). Die Frage, ob ein Haushaltsausgleich hergestellt werden kann, lässt sich also erst in der Zukunft beantwor-

---

8 Zur Haushaltssatzung siehe vertiefend Kapitel 2.5.

ten, nämlich dann, wenn dieser vorgetragene Jahresfehlbedarf/Jahresfehlbetrag innerhalb dieses Zeitraumes durch dann entstandene Jahresüberschüsse gedeckt werden kann. Ist dies nicht möglich, weil die Kommune z. B. auch in den folgenden drei Jahren ausschließlich Jahresfehlbedarfe plant bzw. Jahresfehlbeträge erwirtschaftet oder die Jahresüberschüsse zu klein sind, um die aufgelaufenen Defizite aus der Vergangenheit aufzufangen, ist nach § 95 Abs. 2 Satz 3 GO NRW die allgemeine Rücklage in Anspruch zu nehmen. Das Ziel der stetigen Aufgabenerfüllung nach § 75 Abs. 1 Satz 1 GO NRW ist nicht nur gefährdet, sondern kann nicht mehr sichergestellt werden. In diesem Fall bleibt der Kommune buchhalterisch nichts anderes übrig, als das übrige Eigenkapital zu verringern.

Beispiel für die Inanspruchnahme der allgemeinen Rücklage:
Für das Jahr 02 plant die Gemeinde einen Jahresfehlbedarf i. H. v. 11,0 Mio. Euro. Im Ergebnisplan werden ordentliche Aufwendungen i. H. v. 210,0 Mio. Euro ausgewiesen. Eine Ausgleichsrücklage ist mit 6,0 Mio. Euro vorhanden.

Zur Deckung des Jahresfehlbedarfs können der Ausgleichsrücklage maximal 6,0 Mio. Euro entnommen werden. Damit ist sie aufgebraucht. Es ist zu prüfen, ob der verbleibende Fehlbedarf i. H. v. 5,0 Mio. Euro über die Bildung eines globalen Minderaufwands gedeckt werden kann.

Nach § 79 Abs. 3 Sätze 1 und 2 GO NRW können maximal 2 Prozent der ordentlichen Aufwendungen als globaler Minderaufwand gebildet werden. Die ordentlichen Aufwendungen betragen insgesamt 210,0 Mio. Euro. Somit können maximal 4,2 Mio. Euro (210,0 Mio. Euro x 0,02) als globaler Minderaufwand angesetzt werden. Die fehlenden 5,0 Mio. Euro können nicht komplett über diesen Weg gedeckt werden.

Der verbleibende Jahresfehlbedarf (0,8 Mio. Euro) wird vorgetragen („Bilanzieller Verlustvortrag").

In den nächsten drei Jahren werden ausschließlich weitere Jahresfehlbedarfe eingeplant.

Im dritten auf das Planjahr folgende Jahr muss also die allgemeine Rücklage um 0,8 Mio. Euro verringert werden.

Es kann weder ein echter noch ein fiktiver Haushaltsausgleich i. S. d. § 75 Abs. 2 und § 79 Abs. 3 GO NRW dargestellt werden.

Die Inanspruchnahme der Ausgleichsrücklage sowie die Bildung eines globalen Minderaufwandes jeweils im Planjahr und auch die Bildung eines Verlustvortrags sind in der kommunalen Haushaltssatzung festzusetzen (vgl. § 78 Abs. 2 Satz 1 Nr. 2 GO NRW). Wird im „Basis-Planjahr" auch eine Verringerung der allgemeinen Rücklage vorgesehen, wäre auch dies in die Haushaltssatzung aufzunehmen.

Beispielfortführung:
Die Gemeinde Studienhausen muss die Inanspruchnahme der Ausgleichsrücklage mit 6,0 Mio. Euro, die Bildung eines globalen Minderaufwandes mit 4,2 Mio. Euro sowie die Vortragsbildung

mit 0,8 Mio. Euro in ihre Haushaltssatzung für das Jahr 02 aufnehmen. Da in diesem Jahr noch keine Inanspruchnahme der allgemeinen Rücklage vorgesehen ist (keine Angaben hierzu im Sachverhalt), sondern erst im dritten auf das Haushaltsjahr folgende Jahr (also im Jahr 05), bedarf es hier keiner Regelung in der Haushaltssatzung für das Jahr 02.

Grundsätzlich hat die Inanspruchnahme der allgemeinen Rücklage im „Basis-Planjahr" und/oder innerhalb des mittelfristigen Planungszeitraums nach § 84 Abs. 1 GO NRW haushaltsrechtliche Konsequenzen, die im folgenden Kapitel näher dargestellt werden.

2.7.6 Haushaltsrechtliche Konsequenzen und Haushaltssicherungspflicht

Die Bildung eines Ergebnisvortrages im Rahmen der Haushaltsplanung sowie die Inanspruchnahme der allgemeinen Rücklage haben haushaltsrechtliche Konsequenzen zur Folge. Diese können aber auch eintreten, wenn das Jahresergebnis negativer ausfällt als ursprünglich geplant oder wenn bei der Planung noch von einem Jahresüberschuss ausgegangen wurde, dieser sich aber in der Rechnungslegung nicht einstellt.

In diesem Kapitel sollen die haushaltsrechtlichen Konsequenzen näher betrachtet werden. Dabei ist zunächst zu klären, welche weitere Instanz neben der Kommune im Verfahren involviert ist. Im Regelfall ist dies die sog. **Aufsichtsbehörde**.

Wer Aufsichtsbehörde ist, ergibt sich aus §§ 119 ff. GO NRW. Der Staat übt die Aufsicht über die Gemeinden aus. Diese Pflicht ergibt sich auch schon aus Artikel 78 der Landesverfassung NRW. Das Land hat die Gesetzmäßigkeit der Verwaltung der Gemeinden und Gemeindeverbände zu überwachen. Damit ist auch die Haushaltswirtschaft als Selbstverwaltungsaufgabe der Gemeinden der allgemeinen Aufsicht des Landes unterworfen.

Die konkreten Aufsichtskompetenzen ergeben sich aus § 120 GO NRW:

Aufsichtsbehörde	Kreisangehörige Städte und Gemeinden	Kreisfreie Städte
Untere Aufsichtsbehörde	Landrat als untere staatliche Verwaltungsbehörde (vgl. § 59 KrO NRW)	Bezirksregierung
Obere Aufsichtsbehörde	Bezirksregierung	Das für Kommunales zuständige Ministerium
Oberste Aufsichtsbehörde	Das für Kommunales zuständige Ministerium	Das für Kommunales zuständige Ministerium

Im Falle eines Kreises ergibt sich die Aufsichtskompetenz aus § 57 KrO NRW wie folgt:

- Bezirksregierung als untere staatliche Verwaltungsbehörde
- Das für Kommunales zuständige Ministerium als obere und oberste Aufsichtsbehörde

Die Aufsichtsbehörde ist in **verschiedensten Konstellationen** haushaltsrechtlich zu beteiligen. Die Beteiligung kann unterschiedlich ausgestaltet sein:

- Der Aufsichtsbehörde muss lediglich der Sachverhalt angezeigt werden (**Anzeige**). Hier erfolgt i. d. R. eine Kenntnisnahme, wobei die Aufsichtsbehörde immer auch das Recht hat, Stellung zum Sachverhalt nehmen zu können. Im „schlimmsten Fall" kann die Aufsichtsbehörde auch eingreifen und Maßnahmen gegen die Kommune verhängen.
- Die Aufsichtsbehörde muss den Sachverhalt genehmigen (**Genehmigung**). Hier muss eine bewusste Entscheidung der Aufsichtsbehörde herbeigeführt werden. Diese kann in Form der uneingeschränkten Genehmigung, einer eingeschränkten Genehmigung unter Bedingungen und/oder Auflagen oder die Versagung der Genehmigung geschehen.

Im Folgenden sollen die verschiedenen Sachverhalte und ihre Folgen im Einzelnen betrachtet werden.

① Wird bei der Aufstellung der Haushaltssatzung für das „Basis-Planjahr" ein Jahresfehlbedarf vorgetragen oder eine Verringerung der allgemeinen Rücklage vorgesehen, bedarf dies nach **§ 75 Abs. 3 GO NRW** der aufsichtsbehördlichen Genehmigung. Beide Sachverhalte wären in der Haushaltssatzung für das „Basis-Planjahr" festzusetzen (vgl. § 78 Abs. 2 Satz 1 Nr. 2 GO NRW).

Die Regelung greift also in folgender Konstellation:

1. im „Basis-Planjahr" wird ein Jahresfehlbedarf vorgetragen oder
2. im „Basis-Planjahr" wird eine Verringerung der allgemeinen Rücklage vorgesehen

Trifft eines dieser beiden Merkmale zu, muss die Aufsichtsbehörde diesen Sachverhalt genehmigen. Die Regelung gilt ausschließlich im Rahmen der Haushaltsplanung und nicht für die Rechnungslegung.

Die Regelung gilt <u>ausschließlich</u>, wenn eines der beiden Tatbestandsmerkmale im „Basis-Planjahr" eintritt. Wird also die Verringerung der allgemeinen Rücklage erst in einem der drei Folgejahre (im mittelfristigen Planungszeitraum nach § 84 Abs. 1 GO NRW) vorgesehen, greift die Regelung aus § 79 Abs. 4 GO NRW nicht. Gleiches gilt, wenn der Ergebnisvortrag erst zu einem späteren Zeitpunkt als im „Basis-Planjahr" eingestellt würde.

Gemäß § 84 Abs. 1 GO NRW hat die Kommune ihrer Haushaltswirtschaft eine fünfjährige Ergebnis- und Finanzplanung zugrunde zu legen und in den Haushaltsplan einzubeziehen. Der Zeitraum ergibt sich dabei wie folgt:

Aktuelles Haushaltsjahr	Planjahr (Basis-Planjahr)	Folgejahr 1	Folgejahr 2	Folgejahr 3

Die dem „Basis-Planjahr" folgenden drei Jahre besitzen keine Vollzugsverbindlichkeit und dienen als Orientierungshilfe und mittelfristige Bestimmung, ob das allgemeine Ziel der Aufgabenwahrnehmung und -finanzierung sichergestellt werden kann.

Nach § 1 Abs. 3 KomHVO NRW sind die Ergebnisse des Vorvorjahres (ausgehend vom „Basis-Planjahr") voranzustellen. Die Bilanz des Vorvorjahres ist somit Ausgangspunkt für die zukünftige Planung und Entwicklung des Eigenkapitals.

Beispiel:
Die kreisangehörige Gemeinde Studienhausen plant eine Verringerung der allgemeinen Rücklage im Jahr 02. Da für dieses Haushaltsjahr auch gerade die Haushaltssatzung aufgestellt werden soll, ist 02 das „Basis-Planjahr". Es ist gemäß § 75 Abs. 4 GO NRW ein Antrag auf Genehmigung der Verringerung der allgemeinen Rücklage beim Landrat als untere staatliche Verwaltungsbehörde (Aufsichtsbehörde i. S. d. § 120 Abs. 1 GO NRW) zu stellen.

Plant die Gemeinde allerdings im Rahmen der Aufstellung der Haushaltssatzung für das Haushaltsjahr 02, im Jahr 03 einen Betrag aus der allgemeinen Rücklage zu entnehmen, bedarf dies ***nicht*** *der Genehmigung durch die Aufsichtsbehörde, da die Entnahme erst in einem zukünftigen Jahr und nicht im „Basis-Planjahr" erfolgen soll.*

Unterliegt die Vortragsbildung und/oder die Entnahme aus der allgemeinen Rücklage einer Genehmigungspflicht, gilt nach § 75 Abs. 4 Satz 2 GO NRW eine Genehmigungsfiktion: Der Antrag gilt als genehmigt, wenn die Aufsichtsbehörde nicht innerhalb eines Monats nach Eingang des Antrags eine andere Entscheidung trifft. Die Genehmigung kann auch mit Bedingungen und Auflagen versehen werden. Sie **ist** mit der Verpflichtung, ein Haushaltssicherungskonzept nach § 76 GO NRW aufzustellen, zu verbinden, wenn die Voraussetzungen des § 76 Abs. 1 GO NRW vorliegen („gebundene Entscheidung").

(2) Soll in der mittelfristigen Ergebnis- und Finanzplanung der Ausgleich eines geplanten Jahresfehlbedarfs durch Vortrag erreicht werden, bedarf dies gemäß **§ 84 Abs. 2 GO NRW** der Genehmigung der Aufsichtsbehörde.

Diese Regelung greift in folgender Konstellation:

1. Zeitraum: mittelfristige Ergebnis- und Finanzplanung (also die drei Folgejahre nach dem „Basis-Planjahr"
2. Bildung eines „Bilanziellen Verlustvortrags"

Treffen beide Merkmale **kumulativ** zu, muss die Aufsichtsbehörde diesen Sachverhalt genehmigen. Die Regelung gilt ausschließlich im Rahmen der Haushaltsplanung und nicht für die Rechnungslegung.

Beispiel:
Die Gemeinde Studienhausen stellt die Haushaltssatzung für das Jahr 02 (= „Basis-Planjahr") auf. Hier wird weder ein Ergebnisvortrag noch eine Entnahme aus der allgemeinen Rücklage vorgesehen. Es wird mit einem „Null-Haushalt" kalkuliert (die Erträge können die Aufwendungen genau decken). Für das Jahr 03 wird allerdings mit der Bildung eines Ergebnisvortrags gerechnet. Diesen Sachverhalt muss die Gemeinde Studienhausen durch ihre zuständige Aufsichtsbehörde genehmigen lassen.

Gemäß § 84 Abs. 2 Satz 2 GO NRW gelten § 75 Abs. 4 Sätze 2 und 3 GO NRW entsprechend. Demnach gilt auch für die Genehmigung nach § 84 Abs. 2 GO NRW die Genehmigungsfiktion aus § 75 Abs. 4 Satz 2 GO NRW. Die Genehmigung kann auch hier mit Bedingungen und Auflagen versehen werden. Es wird auf die obigen Ausführungen verwiesen.

§ 84 Abs. 2 GO NRW verweist ausdrücklich **nicht** auf die Anwendbarkeit der Regelung aus § 75 Abs. 4 Satz 4 GO NRW und damit nicht auf die Verbindung der Genehmigung mit der Verpflichtung, ein Haushaltssicherungskonzept zu erstellen. Hierfür sieht § 84 Abs. 2 Satz 3 GO NRW eine eigene Regelung vor: Die Aufsichtsbehörde **kann** die Gemeinde zur Aufstellung eines Haushaltssicherungskonzeptes verpflichten, wenn die stetige Erfüllung der Aufgaben nach § 75 Abs. 1 Satz 1 GO NRW nicht gesichert erscheint. Der Aufsichtsbehörde steht also eine Ermessensentscheidung zu und muss die zukünftige wirtschaftliche Situation der Kommune einschätzen und entscheiden, ob die Kommune in der Zukunft aufgrund der vorgelegten Daten ihrer Aufgabenverpflichtung noch nachkommen kann oder nicht. Ggf. muss auch ein Blick auf die Zeit nach der mittelfristigen Planung geworfen werden, um eine sachgerechte Entscheidung treffen zu können.

Beispielfortführung:
Die Gemeinde Studienhausen muss nicht nur im Jahr 03, sondern auch in den beiden folgenden Jahren 04 und 05 einen Vortrag bilden. Eine Ausgleichsrücklage ist nicht mehr vorhanden, die Bildung eines pauschalen Minderaufwandes reicht in allen Jahren nicht aus, um noch einen fiktiven Haushaltsausgleich herzustellen. Die allgemeine Rücklage wird sich damit in den zukünftigen Jahren deutlich verringern, so dass sogar ein „negatives Eigenkapital" drohen könnte. Die Aufsichtsbehörde sollte hier die Gemeinde verpflichten, ein Haushaltssicherungskonzept aufzustellen, da die gemeindliche Aufgabenerfüllung als gefährdet angesehen werden kann.

(3) Weist die Ergebnisrechnung bei der Bestätigung des Jahresabschlusses durch den Rat trotz eines ursprünglich ausgeglichenen Ergebnisplans einen Jahresfehlbetrag oder einen höheren Jahresfehlbetrag aus als im Ergebnisplan eingeplant wurde, so hat die Kommune dies der Aufsichtsbehörde nach **§ 75 Abs. 5 GO NRW** unverzüglich anzuzeigen.

Diese Regelung greift in folgender Konstellation:

1. Zeitpunkt: Bestätigung des Jahresabschlusses (= Rechnungslegung) und
2. Darstellung eines höheren Defizits als ursprünglich für das Haushaltsjahr geplant oder
3. Darstellung eines Defizits in der Ergebnisrechnung, obwohl der Ergebnisplan noch ausgeglichen war

Treffen die Merkmale 1 und 2 **oder** 1 und 3 jeweils **kumulativ** zu, muss der Sachverhalt der Aufsichtsbehörde angezeigt werden. Die Regelung gilt ausschließlich im Rahmen der Rechnungslegung und nicht für die Haushaltsplanung.

Beispiel:
Die Gemeinde Studienhausen legt die Jahresrechnung für das Jahr 01 zur Bestätigung vor. Folgende Varianten sind denkbar:

Variante 1	***Variante 2***	***Variante 3***	***Variante 4***
Es wurde ein Überschuss geplant, der erzielte Überschuss ist höher	*Es wurde ein Überschuss geplant, dieser ist niedriger.*	*Es wurde ein Überschuss geplant. In der Rechnungslegung wird ein Jahresfehlbetrag erwirtschaftet.*	*Es wurde ein Jahresfehlbedarf mit 1,0 Mio. Euro geplant. Der Jahresfehlbetrag liegt aber bei 1,5 Mio. Euro.*
Keine Anzeige	*Keine Anzeige*	*Anzeigepflicht*	*Anzeigepflicht*

Die Aufsichtsbehörde hat im Rahmen der Anzeige nach § 75 Abs. 5 GO NRW die Möglichkeit, Anordnungen zu treffen, diese Anordnungen erforderlichenfalls selbst durchzusetzen (vgl. § 123 GO NRW) oder sogar einem Beauftragten zu bestellen (vgl. § 124 GO NRW), um wieder eine geordnete Haushaltswirtschaft der Kommune herzustellen.

Neben den insbesondere in den Alternativen 1 und 2 dargestellten Konsequenzen einer sachverhaltsbezogenen Genehmigungsverpflichtung im Rahmen der Haushaltsplanung kann es sowohl in der Planung als auch in der Rechnungslegung zur Verpflichtung kommen, ein **Haushaltssicherungskonzept** nach **§ 76 GO NRW** aufzustellen.

Die Pflicht zur Erstellung eines solchen Haushaltssicherungskonzepts ergibt sich im Falle einer bedingten Verringerung oder eines vollständigen Verbrauchs der allgemeinen Rücklage. § 76 Abs. 1 Satz 2 GO NRW nennt drei Voraussetzungen, von denen nur eine erfüllt sein muss, damit eine Haushaltssicherungspflicht ausgelöst wird:

1. Verringerung der allgemeinen Rücklage innerhalb des Planjahres („Basis-Planjahr") oder innerhalb des Jahres, für das Rechnung gelegt wird, um mehr als 1/4 (25 %) gegenüber der allgemeinen Rücklage in der Schlussbilanz des Vorjahres oder
2. Verringerung der allgemeinen Rücklage in zwei aufeinanderfolgenden Planjahren des mittelfristigen Planungszeitraums oder im Jahr, für das Rechnung gelegt wird, und sein Vorjahr um jeweils mehr als 1/20 (5 %) gegenüber der allgemeinen Rücklage des jeweiligen Vorjahres oder
3. Ausweis eines „Nicht durch Eigenkapital gedeckten Fehlbetrags" in der Bilanz des „Basis-Planjahres" oder in der Bilanz des abzuschließenden Jahres (dies führt zur Überschuldung der Kommune)

Die drei Alternativen beziehen sich auf unterschiedliche Jahre:

	Nr. 1	Nr. 2	Nr. 3
Planung	„Basis-Planjahr“	Mittelfristiger Planungszeitraum	„Basis-Planjahr“
Rechnungslegung	Abschlussjahr	Abschlussjahr und Vorjahr	Abschlussjahr

Beispiel:
Die mittelfristige Planung der kreisangehörigen Gemeinde Studienhausen zeigt folgende Entwicklung (in Euro):

	2024	2025 Basis-Planjahr	2026	2027	2028
Jahresergebnis	*–1,2 Mio.*	*–1.1 Mio.*	*–2.3 Mio.*	*–2,1 Mio.*	*–2,9 Mio.*

Für die Jahre 2025 bis 2028 ist ein globaler Minderaufwand veranschlagt worden. Dieser ist im ausgewiesenen Jahresergebnis enthalten.

Die Schlussbilanz per 31.12.2023 weist folgende Eigenkapitalposten aus:

- *Allgemeine Rücklage: = 43,0 Mio. Euro*
- *Ausgleichsrücklage = 0 Euro*

Mangels Ausgleichsrücklage und unter Berücksichtigung des Hinweises, dass ein globaler Minderaufwand veranschlagt wurde, kann die Gemeinde die Jahresfehlbedarfe in den Jahren 2025 bis 2028 sowie das Jahresergebnis aus 2024 nur vortragen (= Vortragsbildung gemäß § 79 Abs. 3 GO NRW und § 95 Abs. 2 GO NRW).

Es wird hier aus Vereinfachungsgründen unterstellt, dass alle erforderlichen Genehmigungsverfahren nach § 75 Abs. 4 und nach § 84 Abs. 2 GO NRW beachtet wurden.

Die gebildeten Vorträge sind jeweils spätestens nach drei Jahren mit der allgemeinen Rücklage zu verrechnen, das bedeutet:

Verlustvortrag aus dem Jahr	*Verrechnung mit der allgemeinen Rücklage im Jahr*	*Bestand der allgemeinen Rücklage nach Verrechnung*
2024	*2027*	*41,8 Mio. Euro*
2025	*2028*	*40,7 Mio. Euro*

Die geplanten Vortragsbildungen aus den Jahren 2026 bis 2028 sind bei der weiteren Betrachtung nicht zu berücksichtigen, da die Verrechnung mit der allgemeinen Rücklage nach dem mittelfristigen Planungszeitraum nach § 84 Abs. 1 GO NRW liegt. Sie könnten aber von der

Aufsichtsbehörde im Rahmen ihrer Einschätzung der haushaltswirtschaftlichen Lage nach § 84 Abs. 2 GO NRW herangezogen werden.

Die Verringerung der allgemeinen Rücklage ab dem Jahr 2027 führt zu folgenden prozentualen Entnahmen:

- *Entnahme im Jahr 2027 = 1,2 Mio. Euro → 1.200.000 / 43.000.000 = 2,79 %*
- *Entnahme im Jahr 2028 = 1,1 Mio. Euro → 1.100.000 / 41.800.000 = 2,87 %*

Bezugsgröße ist der Bestand der allgemeinen Rücklage des jeweiligen Vorjahres.

In keinem Jahr wird eine der drei Voraussetzungen des § 76 Abs. 1 GO NRW erfüllt. Es besteht keine Haushaltssicherungspflicht.

Die Genehmigung nach § 75 Abs. 4 GO NRW ist also nicht mit der Verpflichtung zur Aufstellung eines Haushaltssicherungskonzeptes zu verbinden. Die Vortragsbildung im „Basis-Planjahr" ist aber durch die Aufsichtsbehörde für sich betrachtet zu genehmigen.

Auch in den Folgejahren 2026 bis 2028 werden jeweils Verlustvorträge gebildet, so dass auch eine Genehmigung nach § 84 Abs. 2 GO NRW erteilt werden muss. Hier hat die Aufsichtsbehörde Ermessensspielraum, um die Genehmigung mit der Verpflichtung, ein Haushaltssicherungskonzept aufzustellen, zu verbinden. Sie sollte daher auch auf den Zeitraum außerhalb der mittelfristigen Planung nach § 84 Abs. 1 GO NRW schauen, also die Jahre 2029 bis 2031 betrachten:

Verlustvortrag aus dem Jahr	*Verrechnung mit der allgemeinen Rücklage im Jahr*	*Bestand der allgemeinen Rücklage nach Verrechnung*
2026	*2029*	*38,4 Mio. Euro*
2027	*2030*	*36,3 Mio. Euro*
2028	*2031*	*33,4 Mio. Euro*

Die Verringerung der allgemeinen Rücklage ab dem Jahr 2029 führt zu folgenden prozentualen Entnahmen:

- *Entnahme im Jahr 2029 = 2,3 Mio. Euro → 2.300.000 / 40.700.000 = 5,65 %*
- *Entnahme im Jahr 2030 = 2,1 Mio. Euro → 2.100.000 / 38.400.000 = 5,47 %*
- *Entnahme im Jahr 2031 = 2,9 Mio. Euro → 2.900.000 / 36.300.000 = 7,99 %*

Unter Berücksichtigung dieser zukünftigen Entwicklung scheint die Sicherstellung der kommunalen Aufgabenerfüllung i. S. d. § 75 Abs. 1 Satz 1 GO NRW gefährdet. Die Aufsichtsbehörde sollte nach § 84 Abs. 2 Satz 3 GO NRW die Gemeinde verpflichten, ein Haushaltssicherungskonzept aufzustellen.

Das Haushaltssicherungskonzept hat nach § 76 Abs. 1 Satz 1 und Abs. 2 Satz 1 GO NRW zum **Ziel**, dass die Kommune wieder in die Lage versetzt wird, zukünftig die dauernde Aufgabenerfüllung sicherstellen zu können. Ziel der Haushaltssicherung ist also das Erreichen des ersten allgemeinen Haushaltsgrundsatzes nach § 75 Abs. 1 Satz 1 GO NRW, die Sicherstellung der stetigen Aufgabenerfüllung.

Der Gesetzgeber unterstellt die Zielerreichung, wenn der Haushaltsausgleich wiederhergestellt werden kann. Denkbar ist hier zunächst der echte Haushaltsausgleich nach § 75 Abs. 2 Satz 2 GO NRW, da die Aufgabenerfüllung nur sichergestellt ist, wenn die Erträge mindestens so hoch sind wie die Aufwendungen. Ein fiktiver Haushaltsausgleich unter Veranschlagung eines globalen Minderaufwandes sowie eine Vortragsbildung nach § 79 Abs. 3 GO NRW wären aber ebenso vorstellbar, wenn in der Rechnungslegung dann auch tatsächlich der globale Minderaufwand „eingespart" werden konnte oder der gebildete Vortrag in den nächsten drei Jahren durch Jahresüberschüsse getilgt würde.

Der Gesetzgeber gibt nicht konkret vor, wann genau das Haushaltssicherungskonzept nun bei Vorliegen einer der drei genannten Voraussetzungen aufgestellt werden muss und ab wann der 10-Jahres-Zeitraum beginnt. Im Rahmen der Planung wäre es sicherlich sinnvoll, das Haushaltssicherungskonzept immer bereits für das „Basis-Planjahr" aufzustellen, um „so wenig Zeit wie möglich zu verlieren". Im Sinne der intergenerativen Gerechtigkeit und des Ressourcenverbrauchskonzeptes sollte man nicht so lange warten, bis dann der Zustand tatsächlich eintritt und erstmal abwarten.

Beispiel:
Im Rahmen der Aufstellung der Haushaltssatzung für das Jahr 2 (= „Basis-Planjahr") wird festgestellt, dass die Kommune in den Jahren 4 und 5 (also in der mittelfristigen Planung nach § 84 Abs. 1 GO NRW) die allgemeine Rücklage mit jeweils mehr als 5 Prozent in Anspruch nehmen muss. Es ist tatsächlich noch nicht klar, ob dieser Zustand auch wirklich in der nahen Zukunft eintreten wird. In der „jetzigen" Planung und aus der aktuellen Sicht heraus droht dieses Szenario und wird damit realistisch, sofern sich die Rahmenbedingungen nicht gravierend positiv verändern werden. Warum sollte also die Kommune erstmal nichts unternehmen und bis zur tatsächlichen Planung für das Jahr 4 abwarten? Sollte sie nicht aus Gründen der Haushaltswahrheit und der Absicht, auch in der Planung ein den tatsächlichen Verhältnissen entsprechendes Bild der Vermögens- und Ertragslage jetzt (= mit der Planung für das Jahr 2) reagieren?

Der Kommune wird ein Zeitfenster von zehn Jahren zur Verfügung gestellt, den Haushaltsausgleich im Rahmen der Haushaltssicherung wiederherzustellen. Unter Berücksichtigung der vorstehenden Ausführungen sollte dieser Zeitraum in der Planung dann auch mit dem „Basis-Planjahr" beginnen.

Wird im Rahmen der Rechnungslegung festgestellt, dass die Kommune haushaltssicherungspflichtig wird, so wäre empfehlenswert, mit der nächstmöglichen Planung oder im Rahmen einer Nachtragssatzung bereits im laufenden Jahr ein Haushaltssicherungskonzept aufzustellen. Auch hier fehlt eine eindeutige Aussage im Gesetzestext.

Die **Inhalte** des Haushaltssicherungskonzepts ergeben sich aus § 5 KomHVO NRW:

- Beschreibung der Ausgangslage und der Ursachen der entstandenen Fehlentwicklung („Wie geht es der Kommune aktuell und warum geht es ihr so?")
- Darstellung der Maßnahmen zur Wiedererlangung des Haushaltsausgleichs und wie nach Umsetzung dieser Maßnahmen der Haushalt so gesteuert werden kann, dass er in Zukunft dauerhaft ausgeglichen sein wird („Was kann ich tun?")

Die konkreten **Einzelmaßnahmen** zur Wiedererlangung des Haushaltsausgleichs stützen sich auf zwei Säulen:

1. Reduzierung von Aufwendungen
2. Erhöhung von Erträgen

Aufwandsreduzierungen können dabei sehr kleinteilig und vielschichtig sein. Folgende Möglichkeiten sollen hier beispielhaft angeführt werden:

- Einsparungen bei den Personalaufwendungen: Stellenwiederbesetzungssperren, Stellenstreichungen, Stundenreduzierungen, Einstellungsstopps, Ausbildungsstopps, Streichen von freiwilligen Leistungen für das Personal
- Einsparungen in anderen Aufwandsarten wie z. B. Reduzierung von Bewirtschaftungs- und Unterhaltungsaufwendungen, Aufwendungen für Büromaterial und Reise- sowie Fortbildungskosten für die Mitarbeitenden
- Streichung oder Kürzung kompletter Aufgaben, insbesondere freiwilliger Aufgaben wie Kultur oder Schwimmbäder
- Interkommunale Zusammenarbeit mit anderen Kommunen auf unterschiedlichen Handlungsfeldern wie z. B. Datenverarbeitung, Vollstreckungswesen, Ausländerwesen, Buchhaltung

Bei der Erhöhung der Erträge z. B. in Form von Steuer- und/oder Gebührenerhöhungen muss die Rangfolge der Finanzmittelbeschaffung aus § 77 GO NRW sowie der Grundsatz der Rücksichtnahme nach § 10 Satz 2 i. V. m. § 77 Abs. 3 GO NRW beachtet werden.[9]

Das Haushaltssicherungskonzept bedarf gemäß § 76 Abs. 2 Satz 2 GO NRW der **Genehmigung** durch die Aufsichtsbehörde. In Abgrenzung zur Genehmigungspflicht nach § 75 Abs. 4 GO NRW (Inanspruchnahme der allgemeinen Rücklage oder Vortragsbildung im „Basis-Planjahr") oder zur Genehmigungspflicht nach § 84 Abs. 2 GO NRW (Vortragsbildung im mittelfristigen Planungszeitraum) gibt es für die Genehmigungspflicht nach § 76 Abs. 2 GO NRW (Haushaltssicherungskonzept) **keine** Genehmigungsfiktion. Die Aufsichtsbehörde muss aktiv genehmigen oder die Genehmigung verweigern. Da es häufig einer umfangreichen und zeitintensiven Prüfung der Maßnahmen im Haushaltssicherungskonzept bedarf, kann es mitunter zu erheblichen Wartezeiten kommen, bis eine Genehmigung

---

9 Vgl. hierzu auch Kapitel 2.4 (Allgemeine Haushaltsgrundsätze).

des Haushaltssicherungskonzepts ausgesprochen wird. Im schlimmsten Fall wird keine Genehmigung erteilt, wenn die Maßnahmen als nicht geeignet eingestuft werden, das Ziel der Sicherstellung der Aufgabenerfüllung erreichen zu können.

Fallen beide genehmigungspflichtigen Tatbestände zusammen, entfällt die Genehmigungsfiktion nach § 75 Abs. 4 Satz 2 GO NRW und die Aufsichtsbehörde muss aktiv genehmigen. Stärker wirkt insgesamt die Genehmigung des Haushaltssicherungskonzepts. In diese Genehmigung dürfte auch die Genehmigung der Inanspruchnahme der allgemeinen Rücklage oder die Vortragsbildung aufgehen, da ohnehin ein umfassender Antrag gestellt werden dürfte.

Die Genehmigung nach § 76 Abs. 2 GO NRW darf nur erteilt werden, wenn spätestens im zehnten auf das Haushaltsjahr folgende Jahr der Haushaltsausgleich wiederhergestellt werden kann (§ 76 Abs. 2 Satz 3 GO NRW). Zum 10-Jahres-Zeitraum siehe auch die obigen Ausführungen.

Fehlt die Genehmigung nach § 76 Abs. 2 GO NRW, befindet sich die Kommune in der sog. vorläufigen Haushaltsführung nach § 82 GO NRW, sodass die Haushaltssatzung ohne Genehmigung des Haushaltssicherungskonzepts nicht veröffentlicht werden und damit keine Rechtsgültigkeit entfalten kann.[10]

2.7.7 Überschuldung

§ 76 Abs. 1 Satz 1 Nr. 3 GO NRW besagt, dass die Kommune haushaltssicherungspflichtig wird, wenn in der Bilanz ein „**nicht durch Eigenkapital gedeckter Fehlbetrag**“ ausgewiesen wird. Was bedeutet dieser Begriff?

Zeigt sich im Rahmen der mittelfristigen Planung, dass auch die allgemeine Rücklage nicht mehr ausreicht, die Jahresfehlbedarfe aufzufangen, wird sich das Eigenkapital buchhalterisch auf null verringern. Ist das Eigenkapital in Summe sogar kleiner null („im Minus“), wird dieser Zustand gemäß § 44 Abs. 7 KomHVO NRW auf der Aktivseite der Bilanz unter dem Posten „Nicht durch Eigenkapital gedeckter Fehlbetrag“ ausgewiesen. Die Kommune ist haushaltsrechtlich überschuldet.

Nach § 75 Abs. 7 Satz 1 GO NRW darf die Verringerung des Eigenkapitals nicht zu einer Überschuldung der Kommune führen. Es gilt ein absolutes Überschuldungsverbot. Die Kommune ist überschuldet, wenn in der Bilanz ein nicht durch Eigenkapital gedeckter Fehlbetrag ausgewiesen ist (§ 75 Abs. 7 Satz 2 GO NRW).

---

10 Zur Haushaltssatzung siehe Kapitel 2.5.

2.7.8 Übungsaufgaben

Übungsaufgabe 1[11]

Aufgabe

Prüfen Sie, ob in den folgenden fünf Fällen im Rahmen der Rechnungslegung ein Haushaltsausgleich erzielt werden kann und wie das Jahresergebnis zu verwenden ist, damit eine für die Kommune bestmögliche Ausgangslage für die Zukunft erzielt werden kann.

Fälle

Fall	Jahresergebnis	Allgemeine Rücklage	Ausgleichs-rücklage	Ergebnisvortrag
1	+6.815.413,25	7.208.613,17	3.611.300,00	--
2	-2.805.411,12	7.208.613,17	3.611.300,00	--
3	-2.805.411,12	7.208.613,17	2.700.000,00	--
4	+1.250.500,00	0,00	13.455.211,66	-2.000.000,00 (Vortrag aus Jahr -1)
5	+1.250.500,00	0,00	13.455.211,66	-2.000.000,00 (Vortrag aus Jahr -3)

Hinweis: Alle Angaben in Euro.

Lösung

Laut Aufgabenstellung ist zu prüfen, wie das Jahresergebnis im Rahmen der Rechnungslegung zu verwenden ist. Eine Veranschlagung eines globalen Minderaufwandes kommt daher nicht in Betracht, da dies nur ein Instrument der Haushaltsplanung ist.

Lösung zu Fall 1

Es wird ein Jahresüberschuss erwirtschaftet. Damit kann ein echter Haushaltsausgleich nach § 75 Abs. 2 Satz 2 GO NRW dargestellt werden. Über die Verwendung des Jahresüberschusses ist kein Verendungsbeschluss des Rates notwendig. Er ist kraft Gesetzes der Ausgleichrücklage zuzuführen, § 75 Abs. 3 Satz 2 GO NRW. Eine Zuführung in die allgemeine Rücklage ist zwar grundsätzlich möglich, aber nicht gesetzlich verpflichtend vorgeschrieben.

Das Jahresergebnis wird wie folgt verwendet:

- Bestand allgemeine Rücklage = 7.208.613,17 Euro
- Zuführung in die Ausgleichsrücklage = 6.815.413,25 Euro
- Bestand Ausgleichrücklage = 10.426.713,25 Euro

[11] Übungsaufgabe 1: Niveau 1 + 2 (alle Lehrgänge).

Lösung zu Fall 2

Es wird ein Jahresfehlbetrag erzielt. Damit kann kein echter Ausgleich nach § 75 Abs. 2 Satz 2 GO NRW mehr hergestellt werden. Ist die Ausgleichsrücklage aber höher als der erzielte Jahresfehlbetrag, kann noch ein fiktiver Haushaltsausgleich nach § 75 Abs. 2 Satz 3 GO NRW erzielt werden. Hierfür wäre dann aber ein Beschluss des Rates herbeizuführen (vgl. § 96 Abs. 1 Satz 2 GO NRW). Es ist § 95 Abs. 2 Satz 2 GO NRW anzuwenden.

Der Verwendungsbeschluss sollte wie folgt lauten:

- Entnahme aus der allgemeinen Rücklage = 0,00 Euro
- Bestand allgemeine Rücklage = 7.208.613,17 Euro
- Entnahme aus der Ausgleichsrücklage = 2.805.411,12 Euro
- Bestand Ausgleichrücklage = 805.888,88 Euro

Lösung zu Fall 3

Es wird ein Jahresfehlbetrag erzielt. Damit kann kein echter Ausgleich nach § 75 Abs. 2 Satz 2 GO NRW mehr hergestellt werden. Ist die Ausgleichsrücklage aber höher als der erzielte Jahresfehlbetrag, kann noch ein fiktiver Haushaltsausgleich nach § 75 Abs. 2 Satz 3 GO NRW erzielt werden. Dies ist hier aber nicht der Fall. Die Ausgleichsrücklage (2,7 Mio. Euro) kann den Jahresfehlbetrag nicht vollständig decken. Der Rat muss eine weitergehende Entscheidung treffen (vgl. § 96 Abs. 1 Satz 2 GO NRW). Es sind § 95 Abs. 2 Sätze 2 und 3 GO NRW anzuwenden.

Der Verwendungsbeschluss sollte wie folgt lauten:

- Entnahme aus der allgemeinen Rücklage = 0,00 Euro
- Bestand allgemeine Rücklage = 7.208.613,17 Euro
- Entnahme aus der Ausgleichsrücklage = 2.700.000,00 Euro
- Bestand Ausgleichrücklage = 0,00 Euro
- Verlustvortrag in die 3 Folgejahre (max.): -105.411,12 Euro

Lösung zu Fall 4

Es wird ein Jahresüberschuss erwirtschaftet. Damit kann ein echter Haushaltsausgleich nach § 75 Abs. 2 Satz 2 GO NRW dargestellt werden. Über die Verwendung des Jahresüberschusses ist kein Verendungsbeschluss des Rates notwendig. Er ist kraft Gesetzes der Ausgleichrücklage zuzuführen, soweit er nicht für den Haushaltsausgleich/Ausgleich von Ergebnisvorträgen aus den Vorjahren verwendet werden muss (§ 75 Abs. 3 Satz 2 GO NRW). § 95 Abs. 2 Satz 3 GO NRW ist anzuwenden.

Das Jahresergebnis ist wie folgt zu verwenden:

- Verrechnung des Jahresüberschusses mit dem Verlustvortrag aus Vorjahren um 1.250.500,00 Euro
- Bestand des Verlustvortrages damit noch -749.500 Euro (für max. 2 verbleibende Jahre)
- Allgemeine Rücklage bleibt unverändert

Lösung zu Fall 5

Es wird ein Jahresüberschuss erwirtschaftet. Damit kann ein echter Haushaltsausgleich nach § 75 Abs. 2 Satz 2 GO NRW dargestellt werden. Über die Verwendung des Jahresüberschusses ist kein Verendungsbeschluss des Rates notwendig. Er ist kraft Gesetzes der Ausgleichrücklage zuzuführen, soweit er nicht für den Haushaltsausgleich/Ausgleich von Verlustvorträgen aus den Vorjahren verwendet werden muss (§ 75 Abs. 3 Satz 2 GO NRW). § 95 Abs. 2 Satz 3 GO NRW ist anzuwenden.

Das Jahresergebnis ist wie folgt zu verwenden:

- Verrechnung des Jahresüberschusses mit dem Verlustvortrag aus Vorjahren um 1.250.500,00 Euro
- Verrechnung des verbleibenden Verlustvortrages mit der allgemeinen Rücklage um 749.500 Euro

Damit der verbleibende Verlustvortrag mit der allgemeinen Rücklage verrechnet werden kann, muss im Rahmen der Beschlussfassung des Rates über die Feststellung des Jahresabschlusses nach § 75 Abs. 3 Satz 3 GO NRW ein Betrag i. H. v. 749.500 Euro aus der Ausgleichsrücklage in die allgemeine Rücklage umgebucht werden. Die „Kann-Vorschrift" wird hier de facto zu einer „Muss-Regelung", da nach § 95 Abs. 2 Satz 4 GO NRW die allgemeine Rücklage nicht negativ sein darf.

Nach Umbuchungsbeschluss und Verrechnung des verbleibenden Verlustvortrages mit der allgemeinen Rücklage verbleibt noch eine Ausgleichsrücklage mit einem Bestand von 12.705.711,66 Euro.

Übungsaufgabe 2[12]

Sachverhalt

Das Eigenkapital der dem Haushaltsplan für das Jahr 3 beigefügten Schlussbilanz der kreisfreien Stadt Schönhauswen (Regierungsbezirk Arnsberg) per 31.12. des Jahres 1 weist nach Verwendung des Jahresergebnisses folgende Posten aus:

- Allgemeine Rücklage 31.500.000 Euro
- Ausgleichsrücklage 10.500.000 Euro

Für das Jahr 2 wird vorsichtig positiv mit einem ausgeglichenen Jahresergebnis gerechnet („Schwarze Null"). Weitere Eigenkapitalveränderungen sind nicht zu erwarten.

Für das Jahr 3 wird mit einem Jahresfehlbedarf im Ergebnisplan i. H. v. 7.500.000 Euro gerechnet.

---

12 Übungsaufgabe 2: Niveau 1 + 2 (alle Lehrgänge).

In der mittelfristigen Planung ergeben sich folgende Jahresergebnisse:
Jahr 4: –8,5 Mio. € Jahr 5: +3,5 Mio. € Jahr 6: +2,75 Mio. €

Aufgaben

1. Entwickeln Sie das Eigenkapital im Rahmen des mittelfristigen Planungszeitraumes.
2. Prüfen Sie, ob der Haushaltsausgleich erreicht wird und/oder ob sich aus der vorliegenden Haushaltsplanung haushaltsrechtliche Konsequenzen ergeben.
3. Prüfen Sie alle möglichen Haushaltsrechtlichen Konsequenzen. Falls Sie zu dem Ergebnis kommen, dass keine gesetzliche Haushaltssicherungspflicht besteht: Sollte die Aufsichtsbehörde ein solches anordnen?

Erläutern und begründen Sie Ihr Vorgehen unter Heranziehung der einschlägigen haushaltsrechtlichen Vorschriften. Bei der Lösung ist die Veranschlagung eines globalen Minderaufwandes nicht zu berücksichtigen.

Lösung

Es ist zunächst zu prüfen, ob die kreisfreie Stadt Schönhausen den Haushaltsausgleich erreicht oder ob sich aus der vorliegenden Planung haushaltsrechtliche Konsequenzen ergeben.

Teil 1: Haushaltsausgleich

Gemäß § 75 Abs. 2 Satz 1 Gemeindeordnung NRW (GO NRW) muss der Haushalt in jedem Jahr in Planung und Rechnung ausgeglichen sein. Der Haushaltsausgleich ist nach § 75 Abs. 2 Satz 2 GO NRW erreicht, wenn die Summe der Erträge die Summe der Aufwendungen erreicht oder übersteigt („echter Haushaltsausgleich"). § 75 Abs. 2 Satz 3 GO NRW sieht weiterhin den sog. „fiktiven" Haushaltsausgleich vor. Dieser ist erreicht, wenn der Fehlbedarf im Ergebnisplan durch die Inanspruchnahme der Ausgleichsrücklage gedeckt werden kann. Die Ausgleichsrücklage ist ein gesonderter Posten des bilanziellen Eigenkapitals (vgl. § 75 Abs. 3 GO NRW).

Kann der Ausgleich des Jahresergebnisses trotz Ausnutzung von Spar- und Ertragsmöglichkeiten nicht erreicht werden, kann ein (verbleibender) Jahresfehlbedarf nach § 79 Abs. 3 Satz 2 GO NRW in der mittelfristigen Ergebnis- und Finanzplanung (§ 84 Abs. 1 GO NRW) längstens in die drei folgenden Haushaltsjahre vorgetragen werden.

Laut Aufgabenstellung ist ein globaler Minderaufwand i. S. d. § 79 Abs. 3 Satz 1 GO NRW nicht zu berücksichtigen.

Dem Haushaltsplan für das Jahr 3 ist die Schlussbilanz des Vorvorjahres (31.12. des Jahres 1) beigefügt (vgl. § 1 Abs. 2 Nr. 3 Kommunalhaushaltsverordnung NRW [KomHVO NRW]). Diese weist folgendes Eigenkapital aus:

- Allgemeine Rücklage: 31,5 Mio. Euro
- Ausgleichsrücklage: 10,5 Mio. Euro

Es kann dem Sachverhalt nicht entnommen werden, ob in diesem Haushaltsjahr ein echter, ein fiktiver oder gar kein Haushaltsausgleich dargestellt werden konnte, da sich die vg. Werte nach der Ergebnisbehandlung ergeben. Ein Vortrag wurde nicht gebildet.

Das Jahr 2 soll lt. Planung ausgeglichen abgeschlossen werden („Schwarze Null"). Weitere Veränderungen des Eigenkapitals ergeben sich lt. Sachverhalt für das Jahr 2 nicht, sodass das Eigenkapital in der Schlussbilanz per 31.12. des Jahres 2 wie folgt ausgewiesen werden kann:

- Allgemeine Rücklage: 31,5 Mio. Euro
- Ausgleichsrücklage: 10,5 Mio. Euro
- Jahresergebnis (Jahr 2): 0,0 Mio. Euro

Der Haushalt des Jahres 2 ist ausgeglichen („echter Haushaltsausgleich").

Für das Jahr 3 („Basis-Planjahr") wird mit einem Fehlbedarf von 7,5 Mio. gerechnet. Das Eigenkapital entwickelt sich bei dieser Planung wie folgt:

- Allgemeine Rücklage: 31,5 Mio. Euro
- Ausgleichsrücklage: 10,5 Mio. Euro
- Jahresergebnis (Jahr 3): -7,5 Mio. Euro (Jahresfehlbedarf)

Der Jahresfehlbedarf i. H. v. 7,5 Mio. Euro kann vollständig durch Inanspruchnahme der Ausgleichsrücklage (7,5 Mio. Euro) gedeckt werden. Der Haushalt für das Jahr 3 gilt als ausgeglichen („Ausgleichsfiktion" nach § 75 Abs. 2 Satz 3 GO NRW).

Für das Jahr 4 wird mit einem Jahresfehlbedarf von 8,5 Mio. gerechnet. Das Eigenkapital entwickelt sich bei dieser Planung wie folgt:

- Allgemeine Rücklage: 31,5 Mio. Euro
- Ausgleichsrücklage: 3,0 Mio. Euro
- Jahresergebnis (Jahr 4): -8,5 Mio. Euro (Jahresfehlbedarf)

Der Jahresfehlbedarf i. H. v. 8,5 Mio. Euro kann nur anteilig durch Inanspruchnahme der Ausgleichsrücklage (3,0 Mio. Euro) gedeckt werden. Der Restbetrag (5,5 Mio. Euro) kann gemäß § 79 Abs. 3 Satz 2 GO NRW vorgetragen werden.

Für das Jahr 5 wird mit einem Jahresüberschuss von 3,5 Mio. gerechnet. Das Eigenkapital entwickelt sich bei dieser Planung wie folgt:

- Allgemeine Rücklage: 31,5 Mio. Euro
- Ausgleichsrücklage: 0,0 Mio. Euro
- Bilanzieller Verlustvortrag: -5,5 Mio. Euro
- Jahresergebnis (Jahr 5): 3,5 Mio. Euro (Jahresüberschuss)

Der Haushalt des Jahres 5 ist ausgeglichen („echter Haushaltsausgleich").

Gemäß § 75 Abs. 3 Satz 2 GO NRW erhöhen Jahresüberschüsse, soweit sie nicht für den Haushaltsausgleich verwendet werden, die Ausgleichsrücklage. Eine Verwendung für einen Haushaltsausgleich ergibt sich aus der Rechnungslegungsvorschrift des § 95 Abs. 2 GO NRW. Hiernach soll ein Jahresfehlbetrag unverzüglich gedeckt werden (Satz 1). Er soll im Jahresabschluss durch Entnahme aus der Ausgleichsrücklage gedeckt werden (Satz 2). Ein danach verbleibender Jahresfehlbetrag ist spätestens nach drei Jahren mit der allgemeinen Rücklage zu verrechnen, soweit er nicht mit Jahresüberschüssen in einem vorangehenden Haushaltsjahr gedeckt werden kann (Satz 3). Vorliegend ist der Jahresüberschuss des Jahres 5 voll mit dem Verlustvortrag zu verrechnen. Es verbleibt noch ein Vortrag i. H. v. -2,0 Mio. Euro.

Für das Jahr 6 wird ebenfalls mit einem Jahresüberschuss gerechnet, nun i. H. v. 2,75 Mio. Das Eigenkapital entwickelt sich bei dieser Planung wie folgt:

- Allgemeine Rücklage: 31,5 Mio. Euro
- Ausgleichsrücklage: 0,0 Mio. Euro
- Bilanzieller Verlustvortrag: -2,0 Mio. Euro
- Jahresergebnis (Jahr 6): +2,75 Mio. Euro (Jahresüberschuss)

Die Verwendung des Jahresüberschusses ergibt sich für dieses Jahr ebenfalls aus den Vorschriften des § 75 Abs. 3 Satz 2 i. V. m. § 95 Abs. 2 Satz 3 GO NRW. Insofern wird auf die Ausführungen unter Jahr 5 verwiesen. Hier verbleibt nach Verrechnung mit dem Verlustvortrag (-2,0 Mio. Euro) noch ein Restbetrag von 0,75 Mio. Euro, der nun der Ausgleichsrücklage zuzuführen ist.

Es ergibt sich für das Ende des mittelfristigen Planungszeitraumes folgendes Eigenkapital:

- Allgemeine Rücklage: 31,5 Mio. Euro
- Ausgleichsrücklage: 0,75 Mio. Euro
- Bilanzieller Verlustvortrag: 0,0 Mio. Euro

Teil 2: Haushaltsrechtliche Konsequenzen

Aus der vorliegenden Planung könnten sich haushaltsrechtliche Konsequenzen ergeben. Diese könnten sich aus den Vorschriften des § 75 Abs. 4 und Abs. 5 sowie aus den Regelungen der §§ 84 und 76 GO NRW ergeben.

Wird bei der Aufstellung der Haushaltssatzung ein Jahresfehlbedarf vorgetragen oder eine Verringerung der allgemeinen Rücklage vorgesehen, bedarf dies gemäß § 75 Abs. 4 Satz 1 GO NRW der Genehmigung durch die Aufsichtsbehörde. Aufsichtsbehörde ist im vorliegenden Fall nach § 120 Abs. 2 GO NRW die Bezirksregierung Arnsberg. Die Genehmigung ist mit der Verpflichtung, ein Haushaltssicherungskonzept nach § 76 GO NRW aufzustellen, zu verbinden, wenn die Voraussetzungen des § 76 Abs. 1 GO NRW vorliegen.

Eine Genehmigungspflicht besteht nach § 75 Abs. 4 Satz 1 GO NRW aber nur, wenn ein Vortrag oder eine Festsetzung der Entnahme aus der allgemeinen Rücklage in der Haushaltssatzung für das betreffende Haushaltsjahr (= „Basis-Planjahr", hier Jahr 3) nach § 78 Abs. 2 Nr. 2 GO NRW enthalten ist. Es besteht somit keine Genehmigungspflicht, wenn einer dieser beiden Sachverhalte im Zeitraum der mittelfristigen Ergebnis- und Finanzplanung (§ 84 Abs. 1 GO NRW) vorgesehen ist. Im vorliegenden Sachverhalt ist ein Vortrag für das Jahr 4 geplant. Dies ist das erste Jahr des mittelfristigen Finanzplanungszeitraums. Eine Genehmigungspflicht nach § 75 Abs. 4 Satz 1 GO NRW entfällt.

Die Regelung aus § 75 Abs. 5 GO NRW ist vorliegend nicht einschlägig, da zum einen der Haushaltsplan für das Jahr 3 aufgestellt wird und zum anderen keine Informationen über das abgeschlossene Jahr 1 vorliegen.

Es könnte sich aus der vorliegenden Haushaltsplanung die Pflicht zur Aufstellung eines Haushaltssicherungskonzepts ergeben.

Gemäß § 76 Abs. 1 Satz 1 GO NRW hat die Kommune zur Sicherung ihrer dauerhaften Leistungsfähigkeit ein Haushaltssicherungskonzept aufzustellen und darin den nächstmöglichen Zeitpunkt zu bestimmen, bis zu dem der Haushaltsausgleich wiederhergestellt ist, wenn bei der Aufstellung der Haushaltssatzung

- innerhalb des Planjahres („Basis-Planjahr") der in der Schlussbilanz des Vorjahres auszuweisende Ansatz der Allgemeinen Rücklage um mehr als ein Viertel verringert wird (Nr. 1) oder
- in zwei aufeinanderfolgenden Haushaltsjahren geplant ist, den in der Schlussbilanz des Vorjahres auszuweisenden Ansatz der allgemeinen Rücklage jeweils um mehr als ein Zwanzigstel zu verringern (Nr. 2) oder
- am Ende des Planjahres („Basis-Planjahr") ein nicht durch Eigenkapital gedeckter Fehlbetrag ausgewiesen wird (Nr. 3).

Insgesamt wird in keinem Jahr des mittelfristigen Planungszeitraumes die allgemeine Rücklage beansprucht. Insofern liegen die Voraussetzungen zur Erstellung eines verpflichtenden Haushaltssicherungskonzeptes nicht vor.

Abschließend ist zu prüfen, ob sich eine Genehmigungspflicht aus § 84 Abs. 2 GO NRW ergibt. Soll in der mittelfristigen Ergebnisplanung der Ausgleich eines geplanten Jahresfehlbedarfs durch Vortrag erreicht werden, bedarf dies der Genehmigung durch die Aufsichtsbehörde. Dies ist im Sachverhalt im Jahr 4 der Fall, so dass sich die Genehmigungspflicht ergibt. Gemäß § 84 Abs. 2 Satz 2 GO NRW gelten die Regelungen aus § 75 Abs. 4 Satz 2 und 3 GO NRW entsprechend. Somit gilt auch hier die Genehmigungsfiktion: Die Genehmigung gilt als erteilt, wenn die Aufsichtsbehörde nicht innerhalb eines Monats ab Antragseingang zu einer anderen Entscheidung kommt. Die Genehmigung kann mit Bedingungen und Auflagen versehen werden.

Die Bestimmung der zuständigen Aufsichtsbehörde ist bereits weiter oben erfolgt.

Nach § 84 Abs. 2 Satz 3 GO NRW kann die Aufsichtsbehörde die Gemeinde zur Aufstellung eines Haushaltssicherungskonzeptes verpflichten, wenn die stetige Erfüllung der Aufgaben nach § 75 Abs. 1 Satz 1 GO NRW nicht gesichert erscheint. Dies ist vorliegend (zunächst) auszuschließen, da die Stadt Schönhausen für die Jahre 5 und 6 wieder Jahresüberschüsse erwirtschaftet. Die Erträge sind also wieder (deutlich) höher als die Aufwendungen. Die Aufgaben der Gemeinde sind „gesichert“ bzw. finanziert. Zudem reichen die Jahresüberschüsse in diesen beiden Jahren aus, den Ergebnisvortrag aus dem Jahr 4 voll auszugleichen. Die Aufsichtsbehörde sollte also keine Verpflichtung zur Aufstellung eines Haushaltssicherungskonzeptes aussprechen.

Sollte der Rat der Stadt Schönhausen im Rahmen der Haushaltsplanung bereits für das Jahr 4 eine Entnahme aus der allgemeinen Rücklage vorsehen wollen (oder sollte der Kämmerer dies vorschlagen), da eine Vortragsbildung vielleicht als „nicht sinnvoll“ eingestuft wird, so wäre ein anderes Szenario als oben dargestellt gegeben und die Verpflichtung zur Aufstellung eines Haushaltssicherungskonzeptes könnte sich nach § 76 GO NRW ergeben (zu prüfen). Im Rahmen des Lehrbuches wird aber davon ausgegangen, dass die allgemeine Rücklage „so spät wie möglich“ in Anspruch genommen wird.

Übungsaufgabe 3[13]

Sachverhalt

Die Kämmerin der kreisangehörigen Stadt Münsterhausen (Kreis Schönblick, Regierungsbezirk Arnsberg, NRW) hat in der Sitzung des Stadtrates vom 11.12.des Jahres 2 die Haushaltssatzung und den Haushaltsplan für das Haushaltsjahr 3 eingebracht. Im Ergebnisplan sind dort folgende Werte vorgesehen:

- Gesamtbetrag der Erträge 89.425.870 Euro
- Gesamtbetrag der Aufwendungen 90.245.870 Euro.

Dem Haushaltsplan sind die Planwerte (in Euro) für die folgenden drei Jahre beigefügt:

	Summe der Erträge	Summe der Aufwendungen
Jahr 4	90.877.425	91.627.425
Jahr 5	91.412.412	92.312.412
Jahr 6	91.617.405	92.517.405

[13] Übungsaufgabe 3: Niveau 2 (VL II).

Für das abzuschließende, laufende Jahr 2 wird sich voraussichtlich folgendes Jahresergebnis ergeben:

- Gesamtbetrag der Erträge 88.712.600 Euro
- Gesamtbetrag der Aufwendungen 89.437.600 Euro.

Die beizufügende Schlussbilanz per 31.12. des Jahres 1 ergibt folgende Eigenkapitalposten:

- Allgemeine Rücklage = 4.250.000 Euro
- Ausgleichsrücklage = 250.000 Euro
- Jahresergebnis = -500.000 Euro

Das Jahresergebnis für das Jahr 1 ist in dieser Darstellung noch nicht verwendet.

Um den Fehlentwicklungen in den kommenden Jahren entgegenzuwirken, plant die Kämmerin dem Rat folgende Maßnahmen vorzuschlagen:

1. Einmalige Erhöhung der Grundsteuer B von derzeit 600 auf 1.000 Hebesatzpunkte.
2. Aufnahme eines langfristigen Kredites zur Abdeckung der entstehenden Sozialhilfelasten.
3. Erhöhung der Eintrittsgelder im städtischen Freibad und Erhöhung der Parkgebühren.
4. Zusammenlegung der hauseigenen EDV-Abteilung und der Finanzbuchhaltung inkl. Forderungsmanagement mit zwei weiteren kreisangehörigen Kommunen.
5. Steigerung bei den Erträgen aus Ordnungswidrigkeiten im ruhenden Straßenverkehr („Knöllchen“)

Aufgabe 1

Ist die vorliegende Haushaltsplanung Ihrer Ansicht nach „solide“?

Finden Sie eine Gesamtaussage, nachdem Sie die folgenden drei Teilaspekte bearbeitet haben:

1. Stellen Sie die Entwicklung des Eigenkapitals tabellarisch dar und übertragen Sie die Entwicklung in eine geeignete, von Ihnen zu wählende, Grafik.
2. Nennen und beschreiben Sie die im Sachverhalt konkret tangierten Haushaltsgrundsätze.
3. Ist bei der vorliegenden Haushaltsplanung mit haushaltsrechtlichen Konsequenzen zu rechnen? Nennen und beschreiben Sie die einzelnen möglichen Konsequenzen und prüfen Sie den Sachverhalt hinsichtlich jeder möglichen Konsequenz, ob diese hier eintritt. Bestimmen Sie in diesem Zusammenhang auch die zuständige Aufsichtsbehörde.

Aufgabe 2

Sind die gewählten Maßnahmen geeignet, die Entwicklung umzukehren?

Können die von der Kämmerin vorgeschlagenen Maßnahmen

a) grundsätzlich und
b) in der gewählten Reihenfolge

umgesetzt werden?

Aufgabe 3

Wie wäre zukünftig ein Jahresüberschuss zu verwenden?

Unterstellt, das Haushaltsjahr 7 schließt im Ergebnisplan positiv mit 512.000 Euro ab. Wie wäre dieses Jahresergebnis unter Berücksichtigung Ihrer bisherigen Ausführungen, insbesondere zu Aufgabe 1, zu verwenden?

Hinweise zu den Aufgabe 1 bis 3

- Alle Lösungsansätze müssen Verweise auf die jeweils einschlägigen haushaltsrechtlichen Vorschriften enthalten.
- Es ist kein Gutachten zu fertigen, aber eine rein stichpunktartige Lösung reicht nicht aus. Die gefundenen Ergebnisse sind zu begründen.
- Vergessen Sie nicht, bei Aufgabe 1 eine Gesamtaussage zu finden.

Stichpunktartige Lösung zu Aufgabe 1

Verstoß gegen...

- den Grundsatz der stetigen Aufgabenerfüllung nach § 75 Abs. 1 Satz 1 GO NRW. Die Aufwendungen sind in allen Jahren des mittelfristigen Planungszeitraumes (Jahre 2 bis 6; § 84 Abs. 2 GO NRW) höher als die Erträge. Die Aufgabenerfüllung kann nicht mehr stetig gewährleistet werden.
- den Grundsatz des Haushaltsausgleichs nach § 75 Abs. 2 Satz 1 GO NRW. In der vorliegenden Planung kann in keinem Jahr ein Ausgleich nach Satz 2 oder Satz 3 der vg. Vorschrift dargestellt werden. Auch die vorgetragenen Jahresergebnisse der Jahre 1 bis 3 können nicht, wie in § 75 Abs. 3 Satz 2 und § 95 Abs. 2 GO NRW gefordert, innerhalb der nächsten 3 Jahre durch Jahresüberschüsse in den Jahren 4 bis 6 ausgeglichen werden.
- das Überschuldungsverbot aus § 75 Abs. 7 GO NRW, da bei der vorliegenden Planung im Jahr 6 ein negatives Eigenkapital und damit ein nicht durch Eigenkapital gedeckter Fehlbetrag droht.

Erläuterungen zu den drei Grundsätzen:

- Sicherstellung der stetigen Aufgabenerfüllung
  - § 75 Abs. 1 Satz 1 GO NRW
  - Verweis auf mittelfristigen Planungszeitraum nach § 84 Abs. 2 GO NRW
  - Bestandsaufgaben haben Vorrang vor neuen Aufgaben
  - Aufgaben der Kommune:
    - Abgrenzung: Pflichtaufgaben, Selbstverwaltungsangelegenheiten, Auftragsangelegenheiten
    - Pfeiler: Daseinsvorsorge (Sozial- und Jugendhilfe), Sicherstellung der öffentlichen Sicherheit und Ordnung
- Erreichen des Haushaltsausgleichs
  - § 75 Abs. 2 GO NRW
  - Unterscheidung: echter und fiktiver Ausgleich
  - Erläuterung: Ausgleichsrücklage nach § 75 Abs. 3 Satz 1 GO NRW als gesonderter Bestandteil des bilanziellen Eigenkapitals
- Überschuldungsverbot
  - § 75 Abs. 7 GO NRW
  - „Verbrauch" des bilanziellen Eigenkapitals
  - Darstellung als „nicht durch Eigenkapital gedeckter Fehlbetrag" auf der Aktivseite der Bilanz nach § 42 Abs. 3 Nr. 4 / § 44 Abs. 7 KomHVO NRW bzw. Anlage 23 VV Muster zur GO NRW und KomHVO NRW

Die geplante Vortragsbildung im Jahr 3 bedarf der Genehmigung durch die Aufsichtsbehörde nach § 75 Abs. 4 GO NRW, da sie im sog. Basis-Planjahr stattfinden soll. Die Genehmigung gilt als erteilt, wenn die Aufsichtsbehörde nicht innerhalb eines Monats nach Antragseingang eine andere Entscheidung trifft (Genehmigungsfiktion). Aufsichtsbehörde ist im vorliegenden Fall nach § 120 Abs. 1 GO NRW der Landrat des Kreises Schönblick als untere staatliche Verwaltungsbehörde.

Die geplante Vortragsbildung in den Jahren 4 bis 7 bedarf der Genehmigung durch die Aufsichtsbehörde nach § 84 Abs. 2 GO NRW. Auch hier gilt über Satz 2 der Vorschrift die Genehmigungsfiktion nach § 75 Abs. 4 Satz 2 GO NRW. Die Genehmigung nach § 75 Abs. 2 GO NRW ist mit der Verpflichtung zur Aufstellung eines Haushaltssicherungskonzeptes zu verbinden, wenn die Voraussetzungen des § 76 GO NRW vorliegen. Nach § 86 Abs. 2 Satz 3 GO NRW kann die Aufsichtsbehörde die Gemeinde zur Aufstellung eines Haushaltssicherungskonzeptes verpflichten, wenn die stetige Erfüllung der Aufgaben nach § 75 Abs. 1 Satz 1 GO NRW nicht gesichert erscheint.
Die alternativen Bedingungen des § 76 Abs. 1 GO NRW sind für die Jahre 2 bis 6 zu überprüfen. Im Jahr 4 werden 5,88 % aus der allgemeinen Rücklage des Vorjahres entnommen. Betrachtet man auch die Folgejahre, ergibt sich folgendes Bild:
- Entnahme im Jahr 5: 18,125 %
- Entnahme im Jahr 6: 25,03 %

Die Stadt wird auf jeden Fall haushaltssicherungspflichtig, da die Voraussetzung des § 76 Abs. 1 Satz 1 Nr. 2 GO NRW erfüllt wird: Es wird in zwei aufeinanderfolgenden Jahren die allgemeine Rücklage um jeweils mehr als 5 % verringert. Die anderen beiden Bedingungen werden nicht erfüllt: Die allgemeine Rücklage wird nicht innerhalb des Planjahres („Basis-Planjahr") um mehr als 25 % verringert (Alt. 1) und die allgemeine Rücklage wird am Ende des Planjahres („Basis-Planjahres") nicht aufgebraucht bzw. es entsteht hier noch kein „Nicht durch Eigenkapital gedeckter Fehlbetrag" (Alt. 3; dies geschieht erst im Jahr 6).

Das Haushaltssicherungskonzept bedarf nach § 76 Abs. 2 Satz 2 GO NRW der Genehmigung durch die Aufsichtsbehörde. Hier ist eine aktive Genehmigung erforderlich. Die Genehmigungen nach § 75 Abs. 4, § 84 Abs. 2 GO NRW und nach § 76 Abs. 2 Satz 2 GO NRW werden miteinander verbunden. Sie bedarf eines aktiven Tuns der Aufsichtsbehörde.

Das Haushaltssicherungskonzept hat das Ziel, die dauernde Leistungsfähigkeit der Stadt wiederherzustellen. Dies wird unterstellt, wenn sie es schafft, wieder einen Haushaltsausgleich i. S. d. § 75 Abs. 2 GO NRW darzustellen. Dafür hat sie insgesamt zehn Jahre Zeit.

Die Haushaltssicherung steht nach § 76 Abs. 3 GO NRW der Wahrnehmung und Finanzierung von Aufgaben, zu denen die Gemeinde rechtlich (= gesetzlich und/oder vertraglich) verpflichtet ist, dem Grunde nach nicht entgegen. Dies gilt auch für die Aufnahme von langfristigen Investitionskrediten und das Tätigen zwingend erforderlicher Investitionen zur Wahrnehmung von Aufgaben, zu denen die Gemeinde rechtlich verpflichtet ist.

Die Inhalte des Haushaltssicherungskonzeptes ergeben sich aus § 5 KomHVO NRW:
- Darstellung der Ausgangslage
- Darstellung der Ursachen
- Darstellung der Maßnahmen zur Beseitigung der Fehlentwicklung.

Sollte der Rat der Stadt Münsterhausen im Rahmen der Haushaltsplanung bereits früher als im Jahr 4 eine Entnahme aus der allgemeinen Rücklage vorsehen wollen (oder sollte die Kämmerin dies vorschlagen), da eine Vortragsbildung vielleicht als „nicht sinnvoll" eingestuft wird, so wäre ein anderes Szenario als oben dargestellt gegeben und es könnte sich die Verpflichtung zur Aufstellung eines Haushaltssicherungskonzeptes nach § 76 GO NRW ergeben (zu prüfen). Im Rahmen des Lehrbuches wird aber davon ausgegangen, dass die allgemeine Rücklage „so spät wie möglich" in Anspruch genommen wird.

Tabellarisch sähe die Eigenkapitalfortentwicklung unter der Annahme, dass die allgemeine Rücklage „so spät wie möglich" beansprucht werden soll, wie folgt aus:

	Plan-Eigenkapital per ...					
	Jahr 1	**Jahr 2**	**Jahr 3**	**Jahr 4**	**Jahr 5**	**Jahr 6**
Eigenkapital mit Ergebnisausweis						
Allgemeine Rücklage	4.250.000	4.250.000	4.250.000	4.250.000	4.000.000	3.275.000
Ausgleichsrücklage	250.000	0	0	0	0	0
Ergebnisvortrag	0	-250.000	-975.000	-1.795.000	-2.295.000	-2.470.000
Jahresergebnis	-500.000 (Jahresfehlbetrag)	-725.000 (Jahresfehlbedarf)	-820.000 (Jahresfehlbedarf)	-750.000 (Jahresfehlbedarf)	-900.000 (Jahresfehlbedarf)	-900.000 (Jahresfehlbedarf)
Summe Eigenkapital	4.000.000	3.275.000	2.455.000	1.705.000	805.000	-95.000
Verwendung des Jahresergebnisses? / Vortragsentwicklung?	Verrechnung des JFB mit der Ausgleichrücklage; verbleibender Betrag ist vorzutragen § 95 Abs. 2 S. 1, 2 GO NRW	Vortrag nach 79 Abs. 3 GO NRW	Vortrag nach 79 Abs. 3 GO NRW	Vortrag aus Jahr 1: Verrechnung mit der allg. Rücklage (5,88%), § 95 Abs. 2 GO NRW Vortrag nach 79 Abs. 3 GO NRW	Vortrag aus Jahr 2: Verrechnung mit der allg. Rücklage (18,125%), § 95 Abs. 2 GO NRW Vortrag nach 79 Abs. 3 GO NRW	Vortrag aus Jahr 3: Verrechnung mit der allg. Rücklage (25,03%), § 95 Abs. 2 GO NRW Vortrag nach 79 Abs. 3 GO NRW
Eigenkapital nach Ergebnisausgleich						
Allgemeine Rücklage	4.250.000	4.250.000	4.250.000	4.000.000	3.275.000	2.455.000
Ausgleichsrücklage	0	0	0	0	0	0
Ergebnisvortrag	-250.000	-975.000	-1.795.000	-2.295.000	-2.470.000	-2.550.000
Summe Eigenkapital	4.000.000	3.275.000	2.455.000	1.705.000	805.000	-95.000

Hinweis: In der Tabelle wird in der ersten Spalte der Begriff „Ergebnisvortrag" verwendet. Dieser entspricht dem haushaltsrechtlich zu verwendenden Begriff „Bilanzieller Verlustvortrag".

Grafische Darstellung der Eigenkapitalentwicklung (Möglichkeit)

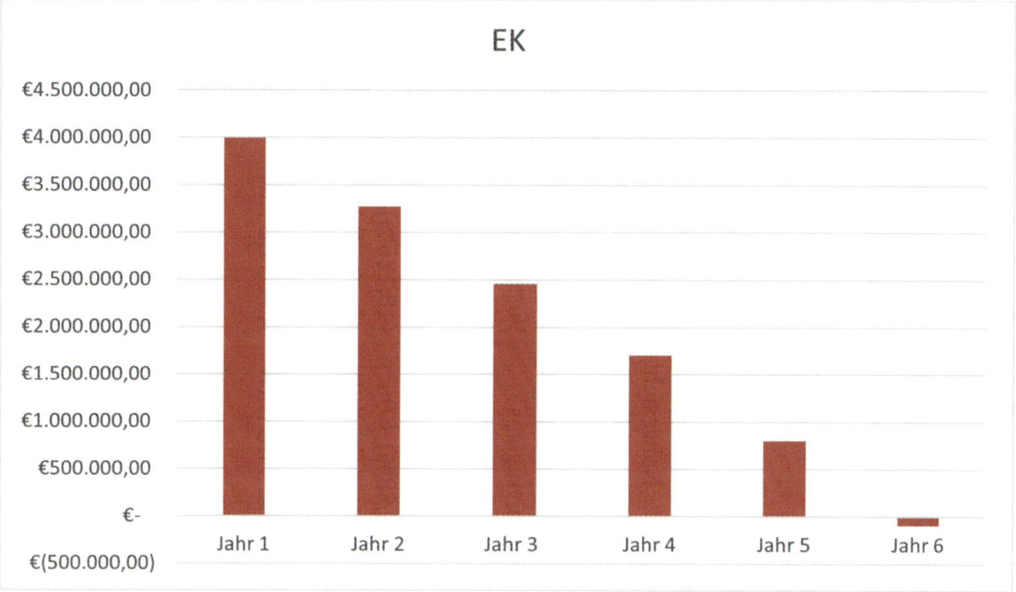

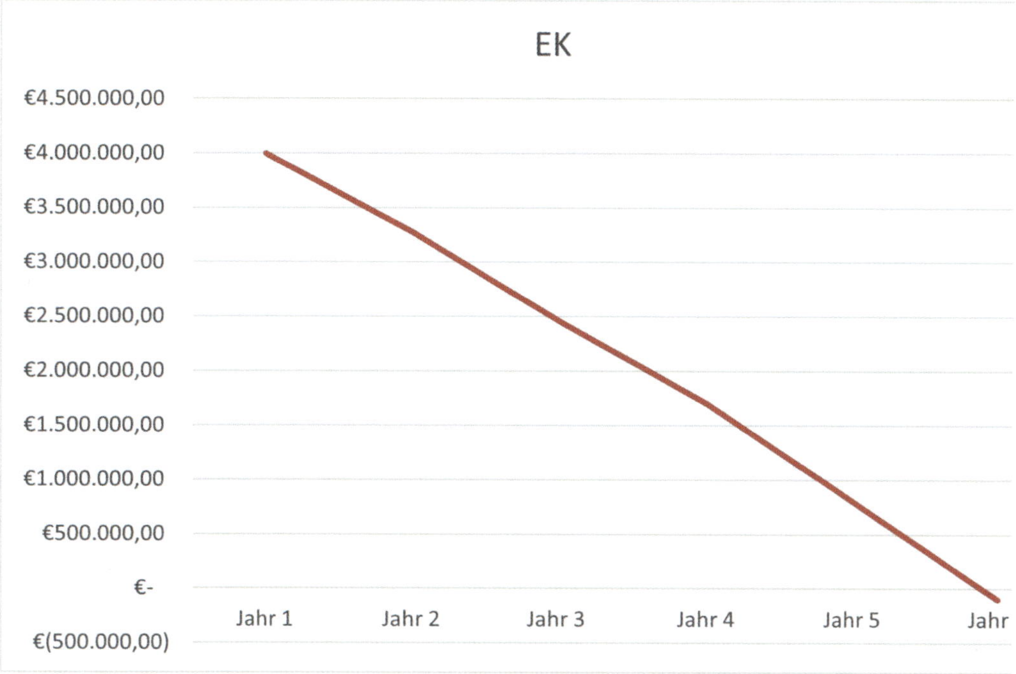

Gesamtaussage zu Aufgabe 1
Die vorliegende Haushaltsplanung kann nicht als solide bezeichnet werden, da sie in die Haushaltssicherung führt und am Ende des Planungszeitraumes das Eigenkapital komplett aufgebraucht ist.

Lösung zu Aufgabe 2

Die Kämmerin muss die Rangfolge der Finanzmittelbeschaffung beachten. Diese ergibt sich aus § 77 Abs. 2 GO NRW. Die Vorschläge sind in folgende Reihenfolge zu bringen:

1. Erhöhungen bei den Erträgen aus Ordnungswidrigkeiten (sonstige Finanzmittel)
2. Erhöhung der Eintrittsgelder (spezielle Entgelte)
3. Erhöhung der Grundsteuer B

Die Erhöhungen müssten unter Beachtung des § 10 Satz 2 GO NRW und des § 77 Abs. 3 GO NRW erfolgen. Auf die wirtschaftliche Leistungsfähigkeit der Abgabepflichtigen ist Rücksicht zu nehmen. Eine deutliche, einmalige Erhöhung der Grundsteuer B ist daher eher bedenklich.

Die Finanzierung der laufenden Tätigkeiten (Sozialhilfeaufwendungen) durch langfristige Kredite ist nicht möglich. Kredite sind nach § 77 Abs. 4 GO NRW die letzte Form der Finanzierung. Langfristige Kredite sind darüber hinaus nur für Investitionen, Investitionsförderungsmaßnahmen und zur Umschuldung erlaubt, § 86 Abs. 1 GO NRW. Kredite sichern die Liquidität einer Kommune (Einzahlung; § 75 Abs. 6 GO NRW), führen aber nicht zu Erträgen, die Aufwendungen decken könnten – finden sich demnach nicht im Ergebnisplan wieder, sondern ausschließlich im Finanzplan.

Neben den Ertragserhöhungen kann auf jeden Fall die angedachte interkommunale Zusammenarbeit angegangen werden, da hier die Grundsätze der Sparsamkeit und des wirtschaftlichen Handelns nach § 75 Abs. 1 Satz 3 GO NRW beachtet werden und es zu Aufwandsreduzierungen kommen kann.

Lösung zu Aufgabe 3

Für das Jahr 7 wird mit einem Jahresüberschuss i. H. v. 512.000 Euro gerechnet.

Jahresüberschüsse erhöhen gemäß § 75 Abs. 3 Satz 2 GO NRW, sofern sie nicht für den Haushaltsausgleich verwendet werden (Verrechnung mit Ergebnisvorträgen aus Vorjahren, vgl. § 95 Abs. 2 Satz 3 GO NRW), die Ausgleichsrücklage. Der Jahresüberschuss wäre also mit dem Ergebnisvortrag aus dem Jahr 4 zu verrechnen. Dort ist ein Jahresfehlbedarf i. H. v. 750.000 Euro entstanden/geplant. Das heißt, dass ein Restbetrag i. H. v. 238.000 Euro noch mit der allgemeinen Rücklage zu verrechnen ist.

Es ergäbe sich folgende Verwendungsrechnung (Beträge in Euro):

	Vor Verwendung	Verwendung	Nach Verwendung
Allgem. Rücklage	2.455.000	-238.000	2.217.000
Ausgleichsrücklage	0	0	0
Verlustvortrag	-2.550.000	+750.000	-1.800.000
Jahresergebnis	512.000	-512.000	0
Eigenkapital	417.000		417.000

Es könnte wieder ein Eigenkapital in der Bilanz ausgewiesen werden.

2.8 VERANSCHLAGUNG IM TEILPLAN

2.8.1 Einführung

Ausgehend von der Haushaltssatzung über den Haushaltsplan und die Teilpläne ist die Frage zu stellen bzw. zu beantworten, wie nun tatsächlich der Planungsprozess abläuft. Auch wenn § 80 Abs. 1 GO NRW beschreibt, dass der Entwurf der Haushaltssatzung mit ihren Anlagen (also auch der Haushaltsplan) von der Kämmerin bzw. vom Kämmerer aufgestellt wird, wird sie/er im praktischen Ablauf und aufgrund der unzähligen Einzelsachverhalte in einer Kommune niemals allein tätig werden (können).[14] In der Praxis wird vielmehr „von unten nach oben" geplant: Die einzelnen Sachgebiete/Fachbereiche/Ämter planen ihre jeweiligen Fachansätze. In diesen Prozess sind viele Mitarbeitende involviert – allein schon deswegen, weil auf der „untersten Ebene" (Ebene der Sachbearbeitung) häufig das notwendige Fachwissen vorhanden ist und sich daraus auch in der Regel die konkreten Zahlen in Form von Ressourcenverbrauch (Aufwendungen) und Ressourcenzuwachs (Erträge), aber auch hinsichtlich der Zahlungsströme und der einzelnen Investitionsvorhaben in den nächsten Haushaltsjahren ableiten lassen können.

Aus den dezentralen Haushaltsansätzen je Organisationseinheit/Produkt werden dann die Ansätze je Teilplan (je normierten Produktbereich) abgeleitet. Legt man alle Teilpläne übereinander und summiert sie auf, erhält man die Beträge für den Haushaltsplan und hieraus die für die Haushaltssatzung maßgeblichen Summen.

Das Planen eines Ansatzes nennt man haushaltswirtschaftlich auch „Veranschlagung" bzw. „veranschlagen".

2.8.2 Veranschlagungsgrundsätze

Im Rahmen der Haushaltsplanung bzw. der Veranschlagung sind von den hiermit betrauten Mitarbeitenden der Kommune neben den allgemeinen Haushaltsgrundsätzen spezielle Veranschlagungsgrundsätze zu beachten:

1. Vollständigkeit und Einheit der Planung
2. Periodenabgrenzung
3. Haushaltswahrheit
4. Haushaltsklarheit
5. Brutto- bzw. Einzelveranschlagung

Die einzelnen Veranschlagungsgrundsätze sollen etwas näher betrachtet werden:

---

[14] Zur Stellung des Kämmerers vgl. Kapitel 2.3.

1. *Grundsatz der Vollständigkeit und der Einheit*

Aus § 79 GO NRW kann entnommen werden, dass die Kommune **einen** Haushaltsplan aufzustellen hat. Sie führt demnach keine zwei oder mehrere Haushaltspläne nebeneinander, sondern führt alle relevanten Daten des nächsten Haushaltsjahres **in einem Plan** zusammen.

In § 79 Abs. 1 Satz 1, Abs. 2 Satz 1 und Abs. 3 Satz 1 GO NRW heißt es jeweils „Der Haushaltsplan". Dieser umfasst nach § 79 Abs. 1 Satz 1 GO NRW **alle** im Haushaltsjahr für die Erfüllung der Aufgaben der Kommune voraussichtlich

1. anfallenden Erträge und eingehenden Einzahlungen,
2. entstehenden Aufwendungen und zu leistenden Auszahlungen,
3. notwendigen Verpflichtungsermächtigungen.

Die Einheit „Haushaltsplan" enthält damit alle relevanten Informationen (Vollständigkeit). Er ist nach § 79 Abs. 3 Satz 1 GO NRW Grundlage für die Haushaltswirtschaft der Kommune. Werden Sondervermögen geführt, so gilt zusätzlich § 97 GO NRW.

Nicht in den kommunalen Haushaltsplan aufzunehmen sind Sachverhalte, die ausgegliedert wurden („Outsourcing"). Dies kann in Form von Eigenbetrieben oder eigenbetriebsähnlichen Einrichtungen, rechtlich selbstständigen Anstalten des öffentlichen Rechts oder Eigengesellschaften (GmbH, AG) geschehen. Eine Ausgliederung erfolgt häufig bei Aufgaben des öffentlichen Personennahverkehrs (ÖPNV), der Ver- und Entsorgung oder bei den Stadtwerken, kann aber auch im Rahmen der Wirtschaftsförderung geschehen.

Die Regelung des § 79 GO NRW wird durch § 11 Abs. 2 KomHVO NRW aufgegriffen. Er verweist auf die Veranschlagung im Haushaltsplan „in voller Höhe".

Nicht veranschlagt werden die sog. fremden Finanzmittel i. S. d. § 15 KomHVO NRW. Diese Ausnahme ergibt sich aus Absatz 1 der Vorschrift. Hiernach werden im Finanzplan nicht veranschlagt:

1. durchlaufende Finanzmittel
2. Finanzmittel, die die Kommune aufgrund rechtlicher Vorschriften unmittelbar in den Haushalt eines anderen öffentlichen Aufgabenträgers zu buchen hat, einschließlich der ihr zur Selbstbewirtschaftung zugewiesenen Finanzmittel
3. Finanzmittel, die in der Zahlungsabwicklung mit dem endgültigen Kostenträger oder mit einer anderen Institution, die unmittelbar mit dem endgültigen Kostenträger abrechnet, anstelle der Kommune vereinnahmt oder ausgezahlt werden

Beispiele für solche fremden Finanzmittel sind Rückforderungen von Überzahlungen aus BAföG-Mitteln, die mit dem Land abzurechnen und unmittelbar an das Land weiterzuleiten sind, sowie Sozialhilfeleistungen nach dem Sozialgesetzbuch (SGB) im Rahmen einer Delegation oder die Reitabgabe (ohne Verwaltungsgebühren), die an das Land abzuführen ist.

2. *Grundsatz der Periodenabgrenzung*

Der Inhalt des kommunalen Haushaltsplans wird durch die Haushaltssatzung bestimmt, denn nach § 78 Abs. 2 Satz 1 Nr. 1 GO NRW enthält sie die Festsetzungen des Haushaltsplans. Wie die Haushaltssatzung gilt auch der Haushaltsplan für das Haushaltsjahr bzw. das Kalenderjahr (vgl. § 78 Abs. 1 und 4 GO NRW).

Die Erträge und Aufwendungen sind in ihrer voraussichtlich dem Haushaltsjahr zuzurechnenden Höhe zu veranschlagen (§ 11 Abs. 1 KomHVO NRW). Es gilt das Ressourcenverbrauchsprinzip bzw. das Ressourcenzuwachsprinzip.

Beispiel:
Die kreisangehörige Gemeinde Studienhausen plant, ab dem 01.07. des Jahres 02 für die Dauer von insgesamt drei Jahren ein weiteres Gebäude für die Erstaufnahmeeinrichtung anzumieten. Die Miete wird sich auf insgesamt 36.000 Euro belaufen.

Im Ergebnisplan ist dieser Sachverhalt wie folgt zu berücksichtigen (in Euro):

Zeile	02	03	04	05
16	6.000	12.000	12.000	6.000

Die Ein- und Auszahlungen sind nach § 11 Abs. 1 KomHVO NRW in Höhe der im Haushaltsjahr voraussichtlich eingehenden oder zu leistenden Beträge zu veranschlagen. Hier gilt das sog. Kassenwirksamkeitsprinzip. Es wird unterstellt, dass zahlungswirksame Sachverhalte in einzelnen Jahren auch tatsächlich zur Ein- oder Auszahlung führen werden.

Beispiel:
Im o. g. Beispiel wird die Miete für den gesamten Zeitraum Mitte des Jahres 04 fällig.

Im Finanzplan ist dieser Sachverhalt wie folgt zu berücksichtigen (in Euro):

Zeile	02	03	04	05
15	–	–	36.000	–

Der Zeitpunkt des Ressourcenverbrauchs kann also auch in der Planung vom Zeitpunkt des Geldmittelabflusses abweichen.

3. *Grundsatz der Haushaltswahrheit*

Die Ansätze der Erträge/Aufwendungen und der Einzahlungen/Auszahlungen müssen der Wahrheit entsprechen.

Der Grundsatz der Haushaltswahrheit steht in einem engen Zusammenhang mit dem später aufzustellenden Jahresabschluss. Am Ende eines jeden Haushaltsjahres hat die Kommune nach § 95 Abs. 1 Satz 1 GO NRW einen Jahresabschluss aufzustellen, in dem das Ergebnis der Haushaltswirtschaft des Haushaltsjahres nachzuweisen ist. Dieser Jahresabschluss muss nach Satz 2 der Vorschrift ein den tatsächlichen Verhältnissen entsprechendes Bild der Vermögens-, Finanz- und Ertragslage vermitteln. Im Jahresabschluss ist ein Plan-Ist-Vergleich vorzunehmen. Planbare Risiken sind bereits bei der Haushaltsplanung zu berücksichtigen, um ein den tatsächlichen Verhältnissen entsprechendes Bild der wirtschaftlichen Situation der Kommune vermitteln zu können, auf das im Jahresabschluss Bezug genommen werden kann. Werden bei der Planung Ansätze nur grob geschätzt, falsch gebildet oder sogar wider besseres Wissen nicht gebildet, kann dies im Rahmen des Jahresabschlusses zu großen Abweichungen führen.

Soweit die Erträge und Aufwendungen nicht errechenbar sind, sind sie sorgfältig zu schätzen (§ 11 Abs. 1 KomHVO NRW).

Werden Investitionen (z. B. Baumaßnahmen, Anschaffungen von Vermögensgegenständen) geplant, ist zusätzlich § 13 KomHVO NRW zu berücksichtigen.

4. Grundsatz der Haushaltsklarheit

Die Haushaltspläne der Kommunen müssen vergleichbar sein, damit auch Aufsichtsbehörden, Ratsmitglieder und Bürger*innen ihre Schlüsse aus dem Zahlenwerk ziehen und mit anderen Kommunen vergleichen können. Der Gesetzgeber bedient diese Anforderung, indem er ein Mindestmaß an Strukturvorgaben erlassen hat, die zur Klarheit aller kommunalen Haushaltspläne in NRW führen sollen:

- Die Teilpläne sind produktorientiert zu gliedern. Dabei sind normierte Produktbereiche zu beachten (§ 4 Abs. 1 KomHVO NRW und Anlage 6 VV Muster). Auf dieser Ebene müssen alle Kommunen in NRW ihren Haushalt aufstellen.
- Die Gliederungen von Ergebnisplan und Finanzplan sind verbindlich in ihrem Zeilenaufbau durch §§ 2 und 3 KomHVO NRW und in ihrem Spaltenaufbau durch § 1 Abs. 3 KomHVO NRW vorgegeben. Die Anlagen 4 und 5 VV Muster zur GO NRW und KomHVO NRW bilden die gesetzlichen Voraussetzungen vollständig ab.
- Die Gliederungen der Teilergebnis- und der Teilfinanzpläne ergeben sich verbindlich aus § 4 KomHVO NRW mit Verweisen auf §§ 2 und 3 KomHVO NRW. Die Anlagen 9 und 10 VV Muster bilden die Voraussetzungen vollständig ab.

Der Grundsatz der Haushaltsklarheit wird auch durch zusätzliche Erläuterungen zu einzelnen Ansätzen oder zu Aufgabeninhalten und -strukturen eingehalten (vgl. § 19 KomHVO NRW). Erläutert wird z. B. in Bezug auf einzelne Haushaltsplanansätze, wie sie sich zusammensetzen (Teilansätze, z. B. Aufgliederung der Ergebnisplanposition der Transferaufwendungen im Sozialamt auf die einzelnen Hilfearten nach dem Sozialgesetzbuch) oder warum die Ansätze in der geplanten Höhe gebildet wurden (z. B. Darstellung der demografischen Entwicklung, Arbeitsmarktsituation). Auch einzelne Aufgabengebiete können erläutert werden (Inhalte und Aufgabenstrukturen eines Sachgebiets oder eines

Fachbereichs/Amtes). Die Erläuterungen sollen insgesamt helfen, die Haushaltsplanansätze nachzuvollziehen und verstehen zu können.

Der Vorbericht nach § 7 KomHVO NRW soll ein Gesamtbild der wirtschaftlichen, sozialen und gesellschaftlichen Situation in der Kommune darstellen und insgesamt erläutern, warum ggf. ein Jahresfehlbedarf oder ein Jahresüberschuss geplant wird. Inhalte des Vorberichts können auch Ausblicke in die zukünftige Entwicklung der Kommune sein, um die mittelfristige Finanzplanung in die Betrachtung einbeziehen zu können. Nur wenn die einzelnen Planansätze auch in einem Gesamtzusammenhang mit äußeren Einflüssen betrachtet werden, kann der Haushaltsplan insgesamt seinen Ansprüchen, ein differenziertes Bild der Ertrags- und Finanzlage der Kommune für das nächste Jahr und die drei Folgejahre darzustellen, auch erfüllen. Je umfassender das aufgezeigte Bild der örtlichen Situation, desto besser lassen sich die Verwaltung und die (politischen) Zielsetzungen steuern. Insofern ist der Haushaltsplan Bestandteil der kommunalen Steuerungsinstrumente, da nur aus ihm finanzielle Ressourcen abgeleitet werden können.

Die Darstellung von Zielen und Kennzahlen (§ 4 Abs. 2 KomHVO NRW) kann ein weiterer Baustein sein, den Haushalt zu steuern und insbesondere gewünschte Ergebnisse zu erzielen. Ein definiertes Ziel (z. B. vollständige Abdeckung der U3-Kindbetreuung für alle Antragstellenden) wird mit personellen, sachlichen und finanziellen Ressourcen ausgestattet. Eine Kennzahl (z. B. Abdeckung in Prozent) kann bei der Messung des Zielerreichungsgrads helfen. Wird das Ziel nicht in einer vorgegebenen Zeit erreicht, kann durch weitere Maßnahmen (z. B. auch durch Erhöhung der finanziellen Ressourcen über den Haushaltsplan) gegengesteuert werden.

5. Grundsatz der Brutto- bzw. Einzelveranschlagung

Die Haushaltsansätze sind brutto zu veranschlagen. Erträge und Aufwendungen sowie Ein- und Auszahlungen sind nach § 11 Abs. 2 KomHVO NRW getrennt voneinander im Haushaltsplan zu berücksichtigen. Sie dürfen also nicht miteinander verrechnet werden.

Beispiel:
Die kreisangehörige Gemeinde Studienhausen beteiligt sich im Jahr 02 an einem europaweiten Projekt zur Aufklärung von Kindern und Jugendlichen über die Auswirkungen und Folgen langfristigen Drogenkonsums. Die Europäische Union fördert über das zuständige Landesministerium 100 % der Aufwendungen. Falsch wäre es, wenn die Gemeinde Studienhausen diesen Sachverhalt überhaupt nicht in ihrem Haushaltsplan zeigen würde. Sie muss vielmehr die anfallenden Aufwendungen (Personalaufwendungen, Aufwendungen für eine externe Begleitung, Aufwendungen für die Durchführung von Workshops etc.) und die damit verbundenen Auszahlungen sachgerecht in den einzelnen Teilergebnisplanpositionen und (Teil-)Finanzplanpositionen darstellen und diesen Aufwendungen die Landeszuweisung als Ertrag bzw. Einzahlung brutto gegenüberstellen.

Die Beachtung des Bruttoprinzips trägt dazu bei, dass der Grundsatz der Haushaltsklarheit (s. o.) eingehalten wird, da Sachverhalte besser und nachvollziehbarer dargestellt werden.

Ist im Rahmen der Haushaltsplanung bereits bekannt, dass Preisnachlässe in Form von Rabatten gewährt werden, sind diese Minderungen zu berücksichtigen. Skonto wird bei der Haushaltsplanung allerdings nicht berücksichtigt, da diese Preisminderung erst im Zeitpunkt der tatsächlichen Inanspruchnahme, also bei der späteren, zukünftigen Zahlung nach Rechnungserhalt, wirkt.

Beispiel:
Für die Feuerwehr wird geplant, eine neue Feuerwehrdrehleiter zu beschaffen. Nach sorgfältiger Ermittlung von Preisen am Markt wird festgestellt, dass man insgesamt mit Anschaffungskosten von 475.000 Euro rechnen muss. Am Markt wird derzeit üblicherweise ein Preisnachlass von 12,5 % gewährt. Die üblichen allgemeinen Geschäftsbedingungen sehen darüber hinaus noch 2 % Skonto bei Zahlung innerhalb von zehn Tagen vor.

Einzuplanen sind Anschaffungskosten i. H. v. 415.625 Euro (475.000 Euro abzüglich 12,5 % üblicher Preisnachlass). Skonto bleibt bei der Planung unberücksichtigt, da im Rahmen der Planung nicht abgesehen werden kann, ob zu einem zukünftigen Zahlungszeitpunkt überhaupt Skonto in Anspruch genommen werden kann. Es ist aber sachgerecht, den branchenüblichen Preisnachlass bei der Planung zu berücksichtigen, auch um ein annähernd realistisches Bild bei der Ansatzbildung zu erreichen.

Das kommunale Haushaltsrecht lässt nur eine Ausnahme von der Bruttoveranschlagung zu: Nach § 24 Abs. 4 KomHVO NRW sind Abgaben und abgabenähnliche Erträge, die die Kommune zurückzuzahlen hat, bei den Erträgen abzusetzen, auch wenn sie sich auf Erträge aus Vorjahren beziehen. Diese Vorschrift ist auch bereits bei der Haushaltsplanung zu berücksichtigen.

Beispiel:
Die kreisangehörige Gemeinde Studienhausen plant für das Jahr 02 Gewerbesteuererträge i. H. v. insgesamt 23,4 Mio. Euro. Das Steueramt rechnet aber auch damit, dass aus einem anhängigen Klageverfahren mit einer Steuerrückerstattung an die Firma Klein AG i. H. v. 1,6 Mio. Euro für vergangene Jahre zu rechnen ist. Es handelt sich um eine zurückzuzahlende Abgabe i. S. d. § 24 Abs. 4 KomHVO NRW, die bei den Erträgen abzusetzen und nicht gesondert als Aufwand zu veranschlagen ist. Eingeplant wird hier insgesamt ein Gewerbesteuerertrag von 21,8 Mio. Euro.

Die Saldierungsausnahme gilt nach dem Wortlaut des § 24 Abs. 4 KomHVO NRW nur für die Ertragsseite, nicht für die Veranschlagung bzw. spätere Buchung der Einzahlung. Diese ist entsprechend dem Verrechnungsverbot gesondert auszuweisen.

Beispielfortführung:
Die kreisangehörige Gemeinde Studienhausen plant 21,8 Mio. Euro Gewerbesteuererträge, aber im (Teil-)Finanzplan

- *23,4 Mio. Euro Gewerbesteuereinzahlungen und*
- *1,6 Mio. Euro sonstige Auszahlungen.*

Obwohl die gesetzliche Normierung in § 24 Abs. 4 KomHVO NRW eine Saldierung bei den Einzahlungen nicht vorsieht, heißt es in einer Handreichung des Ministeriums für Inneres und Kommunales NRW zum bis zum 31.12.2018 gültigen § 23 GemHVO NRW:[15] *„Wegen der davon betroffenen zahlungswirksamen Ertragsarten wirkt sich die haushaltsrechtliche Vorgabe auch unmittelbar auf die damit verbundenen Zahlungen aus, sodass ein entsprechendes Vorgehen auch in der gemeindlichen Finanzrechnung von der Gemeinde zu erfolgen hat."* Diese Vorgabe ermöglicht auch eine Saldierung bei den Einzahlungen.

Beispielfortführung:
Die kreisangehörige Gemeinde Studienhausen plant neben den 21,8 Mio. Euro Gewerbesteuererträgen im Finanzplan auch 21,8 Mio. Euro Gewerbesteuereinzahlungen.

2.8.3 Schematische Veranschlagung eines Sachverhalts

Unter Berücksichtigung sowohl der allgemeinen Haushaltsgrundsätze als auch der Veranschlagungsgrundsätze soll im Weiteren dargestellt werden, wie anhand der kommunalhaushaltsrechtlichen Vorschriften ein Sachverhalt Einzug in den Teilplan finden kann. Dabei soll aus Vereinfachungsgründen ein konsumtiver Sachverhalt betrachtet werden, also ein zukünftiges Ereignis, das im Rahmen der laufenden Geschäftstätigkeit stattfindet und nicht zu einer Investition in das Anlagevermögen führen wird.

Haushaltsrechtlich sind bei der Betrachtung solch eines Sachverhalts die folgenden Fragen zu beantworten:

1. **Wo** findet der Sachverhalt statt (in welchem normierten Produktbereich)?
2. **Was** für eine Art Aufwand/Ertrag ist im Sachverhalt **wann** zu planen?
3. **Was** für eine Art Auszahlung/Einzahlung ergibt sich aus dem Sachverhalt und ist **wann** zu berücksichtigen?

Nähern wir uns einer Lösung schematisch an, indem wir betrachten, welche gesetzlichen Bestimmungen bei den einzelnen Fragen heranzuziehen sind.

1. Produktbereichsbestimmung

Die Frage des „Wo?" lässt sich anhand der Bestimmung des sachlich zuständigen normierten Produktbereichs klären.

---

[15] Handreichung für Kommunen (7. Auflage; Oktober 2016) des Innenministeriums NRW, Seite 2526.

Der Haushaltsplan ist gemäß § 79 Abs. 2 Satz 1 GO NRW i. V. m. § 1 Abs. 1 Nr. 3 KomHVO NRW in Teilpläne zu gliedern. Diese sind nach § 4 Abs. 1 Satz 2 KomHVO NRW produktorientiert und werden nach Satz 3 der Vorschrift nach Produktbereichen oder nach Verantwortungsbereichen unter Beachtung des vom für Kommunales zuständigen Ministerium bekannt gegebenen Produktrahmens aufgestellt. Bei der Bildung von Produktbereichen sowie deren Abbildung im Haushaltsplan der Kommune sind die in der Anlage 6 VV Muster zur GO NRW und KomHVO NRW aufgeführten Produktbereiche verbindlich („normierte Produktbereiche").

Die den Planungssachverhalt ausführende Organisationseinheit wird einem der 17 normierten Produktbereiche zugeordnet. Dabei ist zu beachten, dass es um das „Wo?" der Tätigkeit geht und nicht um das „Was?". So muss beispielsweise die Anschaffung eines neuen Dienst-Kfz für die Hausmeister des städtischen Gymnasiums dem Bereich 03 „Schulträgeraufgaben" zugeordnet werden und nicht dem allgemeinen Fuhrpark (Bereich 01 „Innere Verwaltung").

Wird ein Kredit aufgenommen, ist dieser Sachverhalt dem Bereich 16 „Allgemeine Finanzwirtschaft" und nicht der Kämmerei (Bereich 01 „Innere Verwaltung") zuzuordnen, da die „Allgemeine Finanzwirtschaft" eine Art „Sonderproduktbereich" darstellt. Ein Kredit wie auch die allgemeinen Zuweisungen (z. B. Schlüsselzuweisung) oder die Kreisumlage bei den Kreisen können nicht einem konkreten Bereich zugeordnet werden, sondern dienen zur allgemeinen Deckung. Sollen allerdings neue Büromöbel für das Personal in der Kämmerei angeschafft werden, so ist dieser Vorgang dem Bereich 01 „Innere Verwaltung" zuzuordnen.

Bei der Zuordnung der einzelnen Sachverhalte bzw. ausführenden Einheiten kann die Inhaltsbestimmung aus Anlage 6 VV Muster zur GO NRW und KomHVO NRW helfen.[16]

2. *Veranschlagung im Teilergebnisplan*

Der Ergebnisplan, und damit auch der Teilergebnisplan, enthält die Aufwendungen und Erträge der Kommune in die Zukunft blickend für das „Basis-Planjahr" und die folgenden drei Haushaltsjahre.

Gemäß § 11 Abs. 1 und 2 KomHVO NRW sind im Haushaltsplan das voraussichtliche Ressourcenaufkommen und der geplante Ressourcenverbrauch in voller Höhe und getrennt voneinander durch Erträge und Aufwendungen zu veranschlagen (Bruttoprinzip). Dabei sind Erträge und Aufwendungen nach Absatz 1 der Vorschrift in ihrer voraussichtlich dem Haushaltsjahr zuzurechnenden Höhe zu veranschlagen (Ressourcenverbrauchskonzept).

[16] Zur Produktbereichsbestimmung insgesamt siehe auch die Ausführungen in Kapitel 2.7.5.

Der Teilergebnisplan ist nach § 4 Abs. 3 Satz 1 KomHVO NRW entsprechend § 2 KomHVO NRW aufzustellen. Damit gilt neben Anlage 9 auch die Anlage 4 VV Muster zur GO NRW und KomHVO NRW für die Gliederung des einzelnen Teilergebnisplans.

Für die Zuordnung des einzelnen Sachverhalts in die sachlich zutreffende Position des Teilergebnisplans kann Anlage 20 VV Muster zur GO NRW und KomHVO NRW herangezogen werden (Zuordnungsvorschriften zum kommunalen haushaltsrechtlichen Kontenrahmen bzw. zum kommunalen Kontierungsplan). Hilfestellung kann auch der „Kontenplan für die Ausbildung an der Fachhochschule für öffentliche Verwaltung NRW" bzw. der individuell an den Studieninstituten und/oder an den Berufskollegs verwendete Lehrkontenplan geben.

Dieser Teil muss mit folgenden zwei Ergebnissen abgeschlossen werden:

1. Angabe der zutreffenden Teilergebnisplanposition für den zu planenden Sachverhalt („Was?")
2. Angabe der Haushaltsjahre, in denen der Sachverhalt zu veranschlagen ist („Wann?")

Zeile	Lfd. Jahr	**„Basis-Planjahr"**	**+1**	**+2**	**+3**
WAS?		**WANN?**			

Handelt es sich um einen Sachverhalt, der nicht ergebnisrelevant wird, aber zu Auszahlungen oder Einzahlungen führt (z. B. Kreditaufnahme), ist dies kurz festzustellen.

3. Veranschlagung im Teilfinanzplan

Der Finanzplan, und damit auch der Teilfinanzplan, enthält die Auszahlungen und Einzahlungen der Kommune in die Zukunft blickend für das „Basis-Planjahr" und die folgenden drei Haushaltsjahre.

Gemäß § 11 Abs. 1 und 2 KomHVO NRW sind im Haushaltsplan die Ein- und Auszahlungen in voller Höhe und getrennt voneinander zu veranschlagen. Sie sind nach Absatz 1 der Vorschrift in Höhe der voraussichtlich eingehenden oder zu leistenden Beträge zu berücksichtigen („Kassenwirksamkeitsprinzip").

Der Teilfinanzplan ist nach § 4 Abs. 4 Satz 1 KomHVO NRW entsprechend § 3 KomHVO NRW aufzustellen. Dabei ist eine Mindestgliederung zu beachten: Die Investitionstätigkeit ist in den Teilfinanzplänen darzustellen, die laufende Verwaltungstätigkeit und die Finanzierungstätigkeit können dargestellt werden. Für die Gliederung gelten neben den Anlagen 10A und 10B auch die Anlage 5 VV Muster zur GO NRW und KomHVO NRW.

In der Praxis wird von diesem Wahlrecht häufig Gebrauch gemacht. Zu Übungszwecken soll das Wahlrecht aber unberücksichtigt bleiben. Somit findet die Gliederung entsprechend Anlage 5 VV Muster zur GO NRW und KomHVO NRW auch für den Teilfinanzplan – Teil A (die Zahlungsübersicht) Anwendung.

Für die Zuordnung des einzelnen Sachverhalts in die sachlich zutreffende Position des Teilfinanzplans kann Anlage 20 VV Muster zur GO NRW und KomHVO NRW herangezogen werden (Zuordnungsvorschriften zum kommunalen haushaltsrechtlichen bzw. zum kommunalen Kontierungsplan). Dabei sind die inhaltlichen Begrifflichkeiten der Ein- und Auszahlungen aus lfd. Verwaltungstätigkeit in der Regel deckungsgleich mit denen der ordentlichen Erträge und Aufwendungen. Hilfestellung kann auch der „Kontenplan für die Ausbildung an der Fachhochschule für öffentliche Verwaltung NRW" bzw. der individuell an den Studieninstituten und/oder an den Berufskollegs verwendete Lehrkontenplan geben.

In diesem Teil sind ebenfalls folgende zwei Ergebnisse festzustellen:

1. Angabe der zutreffenden Teilfinanzplanposition für den zu planenden Sachverhalt („Was?")
2. Angabe der Haushaltsjahre, in denen der Sachverhalt zu veranschlagen ist („Wann?")

Zeile	Lfd. Jahr	„Basis-Planjahr"	+1	+2	+3
WAS?		WANN?			

Handelt es sich um einen ergebniswirksamen, aber nicht zahlungswirksamen Sachverhalt (z. B. Abschreibungen), ist dies kurz festzuhalten.

4. *Ableitung eines Aufbauschemas für Klausuren*

Eine gutachterliche Prüfung für die Veranschlagung eines Sachverhalts kann wie folgt aufgebaut werden:

Teil A Produktbereichsbestimmung (Teilplanbildung)
Teil B Veranschlagung im Teilergebnisplan
Teil C Veranschlagung im Teilfinanzplan

Im Rahmen eines haushaltsrechtlichen Gutachtens sind dabei die herangezogenen Rechtsquellen und Anlagen gemäß VV Muster zur GO NRW und KomHVO NRW zu benennen und zu erläutern.

2.8.4 Übungsaufgaben

Übungsaufgabe 1[17]

Sachverhalt
Der Bürgermeister und der Kämmerer der kreisfreien Stadt Schönblick im Regierungsbezirk Arnsberg (NRW) möchten in der nächsten Ratssitzung den Haushalt für das Jahr 1 einbringen.

Im Vergleich zum bisherigen Entwurf haben einige Organisationseinheiten noch weitere Planungssachverhalte benannt, die in Form einer Ergänzungs- bzw. Tischvorlage den Ratsmitgliedern in der Sitzung vorgelegt werden sollen. Dabei hat der Fachdienst Finanzen folgende Sachverhalte notiert:

1. Die Nebenstelle des Fachbereichs „Gesundheitsdienste" muss ab dem Jahr 1 neue Kopierer anmieten. Einschlägige Angebote belaufen sich auf eine Grundmiete von 10.000 Euro für das erste Jahr. Es ist von einer allgemeinen Mietpreissteigerung von 3 % p. a. auszugehen.
2. Die Stabsstelle „Örtliche Rechnungsprüfungsangelegenheiten/Innenrevision" hat vergessen, für das letzte Jahr des mittelfristigen Finanzplanungszeitraums Büromaterial einzuplanen. Es wird mit 1.000 Euro gerechnet.
3. Die städtische Berufsfeuerwehr wird im Jahr 3 einen neuen Feuerwehrmann einstellen, der umfassend im Bereich der Großschadensereignisse ausgebildet werden soll. Die entsprechenden Fortbildungskosten belaufen sich auf voraussichtlich 5.000 Euro.
4. Für den Betrieb der Offenen Ganztagsschule an der städtischen Grundschule wird im Jahr 1 mit einer Landeszuweisung i. H. v. 15.000 Euro gerechnet.
5. Bei den Sozialhilfeleistungen (Hilfe zur Pflege in Einrichtungen) rechnet der Fachbereich „Soziales" nach neuesten Schätzungen mit einer Steigerung, die bisher nicht in der Planung berücksichtigt wurde. Es wird ab dem Jahr 1 mit einem jährlichen Mehrbetrag von 100.000 Euro gerechnet. Gleichzeitig werden sich aber auch Rückforderungsansprüche gegen Unterhaltsverpflichtete erhöhen. Hier wird mit zusätzlichen 20.000 Euro p. a. gerechnet.
6. Die Stabsstelle „Wirtschaftsförderung" wird bereits kurzfristig (ab dem 01.01. des Jahres 1) ein neues Gebäude anmieten müssen, da die bisherigen Räumlichkeiten aufgrund einer Einsturzgefährdung kernsaniert werden müssen. Der Mietzeitraum endet voraussichtlich zum 31.12. des Jahres 3. Die Miete für den gesamten Zeitraum i. H. v. 60.000 Euro wird vereinbarungsgemäß in der Mitte des Mietverhältnisses fällig.
7. Allgemein wird mit einer jährlichen Zinsbelastung für die langfristigen Investitionskredite i. H. v. rund 900.000 Euro gerechnet. Gleichzeitig steigt die jährliche Tilgung jedes Jahr um 50.000 Euro an, beginnend mit einer Tilgungsleistung im Jahr 1 von 800.000 Euro.

[17] Übungsaufgabe 1: Niveau 1 (Laufbahnlehrgang I, dienstbegleitende Unterweisung, Verwaltungslehrgang I).

Aufgabe

Übertragen Sie die oben angeführten Sachverhalte in die Änderungsliste (siehe Anlage), die dem Rat vorgelegt werden soll. Geben Sie dabei an:

1. den jeweils sachlich zutreffenden normierten Produktbereich.
2. die jeweils sachlich zutreffende Position im Ergebnis- und/oder Finanzplan.
3. den für das jeweilige Jahr anzusetzenden Betrag.

Orientieren Sie sich bei der Benennung der sachlich zutreffenden Position an den verbindlichen Mustern der VV zur GO NRW und KomHVO NRW.

Anlage

Sachverhalt	Produktbereich (Nr.)	Ergebnisplan					Finanzplan				
		Zeile/ Position	Jahr 1 Ansatz	Jahr 2 Plan	Jahr 3 Plan	Jahr 4 Plan	Zeile/ Position	Jahr 1 Ansatz	Jahr 2 Plan	Jahr 3 Plan	Jahr 4 Plan
1											
2											
3											
4											
5.1											
5.2	- wie 5.1 -										
6											
7.1											
7.2	- wie 7.1 -										

Lösung

Sachverhalt	Produktbereich (Nr.)	Ergebnisplan					Finanzplan				
		Zeile/ Position	Jahr 1 Ansatz	Jahr 2 Plan	Jahr 3 Plan	Jahr 4 Plan	Zeile/ Position	Jahr 1 Ansatz	Jahr 2 Plan	Jahr 3 Plan	Jahr 4 Plan
1	07	16	10.000	10.300	10.609	10.927	15	10.000	10.300	10.609	10.927
2	01	16	-	-	-	1.000	15	-	-	-	1.000
3	02	16	-	-	5.000	-	15	-	-	5.000	-
4	03	02	15.000	-	-	-	02	15.000	-	-	-
5.1	05	15	100.000	100.000	100.000	100.000	14	100.000	100.000	100.000	100.000
5.2	- wie 5.1 -	03	20.000	20.000	20.000	20.000	03	20.000	20.000	20.000	20.000
6	15	16	20.000	20.000	20.000	-	15	-	60.000	-	-
7.1	16	20	900.000	900.000	900.000	900.000	13	900.000	900.000	900.000	900.000
7.2	- wie 7.1 -	-	-	-	-	-	34	800.000	850.000	900.000	950.000

Übungsaufgabe 2[18]

Sachverhalt

Der Kreis Musterhausen (NRW) befindet sich in der Planung für das Haushaltsjahr 1. Der Leiter des Büros „Landrats- und Kreistagsangelegenheiten" meldet für die Jahre 2 und 3 jeweils Mittel für notwendig gewordene Grundschulungen der Mitarbeitenden an, da diese in den letzten beiden Jahren im Rahmen der hausinternen Rotation komplett ausgetauscht worden sind. Die Schulungen sollen an einem externen Institut stattfinden und das Thema „Kommunalverfassungsrecht" haben. Je Schulungsmaßnahme und mitarbeitender Person sind etwa 4.000 Euro anzusetzen. Betroffen sind fünf Personen, davon werden drei im Jahr 2 und zwei im Jahr 3 die Schulung besuchen.

Aufgabe

Veranschlagen Sie den Sachverhalt im Teilplan. Erläutern Sie Ihr Vorgehen unter Heranziehung der einschlägigen kommunalhaushaltsrechtlichen Vorschriften.

Hinweis

Eine rein stichpunktartige Lösung reicht nicht aus.

Lösung

Für den Kreis Musterhausen finden gemäß § 53 Abs. 1 Kreisordnung NRW (KrO NRW) die kommunalhaushaltsrechtlichen Vorschriften der Gemeindeordnung NRW (GO NRW) und der Kommunalhaushaltsverordnung NRW (KomHVO NRW) entsprechende Anwendung.

Es wird das Jahr 1 geplant. Gemäß § 84 GO NRW hat der Kreis seiner Haushaltswirtschaft eine fünfjährige Ergebnis- und Finanzplanung zugrunde zu legen und in den Haushaltsplan einzubeziehen. Zu berücksichtigen ist demnach im Haushaltsplan für das Jahr 1 auch der Zeitraum der Jahre 2 bis 4.

Der Sachverhalt ist dem Bereich „Landrats- und Kreistagsangelegenheiten" zuzuordnen. Seine Veranschlagung erfolgt grundsätzlich nach § 79 Abs. 1 und 2 GO NRW i. V. m. § 1 Abs. 1 Nr. 3 KomHVO NRW im Haushaltsplan bzw. in dem sachlich zuständigen Teilplan. Die Teilpläne sind nach § 4 Abs. 1 KomHVO NRW produktorientiert (Satz 2) und bestehen aus jeweils einem Teilergebnis- und einem Teilfinanzplan (Satz 3).

A / Teilplanbestimmung

Die Teilpläne werden gemäß § 4 Abs. 1 Satz 4 KomHVO NRW nach Produktbereichen oder nach Verantwortungsbereichen (Budgets) unter Beachtung des vom für Kommunales zuständigen Ministerium bekannt gegebenen Produktrahmens aufgestellt. Dieser ergibt sich aus Anlage 6 VV Muster zur GO NRW und KomHVO NRW. Die vorliegende Maßnahme ist im Produktbereich 01 „Innere Verwaltung" zu veranschlagen.

---

[18] Übungsaufgabe 2: Niveau 1 (Laufbahnlehrgang I, dienstbegleitende Unterweisung, Verwaltungslehrgang I).

B | Veranschlagung im Teilergebnisplan

Die angesetzten Fortbildungsmaßnahmen werden zu *Aufwendungen* führen. Ein Aufwand ist der in Geld bewertete Verzehr von Gütern und Dienstleistungen in einer Periode. Gemäß § 79 Abs. 1 Satz 1 Nr. 2 GO NRW i. V. m. § 11 Abs. 1 KomHVO NRW sind Aufwendungen in ihrer voraussichtlich dem Haushaltsjahr zuzurechnenden Höhe zu veranschlagen (nach Ressourcenverbrauch). Der Ressourcenverbrauch wird hier in den Jahren 2 und 3 wie folgt erfolgen:

- Jahr 2: 4.000 Euro/Person x 3 Personen = 12.000 Euro
- Jahr 3: 4.000 Euro/Person x 2 Personen = 8.000 Euro

Die Veranschlagung im Teilergebnisplan erfolgt nach § 4 Abs. 3 i. V. m. § 2 KomHVO NRW sowie den Anlagen 4, 9 und 20 VV Muster zur GO NRW und KomHVO NRW unter Position 16 („sonstiger ordentlicher Aufwand"):

Position	Jahr 1	Jahr 2	Jahr 3	Jahr 4
16	–	12.000	8.000	–

C | Veranschlagung im Teilfinanzplan

Der Fortbildungsaufwand wird zahlungswirksam werden und zu einer *Auszahlung* führen. Eine Auszahlung ist ein Abgang liquider Mittel (Bank oder Kasse/bar oder unbar) von der Unternehmung/Verwaltung an die Umwelt (an eine außenstehende Rechtspersönlichkeit). Gemäß § 79 Abs. 1 Satz 1 Nr. 2 GO NRW i. V. m. § 11 Abs. 1 KomHVO NRW sind Auszahlungen in Höhe der im Haushaltsjahr voraussichtlich zu leistenden Beträge (nach „Kassenwirksamkeit") zu veranschlagen. Die Auszahlung erfolgt im gleichen Jahr wie der anzusetzende Aufwand. Anderslautende Informationen können dem Sachverhalt nicht entnommen werden. Es entstehen demnach Auszahlungen wie folgt:

- Jahr 2: 4.000 Euro/Person x 3 Personen = 12.000 Euro
- Jahr 3: 4.000 Euro/Person x 2 Personen = 8.000 Euro

Die Veranschlagung im Teilfinanzplan ergibt sich aus § 4 Abs. 4 i. V. m. § 3 KomHVO NRW sowie den Anlagen 5, 10 und 20 VV Muster zur GO NRW und KomHVO NRW unter Position 15 („sonstige Auszahlungen"):

Position	Jahr 1	VE	Jahr 2	Jahr 3	Jahr 4
15	–	–	12.000	8.000	–

2.8.5 Veranschlagung eines investiven Sachverhalts[19]

Soll eine Investitionsmaßnahme, also z. B. der Neubau eines städtischen Kindergartens, ein Grunderwerb oder eine Anschaffung eines Feuerwehrfahrzeugs mit oder ohne Förderung dieser Maßnahme durch einen Dritten und/oder mit oder ohne Veräußerung von vorhandenen Vermögensgegenständen geplant werden, sind den Fragen aus Kapitel 2.8.3 weitere hinzuzufügen und zu beantworten. Hierzu zählen z. B. die Fragen

- ob es sich um einen Vermögensgegenstand handelt, der zu aktivieren ist bzw. aktiviert werden darf
- wie der Wert dieses Vermögensgegenstandes zu bemessen ist
- wie sich die Nutzung des Vermögensgegenstandes auf den Ergebnishaushalt auswirkt
- ob der Vermögensgegenstand durch Dritte gefördert wird und wie sich diese Förderung auf den Ergebnishaushalt auswirken kann
- ob ein vorhandener Vermögensgegenstand überhaupt veräußert werden darf und wie sich diese Veräußerung auf den Haushalt der Kommune auswirkt

Diese Fragen sollen neben anderen haushaltsrechtlichen Besonderheiten im Kapitel 2.9 näher betrachtet werden. Ein Ablaufschema für eine Investitionsplanung könnte wie folgt aussehen:

Teil		Kapitel
A	Produktbereichsbestimmung (Teilplanbildung)	2.8.3
B	Investition und Vermögensgegenstand (Zugang) • Zugangsvoraussetzung nach § 90 Abs. 1 GO NRW • Zugangsvoraussetzung nach § 34 Abs. 1 KomHVO NRW • Bestimmung der Anschaffungs-/Herstellungskosten nach § 34 Abs. 2 bis 4 KomHVO NRW • Berücksichtigung des § 13 KomHVO NRW	2.9.2
C	Investitionsauszahlung • Kassenwirksamkeit nach § 11 KomHVO NRW • Positionsbestimmung im Teilfinanzplan unter Beachtung der Wertgrenze nach § 4 Abs. 4 Satz 2 KomHVO NRW und Berücksichtigung von Verpflichtungsermächtigungen	2.8.3 2.9.2
D	Veranschlagung des Ressourcenverbrauchs im Teilergebnisplan (Abschreibung und Bestimmung der Nutzungsdauer)	2.8.3 2.9.3
E	Veranschlagung einer Investitionsförderung • Veranschlagung der Einzahlung im Teilfinanzplan • Veranschlagung der Sonderpostenauflösung im Teilergebnisplan	2.8.3 2.9.4

[19] Die Investitionsplanung ist ausgerichtet auf das Niveau 2 (VL II).

Teil		**Kapitel**
F	Veranschlagung eines Vermögensabgangs • Veranschlagung der Einzahlung im Teilfinanzplan • Berücksichtigung des Buchwertgewinns oder -verlusts in der allgemeinen Rücklage und der Eigenkapitalentwicklung	2.8.3 2.9.5

Eine Übungsaufgabe hierzu findet sich in Kapitel 2.9.8 (Übung 1 und 2).

2.9 HAUSHALTSRECHTLICHE SONDERSACHVERHALTE

2.9.1 Einführung

Wie bereits in Kapitel 2.4.4 kurz dargestellt, hat die Kommune ihr externes Rechnungswesen nach der doppelten Buchführung und nach den Grundsätzen ordnungsmäßiger Buchführung (GoB) aufzustellen. Es sind aber gleichfalls die kommunalhaushaltsrechtlichen Besonderheiten zu berücksichtigen, denn in einigen Punkten weicht die kommunale Buchführung von der doppelten Buchführung eines Kaufmanns nach dem Handels- und Steuerrecht ab und folgt „ihren eigenen Regeln". Hinzu kommen Sachverhalte, die insbesondere im kommunalen Raum bzw. im kommunalen Rechnungswesen sehr komplex sind wie z. B. Baumaßnahmen oder die gesamte Investitionsbuchhaltung.

Die besonderen Regeln gelten nicht nur für die Bewirtschaftung im Rahmen der doppelten Buchführung, sondern sind auch bereits in der Haushaltsplanung und später dann auch in der Rechnungslegung zu berücksichtigen.

Diese „Sondersachverhalte" sollen im Einzelnen näher betrachtet werden.[20]

2.9.2 Zugang von Vermögen

Der Zugang von Vermögen bzw. die Investitions-/Anlagenbuchhaltung sowie die damit zusammenhängende Investitionsplanung ist eines der komplexesten Themengebiete im kommunalen Haushaltsrecht. Hier sind viele kleinteilige Vorschriften zu beachten. Auf den nächsten Seiten werden die einzelnen Aspekte näher beleuchtet.

1. Begriff der Investition und des Vermögensgegenstandes

Geht Vermögen zu, spricht man häufig von einer „Investition". Doch was ist das überhaupt?

Investitionen sind Maßnahmen, die durch Umwandlung von eigenen oder fremden liquiden Mitteln in Vermögensgegenstände zu einer Vergrößerung des Anlagevermögens und/oder des Umlaufvermögens (also der Aktivseite der Bilanz) führen.

Es schließt sich also die Frage an, was nun genau ein „Vermögensgegenstand" ist.

Ein Vermögensgegenstand ist ein materielles oder immaterielles Objekt, das in der Bilanz ausgewiesen wird. Materiell bedeutet in diesem Zusammenhang, dass das Objekt „körperlich" ist, es also berührt und gemessen werden kann. Immaterielle Vermögensgegenstände sind hingegen körperlich nicht fassbar.

---

[20] Das Kapitel 2.9 ist ausgerichtet auf das Niveau 2 (VL II).

2. *Wann darf Vermögen zugehen?*

Gemäß § 90 Abs. 1 GO NRW soll die Kommune Vermögensgegenstände nur erwerben, soweit dies zur Erfüllung ihrer Aufgaben erforderlich ist oder wird.

Ein Vermögenserwerb/-zugang muss also im Regelfall mit der örtlichen Aufgabenerfüllung der Kommune zusammenhängen. So ist es erlaubt, z. B. neue Feuerwehrfahrzeuge zu erwerben, da der Brand- und Feuerschutz eine kommunale Aufgabe ist. Es dürfte eher fraglich sein, wenn eine Kommune ein Hotelgebäude erwirbt, um dort selbst einen Hotelbetrieb zu führen. Dies zählt nicht zu den kommunalen Aufgaben und wäre auch nicht durch die Vorschriften zur wirtschaftlichen Betätigung der Kommunen gedeckt (vgl. hierzu § 107 GO NRW).

Die Vermögensgegenstände sind pfleglich und wirtschaftlich zu verwalten (Abs. 2 Satz 1 der vg. Vorschrift). Bei Geldanlagen ist auf eine ausreichende Sicherheit zu achten; sie sollen einen angemessenen Ertrag erbringen (Abs. 2 Satz 2 der vg. Vorschrift).

3. *Ansatz von Vermögen*

Ein Vermögensgegenstand ist nach § 34 Abs. 1 Satz 1 KomHVO NRW in der Bilanz anzusetzen, wenn

1. die Kommune das wirtschaftliche Eigentum daran innehat und
2. dieser selbstständig verwertbar ist.

Der Ansatz eines Vermögensgegenstands in der kommunalen Bilanz ist grundsätzlich nach dem Zivilrecht vorzunehmen, weil nach der Eigentumsübertragung die Kommune als zivilrechtlicher Eigentümer i. d. R. auch die Sachherrschaft über den Vermögensgegenstand innehat (vgl. § 903 BGB). Ihr steht damit grundsätzlich eine uneingeschränkte Verfügungs- und Nutzungsberechtigung zu, sodass sie daher auch der wirtschaftliche Eigentümer des Vermögensgegenstands ist. Maßgeblich ist die tatsächliche Sachherrschaft über den Vermögensgegenstand. Die Kommune kann (theoretisch) einen Dritten von der Nutzung ausschließen.

Wirtschaftliches Eigentum bedeutet zusammengefasst:

- Die Kommune übt die tatsächliche Sachherrschaft über einen Vermögensgegenstand aus.
- Die Kommune ist diejenige, bei der der Besitz, die Gefahr, der Nutzen und die Lasten bezogen auf den Vermögensgegenstand liegen.
- Die Kommune kann einen Dritten auf Dauer oder vorübergehend von der Nutzung ausschließen. Die Kommune muss die Risiken eines Wertverlusts tragen, kommt aber auch in den Genuss von Wertsteigerungen bei einer möglichen zukünftigen Veräußerung.

Weiterhin muss der Vermögensgegenstand **selbstständig verwertbar** sein. Dieses Merkmal kann dann als erfüllt betrachtet werden, wenn ein Vermögensgegenstand z. B. durch

Veräußerung oder Nutzungsüberlassung an einen Dritten in Liquidität umgewandelt werden könnte. Dabei ist eine abstrakte Veräußerbarkeit ausreichend. Eine tatsächliche Veräußerbarkeit muss nicht gegeben sein. So sind z. B. auch Marktplätze, Radwege oder anderes Infrastrukturvermögen theoretisch wieder verwertbar/veräußerbar.[21]

Sind beide Voraussetzungen des § 34 Abs. 1 Satz 1 KomHVO NRW kumulativ erfüllt, ist der Vermögensgegenstand in die Bilanz aufzunehmen. Hier besteht also eine grundsätzliche **Aktivierungspflicht** für einen Vermögensgegenstand, sofern kein Wahlrecht oder gar ein Aktivierungsverbot besteht.

Ein **Aktivierungswahlrecht** besteht für Vermögensgegenstände nach § 36 Abs. 3 KomHVO NRW (bekannt unter dem Begriff der „geringwertigen Wirtschaftsgüter/GWG“). Hiernach können Vermögensgegenstände des Anlagevermögens, deren Anschaffungs- oder Herstellungskosten wertmäßig den Betrag von 800 Euro ohne Umsatzsteuer nicht übersteigen, die selbstständig genutzt werden können und einer Abnutzung unterliegen, unmittelbar als Aufwand erfasst werden. Diese Regelung würde dann auch bereits bei der Planung gelten.

Folgende Voraussetzungen müssen kumulativ erfüllt sein:

1. Es muss sich um einen Vermögensgegenstand des Anlagevermögens handeln (Prüfung erfolgt nach § 34 Abs. 1 KomHVO NRW)
2. Die Anschaffungs- oder Herstellungskosten dürfen nicht höher als 800 Euro ohne Umsatzsteuer sein.
3. Der Vermögensgegenstand muss selbstständig genutzt werden können.
4. Der Vermögensgegenstand muss einer (planbaren) Abnutzung unterliegen.

Der Vermögensgegenstand muss selbstständig genutzt werden können. Hier liegt ein Unterschied zur selbstständigen Verwertbarkeit für das Vorliegen eines Vermögensgegenstands nach § 34 Abs. 1 KomHVO NRW vor. Eine PC-Maus ist selbstständig verwertbar (= veräußerbar), kann aber nicht selbstständig genutzt werden. Sie ist als „Peripheriegerät“ nur gemeinsam mit dem PC, der Tastatur und dem Monitor nutzbar.

Werden die vier Voraussetzungen kumulativ erfüllt, kann vom Wahlrecht Gebrauch gemacht werden: Die Anschaffung/Herstellung kann direkt als (sonstiger ordentlicher) Aufwand behandelt werden. Der Vermögensgegenstand wird in diesem Fall nicht aktiviert und nicht abgeschrieben. Die Auszahlung für diesen Sachverhalt ist der laufenden Verwaltungstätigkeit zuzuordnen (vgl. § 36 Abs. 3 Satz 2 KomHVO NRW).

Beispiel:
Eine Rechenmaschine mit 120,00 Euro Anschaffungskosten brutto (= inkl. der Umsatzsteuer), also 100,84 Euro netto (bei einem Umsatzsteuersatz von 19 %) wird nicht aktiviert, sondern als Aufwand behandelt. Geplant bzw. gebucht wird somit ein sonstiger ordentlicher Aufwand mit 120,00 Euro und eine sonstige Auszahlung mit 120,00 Euro.

---

[21] Ebenda, Seite 2979.

Wird von diesem Wahlrecht (unmittelbarer Aufwandsausweis) kein Gebrauch gemacht, kann der Sachverhalt auch als „normaler Vermögensgegenstand" mit Aktivierung und planmäßiger Abschreibung über die Nutzungsdauer (investive Auszahlung und Abschreibungsaufwand über die Nutzungsjahre) behandelt werden.

Die Kommune muss festlegen, welche Alternative sie grundsätzlich nutzen will und dann auch bei dieser Alternative bleiben. Dies ergibt sich schon aus dem Grundsatz der Bilanzkontinuität (Bewertungsstetigkeit) aus § 33 Abs. 1 Satz 2 Nr. 5 KomHVO NRW.

Im Regelfall wird vom Wahlrecht nach § 36 Abs. 3 KomHVO NRW Gebrauch gemacht.

Ein generelles **Ansatzverbot** besteht nach § 44 Abs. 1 KomHVO NRW für Immaterielle Vermögensgegenstände des Anlagevermögens, die nicht entgeltlich erworben oder selbst hergestellt wurden.

4. Ausweis von Vermögen

Die Frage der Zuordnung des Vermögensgegenstands, also wo er in der Bilanz auszuweisen ist, richtet sich im Wesentlichen nach § 34 Abs. 1 Satz 2 KomHVO NRW. Hiernach sind als Anlagevermögen nur die Gegenstände auszuweisen, die dazu bestimmt sind, dauernd der Aufgabenerfüllung der Kommune zu dienen.

Der betreffende Vermögensgegenstand muss der Kommune über mehrere Jahre „dienen", d. h. ihr über eine längere Zeit zur Nutzung zur Verfügung stehen. Die Kommune muss dabei die Absicht haben, den Vermögensgegenstand im Rahmen der Aufgabenerfüllung dauerhaft zu nutzen und nicht zu verbrauchen.[22] Soll der Vermögensgegenstand nicht dauerhaft der Aufgabenerfüllung dienen, ist er dem Umlaufvermögen (den Vorräten) zuzuordnen.[23]

Ais grobe Regel kann angenommen werden, dass ein Vermögensgegenstand dann dem Anlagevermögen zuzuordnen ist, wenn er nicht verbraucht werden soll (wie z. B. die Roh-, Hilfs- und Betriebsstoffe im Vorratsvermögen) und wenn beabsichtigt ist, ihn mindestens für ein Jahr im Eigentum der Kommune zu halten.

Die genaue Zuordnung zu einem Bilanzposten ergibt sich dann aus § 42 KomHVO NRW und der Anlage 25 VV Muster zur GO NRW und zur KomHVO NRW.

Zu beachten ist, dass ein Vermögensgegenstand des Sachanlagevermögens, solange er noch nicht betriebsbereit ist oder genutzt werden kann, unter dem Bilanzposten **„Geleistete Anzahlungen, Anlagen im Bau"** (Aktivposten 1.2.8) auszuweisen ist. Erst mit der Inbetriebnahme oder der tatsächlichen Sachherrschaft wird der endgültige Vermögensgegenstand in seinen endgültigen, sachlich korrekten Bilanzposten umgegliedert.

---

[22] Ebenda, S. 2982.

[23] Vgl. zur Bilanz insgesamt auch Kapitel 3.1.

Geleistete Anzahlungen sind Vorleistungen, Vorauszahlungen oder Abschlagszahlungen für einen Vermögensgegenstand, die im Rahmen eines schwebenden Vertrags erbracht werden. Die eigentliche Leistung in Form der Lieferung (z. B. eines Fahrzeugs) ist noch nicht erfolgt.

Eine Anlage im Bau ergibt sich üblicherweise im Zusammenhang mit Baumaßnahmen, da diese über einen längeren Zeitraum und damit auch häufig über einen Bilanzstichtag hinaus andauern.

Geleistete Anzahlungen für immaterielle Vermögensgegenstände werden unter dem Bilanzposten „Immaterielle Vermögensgegenstände" (Aktivposten 1.1) ausgewiesen.

Ist ein Vermögensgegenstand für den Verbrauch bestimmt oder soll er geplant für weniger als ein Jahr im Eigentum der Kommune bleiben, so ist er im Umlaufvermögen auszuweisen.

5. Bewertung von Vermögen

Der Vermögensgegenstand ist mit einem Wert anzusetzen bzw. zu planen. Der Wert ergibt sich entweder aus der Bestimmung der Anschaffungskosten nach § 34 Abs. 2 KomHVO NRW oder der Herstellungskosten nach § 33 Abs. 3 und 4 KomHVO NRW.

Anschaffungskosten sind die Aufwendungen, die geleistet werden, um einen Vermögensgegenstand zu erwerben und ihn in einen betriebsbereiten Zustand zu versetzen, soweit sie dem Vermögensgegenstand einzeln zugeordnet werden können (Legaldefinition aus § 34 Abs. 2 Satz 1 KomHVO NRW). Zu den Anschaffungskosten gehören auch die Nebenkosten sowie die nachträglichen Anschaffungskosten. Minderungen des Anschaffungspreises sind abzusetzen.

Es soll an dieser Stelle nicht verschwiegen werden, dass der Begriff „Aufwendungen" in der vorgenannten Legaldefinition aus betriebswirtschaftlichen Gesichtspunkten nicht korrekt verwendet wurde. Nach der Lehre müsste es hier „Ausgaben" heißen. Insgesamt setzen Anschaffungskosten voraus, dass die Kommune einen fertigen Vermögensgegenstand erwerben möchte, es sich also nicht um eine Baumaßnahme handelt.

Die Anschaffungskosten setzen sich wie folgt zusammen:

	Anschaffungspreis
+	Anschaffungsnebenkosten
+	nachträgliche Anschaffungskosten
./.	Preisminderungen
=	Anschaffungskosten

Im Rahmen der Haushaltsplanung wären die Anschaffungskosten auf geeignete Weise zu ermitteln bzw. zu schätzen. Hier wird auch auf die Ausführungen zu § 13 KomHVO NRW weiter unten verwiesen (Ziffer 6).

Der Anschaffungspreis enthält für den hoheitlichen Bereich der Kommune immer auch die Mehrwertsteuer. Diese darf bei den Anschaffungskosten nur dann nicht berücksichtigt werden, wenn für den unternehmerischen Bereich angeschafft werden soll, da hier eine Vorsteuerabzugsberechtigung besteht. Dies wäre z. B. für eine selbst betriebene Kantine der Fall.

Anschaffungsnebenkosten und nachträgliche Anschaffungskosten können z. B. Bezugskosten, Maklergebühren, Umbaumaßnahmen oder Grunderwerbsteuer sein. Preisminderungen in Form von bekannten (oder branchenüblichen) Rabatten und Skonti sind abzusetzen. Bei Skonto ist darauf zu achten, dass diese erst bei der tatsächlichen Inanspruchnahme (also bei der Zahlung einer Rechnung) in Abzug gebracht werden dürfen. Damit bleiben Skonti bei der Planung unberücksichtigt.

Herstellungskosten sind nach § 34 Abs. 3 Satz 1 KomHVO NRW die Aufwendungen, die durch den Verbrauch von Gütern und die Inanspruchnahme von Diensten für die Herstellung eines Vermögensgegenstands, seine Erweiterung oder für eine über seinen ursprünglichen Zustand hinausgehende wesentliche Verbesserung entstehen (Legaldefinition). Herstellungskosten entstehen damit im Rahmen einer Baumaßnahme.

Das Kommunalhaushaltsrecht unterscheidet eine Untergrenze und eine Obergrenze der möglichen Herstellungskosten eines Vermögensgegenstands (vgl. § 34 Abs. 3 und 4 KomHVO NRW):

	Materialeinzelkosten
+	Fertigungseinzelkosten
+	Sondereinzelkosten der Fertigung
=	Mindestkosten der Herstellung (§ 34 Abs. 3 Satz 2 KomHVO NRW)

	Materialgemeinkosten
+	Fertigungsgemeinkosten
+	Werteverzehr des Anlagevermögens, soweit durch die Fertigung veranlasst
+	Kosten der allgemeinen Verwaltung („Overhead-Kosten")
+	Aufwendungen für soziale Einrichtungen (z. B. Betriebskindergarten)
+	Aufwendungen für freiwillige soziale Leistungen
+	Aufwendungen für betriebliche Altersversorgung
=	Wahlbestandteile der Herstellung (§ 34 Abs. 3 Satz 3–5 KOMHVO NRW)

Ebenso können nach § 34 Abs. 4 KomHVO NRW) Zinsen für Fremdkapital, das zur Finanzierung der Herstellung eines Vermögensgegenstands verwendet wird, als Herstellungskosten angesetzt werden, soweit sie auf den Zeitraum der Herstellung entfallen.

Die Pflichtbestandteile der Herstellungskosten fallen unter den Sammelbegriff der „Einzelkosten". Dies sind Kosten, die dem Vermögensgegenstand direkt zugeordnet werden können. Gemeinkosten sind Kosten, die dem Vermögensgegenstand nicht direkt zugeordnet werden können. Die Zuordnung erfolgt mittels „Verteilungsschlüssel" (z. B. Energiekosten). Sonderkosten der Fertigung sind Kosten, die nur ausnahmsweise anfallen, z. B. Forschungs-/ Entwicklungskosten oder Modellkosten. Verwaltungsgemeinkosten (z. B. Kosten des Verwaltungsvorstands oder der „internen Dienstleister" wie Personalverwaltung, Finanzbuchhaltung) dürfen haushaltsrechtlich nicht bei den Herstellungskosten angesetzt werden.

Die Herstellung beginnt, sobald eine Maßnahme durchgeführt wird, die in unmittelbarem Zusammenhang zum hergestellten Vermögensgegenstand steht. Soll z. B. eine neue Brücke gebaut werden, beginnt die Baumaßnahme mit der Planungsleistung inklusive Architekten- und Bauingenieurhonorar. Die Herstellung gilt als abgeschlossen, wenn der Vermögensgegenstand betriebsbereit ist bzw. wenn er zweckentsprechend eingesetzt werden kann. Dies geschieht i. d. R. mit der Bauabnahme.

Herstellungskosten liegen vor, wenn

1. ein neuer Vermögensgegenstand hergestellt werden soll (z. B. Neubau),
2. ein bestehender Vermögensgegenstand erweitert werden soll (z. B. Anbau) oder
3. ein bestehender Vermögensgegenstand erheblich wertverbessert wird (z. B. „Kernsanierung" inkl. energetischer Aspekte und neue Raumaufteilung).

Ein Bauwerk darf nach § 36 Abs. 2 KomHVO NRW in „**Komponenten**" aufgeteilt werden. So dürfen bei Gebäuden für das Bauwerk und für die mit ihm verbundenen Gebäudeteile (Komponenten) Dach und Fenster unterschiedliche Nutzungsdauern bestimmt werden. Darüber hinaus dürfen weitere Komponenten gebildet werden, soweit es sich um mit dem Gebäude verbundene physische Gebäudebestandteile handelt und deren Wert im Einzelnen mindestens 5 % des Neubauwertes beträgt. Bei Straßen, Wegen und Plätzen in bituminöser Bauweise mit Unterbau dürfen für die Komponenten Deckschicht und Unterbau unterschiedliche Nutzungsdauern bestimmt werden. Für alle anderen Vermögensgegenstände ist die Anwendung des Komponentenansatzes ausgeschlossen.

Die Kommune kann die Herstellung an Dritte beauftragen oder (auch teilweise) selbst vornehmen. Im ersten Fall liegt eine Rechnung oder eine vertragliche Vereinbarung über den vereinbarten Wert des Vermögensgegenstandes vor. Im Rahmen der Planung wäre dieser wirklichkeitsgetreu zu bemessen (s. o.). Im zweiten Fall ist es etwas schwieriger. Hier setzt die Kommune eigenes Personal ein, um den Vermögensgegenstand selbst herzustellen oder mindestens Teile der Dienstleistungen selbst erbringen zu können. Üblich ist solch ein Vorgehen bei Hoch- und Tiefbaumaßnahmen, bei denen „gemeindeeigene" Architekten, Statiker, Ingenieure die Planungs- und Bauüberwachungsleistungen oder die Ausschreibung der Baumaßnahme abwickeln. Man spricht von sog. **aktivierbaren Eigenleistungen**. Diese Leistungen werden i. d. R. dem herzustellenden Vermögensgegenstand (seinen Herstellungskosten) zugerechnet.

Bei den aktivierbaren Eigenleistungen ist Folgendes zu beachten:

- Die Aufwendungen für das bei der Kommune beschäftigte Personal sind in den Personalaufwendungen berücksichtigt und werden entsprechend dort und bei den Personalauszahlungen abgebildet.
- Die Aufwendungen werden unter Beachtung der Bruttoveranschlagung „neutralisiert“ und im (Teil-)Ergebnisplan bzw. in der (Teil-)Ergebnisrechnung unter der Position „aktivierbare Eigenleistungen“ gezeigt. Diese stellen einen Ertrag der Kommune dar.
- Die aktivierbaren Eigenleistungen erhöhen die anzusetzenden Herstellungskosten des Vermögensgegenstands, jedoch sind sie nicht zahlungswirksam. Die Auszahlung wurde bereits bei den Personalauszahlungen (oben) berücksichtigt und darf nicht erneut angesetzt werden. Die Herstellungskosten sind demnach in einen zahlungswirksamen und einen nicht zahlungswirksamen Teil zu trennen. Nur die zahlungswirksamen Herstellungskosten sind bei den „Auszahlungen für Baumaßnahmen“ zu zeigen.
- Die um die aktivierbaren Eigenleistungen erhöhten Herstellungskosten bilden die Grundlage für den zu planenden Werteverzehr (Abschreibung).

Beispiel für aktivierbare Eigenleistungen:
Die kreisangehörige Gemeinde Studienhausen plant für das Jahr 2025 die Erweiterung des Kindergartens „Kleine Sonnenblume“, damit eine neue Kleinkindergruppe aufgenommen werden kann. Die eigentliche Baumaßnahme für den Anbau wird nach Kostenschätzungen i. S. d. § 13 Abs. 2 KomHVO NRW mit 425.000 Euro angesetzt. Die Bauplanung, -überwachung und -abnahme sowie die Ausschreibung des Projekts wird von Frau Meier, bei der Gemeinde beschäftigte Hochbauarchitektin, durchgeführt. Ihr Personalkostenanteil für dieses Projekt wird auf 37.800 Euro geschätzt. Die Herstellungskosten für den Anbau belaufen sich auf insgesamt 462.800 Euro, davon sind zahlungswirksam 425.000 Euro.

In der Haushaltsplanung wäre dieser Sachverhalt wie folgt zu berücksichtigen:

- *Die Personalaufwendungen i. H. v. 37.800 Euro sind im Teilergebnisplan unter der Position „Personalaufwendungen“ anzusetzen. Entsprechend ist mit den Personalauszahlungen im Teilfinanzplan zu verfahren. Hier wird Aufwand = Auszahlung mit 37.800 Euro veranschlagt.*
- *Im Teilergebnisplan ist eine „aktivierbare Zuwendung“ mit 37.800 Euro zu berücksichtigen. Diesem Ertrag steht keine Einzahlung gegenüber, ist also zahlungsunwirksam.*
- *Im Teilfinanzplan sind „Auszahlungen für Baumaßnahmen“ mit 425.000 Euro anzusetzen.*
- *Die gesamten Herstellungskosten mit 462.800 Euro sind Grundlage für die Abschreibung.*

Anschaffungs- und Herstellungskosten können im Rahmen einer Investitionsmaßnahme auch parallel vorliegen – insbesondere dann, wenn eine Baumaßnahme (Herstellungskosten) auf einem neu zu erwerbenden Grundstück (Anschaffungskosten) erfolgen soll.

6. *Beachtung des § 13 KomHVO NRW bei der Planung*

Kommunalhaushaltsrechtlicher Ausgangspunkt für die Veranschlagung einer Investitionsmaßnahme ist § 13 KomHVO NRW. Dieser regelt, welche Unterlagen der Planung zugrunde zu legen sind:

Vor Beginn einer Investition unterhalb der vom Rat festgelegten Wertgrenze muss nach § 13 Abs. 3 KomHVO NRW mindestens eine Kostenberechnung vorliegen.

Handelt es sich um eine Investitionsmaßnahme oberhalb der vom Rat festgelegten Wertgrenze, soll nach § 13 Abs. 1 KomHVO NRW unter mehreren in Betracht kommenden Möglichkeiten durch einen Wirtschaftlichkeitsvergleich, mindestens durch einen Vergleich der Anschaffungs- oder Herstellungskosten und der Folgekosten, die wirtschaftlichste Lösung ermittelt werden.

Handelt es sich um eine Baumaßnahme, sind nach § 13 Abs. 2 KomHVO NRW Baupläne, Kostenberechnungen und Erläuterungen beizubringen, aus denen die Art der Ausführung, die Gesamtkosten der Maßnahme (getrennt nach Grunderwerb und Herstellungskosten) einschließlich der Einrichtungs- und der Folgekosten ersichtlich sind und denen ein Bauzeitplan beigefügt ist. Die Unterlagen müssen auch die voraussichtlichen Jahresauszahlungen unter Angabe der Kostenbeteiligung Dritter und die für die Dauer der Nutzung entstehenden jährlichen Haushaltsbelastungen ausweisen.

Je höher das Investitionsvolumen, desto höher sind auch die kommunalhaushaltsrechtlichen Vorgaben der Ermittlungs-, Nachweis- und Dokumentationspflichten. Die Bezugsgröße in den Absätzen 1 und 3 des § 13 KomHVO NRW ist die in § 4 Abs. 4 Satz 2 KomHVO NRW angesprochene, vom Rat zu beschließende Wertgrenze.

Eine Übungsaufgabe hierzu findet sich in Kapitel 2.9.8 (Übung 3).

2.9.3 „Lebensdauer" von Vermögen/Abschreibungen

Vermögensgegenstände unterliegen i. d. R. einem Werteverzehr. Dieser ist auch bereits bei der Haushaltsplanung zu berücksichtigen. Der Ressourcenverbrauch findet in Form der planmäßigen Abschreibung gemäß § 36 Abs. 1 Satz 1 KomHVO NRW statt: Bei Vermögensgegenständen des Anlagevermögens, deren Nutzung zeitlich begrenz ist, sind die Anschaffungs- oder Herstellungskosten um planmäßige Abschreibungen zu vermindern. Vermögensgegenstände mit zeitlich unbegrenzter Nutzung sind z. B. Grundstücke, Kulturgegenstände oder Finanzanlagen (Wertpapiere, Unternehmensanteile). Diese Vermögensgegenstände unterliegen keiner planmäßigen Abnutzung.

Nach § 36 Abs. 1 Satz 2 KomHVO NRW sollen die Anschaffungs- oder Herstellungskosten linear auf die Haushaltsjahre verteilt werden, in denen der Vermögensgegenstand voraussichtlich genutzt wird. Die lineare Abschreibung stellt kommunalhaushaltsrechtlich die „Regelabschreibung" dar. Zulässig sind nach Satz 3 der Vorschrift noch die degressive Abschreibung oder die Leistungsabschreibung.

Die weiteren Ausführungen in diesem Lehrbuch beschränken sich auf die „Regelabschreibung", da diese auch in der kommunalen Praxis die übliche Abschreibungsmethode ist.

Der jährlich anzusetzende Abschreibungsbetrag ermittelt sich linear wie folgt:

$$\frac{\text{Anschaffungskosten/Herstellungskosten}}{\text{Nutzungsdauer in Jahren}} = \text{jährlicher Abschreibungsbetrag}$$

Die planmäßige Nutzungsdauer ist der örtlichen Nutzungsdauertabelle zu entnehmen, in der einzelne Abschreibungszeiträume festgelegt werden müssen. Die festgelegte örtliche Nutzungsdauer muss sich grundsätzlich innerhalb eines in der Rahmentabelle festgelegten Zeitrahmens bewegen. Rechtsgrundlage für dieses Vorgehen ist § 36 Abs. 4 KomHVO NRW. Die Rahmenabschreibungszeiträume können Anlage 18 VV Muster zur GO NRW und zur KomHVO NRW entnommen werden.

Beispiel:
Die Rahmentabelle sieht unter „Maschinen und technische Anlagen, Fahrzeuge" (dort Unterpunkt „Fahrzeuge") für Feuerlöschfahrzeuge einen Nutzungsrahmen von 15 bis 20 Jahren vor. Jede Kommune muss für sich örtlich eine konkrete Nutzungsdauer festlegen, die dann für jedes Feuerlöschfahrzeug anzusetzen ist, z. B. 18 Jahre. Die Kommune darf nur im begründeten Ausnahmefall die Rahmennutzungsdauer unter- oder überschreiten.

Ist aus besonderen Gründen **ausnahmsweise** örtlich eine Über- oder Unterschreitung des in der Rahmentabelle festgesetzten Zeitrahmens bei der Festlegung der Nutzungsdauer notwendig, hat die Kommune diese Abweichung gesondert im Jahresabschluss anzugeben und zu erläutern (siehe § 45 Abs. 2 Satz 1 Nr. 6 KomHVO NRW). Gleiches gilt auch bei einer Abweichung von der standardmäßigen linearen Abschreibung.

Die Abschreibung (= Aufwand) ist im Teilergebnisplan bzw. in der Teilergebnisrechnung unter der Position „Bilanzielle Abschreibungen" auszuweisen. Dabei ist im Jahr der Anschaffung bzw. Herstellung des Vermögensgegenstands eine anteilige Abschreibung vorzunehmen. Der Ressourcenverbrauch kann in diesem Jahr nicht vollständig erfolgen, da der Vermögensgegenstand erst ab einem bestimmten Zeitpunkt in diesem Jahr genutzt werden kann.

Für die unterjährige Abschreibung im Zugangsjahr können mehrere Möglichkeiten herangezogen werden:

1. Abschreibung ab dem Zugangsmonat (z. B. Zugang des Fahrzeugs im Juni, damit Abschreibung für das Zugangsjahr ab Juni = 7/12)
2. Abschreibung ab dem Folgemonat nach Zugang (z. B. Zugang des Fahrzeugs im Juni, damit Abschreibung für das Zugangsjahr ab Juli = 6/12)
3. Taggenaue Abschreibung ab dem Zugangsdatum

4. „Halbjahresabschreibung“: Anschaffung des Vermögensgegenstands im ersten Halbjahr (01.01. bis 30.06.) führt zu einer „Jahresabschreibung“ (Abschreibungsbeginn ist damit der 01.01. des Jahres, auch wenn der Vermögensgegenstand erst am 31.05. des Jahres zugegangen ist); Anschaffung des Vermögensgegenstands im zweiten Halbjahr (ab dem 01.07.) führt zu einer „hälftigen Jahresabschreibung“ (für sechs Monate)

Aus Gründen der Praktikabilität sollte man sich für Methode 1 oder 2 entscheiden.

Beispiel:
Ein Kleintransporter mit Anschaffungskosten von 50.000 Euro soll im Mai 2025 beschafft werden. Die örtliche Nutzungsdauertabelle sieht eine Nutzungsdauer von zehn Jahren vor. Der jährliche lineare Abschreibungsbetrag ab 2026 beläuft sich auf 50.000 Euro/10 Jahre = 5.000 Euro p. a.

Für das Zugangsjahr ist anteilig abzuschreiben. Es wird die anteilige Abschreibung ab dem Folgemonat nach Zugang gewählt (ab dem 01.06.2025). Demnach beläuft sich die Abschreibung für 2025 auf 5.000 Euro/12 Monate x 7 Monate = 2.917 Euro (gerundet).

2.9.4 Investitionszuwendungen Dritter (Sonderposten für Zuwendungen)

Wird eine Investitionsmaßnahme durch einen Dritten gefördert, ist für diese finanzielle Förderung gemäß § 44 Abs. 5 Satz 1 KomHVO NRW ein bilanzieller Sonderposten zwischen dem Eigenkapital und den Rückstellungen anzusetzen (= Ansatzgebot/-pflicht). Es handelt sich häufig um einen „Sonderposten für Zuwendungen“ i. S. d. § 42 Abs. 4 Nr. 2.1 KomHVO NRW (= Ausweis in der Bilanz). Die Höhe des zu bildenden Sonderpostens richtet sich nach der Fördersumme (= Bewertung). Diese kann absolut oder in prozentualer Abhängigkeit zum geförderten Vermögensgegenstand bestimmt sein. Eine Vermengung beider Methoden ist ebenfalls denkbar.

Beispiele:
- *Für die Beschaffung eines Feuerwahrfahrzeugs sagt das zuständige Landesministerium für das aktuelle Haushaltsjahr einen festen Zuwendungsbetrag je beschafftem Fahrzeug i. H. v. pauschal 50.000 Euro zu, unabhängig vom eigentlichen Anschaffungspreis. Voraussetzung der Förderung ist ein Mindestanschaffungsbetrag von 250.000 Euro (= absoluter Förderbetrag).*
- *Für den Neubau einer Kreisstraße inkl. Radweg bewilligt das zuständige Landesministerium für das aktuelle Haushaltsjahr eine prozentuale Förderung von 77,5 % der Herstellungskosten (= prozentuale Förderung).*
- *Für die Einrichtung einer zusätzlichen Kindergartengruppe bewilligt das zuständige Landesministerium eine prozentuale Förderung von 25 % der Anschaffungs- und Herstellungskosten, höchstens aber 100.000 Euro je Maßnahmen (= Mischförderung).*

Die Investitionszuwendung führt zu einer investiven Einzahlung, die entsprechend im Teilfinanzplan und der Teilfinanzrechnung unter der Position „Einzahlungen aus Investitionszuwendungen“ zu zeigen ist.

Der gebildete Sonderposten ist ertragswirksam aufzulösen. Die Auflösung ist nach § 44 Abs. 5 Satz 2 KomHVO NRW entsprechend der Abnutzung des geförderten Vermögensgegenstands vorzunehmen. Es wird also die gleiche „Nutzungsdauer" für den Sonderposten angenommen wie für den geförderten Vermögensgegenstand. Der jährliche Auflösungsbetrag ist im Teilergebnisplan bzw. der Teilergebnisrechnung unter der Position „Zuwendungen und allgemeine Umlagen" anzusetzen, sofern es sich um einen Sonderposten aus Zuwendungen handelt.[24]

Beispiel:
Zum 15.06. des laufenden Haushaltsjahres wird ein neues Fahrzeug für den Stadtbrandmeister beschafft. Die Anschaffungskosten belaufen sich auf insgesamt 50.000 Euro. Die übliche Nutzungsdauer für solche Fahrzeuge wird auf zehn Jahre angesetzt. Das zuständige Landesministerium fördert die Anschaffung mit 30 % der Anschaffungskosten. Der Zahlungseingang erfolgt zeitgleich mit dem Erwerb.

Es handelt sich zunächst um eine „Einzahlung aus Investitionszuwendungen" i. H. v. 30 % von 50.000 Euro = 15.000 Euro. Dieser Betrag ist zu planen (im Rahmen der Haushaltsplanung) oder über die Bücher zu erfassen (im Rahmen der Bewirtschaftung). Die Einzahlung führt zu einem bilanziellen Sonderposten, der entsprechend obigen Ausführungen auszuweisen ist. Dieser Sonderposten ist nun über zehn Jahre ertragswirksam aufzulösen = 1.500 Euro p. a. ab dem nächsten Haushaltsjahr. Für das laufende Haushaltsjahr wird anteilig aufgelöst: 7/12 von 1.500 Euro = 875 Euro. Der Auflösungsbetrag findet sich als Ertrag unter Position 02 im Teilergebnisplan.

Eine Übungsaufgabe hierzu findet sich in Kapitel 2.9.8 (Übung 3).

2.9.5 Abgang von Vermögen

Für die Finanzierung einer neuen Investitionsmaßnahme und auch aus anderen Gründen kann es erforderlich werden, vorhandenes Vermögen zu veräußern.

Nach § 90 Abs. 3 Satz 1 GO NRW darf die Kommune Vermögensgegenstände, die sie zur Erfüllung ihrer Aufgaben in absehbarer Zeit nicht braucht, veräußern. Nach Satz 2 der Vorschrift dürfen Vermögensgegenstände in der Regel nur zu ihrem vollen Wert veräußert werden. „Voller Wert" soll im Rahmen dieses Lehrbuchs als „mindestens zum Buchwert" verstanden werden: Aus der Vermögensveräußerung soll die Kommune keinen „Verlust" erwirtschaften. Aber auch dies kann in der Praxis passieren.

Beispiel:
Die Gemeinde Studienhausen wird eine neue Drehleiter für die Feuerwehr kaufen, da die bisher genutzte nicht mehr dem feuerwehrtechnischen Standard entspricht und daher auch in Deutschland nicht mehr eingesetzt werden darf. Ein Einsatz in anderen europäischen Staaten ist aber möglich, da hier andere technische Mindestvoraussetzungen gelten.

---

[24] Zum Thema „Sonderposten" vgl. insgesamt auch Kapitel 3.9.

Die Gemeinde Studienhausen benötigt den bisherigen Vermögensgegenstand, die alte Drehleiter, nicht mehr. Sie kann nach § 90 Abs. 3 Satz 1 GO NRW veräußert werden.

Zum Zeitpunkt der Veräußerung ins europäische Ausland hat die Drehleiter noch einen Restwert i. H. v. 30.000 Euro. Sie kann an eine Kommune in Polen zum Preis von 31.000 Euro veräußert werden.

Die Veräußerung erfolgt i. S. d. § 90 Abs. 3 Satz 2 GO NRW mindestens „zum vollen Wert". Hier kann sogar ein kleiner „Gewinn" i. H. v. 1.000 Euro erzielt werden, da die Veräußerung „über dem Buchwert" (30.000 Euro) liegt.

Einer Veräußerung steht also im Ergebnis nichts entgegen.

Ausnahmen von der Veräußerung mindestens zum „vollen Wert" sind nach § 90 Abs. 3 Satz 3 GO NRW im besonderen öffentlichen Interesse zulässig. Der Gesetzgeber listete mögliche Gründe hierfür in Satz 4 auf:

- Förderung sozialer Einrichtungen (= Öffentliche Einrichtungen, die die Aufgaben des Sozialsystems erfüllen, z. B. Kindergärten, Seniorenheime, Kulturzentren)
- Förderung des sozialen Wohnungsbaus
- Förderung des Denkmalschutzes
- Bildung privaten Eigentums unter sozialen Gesichtspunkten

Durch die Formulierung „dies gilt insbesondere" in Satz 4 der vg. Vorschrift zeigt sich, dass die Auflistung nicht abschließend ist. Das „besondere öffentliche Interesse" ist also im Einzelfall abzuwägen.

Soll ein Grundstück unter Wert an ein Unternehmen verkauft werden, ist die Vereinbarkeit der Vergünstigung mit dem europäischen Binnenmarkt sicherzustellen (Satz 5 der vg. Vorschrift). Hier sollen Wettbewerbsverzerrungen und unzulässige Beihilfen an Unternehmen ausgeschlossen werden.

Beispiel:
Die Stadt Studienhausen möchte ein am Stadtrand gelegenes Grundstück mit einem Buchwert zum Zeitpunkt des Abgangs i. H. v. 250.000 Euro an einen freien Kindergartenträger verkaufen, damit dort ein neuer, dringend benötigter Kindergarten neu errichtet werden kann. Der Verkaufspreis wird auf 125.000 Euro vereinbart. Das Grundstück wird durch die Stadt selbst jetzt und in Zukunft nicht benötigt.

Nach Prüfung des § 90 Abs. 3 GO NRW zeigt sich:

1. *Die Stadt Studienhausen benötigt das Grundstück zur Erfüllung ihrer Aufgaben in absehbarer Zeit nicht mehr.*
2. *Der Vermögensgegenstand wird aber nicht zum vollen Wert veräußert, dies wäre hier zu einem Preis von 250.000 Euro. Die Veräußerung soll zu einem Preis von 125.000 Euro erfolgen.*

3. *Die Ausnahme ist im besonderen öffentlichen Interesse zulässig, da soziale Einrichtungen (= Kindergarten) gefördert werden.*
4. *Es findet keine Veräußerung an ein Unternehmen statt, sodass das EU-Recht nicht geprüft werden muss.*

Die Veräußerung kann erfolgen.

Der erzielbare bzw. der erzielte Verkaufspreis stellt im Teilfinanzplan bzw. in der Teilfinanzrechnung eine „Einzahlung aus dem Abgang von Vermögensgegenständen" dar. Er kann höher sein als der bilanzielle (Buch-)Wert des abgehenden Vermögensgegenstands (siehe obiges Beispiel), genauso hoch sein wie der bilanzielle (Buch-)Wert des abgehenden Vermögensgegenstands oder niedriger sein als der bilanzielle (Buch-)Wert des abgehenden Vermögensgegenstands. Der **„Mehr- oder Mindererlös"** muss neben der Einzahlung haushaltsrechtlich wie folgt berücksichtigt werden.

Erträge und Aufwendungen aus dem Abgang und der Veräußerung von Vermögensgegenständen nach § 90 Abs. 3 Satz 1 GO NRW sind gemäß § 44 Abs. 3 KomHVO NRW unmittelbar mit der allgemeinen Rücklage zu verrechnen. Es handelt sich kommunalhaushaltsrechtlich um nicht ergebniswirksame Erträge und Aufwendungen, die lediglich nachrichtlich unterhalb des Ergebnisplans darzustellen sind (vgl. Anlage 4 VV Muster zur GO NRW und KomHVO NRW).

Beispiel:
Ein vorhandenes Fahrzeug mit einem Restbuchwert von 3.000 Euro zum Abgangszeitpunkt soll lt. Haushaltsplanung für 2.500 Euro veräußert werden. Dieser Veräußerungserlös stellt eine „Einzahlung aus der Veräußerung von Sachanlagen" dar und ist entsprechend im Teilfinanzplan zu berücksichtigen.

Der „Mindererlös" von 500 Euro (unter Buchwert) wird (auch in der Planung) mit der allgemeinen Rücklage verrechnet und in der „Entwicklung des Eigenkapitals" nach § 1 Abs. 2 Nr. 5 KomHVO NRW berücksichtigt. Darüber hinaus sind diese 500 Euro unterhalb des Ergebnisplans in Position 31 nachrichtlich auszuweisen. Ein Ausweis im zuständigen Teilergebnisplan kann unterbleiben, da Anlage 9 VV Muster zur GO NRW und KomHVO NRW den nachrichtlichen Ausweis für die Teilpläne nicht vorsieht.

Eine Übungsaufgabe hierzu findet sich in Kapitel 2.9.8 (Übung 4).

2.9.6 Weitere bilanzielle Sonderposten

Neben dem „Sonderposten für Zuwendungen" (siehe Kapitel 2.9.4) sieht die Bilanz noch zwei weitere Sonderposten vor:

- Sonderposten für Beiträge (Passivposten 2.2)
- Sonderposten für den Gebührenausgleich (Passivposten 2.3)
- Sonstige Sonderposten (Passivposten 2.4)

In diesem Kapitel soll kurz auf diese drei weiteren Sonderposten eingegangen werden.

1. Sonderposten für Beiträge

Unter den „Sonderposten für Beiträge" werden ebensolche i. S. d. § 8 KAG NRW ausgewiesen und stehen damit als „Finanzierungsquelle" dem geschaffenen Infrastrukturvermögen (wie Straßen, Wege, Plätze) gegenüber. Auch für diese Sonderposten gilt § 44 Abs. 5 KomHVO NRW und damit die unter Kapitel 2.9.4 dargestellten Verfahrensweisen entsprechend.

Beiträge werden im Teilfinanzplan bzw. in der Teilfinanzrechnung als Einzahlungen unter der Position „Einzahlungen aus Beiträgen und ähnlichen Entgelten" im Investitionsteil gezeigt. Ihre ertragswirksame Auflösung muss unter der Position „Öffentlich-rechtliche Leistungsentgelte" im Teilergebnisplan bzw. in der Teilergebnisrechnung gezeigt werden.

2. Sonderposten für den Gebührenausgleich

Gemäß § 6 Abs. 4 KAG NRW sind im Rahmen der Kalkulation und Abrechnung von Benutzungsgebühren entstandene Kostenüberdeckungen am Ende eines Kalkulationszeitraumes (= höchstens drei Jahre) innerhalb der nächsten vier Jahre auszugleichen. Kostenunterdeckungen sollen innerhalb dieses Zeitraumes ausgeglichen werden.

Kommt es zu einer Kostenüberdeckung im Gebührenhaushalt, muss dieser durch die Abgabepflichtigen zu viel gezahlte Betrag im Rahmen der nächsten Gebührenkalkulation wieder „zurückgegeben" werden. Eine einfache Rücküberweisung ist aber gesetzlich nicht vorgesehen und dürfte darüber hinaus auch mit einem zu hohen Verwaltungsaufwand verbunden sein. Dieser zu viel gezahlte Betrag ist vielmehr als „Sonderposten für den Gebührenausgleich" in die Bilanz einzustellen (indem die Erträge des abzurechnenden Jahres „gemindert" werden) und im übernächsten Jahr in die neue Kalkulation einzubeziehen (indem der Sonderposten ertragswirksam aufgelöst wird). Gesetzliche Grundlage bildet hier § 44 Abs. 6 Satz 1 KomHVO NRW.

Beispiel:
Die Müllgebühr wurde für den Abrechnungszeitraum des Jahres 1 auf insgesamt 10 Mio. Euro kalkuliert. Entsprechende Bescheide sind rechtswirksam verschickt worden. Zu Beginn des Jahres 2 wird bei der Abrechnung festgestellt, dass für die Müllentsorgung nur 0,95 Mio. Euro nötig waren. Damit entsteht eine Überdeckung i. H. v. 50.000 Euro. Dieser Betrag ist aus dem Haushalt für das Jahr 1 „zu entnehmen" (der Ertrag wird auf die benötigten 0,95 Mio. Euro gesenkt) und in einen „Sonderposten für den Gebührenausgleich" einzustellen.

Für die Kalkulation der Gebühr für das Jahr 3 ist dieser Betrag wieder zu berücksichtigen und im Jahr aus dem Sonderposten wieder in die Erträge zu überführen. Eine Kalkulation für das Jahr 3 könnte nun wie folgt aussehen:

	Kalkulierte Müllgebühr	*11 Mio. Euro*
./.	*Überdeckung Jahr 1*	*0,05 Mio. Euro*
=	*in Rechnung gestellte Müllgebühr*	*10,95 Mio. Euro*

Im Ergebnisplan bzw. in der Ergebnisrechnung ist die Position „Öffentlich-rechtliche Leistungsentgelte" sachlich betroffen.

Entsteht eine Unterdeckung im Gebührenhaushalt muss auch diese Unterdeckung in der Zukunft ausgeglichen werden. Mangels rechtskräftiger Bescheide für das laufende bzw. abgeschlossene Haushaltsjahr kann aber keine Forderung eingestellt werden. Dies ergibt sich aus dem sog. Realisationsprinzip" nach § 33 Abs. 1 Satz 2 Nr. 3 letzter Satz KomHVO NRW. Hiernach sind Gewinne nur zu berücksichtigen, wenn sie am Abschlussstichtag (= 31.12.) realisiert sind. Kostenunterdeckungen sind nach § 44 Abs. 6 Satz 2 KomHVO NRW lediglich im Anhang zum Jahresabschluss anzugeben.

3. Sonstige Sonderposten

Für weitere Sachverhalte steht der Bilanzposten „Sonstige Sonderposten" zur Verfügung. Solche Sachverhalte können z. B. sein:

- Investiv verwendete Mittel für ökologische Ausgleichs- und Ersatzmaßnahmen
- Wert unselbstständiger Stiftungen

Würde ein „Sonstiger Sonderposten" aufzulösen sein, wäre dies über die Position „Sonstige Erträge" im Teilergebnisplan bzw. in der Teilergebnisrechnung möglich.

2.9.7 Aufwendungen für die Erhaltung der gemeindlichen Leistungsfähigkeit

Die CORONA-Krise in den Jahren 2020 bis 2023 und die aufgrund des Krieges in der Ukraine deutlich gestiegenen Energiekosten sind auch an den kommunalen Haushalten nicht spurlos vorüber gegangen. So sahen sich die Kämmerinnen und Kämmerer plötzlich mit neuen Herausforderungen konfrontiert, die „ungeplant" und ohne Vorbereitungsmöglichkeit auf die Situation „auf einmal da waren". Hierzu zählten z. B.

- Kosten für Masken, Hygienematerial und CORONA-Tests für die Mitarbeitenden
- Zusätzliche Reinigungen der Gebäude
- Bereitstellung von Test- und Impfzentren
- Erweiterung der EDV und der Telefonanlage im Rahmen der Kontaktnachverfolgung
- Bereitstellung der Infrastruktur für Videokonferenzen
- Erhöhte Personalkosten für die Kontaktnachverfolgung durch (befristete) Neueinstellungen
- Inflationsausgleichsprämie für die Mitarbeitenden
- Erhöhte Kosten der Unterkunft, Heizkosten, Kosten im Rahmen des Bildungs- und Teilhabe-Paketes (BuT) und anderer Sozialleistungen

Diesen außergewöhnlichen Belastungen wurde in NRW mit einem „Bilanzkniff" gegengewirkt:

Nach § 5 Abs. 2 des NKF-CUIG NRW (Gesetz zur Isolierung der aus der COVID-19-Pandemie und dem Krieg gegen die Ukraine folgenden Belastungen der kommunalen Haushalte im Land Nordrhein Westfalen) ist bei der Aufstellung der Jahresabschlüsse für die Haushaltsjahre 2020 bis 2023 die Summe der Haushaltsbelastung infolge der CORONA-Pandemie und für die Haushaltsjahre 2022 und 2023 die Summe der Haushaltsbelastung durch Mehraufwendungen bzw. Mindererträge durch den Krieg gegen die Ukraine zu ermitteln. Diese ermittelten Beträge der „Haushaltsbelastung" sind dann

1. als außerordentlicher Ertrag in die Ergebnisrechnung einzustellen und
2. bilanziell gesondert unter dem Posten „Aufwendungen zur Erhaltung der gemeindlichen Leistungsfähigkeit" (Aktivposten 0) zu aktivieren.

Der entstandene Schaden wird damit in der Ergebnisrechnung „neutralisiert" und haushaltsentlastend herausgerechnet. Man tut so, „als ob er nicht entstanden wäre".

Gemäß § 6 NKF-CUIG NRW ist diese „Bilanzierungshilfe" dann beginnend im Haushaltsjahr 2026 linear über längstens 50 Jahre erfolgswirksam abzuschreiben („Bilanzielle Abschreibungen"). Die durch die Krise entstandenen Belastungen werden also in die Zukunft verschoben.

Den Gemeinden und Gemeindeverbänden steht im Jahr 2025 für die Aufstellung der Haushaltssatzung 2026 aber auch das einmalig durch den Rat/Kreistag auszuübende Recht zu, die gebildete Bilanzierungshilfe ganz oder in Teilen gegen das Eigenkapital (sofern noch in ausreichender Höhe vorhanden) erfolgsneutral auszubuchen. Eine Überschuldung darf dadurch weder eintreten noch darf eine bereits bestehende Überschuldung dadurch erhöht werden.

Beispiel:
Der Stadt Studienhausen sind im Jahr 2023 Schäden aus der CORONA-Pandemie i. H. v. (gerundet) 0,4 Mio. Euro entstanden. Dieser Betrag wurde im Rahmen der Erstellung des Jahresabschlusses für das Jahr 2023 ermittelt und in die außerordentlichen Erträge eingestellt. Das „Gegenstück" bildet die Bilanzierungshilfe „Aufwendungen zur Erhaltung der gemeindlichen Leistungsfähigkeit" auf der Aktivseite der Bilanz. Aus Vorjahren sind hier bereits 7,7 Mio. Euro ausgewiesen, so dass sich per 31.12.2023 ein Betrag i. H. v. 8,1 Mio. Euro „angesammelt" hat.

Zusätzlich haben sich Belastungen in Folge des Krieges gegen die Ukraine im Jahr 2023 i. H. v. 5,4 Mio. Euro ergeben. Auch dieser Betrag wird als außerordentlicher Ertrag in der Ergebnisrechnung für 2023 ausgewiesen und in die Bilanzierungshilfe übertragen. Aus dem Jahr 2022 war hier schon ein Betrag i. H. v. 0,3 Mio. Euro enthalten, so dass sich per 31.12.2023 ein Betrag i. H. v. 5,7 Mio. Euro „angesammelt" hat.

Die Bilanzierungshilfe umfasst damit insgesamt einen Betrag per 31.12.2023 i. H. v. 13,8 Mio. Euro.

Dieser Betrag bleibt in der Bilanz per 31.12.2024 und per 31.12.2025 unverändert stehen. Ab dem Jahr 2026 ist dieser Betrag nun

1. *einmalig erfolgsneutral gegen das Eigenkapital auszubuchen, sofern dieses noch in ausreichender Höhe ausgewiesen werden kann und keine Überschuldung entsteht oder eine berstende Überschuldung vergrößert würde oder*
2. *über einen Zeitraum von bis zu 50 Jahren in die Ergebnisrechnungen als Abschreibung einzustellen oder*
3. *einmalig anteilig gegen das Eigenkapital auszubuchen und ein verbleibender Betrag dann über einen Zeitraum von bis zu 50 Jahren in der Ergebnisrechnung und damit ergebniswirksam abzuschreiben.*

2.9.8 Übungsaufgaben

Übungsaufgabe 1[25]

Sachverhalt
Die Kämmerei der großen kreisangehörigen Stadt Kleinhausen (Kreis Schönblick, Regierungsbezirk Arnsberg) bereitet den Entwurf zur Haushaltssatzung und zum Haushaltsplan für das Jahr 2025 und in diesem Zusammenhang auch ein Investitionsplanungsgespräch mit dem Stadtbrandmeister vor. Dieser möchte folgende Maßnahme im Haushaltsplan veranschlagt wissen:

Es soll spätestens im April 2025 für die städtische Jugendfeuerwehr ein neuer Mannschaftstransportwagen beschafft werden. Nach Einholung von drei Angeboten (noch im Jahr 2024) zeigt sich, dass das wirtschaftlichste Fahrzeug einen Kalkulationspreis von 72.500 Euro haben wird. Es soll die aufgerundete mittlere Nutzungsdauer laut Rahmentabelle des für Kommunales zuständigen Ministeriums zugrunde gelegt werden; es wird die Regelabschreibung angewendet.

Aufgabe
Wie ist die Maßnahme kommunalhaushaltsrechtlich korrekt zu veranschlagen? Erläutern Sie die Veranschlagung im zuständigen Teilergebnis- und Teilfinanzplan.

Lösung
Die Veranschlagung der geplanten Maßnahme erfolgt nach § 79 Abs. 1 und 2 GO NRW i. V. m. § 1 Abs. 1 Nr. 3 KomHVO NRW im Haushaltsplan bzw. in dem sachlich zuständigen Teilplan.

Die Teilpläne sind nach § 4 Abs. 1 KomHVO NRW produktorientiert (Satz 2) und bestehen aus jeweils einem Teilergebnis- und einem Teilfinanzplan (Satz 3).

---

[25] Übungsaufgabe 1: Niveau 1 (Laufbahnlehrgang I, dienstbegleitende Unterweisung, Verwaltungslehrgang I).

A | Teilplanbestimmung

Die Teilpläne werden gemäß § 4 Abs. 1 Satz 4 KomHVO NRW nach Produktbereichen oder nach Verantwortungsbereichen (Budgets) unter Beachtung des vom für Kommunales zuständigen Ministeriums bekannt gegebenen Produktrahmens aufgestellt. Dieser ergibt sich aus Anlage 6 VV-Muster zur GO NRW und KomHVO NRW. Die vorliegende Maßnahme ist im Produktbereich 02 „Sicherheit und Ordnung" zu veranschlagen.

B | Veranschlagung im Teilfinanzplan

Die Anschaffung des Mannschaftstransportwagens wird zu einer Auszahlung führen. Gemäß § 79 Abs. 1 Satz 1 Nr. 2 GO NRW i. V. m. § 11 Abs. 1 KomHVO NRW sind Auszahlungen in Höhe der voraussichtlich zu leistenden Beträge (nach „Kassenwirksamkeit" der Beträge) zu berücksichtigen. Die Beschaffung soll 2020 erfolgen und erfolgt zu Anschaffungskosten i. S. d. § 34 Abs. 2 KomHVO NRW i. H. v. 72.500 Euro.[26]

Die Veranschlagung im Teilfinanzplan erfolgt nach § 4 Abs. 4 i. V. m. § 3 KomHVO NRW sowie den Anlagen 5, 10 und 20 VV-Muster zur GO NRW und KomHVO NRW unter Position 26 („Auszahlungen für den Erwerb von beweglichen Vermögensgegenständen"):

Position	2025	VE	2026	2027	2028
26	72.500	–	–	–	–

C | Veranschlagung im Teilergebnisplan

Die Beschaffung des Mannschaftstransportwagens wird auch zu *Aufwendungen* führen. Gemäß § 79 Abs. 1 Satz 1 Nr. 2 GO NRW i. V. m. § 11 Abs. 1 KomHVO NRW sind Aufwendungen in ihrer dem Haushaltsjahr zuzurechnenden Höhe zu veranschlagen (nach Ressourcenverbrauch). Der Ressourcenverbrauch findet vorliegend in Form einer planmäßigen Abschreibung i. S. d. § 36 Abs. 1 KomHVO NRW statt. Bei Vermögensgegenständen des Anlagevermögens, deren Nutzung zeitlich begrenzt ist, sind die Anschaffungskosten um planmäßige Abschreibungen zu vermindern (Satz 1). Die Anschaffungskosten sollen dazu linear auf die Haushaltsjahre verteilt werden, in denen der Vermögensgegenstand voraussichtlich genutzt wird (Nutzungsdauer). Die Nutzungsdauer bestimmt sich nach § 36 Abs. 4 KomHVO NRW i. V. m. Anlage 18 VV-Muster zur GO NRW und KomHVO NRW. Einschlägig ist im vorliegenden Sachverhalt der Abschnitt „Maschinen und technische Anlagen, Fahrzeuge" und dort unter „Fahrzeuge" der Eintrag für Kleintransporter und Mannschaftstransportfahrzeuge mit einer Nutzungsdauer von fünf bis zehn Jahren. Laut Sachverhaltsangaben ist die aufgerundete mittlere Nutzungsdauer, hier also acht Jahre (rechnerisch = 7,5 Jahre, aufgerundet = 8 Jahre), anzusetzen.

---

[26] Die Prüfung des § 34 Abs. 1 KomHVO NRW (Vorliegen eines Vermögensgegenstands) ist im Niveau 1 nicht erforderlich.

Die planmäßige lineare Abschreibung bestimmt sich für den Zeitraum der Nutzung wie folgt:

$$\frac{\text{Anschaffungskosten in Euro}}{\text{Nutzungsdauer in Jahren}} = \text{jährlicher Abschreibungsbetrag in Euro}$$

$$\frac{\text{72.500 Euro}}{\text{8 Jahre}} = \text{9.063 Euro (gerundet)}$$

Für den Zeitraum der mittelfristigen Finanzplanung nach § 84 GO NRW und § 1 Abs. 3 KomHVO NRW (2026 bis 2028) ergibt sich ein jährlicher Abschreibungsbetrag und damit anzusetzender Aufwand i. H. v. jeweils 9.063 Euro (gerundet).

Im Jahr der Anschaffung (2025) kann nicht voll abgeschrieben werden, da der Vermögensgegenstand erst im April angeschafft werden soll. Nach Ressourcenverbrauch wird ab dem Folgemonat (hier: Mai) abgeschrieben:

$$\frac{\text{jährlicher Abschreibungsbetrag in Euro}}{\text{12 Monate}} \text{ x volle Monate nach Anschaffung}$$

$$\frac{\text{9.063 Euro}}{\text{12 Monate}} \text{ x 8 Monate = 6.042 Euro (gerundet)}$$

Die Veranschlagung im Teilergebnisplan erfolgt nach § 4 Abs. 3 i. V. m. § 2 KomHVO NRW sowie den Anlagen 4, 9 und 20 VV-Muster zur GO NRW und KomHVO NRW unter Position 14 („Bilanzielle Abschreibungen"):

Position	2022	2023	2024	2025
14	6.042	9.063	9.063	9.063

Übungsaufgabe 2[27]

Sachverhalt

Der Kreis Münsterhausen (Regierungsbezirk Arnsberg, Land NRW) befindet sich in den ersten Vorbereitungen für die Haushaltsplanung 2025; die Einbringung der Haushaltssatzung in den Kreistag ist für Ende November 2024 und die Verabschiedung der Haushaltssatzung etwa drei Wochen später für Mitte Dezember 2024 vorgesehen.

Der Kämmerer bittet die Abteilung „Finanzen und Haushalt" um Vorbereitung eines Planungsgesprächs im Verwaltungsvorstand, da für die Jahre 2025 bis 2028 folgendes neues, großes Bauvorhaben geplant ist:

[27] Übungsaufgabe 2: Niveau 2 (Verwaltungslehrgang II).

Der Kreis Münsterhausen hält bedeutende Schätze aus der Römerzeit, u. a. drei Streitwagen des Feldherrn Brutus Augustus II und mehrere Schriftrollen. Außerdem war die Kreisstadt Münsterhausen in der Römerzeit Heeresstützpunkt, von dem im Kreisarchiv noch eine echte Karte existiert. Der Verwaltungsvorstand möchte diese Schätze der Öffentlichkeit zugänglich machen und neben den Exponaten auch ein großes, interaktives Modell der alten Heeresanlage herstellen lassen. Man möchte ein „Museum der Römer im Kreis Münsterhausen" errichten.

I Grund und Boden

Die Liegenschaftsverwaltung meldet in diesem Zusammenhang, dass ein erforderliches Grundstück in angemessener Größe nahe dem Erholungsgebiet „Grüner Wald" zum Kauf steht. Der Grundstückswert liegt derzeit bei etwa 450.000 Euro. Die Kaufverträge müssten frühzeitig geschlossen werden, der potenzielle Verkäufer wäre mit einem Verkauf im ersten Quartal 2025 einverstanden. Verbindliche Absprachen bestehen aber derzeit nicht. Die Grunderwerbsnebenkosten (Notargebühren, Grunderwerbsteuer, sonstige Nebenkosten) werden auf etwa 10 % des Kaufpreises geschätzt. Kaufpreis und Nebenkosten sollen 2025 fließen.

II Baumaßnahme

Die Bauverwaltung hat folgende Daten zusammengetragen:

- Externe Bauplanungsleistungen (2025) i. H. v. 37.500 Euro
- Kosten der Ausschreibung und der Vergabe (2025): 5.000 Euro
- Richtfest (2025): 12.000 Euro
- Bauleistung/Hochbaumaßnahme: 7.000.000 Euro, davon:
  - Abschläge 2025: 4,5 %
  - Abschläge 2026: 60,5 %
  - Abschläge 2027: 35,0 %
- Bauzeitversicherung: 60.000 Euro, zahlbar nach Fortschritt der Hochbaumaßnahme.

Es liegen drei überschlägige Angebote für die externen Planungsleistungen (inkl. Ausschreibung und Vergabe) und die eigentliche Hochbaumaßnahme vor, die im Wesentlichen zu den gleichen Kostenaufstellungen kommen. Baubeginn der Maßnahme soll im Herbst 2025 sein. Die beiden Aufträge sollen verbindlich 2025 an einen Generalunternehmer vergeben werden. Die Bauzeitversicherung kann ohne Aufschläge jährlich neu abgeschlossen werden. Die Eröffnung des Museums ist für März 2027 vorgesehen.

III Einrichtung

Die Stabsstelle „Kultur und Öffentlichkeitsarbeit" möchte parallel zum Bau des Museums ein Spezialbüro mit der Erstellung eines Museumskonzepts und der Anschaffung aller notwendigen Einrichtungsgegenstände beauftragen. Lediglich die MuseumsART GmbH in Wien ist in der Lage, solch ein Projekt zu stemmen und hat sich im Europäischen Museumsraum einen sehr guten Ruf erarbeitet. Vergleichbare Projekte in den letzten Jahren haben gezeigt, dass man mit Einrichtungskosten für den Museumsbetrieb in folgenden Höhen rechnen muss:

- Einrichtung und Möblierung: 315.000 Euro abzüglich branchenübliche 3 % Skonto (Anschaffung erfolgt 2027)
- Planungsleistungsaufschlag: 12,5 % (Planung erfolgt 2025)

Der Auftrag soll vollumfänglich verbindlich mit Baubeginn vergeben werden. Alle Vermögensgegenstände sollen bei der Eröffnung des Museums in Betrieb genommen werden.

IV Förderung durch Dritte

Das Landeskultusministerium hat eine Zuwendung in Aussicht gestellt. Der Grunderwerb inkl. Nebenkosten kann mit 20 %, die ermittelten Herstellungskosten des Museumsbaus können mit 40 % gefördert werden. Die Inneneinrichtung und sonstige Vermögensgegenstände werden nicht gefördert. Die Förderung fließt insgesamt mit vollständigem Abschluss der Maßnahme.

V Ergänzende Angaben

Der Kreistag des Kreises Münsterhausen hat in der Hauptsatzung Folgendes beschlossen:

In den Teilfinanzplänen und -rechnungen (Teil B) sind als einzelne Maßnahmen solche auszuweisen, die ein maßnahmenbezogenes Gesamtinvestitionsbudget von 250.000 Euro übersteigen.

Die örtliche Nutzungsdauertabelle des Kreises Münsterhausen sieht folgende Zuordnungen vor:

- Einrichtungsgegenstände in Museen = Betriebs- und Geschäftsausstattung/Büromobiliar
- Museumsgebäude = Verwaltungsgebäude

Es wird jeweils die mittlere Nutzungsdauer angesetzt (Mittelwert)

Aufgabe
Veranschlagen Sie den Sachverhalt im Rahmen eines haushaltsrechtlichen Gutachtens und unter Heranziehung der einschlägigen kommunalhaushaltsrechtlichen Vorschriften im Teilfinanzplan – Teil B sowie im Teilergebnisplan für den sachlich zutreffenden normierten Produktbereich.

Lösung
Gemäß § 53 Abs. 1 KrO NRW finden die gemeindehaushaltsrechtlichen Vorschriften der GO NRW und der hierzu erlassenen KomHVO NRW entsprechende Anwendung.

Die Veranschlagung der geplanten Maßnahme erfolgt nach § 79 Abs. 1 und 2 GO NRW i. V. m. § 1 Abs. 1 Nr. 3 KomHVO NRW im Haushaltsplan bzw. in dem sachlich zuständigen Teilplan. Die Teilpläne sind nach § 4 Abs. 1 KomHVO NRW produktorientiert (Satz 2) und bestehen aus jeweils einem Teilergebnis- und einem Teilfinanzplan (Satz 3).

Die Maßnahme ist entsprechend § 84 GO NRW und § 1 Abs. 3 KomHVO NRW über den Zeitraum der mittelfristigen Finanzplanung (hier 2022 bis 2025) im sachlich zuständigen Teilplan zu berücksichtigen.

A | Teilplanbestimmung

Die Teilpläne werden gemäß § 4 Abs. 1 Satz 4 KomHVO NRW nach Produktbereichen oder nach Verantwortungsbereichen (Budgets) unter Beachtung des vom Innenministerium bekannt gegebenen Produktrahmens aufgestellt. Dieser ergibt sich aus Anlage 6 VV Muster. Die vorliegende Maßnahme ist im Produktbereich 04 „Kultur und Wissenschaft" zu veranschlagen.

B | Veranschlagung im Teilfinanzplan – Teil B

Die geplante Baumaßnahme wird zu diversen *Auszahlungen* und auch zu *Einzahlungen* führen. Gemäß § 79 Abs. 1 Satz 1 Nr. 2 GO NRW i. V. m. § 11 KomHVO NRW sind Auszahlungen und Einzahlungen in Höhe der voraussichtlich zu leistenden und zu erzielenden Beträge (nach „Kassenwirksamkeit" der Beträge) zu berücksichtigen.

Gemäß § 4 Abs. 4 Satz 3 KomHVO NRW sind im Teilfinanzplan – Teil B als Einzelmaßnahmen jeweils Investitionen oberhalb der vom Rat festgelegten Wertgrenzen auszuweisen. Diese beträgt im vorliegenden Sachverhalt 250.000 Euro. Die Baumaßnahme wird sich überschlägig oberhalb dieser Wertgrenze bewegen. Daher ist sie einzeln im Teilfinanzplan – Teil B anzusetzen.

Berücksichtigt werden müssen die folgenden Teilaspekte:

B.1 | Kauf des Grundstücks

Der Kauf des Grundstücks wird zu Auszahlungen im Jahr 2025 führen. Es handelt sich hierbei um einen Vermögensgegenstand i. S. d. § 34 Abs. 1 Satz 1 KomHVO NRW, da der Kreis das wirtschaftliche Eigentum erwerben möchte und das Grundstück einzeln verwertbar wäre. Es ist beabsichtigt, das Grundstück langfristig dem Vermögen des Kreises zuzuführen. Daher ist eine Aktivierung im Anlagevermögen notwendig (vgl. § 34 Abs. 1 Satz 2 KomHVO NRW).

Es sind Anschaffungskosten i. S. d. § 34 Abs. 2 KomHVO NRW wie folgt zu berücksichtigen:

	Kaufpreis	450.000 Euro
+	Nebenkosten (10 %)	45.000 Euro
=	Anschaffungskosten	495.000 Euro

Es ist zu unterstellen, dass die Vorschrift des § 13 Abs. 2 KomHVO NRW für den Grundstückserwerb berücksichtigt wurde. Laut Sachverhalt ist ersichtlich, dass ein erforderliches Grundstück in angemessener Größe nahe dem Erholungsgebiet „Grüner Wald" zum Kauf steht. Die Auszahlung des Kaufpreises erfolgt nach „Kassenwirksamkeit" im Jahr 2025.

Die Veranschlagung im Teilfinanzplan erfolgt nach § 4 Abs. 4 i. V. m. § 3 KomHVO NRW sowie den Anlagen 5, 10 und 20 VV-Muster zur GO NRW und KomHVO NRW unter Position 24 („Auszahlungen für den Erwerb von Grundstücken und Gebäuden").

B.2 | Abwicklung der Baumaßnahme

Die Baumaßnahme wird zu Auszahlungen in den Jahren 2025 bis 2027 führen. Es handelt sich hierbei bei dem Gebäude um einen Vermögensgegenstand i. S. d. § 34 Abs. 1 Satz 1 KomHVO NRW, da der Kreis das wirtschaftliche Eigentum halten möchte und das Gebäude einzeln verwertbar wäre. Es ist beabsichtigt, das Museum langfristig dem Vermögen des Kreises zuzuführen. Daher ist eine Aktivierung im Anlagevermögen notwendig (vgl. § 34 Abs. 1 Satz 2 KomHVO NRW).

Gemäß § 13 Abs. 2 KomHVO NRW dürfen Ermächtigungen für Baumaßnahmen im Finanzplan erst veranschlagt werden, wenn Baupläne, Kostenberechnungen und Erläuterungen vorliegen, aus denen die Art der Ausführung, die Gesamtkosten der Maßnahme, getrennt nach Grunderwerb und Herstellungskosten, einschließlich der Einrichtungskosten sowie der Folgekosten ersichtlich sind und denen ein Bauzeitplan beigefügt ist. Die Unterlagen müssen auch die voraussichtlichen Jahresauszahlungen unter Angabe der Kostenbeteiligung Dritter und die für die Dauer der Nutzung entstehenden jährlichen Haushaltsbelastungen ausweisen.

Laut Sachverhalt liegen drei überschlägige Angebote vor, die im Wesentlichen zu den gleichen Kostenaufstellungen kommen. Es kann daher positiv unterstellt werden, dass die Vorschrift aus § 13 Abs. 2 KomHVO NRW hinreichend beachtet wurde.

Die Baumaßnahme führt insgesamt zu folgenden Herstellungskosten eines neu zu errichtenden Gebäudes i. S. d. § 34 Abs. 3 und 4 KomHVO NRW:

	Bauplanungsleistungen	37.500 Euro
+	Vergabeverfahren	5.000 Euro
+	Richtfest (Brauchtum)	12.000 Euro
+	Bauzeitversicherung	60.000 Euro
+	Hochbaumaßnahme	7.000.000 Euro
=	Herstellungskosten	7.114.500 Euro

Die Auszahlung erfolgt nach „Kassenwirksamkeit" in den Jahren 2025 bis 2027 wie folgt:

	2025	**2026**	**2027**
Bauplanung	37.500	–	–
Vergabe	5.000	–	–
Richtfest	12.000	–	–
Versicherung	2.700	36.300	21.000
Baumaßnahme	315.000	4.235.000	2.450.000
Auszahlungen	**372.200**	**4.271.300**	**2.471.000**

Die Veranschlagung im Teilfinanzplan erfolgt nach § 4 Abs. 4 i. V. m. § 3 KomHVO NRW sowie den Anlagen 5, 10 und 20 VV Muster zur GO NRW und KomHVO NRW unter Position 25 („Auszahlungen für Baumaßnahmen").

Der Auftrag für die eigentliche Baumaßnahme soll lt. Sachverhalt im Jahr 2025 verbindlich für den gesamten Zeitraum vergeben werden. Hierfür bedarf es einer Verpflichtungsermächtigung nach § 85 GO NRW i. V. m. § 12 KomHVO NRW. Die Verpflichtungsermächtigung im Jahr 2025 beträgt 6.685.000 Euro, die wie folgt fällig werden:

- fällig 2023 werden 4.235.000 Euro
- fällig 2024 werden 4.250.000 Euro

B.3 | Ausstattungsgegenstände

Der Kauf der Ausstattungsgegenstände wird zu Auszahlungen im Jahr 2027 führen. Es handelt sich hierbei um diverse Vermögensgegenstände i. S. d. § 34 Abs. 1 Satz 1 KomHVO NRW, da der Kreis das wirtschaftliche Eigentum erwerben möchte und unterstellt werden kann, dass jeder Gegenstand einzeln verwertbar wäre. Es ist beabsichtigt, das Museum dauerhaft zu führen. Daher ist eine Aktivierung im Anlagevermögen notwendig (vgl. § 34 Abs. 1 Satz 2 KomHVO NRW).

Es sind Anschaffungskosten i. S. d. § 34 Abs. 2 KomHVO NRW wie folgt zu berücksichtigen:

	Kaufpreis	315.000 Euro
+	Nebenkosten (12,5 %)	39.375 Euro
=	Anschaffungskosten	354.375 Euro

Skonto als Anschaffungspreisminderung findet zum Zeitpunkt der Planung keine Berücksichtigung. Skonto darf erst bei der tatsächlichen Inanspruchnahme, also bei tatsächlicher Zahlung der Rechnung, in Abzug gebracht werden. Im Rahmen der Haushaltsplanung dürfen nur (feste) Rabatte berücksichtigt werden, wenn klar ist, dass sie auch tatsächlich gewährt werden. Es ist zu unterstellen, dass die Vorschrift des § 13 Abs. 2 KomHVO NRW für die Ausstattungsgegenstände berücksichtigt wurde. Laut Sachverhalt gibt es nur einen erfahrenen Anbieter für das beabsichtigte Projekt.

Die Auszahlung des Kaufpreises erfolgt nach „Kassenwirksamkeit“ in den Jahren 2025 und 2027:

- Planungsauftrag 2025 = 39.375 Euro
- Einrichtungsgegenstände 2027 = 315.000 Euro

Die Veranschlagung im Teilfinanzplan erfolgt nach § 4 Abs. 4 i. V. m. § 3 KomHVO NRW sowie den Anlagen 5, 10 und 20 VV-Muster zur GO NRW und KomHVO NRW unter Position 26 („Auszahlungen für den Erwerb von beweglichen Vermögensgegenständen des Anlagevermögens“). Der gesamte Auftrag soll verbindlich 2025 vergeben werden. Es ist die Veranschlagung einer Verpflichtungsermächtigung notwendig (§ 85 GO NRW i. V. m. § 12 KomHVO NRW). Die Verpflichtungsermächtigung 2025 über 315.000 Euro wird 2027 wirksam.

B.4 | Landesförderung

Das Land hat eine Zuweisung zugesagt. Zuweisungen für Investitionen sind gemäß § 44 Abs. 5 Satz 1 KomHVO NRW als Sonderposten (aus Zuwendungen) auf der Passivseite der Bilanz anzusetzen.

Das entstehende Vermögen soll wie folgt gefördert werden:

- Grunderwerb inkl. Nebenkosten: 20 % von 495.000 Euro = 99.000 Euro
- Baumaßnahme: 40 % von 7.114.500 Euro = 2.845.800 Euro

Die Gesamtförderung i. H. v. 2.944.800 Euro wird 2027 zahlungswirksam. Die Veranschlagung im Teilfinanzplan erfolgt nach § 4 Abs. 4 i. V. m. § 3 KomHVO NRW sowie den Anlagen 5, 10 und 20 VV Muster zur GO NRW und KomHVO NRW unter Position 18 („Einzahlungen aus Zuwendungen für Investitionsmaßnahmen“).

B.5 | Überblick: Veranschlagung im Teilfinanzplan – Teil B

Position	2025	VE	2026	2027	2028
Maßnahme: Neubau eines „Museums der Römer in Münsterhausen“					
18	–	/	–	2.944.800	–
Einzahlungen	**–**	**/**	**–**	**2.944.800**	**–**
24	495.000	–	–	–	–
25	372.200	6.685.000	4.271.300	2.471.000	–
26	39.375	315.000	–	315.000	–
Auszahlungen	**906.575**	**7.000.000**	**4.271.300**	**2.786.000**	**–**
Saldo	**–906.575**	**/**	**–4.271.300**	**+158.800**	**–**

C | Veranschlagung im Teilergebnisplan

Die beabsichtigte Baumaßnahme wird auch zu *Aufwendungen* und *Erträgen* führen.

Gemäß § 79 Abs. 1 Satz 1 Nr. 2 GO NRW i. V. m. § 11 Abs. 1 KomHVO NRW sind Aufwendungen und Erträge in ihrer voraussichtlichen dem Haushaltsjahr zuzurechnenden Höhe zu veranschlagen (nach „Ressourcenverbrauch"). Der Ressourcenverbrauch findet vorliegend in Form einer planmäßigen Abschreibung i. S. d. § 36 Abs. 1 KomHVO NRW statt. Bei Vermögensgegenständen des Anlagevermögens, deren Nutzung zeitlich begrenzt ist, sind die Anschaffungs- und/oder Herstellungskosten um planmäßige Abschreibungen zu vermindern (Satz 1). Die Anschaffungskosten sollen dazu linear auf die Haushaltsjahre verteilt werden, in denen der Vermögensgegenstand voraussichtlich genutzt wird (Nutzungsdauer). Die Nutzungsdauer bestimmt sich nach § 36 Abs. 4 KomHVO NRW i. V. m. Anlage 18 VV Muster zur GO NRW und KomHVO NRW.

Folgende Aufwendungen und Erträge sind zu berücksichtigen:

C.1 | Kauf des Grundstücks

Grundstücke unterliegen planmäßig keiner Abnutzung und werden daher nicht abgeschrieben. Für den Kauf des Grundstücks ist kein planbarer Aufwand nach § 36 Abs. 1 KomHVO NRW zu berücksichtigen.

C.2 | Museumsgebäude

Das Museumsgebäude unterliegt nach Fertigstellung einer planmäßigen Abnutzung. Hierfür sind Abschreibungen zu berücksichtigen. Einschlägig für die Bestimmung der Nutzungsdauer ist der Abschnitt „Gebäude" in Anlage 18 VV Muster zur GO NRW und KomHVO NRW. Hier wird unter „Verwaltungsgebäude" eine Nutzungsdauer von 40 bis 80 Jahren ausgewiesen. Laut Sachverhaltsangaben ist die mittlere Nutzungsdauer, hier 60 Jahre, anzusetzen.

Die planmäßige lineare Abschreibung bestimmt sich für den Zeitraum der Nutzung wie folgt:

$$\frac{\text{Herstellungskosten in Euro}}{\text{Nutzungsdauer in Jahren}} = \text{jährlicher Abschreibungsbetrag in Euro}$$

$$\frac{\text{7.114.500 Euro}}{\text{60 Jahre}} = \text{118.575 Euro p. a.}$$

Für den Zeitraum der mittelfristigen Finanzplanung nach § 84 GO NRW und § 1 Abs. 3 KomHVO NRW ergibt sich ein jährlicher Abschreibungsbetrag und damit anzusetzender Aufwand i. H. v. jeweils 118.575 Euro. Im Jahr der Fertigstellung (2027) kann nicht voll abgeschrieben werden, da der Vermögensgegenstand erst im März eingeweiht werden soll. Nach Ressourcenverbrauch wird ab dem Folgemonat (hier: April) abgeschrieben:

$$\frac{\text{jährlicher Abschreibungsbetrag in Euro}}{\text{12 Monate}} \text{ x volle Monate nach Anschaffung}$$

$$\frac{\text{118.575 Euro}}{\text{12 Monate}} \text{ x 9 Monate = 88.931 Euro (gerundet)}$$

Die Veranschlagung im Teilergebnisplan erfolgt nach § 4 Abs. 3 i. V. m. § 2 KomHVO NRW sowie den Anlagen 4, 9 und 20 VV Muster zur GO NRW und KomHVO NRW unter Position 14 („Bilanzielle Abschreibungen").

C.3 | Ausstattungsgegenstände

Auch die Ausstattungsgegenstände unterliegen einer Abnutzung. Es sind Abschreibungen wie folgt zu berücksichtigen:

- Anschaffungskosten i. H. v. 354.375 Euro
- Beginn der Nutzung im März 2027
- Bestimmung der Nutzungsdauer nach Abschnitt „Betriebs- und Geschäftsausstattung" in Anlage 18 VV Muster zur GO NRW und KomHVO NRW, dort: Büromöbel = 10 bis 20 Jahre, mittlere Nutzungsdauer: 15 Jahre
- lineare Abschreibung p. a. 23.625 Euro ab 2028
- für 2027 anteilige Abschreibung ab Folgemonat (hier: April): 9/12 von 23.625 Euro = 17.719 Euro (gerundet)

Die Veranschlagung im Teilergebnisplan erfolgt nach § 4 Abs. 3 i. V. m. § 2 KomHVO NRW sowie den Anlagen 4, 9 und 20 VV Muster zur GO NRW und KomHVO NRW unter Position 14 („Bilanzielle Abschreibungen").

C.4 | Landesförderung

Der für die Landesförderung gebildete Sonderposten ist gemäß § 44 Abs. 5 Satz 2 KomHVO NRW entsprechend der Nutzung des geförderten Vermögensgegenstands ertragswirksam aufzulösen.

Ein Anteil von 99.000 Euro ist für den Grunderwerb (s. o.) und wird entsprechend nicht ertragswirksam aufgelöst, da auch das Grundstück keiner planmäßigen Nutzung unterliegt. Ein Anteil über 2.845.800 Euro für die Baumaßnahme wird entsprechend der angesetzten Nutzungsdauer (60 Jahre, s. o.) ertragswirksam aufgelöst. Der jährliche Auflösungsbetrag ab dem Jahr 2028 beträgt demnach (2.845.800 Euro/60 Jahre) 47.430 Euro. Für das Jahr 2027 erfolgt eine anteilige Auflösung des gebildeten Sonderpostens i. H. v. (47.730 Euro/12 Monate · 9 Monate) 35.573 Euro (gerundet).

Es ist ein Ertrag zu veranschlagen. Dieser ist im Teilergebnisplan nach § 4 Abs. 3 i. V. m. § 2 KomHVO NRW sowie den Anlagen 4, 9 und 20 VV Muster zur GO NRW und KomHVO NRW unter Position 2 („Zuwendungen und allgemeine Umlagen") auszuweisen.

C.5 | Überblick: Veranschlagung im Teilergebnisplan

Position	2025	2026	2027	2028
2	–	–	35.573	47.430
14	–	–	106.650	142.200

Übungsaufgabe 3[28]

Sachverhalt

Der Kreis Schönblick (NRW) befindet sich in der Haushaltsausführung für das Jahr 1. Dem Kämmerer wird vor der anstehenden Sitzung des Ausschusses für Feuerwehr und Katastrophenschutz Mitte Mai folgender Sachverhalt vorgelegt:

Es soll in der zweiten Jahreshälfte eine neue Software für die Einsatzleitstelle im Bereich „Rettungsdienst und Feuerwehr" beschafft werden, da die derzeitige nicht mehr den Anforderungen entspricht. Es liegen zwei Angebote vor. Ein dritter Anbieter ist am Markt nicht präsent. Anbieter 2 ist komplett neu auf dem Markt und kann bisher keine Qualitätsbeurteilungen oder Empfehlungen aufweisen. Anbieter 1 ist der bewährte Marktführer. Die Angebote ergeben folgendes Bild (Angaben in Euro einschließlich MwSt.):

	Anbieter 1	Anbieter 2
Grundpreis	195.000	185.000
Rabatt	Nein	Ja; 10 %
Einführungssupport	0	23.500

Das Land NRW hat signalisiert, die Neuanschaffung mit 25 % der Auszahlungen zu fördern.

Aufgaben

1. Es handelt sich um einen bilanzierungspflichtigen Vermögensgegenstand. Warum? Prüfen Sie den Ansatz und den Ausweis und erläutern Sie Ihre Prüfung unter Heranziehung der haushaltsrechtlichen Vorschriften.
2. Prüfen Sie die Bewertung für den Vermögensgegenstand, indem Sie sich für einen der beiden Anbieter entscheiden. Begründen Sie Ihre Entscheidung und Ihr Vorgehen bei der Prüfung unter Heranziehung der haushaltsrechtlichen Vorschriften.
3. Wie ist mit der Landesförderung umzugehen? Erläutern Sie kurz unter Heranziehung der haushaltsrechtlichen Vorschriften.

[28] Übungsaufgabe 3: Niveau 2 (Verwaltungslehrgang II).

Lösung zu Aufgabe 1

Der Kreis Schönblick möchte im Herbst eine neue Software für die Einsatzleitstelle im Bereich „Rettungsdienst und Feuerwehr" beschaffen, da die derzeitige nicht mehr den Anforderungen entspricht. Bei dieser Software handelt es sich um einen bilanzierungspflichtigen Vermögensgegenstand.

Die Prüfung erfolgt anhand der einschlägigen Vorschriften aus der GO NRW und der KomHVO NRW. Die dortigen haushaltsrechtlichen Regelungen sind für den Kreis Schönblick gemäß § 53 Abs. 1 KrO NRW entsprechend anzuwenden.

Nach § 90 Abs. 1 GO NRW soll die Gemeinde Vermögensgegenstände nur erwerben, soweit dies zur Erfüllung ihrer Aufgaben erforderlich ist oder wird. Der Rettungsdienst und das Feuerwehrwesen gehören unzweifelhaft zu diesen kommunalen Aufgaben. Die Funktionsfähigkeit der Leitstelle ist zur Sicherung der Einsatzfähigkeit sicherzustellen. Leib und Leben der Bevölkerung wären sonst gefährdet.

Nach § 34 Abs. 1 Satz 1 KomHVO NRW ist ein Vermögensgegenstand in die Bilanz aufzunehmen, wenn die Kommune das wirtschaftliche Eigentum darin innehat und dieser selbstständig verwertbar ist. Wirtschaftliches Eigentum bedeutet tatsächliche Sachherrschaft über den Vermögensgegenstand (uneingeschränkte Verfügungs- und Nutzungsberechtigung). Die Gemeinde kann (theoretisch) einen Dritten von der Nutzung ausschließen. Dies ist bei der Software zu bejahen, da die Kommune Lizenznehmerin wird. Ein Vermögensgegenstand ist selbstständig verwertbar, wenn er durch Veräußerung an einen Dritten in Liquidität umgewandelt werden kann, Hierfür ist die abstrakte Veräußerbarkeit ausreichend. Auch dies ist bei der Software grundsätzlich gegeben.

Es handelt sich daher bei der Software um einen aktivierungspflichtigen Vermögensgegenstand (= Ansatzpflicht). Die Ausnahme von der Ansatzpflicht für sog. geringwertige Vermögensgegenstände mit Anschaffungskosten bis 800 Euro ohne Umsatzsteuer nach § 36 Abs. 3 KomHVO NRW kommt hier schon aufgrund des Auftragsvolumens nicht in Betracht. Auch greift das Ansatzverbot aus § 44 Abs. 1 KomHVO NRW nicht, da die Software entgeltlich erworben werden soll.

Die ansatzpflichtige Software soll dauerhaft der Aufgabenerfüllung dienen. Insofern ist sie als bilanzielles Anlagevermögen auszuweisen (vgl. § 34 Abs. 1 Satz 2 KomHVO NRW). Der Ansatz erfolgt nach § 42 Abs. 3 Nr. 1.1 KomHVO NRW i. V. m. Anlage 23 VV Muster zur GO NRW und KomHVO NRW unter dem Bilanzposten „Immaterielle Vermögensgegenstände" (Posten: Aktiva 1.1).

Lösung zu Aufgabe 2

Es ist die Bewertung des Vermögensgegenstandes vorzunehmen. Diese ergibt sich grundsätzlich aus § 34 Abs. 2 ff. KomHVO NRW zu Anschaffungs- und/oder Herstellungskosten.

Es handelt sich laut Sachverhalt um einen „fertig“ zu beschaffenden Vermögensgegenstand, der nicht erst langsam über mehrere Jahre entsteht. Insofern sind hier die Anschaffungskosten nach § 34 Abs. 2 KomHVO NRW als Bewertungsmaßstab anzusetzen. Hiernach sind Anschaffungskosten die Aufwendungen, die geleistet werden, um einen Vermögensgegenstand zu erwerben und ihn in einen betriebsbereiten Zustand zu versetzen, soweit sie dem Vermögensgegenstand einzeln zugeordnet werden können. Zu den Anschaffungskosten gehören auch die Nebenkosten sowie die nachträglichen Anschaffungskosten. Minderungen des Anschaffungspreises sind abzusetzen.

Es liegen zwei Angebote vor, aus denen auszuwählen ist.
Anbieter 1 gewährt keinen Rabatt und bietet einen Komplettpreis von 195.000 Euro (= Anschaffungskosten) an. Laut Sachverhalt ist dieser Anbieter der Marktführer und bewährt. Es kann von einer guten, bewährten Qualität ausgegangen werden.
Anbieter 2 ist neu am Markt und bietet einen Preis nach Abzug eines möglichen Rabattes i. H. v. 190.000 Euro (= Anschaffungskosten).

Aus Gründen der Wirtschaftlichkeit (vgl. § 75 Abs. 1 Satz 3 GO NRW) sollte Anbieter 1 berücksichtigt werden. Die „gute Qualität“ spricht dafür, dass zukünftig mit weniger Instandhaltungsaufwendungen zu rechnen ist. (Hinweis: bei Argumentation mit der Sparsamkeit kann auch der Anbieter 2 genommen werden). Es ergeben sich damit anzusetzende Anschaffungskosten (nach § 34 Abs. 2 KomHVO NRW) i. H. v. 195.000 Euro.

Lösung zu Aufgabe 3
Das Land hat signalisiert, die Neuanschaffung mit 25 % der Auszahlung zu fördern. Für diese Zuwendung ist in der Bilanz ein Sonderposten aus Zuwendungen nach § 44 Abs. 5 KomHVO NRW auf der Passivseite anzusetzen (Ansatzpflicht). Es ergibt sich damit ein Sonderposten i. H. v. 25 % von 195.000 Euro = 48.750 Euro.

Übungsaufgabe 4[29]

Sachverhalt
Die kreisangehörige Kommune Kleinhausen ist Eigentümerin einer nicht mehr genutzten Grundschule inkl. darunter liegendem Grundstück und Nebenflächen. Auch nach dem aktuellen Schulentwicklungsplan für die nächsten 15 Jahre wird diese Immobilie nicht mehr benötigt. Eine kommunale Umnutzung ist nur mit hohen Aufwendungen möglich und zukünftig nicht wirtschaftlich.
Das Gebäude und die Grundstücke könnten an eine lokale gemeinnützige Gesellschaft veräußert werden. Diese würde die Immobile als Pflegeeinrichtung (Tages- und stationäre Pflege) weiterführen und auch vertraglich zusagen, einen Raum als Dorfgemeinschaftsraum zur Verfügung zu stellen, der dann bis zu zwölfmal im Jahr unentgeltlich genutzt werden kann.

---

29 Übungsaufgabe 4: Niveau 2 (Verwaltungslehrgang II).

Zum Zeitpunkt der angedachten Veräußerung wird die Liegenschaft in der Bilanz mit 1,2 Mio. Euro geführt. Der Investor ist aber nur bereit, 1,0 Mio. Euro zu zahlen.

Aufgaben

1. Können die Immobilie und das Grundstück aus haushaltsrechtlichen Erwägungen veräußert werden? Erläutern Sie unter Heranziehung der einschlägigen Vorschriften. EU-rechtliche Bedenken sind nicht zu prüfen.
2. Wie wäre die Veräußerung haushaltsrechtlich zu behandeln? Wäre sie mit einer Verschlechterung des Jahresergebnisses verbunden? Erläutern Sic unter Heranziehung der einschlägigen Vorschriften.

Lösung zu Aufgabe 1

Die Kommune Kleinhausen ist Eigentümerin einer nicht mehr genutzten Grundschule inkl. darunter liegendem Grundstück und Nebenflächen. Diese Immobile soll veräußert werden.

Die Gemeinde darf nach § 90 Abs. 3 Satz 1 GO NRW Vermögensgegenstände, die sie zur Erfüllung ihrer Aufgaben in absehbarer Zeit nicht braucht, veräußern. Laut SV wird das Schulgebäude nach dem aktuellen Schulentwicklungsplan in den nächsten 15 Jahren nicht mehr benötigt. Eine kommunale Umnutzung ist nur mit hohem Aufwand möglich und zukünftig nicht wirtschaftlich.

Vermögensgegenstände dürfen nach Satz 2 der Vorschrift in der Regel nur zu ihrem vollen Wert veräußert werden. Voller Wert bedeutet hier zum Buchwert. Dieser beträgt laut SV zum Zeitpunkt der angedachten Veräußerung 1,2 Mio. Euro. Der Interessent ist aber nur bereit, 1,0 Mio. Euro zu zahlen. Eine Veräußerung zum vollen Wert findet also nicht statt. Ausnahmen sind nach § 90 Abs. 3 Sätze 3 und 4 GO NRW im besonderen öffentlichen Interesse zulässig. Dies gilt insbesondere auch für die Veräußerung zur Förderung von sozialen Einrichtungen. Der Interessent ist eine gemeinnützige Gesellschaft, die die Immobilie als Pflegeeinrichtung (Tages- und stationäre Pflege) weiterführen möchte. Sie würde sich auch vertraglich dazu verpflichten, Räumlichkeiten für die Dorfgemeinde zur Verfügung zu stellen. Es kann eine Förderung sozialer Einrichtungen angenommen werden. Eine Veräußerung ist demnach auch unter Buchwert möglich. EU-rechtliche Bedenken sind laut Aufgabenstellung nicht zu prüfen.

Im Ergebnis steht einer Veräußerung kommunalhaushaltsrechtlich nichts im Wege.

Lösung zu Aufgabe 2

Die Veräußerung unter Buchwert i. H. v. 0,2 Mio. Euro führt zu einem Buchwertverlust und zu einem Werteverzehr in Form von Aufwand. Dieser Aufwand führt aber nicht zu einer Verschlechterung des Jahresergebnisses, sondern ist nach § 44 Abs. 3 KomHVO NRW unmittelbar mit der allgemeinen Rücklage im bilanziellen Eigenkapital zu verrechnen. Die Verrechnung ist im Anhang zum Jahresabschluss zu erläutern. Der verrechnete Aufwand ist nach § 39 Abs. 3 KomHVO NRW nachrichtlich nach dem Jahresergebnis in der Ergebnisrechnung auszuweisen.

2.10 HAUSHALTSAUSFÜHRUNG/BEWIRTSCHAFTUNG

2.10.1 Stundung, Niederschlagung und Erlass von Ansprüchen

Nicht jede Forderung der Gemeinde wird beglichen oder kann von den Einwohnern und Abgabepflichtigen bezahlt werden. In mehr oder minder aussichtslosen Fällen gibt es für die Gemeinde folgende Möglichkeiten:

Für privatrechtliche Ansprüche und für solche öffentlich-rechtliche, die auf Gesetzen, Verordnungen oder Satzungen beruhen und keine Abgabenansprüche sind, gilt § 27 i. V. m. § 23 Abs. 3 KomHVO NRW in der jeweils gültigen Fassung.

Für öffentlich-rechtliche Abgabenansprüche gelten die §§ 222 (Stundung), 227 (Erlass), 233 ff. (Verzinsung) der Abgabenordnung (AO), die §§ 1 und 12 des Kommunalabgabengesetzes NRW (KAG NRW) und die Verwaltungsgerichtsordnung (VwGO).

Durch die Einführung des Kommunalen Finanzmanagements sind die gesetzlichen Vorschriften im Sinne einer wirtschaftlicheren und zügigeren Abwicklung der Geschäftsvorfälle geändert worden.

So lassen die Bestimmungen des § 32 Abs. 3 und 4 KomHVO NRW ausdrücklich zu, dass Beschäftigte, denen die Abwicklung von Zahlungen obliegt, mit der Stundung, Niederschlagung und dem Erlass von gemeindlichen Ansprüchen beauftragt werden können, wenn dies der Verwaltungsvereinfachung dient und eine ordnungsgemäße Erledigung gewährleistet ist. Im Übrigen muss der Bürgermeister hierzu eine Dienstanweisung erlassen. Ansprüche können gestundet, niedergeschlagen oder erlassen werden.

Stundung
Die Stundung ist die Hinausschiebung der Fälligkeit eines Anspruchs. Eine Stundung darf nur ausgesprochen werden, wenn die Erfüllung des Anspruchs für den Schuldner eine erhebliche Härte bedeuten würde.

Eine erhebliche Härte liegt nach herrschender Meinung vor, wenn der Schuldner durch die Erfüllung des Anspruchs in ernsthafte Zahlungsschwierigkeiten geraten würde oder sich bereits in solchen befindet (ernsthafte Zahlungsschwierigkeiten sind allerdings glaubhaft darzulegen) oder in einem noch nicht abgeschlossenen Verfahren mit einer Reduzierung des Anspruchs oder mit einem Verzicht auf den Anspruch zu rechnen ist.

Bei öffentlich-rechtlichen Abgaben bleiben die Vorschriften über die Aussetzung der Vollziehung der Heranziehungsbescheide unberührt (§ 361 AO und § 80 Abs. 4 VwGO). Die Erfüllung des Anspruchs darf durch die Stundung nicht gefährdet werden. Eine Stundung ist in der Regel nur auf Antrag und, soweit erforderlich, gegen Sicherheitsleistung zu gewähren. Der Schuldner ist ggf. auf die Möglichkeit einer Stundung oder einer Ratenzahlung, die formal der Stundung gleichkommt, hinzuweisen.

NIEDERSCHLAGUNG
Die Niederschlagung ist eine verwaltungsinterne Maßnahme, durch die eine Weiterverfolgung des Anspruchs befristet oder unbefristet zurückgestellt wird, ohne dass auf den Anspruch verzichtet wird. Ansprüche dürfen niedergeschlagen werden, wenn feststeht, dass die Einziehung im Moment keinen Erfolg haben wird oder wenn die Kosten der Einziehung außer Verhältnis zur Höhe des Anspruchs stehen. Die subjektive Lage des Schuldners (z. B. erhebliche Härte) bleibt dabei außer Betracht.

Die Niederschlagung setzt eine eingehende Prüfung der wirtschaftlichen Verhältnisse voraus. Es ist insbesondere zu prüfen, ob gegen einen gegenwärtigen oder künftigen Anspruch des Schuldners aufgerechnet werden kann. Die Gründe für eine Niederschlagung müssen nachvollziehbar sein und dürfen sich nicht auf Vermutungen stützen. Sie sollte dem Schuldner aus taktischen Gründen nicht bekannt gegeben werden. Die Niederschlagung kann befristet oder unbefristet erfolgen.

Erlass
Der Erlass ist ein endgültiger Verzicht auf einen Anspruch. Der Anspruch kann nicht wieder aufleben. Für den Erlass ist in der Regel ein Antrag des Schuldners erforderlich.

2.10.2 Vorläufige Haushaltsführung

Kann oder wird die Haushaltssatzung mit ihren Anlagen nicht rechtzeitig bekannt gemacht, gilt bis zum Inkrafttreten die sog. vorläufige Haushaltsführung nach § 82 GO NRW.[30] Dieser Zustand ist insbesondere dann erschwerend, wenn sich die Gemeinde in der Haushaltssicherung befindet und der bisherige Haushalt mit Bedingungen und Auflagen genehmigt werden musste nach § 75 Abs. 4 GO NRW. Im § 82 GO NRW sind die Einschränkungen abschließend sehr verständlich aufgeführt, sodass hier lediglich die wichtigsten Aspekte aufgelistet werden:

- Die Gemeinde darf ausschließlich Aufwendungen entstehen lassen und Auszahlungen leisten, die sich aus Vertragspflichten und Pflichtaufgaben ergeben oder
- die für die Weiterführung notwendiger Aufgaben unaufschiebbar sind. Insbesondere darf sie Bauvorhaben und Beschaffungen fortsetzen, für die im Haushaltsplan des Vorjahres Finanzpositionen oder Verpflichtungsermächtigungen vorgesehen waren.
- Realsteuern (Grund- und Gewerbesteuer) dürfen nur nach den Hebesätzen des Vorjahres erhoben werden.
- Eine Neuverschuldung darf nur bis zu einem Viertel des Gesamtbetrags der in der Haushaltssatzung des Vorjahres festgesetzten Kredite mit Genehmigung der Aufsichtsbehörde erfolgen.

---

[30] Vgl. Kapitel 2.5 (Haushaltssatzung).

2.10.3 Flexible Bewirtschaftung des Haushalts

2.10.3.1 Grundsatz der Gesamtdeckung

Beim Grundsatz der Gesamtdeckung nach § 20 Nr. 1 KomHVO NRW handelt es sich um einen Haushaltsgrundsatz, der besagt, dass alle Erträge der Deckung aller Aufwendungen dienen. Nach dem Grundsatz der Gesamtdeckung ist demnach eine zweckgerichtete Bindung von Erträgen an spezielle Aufwendungen nicht gestattet. Für Ein- und Auszahlungen gilt § 20 Nr. 2 und 3 KomHVO NRW. In der Praxis gibt es indes auch Ausnahmen vom Grundsatz der Gesamtdeckung. Typische Beispiele sind Spenden und Schenkungen, die zweckgebunden vereinnahmt werden.

Grundsätzlich ist der Haushalt nach § 79 Abs. 3 GO NRW verbindlich. Somit ist alles verbindlich, was im Haushaltsplan steht, und daraus folgt, dass Maßnahmen, die nicht im Haushaltsplan stehen oder die im Haushaltsplan mit nicht ausreichenden Ansätzen enthalten sind, grundsätzlich nicht ausgeführt werden können. Doch natürlich kann es in der Praxis zu Abweichungen von den Planansätzen kommen, sodass über- und außerplanmäßige Mittelbereitstellungen nach § 83 GO NRW grundsätzlich möglich sind.

2.10.3.2 Verfügungsmittel des Bürgermeisters nach § 14 KomHVO NRW

Die Verfügungsmittel des Bürgermeisters dienen seinen repräsentativen Aufgaben. Die Auslegung dessen obliegt ihm allein. Entscheidend ist jedoch, dass die Verfügungsmittel gesondert im Haushaltsplan ausgewiesen werden müssen und nicht dazu dienen dürfen, „Haushaltslöcher" zu stopfen. Diese durchaus auch politische bzw. von der allgemeinen Außenwirkung her sensible Haushaltsposition darf nicht im Rahmen einer überplanmäßigen oder gar außerplanmäßigen Mittelbereitstellung erhöht werden und auch nicht im Rahmen der Budgetierung eingebunden sein. Ermächtigungsübertragungen und Überschreitungen sind nicht zulässig!

2.10.3.3 Über- und außerplanmäßige Mittelbereitstellungen

Da der Haushaltsplan das wichtigste Steuerungselement der Verwaltung und Grundlage jeglichen Verwaltungshandeln ist, müssen über- und außerplanmäßige Bereitstellungen (sog. üpls und apls) den Tatbestandsvoraussetzungen des § 83 GO NRW kumulativ genügen.

Zunächst sind diese Begriffe voneinander abzugrenzen: Eine überplanmäßige Mittelbereitstellung liegt dann vor, wenn zwar bereits Ermächtigungen im Haushaltsplan vorhanden sind, diese aber nicht ausreichen und erhöht werden müssen. Eine **außerplanmäßige Mittelbereitstellung** liegt dann vor, wenn gar kein Ansatz im Haushaltsplan vorgesehen ist und dieser nachträglich eingefügt werden muss.

Nachdem geklärt wurde, ob es sich um eine überplanmäßige oder außerplanmäßige Mittelbereitstellung handelt, muss zwingend der betroffene Teilhaushalt (Ergebnis- oder Finanzplan) ermittelt werden. Natürlich können auch beide Teilhaushalte betroffen sein.

Dafür bildet man am besten den Buchungssatz, der entstehen würde, wenn die Mittel bereitgestellt werden könnten. Anhand des Buchungssatzes kann sehr eindeutig Klarheit geschaffen werden, ob der Finanzplan und/oder der Ergebnisplan betroffen ist.

Beispiel 1:
Es wird eine überplanmäßige Mittelbereitstellung für den Kauf einer Maschine (8.000 Euro) beantragt. Der Buchungssatz würde lauten: MTA an Bank, somit an „Auszahlung 78", und in der Folge ist durch den reinen Kauf nur der Finanzplan betroffen. Die durch die Abschreibung entstehenden Aufwendungen im Ergebnisplan kommen hinzu.

Beispiel 2:
Es wird eine außerplanmäßige Mittelbereitstellung für Transferleistungen über 50.000 Euro (z. B. Sozialhilfe) beantragt. Der Buchungssatz würde lauten: Transferaufwand an Bank (Auszahlungen 73). In der Folge wären der Ergebnis- und der Finanzplan betroffen.

Man muss die Aufgabenstellung bzw. den Sachverhalt genau betrachten. Welche Angaben liegen vor, welcher Teilbereich soll gutachtlich geprüft werden, welcher nicht.

Für die Bereitstellung der Mittel nach § 83 GO NRW müssen folgende Voraussetzungen vorliegen:

1. Unabweisbarkeit
   Unabweisbarkeit liegt dann vor, wenn ohne die Bereitstellung der Mittel die Aufgabenerfüllung nicht gewährleistet werden kann oder gefährdet ist. Dies gilt insbesondere bei Pflichtaufgaben, der Gefahrenabwehr und Vertragspflichten. Vorsicht: Die Vertragspflicht muss bereits rechtmäßig bestehen und der Vertragsabschluss muss mit den entsprechenden Zuständigkeiten und Zeichnungsbefugnissen zustande gekommen sein. Ansonsten geht irgendein Mitarbeiter der Verwaltung ohne Vollmacht und Haushaltsermächtigungen einen Vertrag ein, und im zweiten Schritt beantragt er eine außerplanmäßige Mittelbereitstellung und beruft sich auf die Unabweisbarkeit durch eine Vertragspflicht. Das geht natürlich nicht. Man unterscheidet zwischen der zeitlichen (Gefahrenabwehr) und der sachlichen (Pflichtaufgaben und Vertragspflichten) Unabweisbarkeit. Es genügt, wenn eine Form der Unabweisbarkeit vorliegt.
2. Die Deckung im laufenden Haushaltsjahr
   Diese ist dann gegeben, wenn an anderer Stelle im Haushalt Mehreinzahlungen (mehr als geplant) oder Minderauszahlungen (weniger als festgesetzt) in gleicher Höhe wie über- oder außerplanmäßig beantragt bereits realisiert sind (Realisationsprinzip). Prognosewerte und Wahrscheinlichkeiten für das laufende Haushaltsjahr können nicht als Deckung im Moment der Entscheidung dienen. Das Gleiche gilt für Erträge und Aufwendungen. Die aktuelle Gesetzgebung hat an dieser Stelle neue Handlungsspielräume geschaffen. Die Deckung im laufenden Jahr muss nicht mehr vorliegen, sie soll gegeben sein. Somit bleibt es im Normalfall dabei, dass die Deckung gegeben sein muss, aber in atypischen Situationen (z. B. präventive Anschaffungen zur präventiven Vermeidung einer Gas- und Strommangellage durch den Russischen Angriffskrieg in der Ukraine oder Aufwendungen im Zuge der Corona-Epidemie und Vergleichbares) darf auch ohne

Deckung an anderer Stelle die Buchung bzw. die Anschaffung oder Auftragsvergabe erfolgen und verschlechtert dann in der Folge das Jahresergebnis.
Es findet sich in § 83 Abs. 3 GO NRW eine Ausnahme zur Deckung im laufenden Haushaltsjahr:
Für überplanmäßige Haushaltsmittel für Investitionen, die im Folgejahr fortgesetzt werden, kann die Deckung ausnahmsweise auch im Folgejahr erfolgen. Paradebeispiel hierfür sind Anlagen im Bau.
Was nicht unter diese Ausnahme fällt, ist die Ratenzahlung. Der reine Kauf von Anlagevermögen ist mit der Inbetriebnahme abgeschlossen, eine Kreditierung dessen ist kein Fall des § 83 Abs. 3 GO NRW. Es spielt somit keine Rolle, wie lange der Vermögensgegenstand abbezahlt wird, sondern die reine Fortsetzung der Investition, somit das Schaffen von neuem Anlagevermögen. Ein Beispiel wäre der Neubau eines Gebäudes oder einer Straße über mindestens zwei Haushaltsjahre, denn dabei wäre die Investition (das Schaffen von Anlagevermögen) erst mit der Inbetriebnahme in Folgejahren/im Folgejahr abgeschlossen. Das wirtschaftliche Eigentum ist somit entscheidend.
Eine weitere Ausnahme stellt § 14 KomHVO NRW dar, wonach die Verfügungsmittel des Bürgermeisters nicht im Rahmen des § 83 GO NRW zur Deckung herangezogen werden dürfen. Gleiches gilt im weiteren Verlauf für die Budgetierung.
Sind die beiden ersten Tatbestandsvoraussetzungen erfüllt, stellt sich darüber hinaus die Frage, wer der über- oder außerplanmäßigen Mittelbereitstellung zustimmen darf.
Grundsätzlich entscheidet darüber ausschließlich der Rat gemäß § 41 Abs. 1h GO NRW. In § 41 Abs. 2 und 3 GO NRW findet man keine Überleitung nach § 83 GO NRW, somit ist § 83 GO NRW „lex specialis“.
Der Rat kann durch die Festsetzung von erheblichen bzw. unerheblichen Beträgen in der Haushaltssatzung (diese beschließt er selbst) freiwillig auf Entscheidungsbefugnis verzichten bzw. sie in die Verantwortung der Verwaltung legen. Wenn der Rat davon Gebrauch macht, dann entscheidet nach § 83 Abs. 1 Sätze 2 und 3 der Kämmerer, soweit der Rat keine andere Regelung trifft. Der Kämmerer kann mit Zustimmung des Bürgermeisters und des Rates wiederum seine Entscheidungsbefugnis auf andere Mitarbeiter*innen übertragen. An dieser Stelle wurde die Entscheidungskompetenz bestellter und beauftragter Kämmerer gleichgesetzt, so dass auch in der Folge der Bürgermeister als Zweiter in der Rangfolge der Entscheidungskompetenz gestrichen wurde und soweit der Rat keine abweichende Regelung trifft, ausschließlich der Kämmerer über unerhebliche Beträge im Rahmen von § 83 GO NRW entscheidet. Der Rat ist allerdings im Nachhinein immer in Kenntnis zu setzen.
Bei erheblichen Beträgen bleibt es bei der vorherigen Entscheidung des Rates. Der Rat muss tagen und abstimmen. Das Abstimmungsergebnis findet sich dann in der Niederschrift/dem Protokoll zur Ratssitzung. Sind alle vorgenannten Punkte (kumulativ) rechtmäßig erfolgt, dann können die über- oder außerplanmäßigen Mittel bereitgestellt werden.

2.10.3.3.1 Zusammenfassung

Überplanmäßige und außerplanmäßige Aufwendungen und Auszahlungen

Haushaltsplan/Finanzen sind die Grundlage/das Fundament jeglichen Verwaltungshandelns.
→ Der Haushaltsplan ist das wichtigste Steuerungsinstrument der Verwaltungsleitung

Arbeiten mit dem Haushaltsplan:

1. Schritt:
Es geht nicht um Geld, sondern um die Erlaubnis/Ermächtigung, Geld ausgeben zu dürfen.

- Erträge/Einzahlungen müssen nicht reglementiert werden (keine „caps" nötig).
- Ermächtigungen = Haushaltsansätze = Haushaltsstellen = Produktsachkonten
- Es muss bei jeder Ausgabe vorher im Haushaltsplan geprüft werden, ob man dazu ermächtigt ist.

→ *Warum? – Weil mit den Geldern der Einwohner (kein Eigenvermögen!) sorgfältig gearbeitet und im Sinne der Daseinsfürsorge „gehaushaltet" werden muss.*

Gesetzliche Grundlage für die generelle Verbindlichkeit der Haushaltsansätze:
§ 79 Abs. 3 GO NRW: „Der Haushaltsplan ist Grundlage für die Haushaltswirtschaft der Gemeinde. Er ist nach Maßgabe dieses Gesetzes und der auf Grund dieses Gesetzes erlassenen Vorschriften für die Haushaltsführung verbindlich."

2. Schritt:
Wenn eine Ermächtigung aber nicht ausreicht oder nicht vorhanden ist, gibt es den Spezialparagrafen § 83 GO NRW:

- Überplanmäßige Mittelbereitstellungen: Ermächtigungen erhöhen.
- Außerplanmäßige Mittelbereitstellungen: Ermächtigungen nachträglich einfügen.
- Überplanmäßige und außerplanmäßige Mittelbereitstellungen sind einzurichten, um die Vertragspflichten, Pflichtaufgaben und Gefahrenabwehr zu gewährleisten.

2.10.3.3.2 Prüfungsschema

I. Über- oder außerplanmäßige Mittelbereitstellungen

Überplanmäßige Mittelbereitstellungen	*Außerplanmäßige Mittelbereitstellungen*
Ein Ansatz im Haushaltsplan ist vorhanden, dieser reicht aber nicht aus und muss erhöht werden.	*Ein Ansatz im Haushaltsplan ist nicht vorhanden und muss nachträglich eingefügt werden.*

II. Unabweisbarkeit:

(nach § 83 Abs. 1, Satz 1 GO NRW)

bei Pflichtaufgaben, Vertragspflichten, Gefahrenabwehr

sachlich unabweisbar — zeitlich unabweisbar

Aufgabenerfüllung ansonsten nicht gewährleistet

III. Deckung

(nach § 83 Abs. 1, Satz 2 und § 83 Abs. 3 GO NRW)

- im laufenden Haushaltsjahr, „muss“ oder „soll“? Atypische Situation/Ausnahmefall?
  - durch Einsparen von Ermächtigungen an anderer Stelle in gleicher Höhe
  - Mehrerträge/-einzahlungen an anderer Stelle in gleicher Höhe
  - Ausnahme: § 83 Abs. 3 GO NRW

Voraussetzungen
- gilt nur für überplanmäßige Mittel
- gilt nur für Investition(en),
- die im Folgejahr fortgesetzt werden, dann ist die Deckung auch im Folgejahr erlaubt

IV. Zustimmung

(nach § 41 Abs. 1h GO NRW und § 83 Abs. 1, Satz 3 und 4 sowie § 83 Abs. 2 GO NRW)

Grundsätzlich entscheidet der Rat gemäß § 41 Abs. 1h GO NRW.

Bei unerheblichen Beträgen entscheidet
1. der Kämmerer,
2. der Kämmerer kann mit Zustimmung des Bürgermeisters und des Rates die Entscheidungsbefugnis auf andere Bedienstete übertragen.

Sind die überplanmäßigen und außerplanmäßigen Aufwendungen und Auszahlungen erheblich, bedürfen sie der vorherigen Zustimmung des Rates;
im Übrigen sind sie dem Rat zur Kenntnis zu bringen!

Ob bzw. ab wann eine überplanmäßige/außerplanmäßige Mittelbereitstellung erheblich ist, wird meist in der Haushaltssatzung festgelegt. Ansonsten in der Hauptsatzung oder der Geschäftsordnung des Rates.

ALLE VORAUSSETZUNGEN MÜSSEN KUMULATIV VORLIEGEN.

2.10.3.3.3 Beispielfall

Der Stadtkämmerer

Lfd. Nr. 15
Studienhausen, 19.04.2025

Zustimmung zu *überplanmäßigen* Aufwendungen im Ergebnisplan der Stadt Studienhausen für das Haushaltsjahr 2025

Im Ergebnisplan für das Haushaltsjahr 2025 wurde der
Haushaltsansatz: 02.78100
Bezeichnung: Rettungswesen und Krankentransport
nicht eingeplant.

Eine überplanmäßige Bereitstellung ist erforderlich.

Begründung:
Der Defibrillator des Rettungswagens ist seit längerer Zeit defekt. Das Ersatzgerät ist nunmehr zehn Jahre alt und droht auszufallen. Im Rahmen der Insolvenz eines Großhändlers für medizinische Geräte könnte ein neuer Defibrillator kostengünstig unter dem handelsüblichen Anschaffungspreis erworben werden.

Der überplanmäßige Aufwand wird voraussichtlich 5.000 Euro betragen.

Aufgrund des § 83 GO NRW in der zurzeit gültigen Fassung wird hiermit die Zustimmung zu überplanmäßigen Aufwendungen bis zu dieser Höhe erteilt.

Deckung:
Aufnahme eines Liquiditätskredits in gleicher Höhe

gez. Georg Kluni
(Kämmerer)

Aufgabe:
War die Zustimmung insgesamt rechtlich zulässig? Begründen Sie Ihre Antwort eingehend. Zusatzinformation zum Sachverhalt: Der „erhebliche" Betrag i. S. d. § 83 GO NRW wurde bei der Stadt Studienhausen auf 5.000 Euro festgesetzt.

Fragen, die zur Lösung führen:
1. Handelt es sich überhaupt um eine überplanmäßige Mittelbereitstellung?
2. Ist der reine Kauf ergebniswirksam und ein Aufwand? Wie lautet der Buchungssatz?
3. Kann ein Kredit Ermächtigungen im Haushaltsplan erhöhen?

2.10.3.3.4 Lösung in Kurzform

Folgende Punkte müssen im vorliegenden Antrag erkannt und in Form eines strukturierten Aufsatzes/Gutachtens analysiert werden:

- Es handelt sich um eine außerplanmäßige Mittelbereitstellung. Der Sachverhalt macht daraus ein Problem, weil der Antragsteller dies anscheinend nicht unterscheiden konnte, damit muss man sich in der Ausarbeitung auseinandersetzen und dann entscheiden.
- Aufwand im Ergebnisplan falsch. Es handelt sich um eine Auszahlung im Finanzplan, da investiv!
- Der Buchungssatz lautet: BGA an Bank (Auszahlung 78). Der Abschreibungsaufwand im Ergebnisplan ist nicht zu problematisieren laut Aufgabenstellung. Zum Ergebnisplan oder zur Nutzungsdauer liegen somit bewusst keine Informationen vor.
- Die Maßnahme ist definitiv sachlich und zeitlich unabweisbar im Sinne der Gefahrenabwehr und Pflichtaufgabenerfüllung.
- Der Deckungsvorschlag ist unzulässig. Deckung kann niemals durch eine Kreditaufnahme erfolgen. Kredite erhöhen den Geldbestand, aber keine investiven Ermächtigungen im Haushaltsplan.
- Der Kämmerer stimmt zu, obwohl der Betrag in Höhe von 5.000 Euro aufgrund der Angaben in der Haushaltssatzung erheblich ist. Somit an dieser Stelle ebenfalls rechtswidrig.

Insgesamt sind alle Punkte abzuarbeiten und schlüssig herzuleiten.

2.10.3.4 Budgetierung

Die Budgetierung ist eine vorgelagerte Möglichkeit zu § 83 GO NRW, der durchaus viel Verwaltungsaufwand und gewisse Wartezeiten verursacht sowie beim jeweiligen Fachamt gewisse haushaltsrechtliche Kenntnisse voraussetzt. Die Budgetierung vereinfacht das Verfahren und gibt Verantwortung in das jeweilige Fachamt, sodass durch diese dezentrale Ressourcenverantwortung ein größerer Bezug zu den Kommunalfinanzen „vor Ort" entstehen soll und dadurch ein gewisser Spareffekt einsetzen kann. Weiterhin ermöglicht es den „Experten vor Ort" schnelleres Handeln, denn so muss z. B. das Bauamt der Kämmerei nicht erst fachtechnisch erklären, warum sie eine Maßnahme vorziehen und dafür eine andere nicht erledigen will.

Gleichzeitig haben Bereiche Vorteile, die mit der Bearbeitung von freiwilligen Leistungen beauftragt sind. Sie müssen nicht über Unabweisbarkeit diskutieren, was im Rahmen von § 83 GO NRW durchaus problematisch sein könnte. Eine „externe" Zustimmung ist ebenfalls nicht erforderlich, da die Budgetierung bereits bei der Haushaltsplanerstellung mit in die Haushaltssatzung oder die Teilpläne eingepflegt werden muss (nachträglich geht das nicht) und der Rat die Budgetierung somit automatisch mit beschließt und die Zustimmung des § 83 GO NRW hiermit generell indirekt im Vorfeld gibt. Die Budgetierung unterteilt sich in die echte und unechte Deckungsfähigkeit und ist in den §§ 4 Abs. 5 und 21 Abs. 1 und 2 KomHVO NRW geregelt.

2.10.3.4.1 Echte Deckungsfähigkeit nach § 21 Abs. 1 KomHVO NRW

§ 21 Abs. 1 KomHVO NRW behandelt die sog. „echte Deckungsfähigkeit", demnach können Auszahlungen/Aufwendungen in der Haushaltssatzung oder in den Teilplänen zu einem Budget verbunden werden. In diesem Budget kann man einzelne Auszahlungs-/Aufwandsbuchungsstellen für gegenseitig oder einseitig deckungsfähig erklären. Das bedeutet, dass Einsparungen zu Mehrauszahlungen in gleicher Höhe ermächtigen. § 21 Abs. 1 KomHVO NRW ermöglicht somit eine flexible Haushaltsbewirtschaftung und beugt übermäßig vielen überplanmäßigen Mittelbereitstellungen nach § 83 GO NRW vor. Die Budgetsumme ist verbindlich, sodass hier die Verbindlichkeit nach § 79 Abs. 4 GO NRW wieder zur Geltung kommt. Die echte Deckungsfähigkeit ist im Gesetz nicht sofort verständlich formuliert und liest sich eher als Einleitung in das Thema, sodass man hier nicht durch die reine Gesetzeslektüre die Konstruktion der unechten Deckungsfähigkeit erkennen kann.

Echte Deckungsfähigkeit

- nur innerhalb der Aufwendungen und Auszahlungen

Aufwandsermächtigungen	Ansatz	Budgetierung
Haushaltsansatz a	1000 €	1100 €
Haushaltsansatz b	500 €	500 €
Haushaltsansatz c	800 €	700 €
Haushaltsansatz d	700 €	700 €
Summe	3000 €	3000 €

Nach § 79 Abs. 4 GO NRW verbindlich!

- Bei Aufwandsermächtigung a) wurde der Haushaltsansatz um 100 Euro überschritten; demnach hätte eine überplanmäßige Mittelbereitstellung beantragt werden müssen.
  → Vorteil: keine langen Dienstwege, evtl. keine Kompetenz zur Antragstellung. (z. B. Außenstellen, die sich nicht mit dem Thema auskennen können).

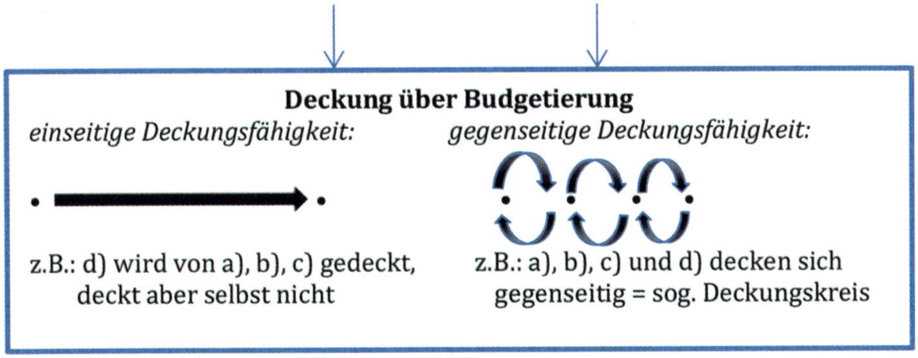

→ möglich über den **Deckungskreis**: Dieser bezeichnet die Möglichkeit mehrerer gegenseitig deckungsfähiger Haushaltsansätze.
→ Haushaltsansätze werden nicht einzeln betrachtet, sondern nach Themengebieten zusammengefasst, bleiben aber in der Endsumme gleich (= Summenprinzip), wodurch die Verbindlichkeit des Haushaltsplans nach § 79 Abs. 4 GO NRW trotzdem berücksichtigt wird; diese „Verbindung" von Haushaltsansätzen wird mittels **Deckungsvermerken** festgesetzt.
→ Aufwendungen und Auszahlungen können hierbei nicht gegenseitig deckungsfähig sein, da Aufwendungen im Ergebnisplan und Auszahlungen im Finanzplan veranschlagt werden.

Die Bewirtschaftung der Budgets darf zudem gemäß § 21 Abs. 3 KomHVO NRW nicht zu einer Minderung des Saldos aus laufender Verwaltungstätigkeit nach § 3 Abs. 2 Nr. 1 KomHVO NRW führen.

Siehe hierzu folgenden Beispielfall zu § 21 Abs. 3 KomHVO NRW:

Haushaltsausführung:

Nachdem die Haushaltssatzung (mit Haushaltsplan einschließlich der aufgestellten Teilpläne für das Produktbudget „Berufskollegs und Berufsschulen") der Stadt termingerecht beschlossen wurde und in Kraft getreten ist, treten folgende Sachverhalte ein:

Im Dezember fällt im Rahmen der körperlichen Inventur auf, dass der strenge Winter Spuren hinterlassen hat. Durch den langen, harten Frost wurde der Lehrerparkplatz an einer Schule beschädigt; ein Sachverständiger beziffert die Höhe des Schadens auf ungefähr 9.000 Euro. Der Schaden kann in dem Jahr nicht mehr behoben werden und muss aufgrund der anhaltend frostigen Witterung auf das Frühjahr des Folgejahres verschoben werden.

Eine neue Mehrzweck-Sporthalle wurde besser angenommen als geplant, und somit konnten 3.000 Euro zusätzlich an Benutzungsgebühren von Sportvereinen erhoben werden.

Darüber hinaus hat der Rat der Stadt beschlossen, die Parkplätze an den Berufsschulen zu bewirtschaften. Ergebnis: zusätzliche Gebühren in Höhe von 10.000 Euro im Produktbudget.

Beim ersten größeren Sportwettbewerb in der neuen Mehrzweck-Sporthalle verursachte Hausmeister Krause, der auch dem Produkt „Berufskollegs/-schulen" angehört, am 15.11. einen *„Unfall"*. Beim Aufstellen der Sportgeräte, Handballtore etc. war er mehr als unvorsichtig und ruinierte durch seine Ungeschicktheit den gesamten Parkettboden der neuen Halle. Der gesamte Parkettboden muss abgeschliffen und neu versiegelt werden; Kostenpunkt: 20.000 Euro.

Dadurch, dass eine Verwaltungsmitarbeiterin des Produkts im Laufe des Jahres ihre regelmäßige Wochenarbeitszeit von 39,5 Std. auf 20 Std. reduziert hat, sind hier 7.000 Euro weniger Personalkosten angefallen als ursprünglich geplant. Bei den Aufwendungen für

Bürobedarf konnten im Rahmen einer Haushaltskonsolidierung 2.000 Euro eingespart werden.

Bearbeitungshinweise:
Im o. g. Produktbudget wurde im Haushaltsplan folgender Vermerk angebracht: „Mehrerträge im Budget dürfen im Rahmen der gesetzlichen Regelungen zur Deckung von Mehraufwendungen im Budget herangezogen werden, soweit keine Zweckbindung besteht."

§ 8 der Haushaltssatzung der Stadt enthält folgende Festsetzungen:

- *Erheblich i. S. v. § 81 Abs. 2 Nr. 1 und Nr. 2 GO NRW ist ein Betrag oberhalb von 20.000 Euro.*
- *Die Zuständigkeit gemäß § 83 Abs. 1 GO NRW obliegt dem Kämmerer.*
- *Erheblich i. S. v. § 83 Abs. 2 GO NRW ist ein Betrag oberhalb von 12.000 Euro.*

Der Betrag aus § 5 der Haushaltssatzung der Stadt (Liquiditätskredite) wurde nicht vollständig in Anspruch genommen. Hier liegt man aktuell 15.000 Euro unter dem Höchstbetrag. Im Produktbudget „Verkehrsüberwachung" des Produktbereichs 02 „Sicherheit und Ordnung" liegen die Erträge und Einzahlungen erfreulicherweise 10.000 Euro über den geplanten Werten.

Aufgabe:
Im Rahmen der Haushaltsausführung kam es zu Abweichungen von den Planansätzen. Bitte nehmen Sie unter Berücksichtigung der gesetzlichen Vorschriften hierzu gutachterlich Stellung. Wenden Sie die gesetzlichen Vorschriften an, sollte ein evtl. entstandener Mehrbedarf gedeckt werden müssen. Wie wäre ein solcher Mehrbedarf zu decken?

Zur Lösung des Sachverhalts werden die Kenntnisse der echten (siehe die vorherigen Seiten) und unechten Deckungsfähigkeit (siehe die direkten Folgeseiten) benötigt.

Lösung:
Feststellung Mehrbedarf:

9.000 Euro	Frostschaden Parkplatz; Aufwand: Bildung einer Rückstellung (ist nicht zahlungswirksam)
20.000 Euro	Beschädigung des Bodens; Aufwand + Auszahlung im lfd. Jahr (ist zahlungswirksam)

29.000 Euro = Gesamtmehrbedarf!

Mögliche Deckungsmöglichkeiten:

7.000 Euro	Einsparung beim Personalaufwand wg. Stundenreduzierung gemäß § 21 Abs. 1 KomHVO NRW (ist zahlungswirksam)
2.000 Euro	Einsparung beim Aufwand Bürobedarf, § 21 Abs. 1 KomHVO NRW (ist zahlungswirksam)

3.000 Euro	Mehrertrag bei den Gebühren für Sporthalle, § 21 Abs. 2 KomHVO NRW (ist zahlungswirksam)
10.000 Euro	Zusätzliche Parkgebühren, § 21 Abs. 2 KomHVO NRW (ist zahlungswirksam)
10.000 Euro	Mehrertrag/-einzahlung im Budget Verkehrsüberwachung im Rahmen einer über-/außerplanmäßigen Aufwendung/Auszahlung gemäß § 83 GO NRW

Gutachten zur Deckung eines Mehrbedarfs:

Grundsätzlich ist der Haushaltsplan der Kommune gemäß § 79 Abs. 4 GO NRW für die Haushaltsausführung verbindlich. Das bedeutet, dass die Planansätze, insbesondere die der Aufwendungen, nicht überschritten werden dürfen. In der Praxis kommt es immer wieder vor, dass die Planansätze der Aufwendungen nicht eingehalten werden können. Die strikte Einhaltung des § 79 Abs. 4 GO NRW würde bedeuten, dass bei jeder Überschreitung eines Ansatzes für Aufwendungen eine Nachtragssatzung gemäß § 81 GO NRW erforderlich wäre. Das Verfahren zum Erlass einer Nachtragssatzung entspricht dem zum Erlass einer „normalen" Haushaltssatzung. Da dieses Verfahren sehr arbeitsintensiv ist, wären Rat und Verwaltung in ihrer Arbeit „blockiert". Um das zu vermeiden, hat der Gesetzgeber Möglichkeiten geschaffen, nicht bei jeder Überschreitung sofort das Verfahren zum Erlass einer Nachtragssatzung in Gang zu setzen. Eine solche „Öffnungsklausel" befindet sich z. B. in § 21 KomHVO NRW.

Laut SV ist ein Mehrbedarf in Höhe von insgesamt 29.000 Euro entstanden:

9.000 Euro	Frostschaden Parkplatz; Aufwand: Bildung einer Rückstellung +
20.000 Euro	Beschädigung des Bodens; Aufwand + Auszahlung im lfd. Jahr.

Diesen Mehrbedarf gilt es nun zu decken.

Gemäß § 21 Abs. 1 KomHVO NRW sind in den Budgets die **Summe** der Erträge und die **Summe** der Aufwendungen VERBINDLICH und nicht wie in § 79 Abs. 4 GO NRW jeder einzelne Planansatz. Das bedeutet, dass ein Mehraufwand im Budget durch eine Aufwandseinsparung im gleichen Budget gedeckt werden kann, da sich dadurch die **Summe** der Aufwendungen im Budget nicht verändert. Diese Form der Deckung wird auch „echte Deckungsfähigkeit" genannt, weil sich die vom Rat beschlossene Summe der Aufwendungen insgesamt nicht verändert. Voraussetzung, um diese Möglichkeit zu nutzen ist, dass der Haushalt der Kommune in Budgets gegliedert ist. Laut SV handelt es sich hier um das Produktbudget „BK und Berufsschulen". Damit ist die Voraussetzung erfüllt, und Minderaufwendungen können zur Deckung des o. g. Mehraufwands genutzt werden.

Folgende Minderaufwendungen im Budget liegen vor:

7.000 Euro	Einsparung beim Personalaufwand wg. Stundenreduzierung
2.000 Euro	Einsparung beim Aufwand Bürobedarf

Gemäß § 21 Abs. 3 KomHVO NRW darf die Bewirtschaftung der Budgets aber nicht zu einer Minderung des Saldos der Ein- und Auszahlungen aus lfd. Verwaltungstätigkeit führen. Laut SV ist der Mehraufwand in Höhe von 9.000 Euro für die Bildung der Rückstellung (Frostschaden Parkplatz) nicht zahlungswirksam. Da die beiden o. g. Minderaufwendungen zahlungswirksam sind, kommt es hier nicht zu einer Minderung des Saldos aus Ein- und Auszahlungen der lfd. Verwaltungstätigkeit, sondern sogar zu einer Erhöhung von 9.000 Euro. Somit kann der Mehraufwand in Höhe von insgesamt 29.000 Euro teilweise in Form der sog. echten Deckungsfähigkeit gemäß § 21 Abs. 1 KomHVO NRW gedeckt werden. Es verbleibt ein Mehrbedarf in Höhe von 20.000 Euro, den es zu decken gilt.

Gemäß § 21 Abs. 2 KomHVO NRW kann bestimmt werden, dass Mehrerträge zur Deckung von Mehraufwendungen herangezogen werden können. Diese Form der Deckung wird auch „unechte Deckungsfähigkeit" genannt; „unecht" da die vom Rat ursprünglich beschlossenen Summen der Erträge und Aufwendungen hierdurch erhöht werden. Tatsächlich handelt es sich deshalb um überplanmäßige Aufwendungen; gemäß § 21 Abs. 2 Satz 3 KomHVO NRW **gelten** sie nicht als solche! Wäre das so, müssten an dieser Stelle die Voraussetzungen des § 83 GO NRW geprüft werden; dieses Verfahren ist weitaus umfangreicher als die „unechte Deckungsfähigkeit", bei der der Sachbearbeiter selbst entscheiden kann.

Von der Möglichkeit eines Haushaltsvermerks hat die Kommune Gebrauch gemacht. Mehrerträge liegen auch vor:

3.000 Euro	Mehrertrag bei den Gebühren für die Sporthalle +
10.000 Euro	Zusätzliche Parkgebühren an den Schulparkplätzen

Auch hier darf es nicht zu einer Minderung des Saldos aus Ein- und Auszahlungen der lfd. Verwaltungstätigkeit gemäß § 21 Abs. 3 KomHVO NRW kommen. Da im vorliegenden SV sowohl der verbliebene Mehraufwand als auch die o. g. Mehrerträge zahlungswirksam sind, kommt es nicht zu einer entsprechenden Minderung. Somit können die 13.000 Euro Mehrertrag zur Deckung des verbliebenen Mehraufwands in Höhe von 20.000 Euro herangezogen werden.

Zwischenfazit:
Nach Anwendung der echten und unechten Deckungsfähigkeit gemäß § 21 KomHVO NRW verbleibt ein Mehrbedarf in Höhe von 7.000 Euro, den es zu decken gilt. Gemäß § 81 Abs. 2 Nr. 2 GO NRW hat die Kommune unverzüglich eine Nachtragssatzung zu erlassen, wenn trotz Ausnutzung jeder Sparmöglichkeit zusätzliche erhebliche Aufwendungen entstehen. Laut SV sind hier Beträge im Sinne dieser Vorschrift erheblich, wenn sie 20.000 Euro übersteigen. Da der hier verbliebene Mehrbedarf lediglich 7.000 Euro beträgt, hat die Kommune keine Nachtragssatzung gemäß § 81 GO NRW zu erlassen.

Eine weitere Möglichkeit zur Deckung eines Mehrbedarfs ist in § 83 GO NRW zu finden (überplan-/außerplanmäßige Aufwendung/Auszahlung). Die Zuständigkeit obliegt für überplan-/außerplanmäßige Aufwendungen und Auszahlungen gemäß § 41 Abs. 1h GO NRW dem Rat der Kommune, soweit die GO NRW nichts anderes bestimmt. In § 83 Abs. 1

GO NRW wird die Zuständigkeit auf den Kämmerer bzw. Bürgermeister übertragen. Lediglich „erhebliche" Beträge i. S. d. § 83 Abs. 2 GO NRW bedürfen der vorherigen Zustimmung durch den Rat.

Laut SV handelt es sich erst ab einer Summe von über 12.000 Euro um einen erheblichen Betrag im Sinne dieser Vorschrift. Da es sich hier nur noch um einen Betrag von 7.000 Euro handelt, obliegt die Zuständigkeit dem Kämmerer der Kommune. Voraussetzung zur Anwendung des § 83 GO NRW ist, dass die Deckung im lfd. Haushaltsjahr gewährleistet ist. Darüber hinaus müssen die Mehraufwendungen unabweisbar sein. Das bedeutet, die Mehraufwendungen müssen zeitlich unaufschiebbar und sachlich unbedingt notwendig sein.

Zeitlich unaufschiebbar ist der Mehraufwand hier nicht, da er bereits eingetreten ist. Sachlich unbedingt notwendig ist die Deckung des Mehraufwands gemäß § 90 Abs. 2 GO NRW. Demnach sind die Vermögensgegenstände der Kommune pfleglich und wirtschaftlich zu verwalten. Sollte der Schaden am Parkettboden nicht umgehend behoben werden, könnte z. B. durch Feuchtigkeit und Schimmelbildung ein noch größerer Schaden entstehen. Darüber hinaus wurden laut SV mit der Vermietung der Sporthalle Einnahmen erzielt, die ausbleiben würden, wenn der Hallenboden nicht instandgesetzt wird.

Somit sind die Voraussetzungen für eine überplanmäßige Aufwendung gegeben, wenn die Deckung im lfd. Haushaltsjahr gewährleistet ist. Laut SV sind im Budget „Verkehrsüberwachung" Mehrerträge/-einzahlungen in Höhe von 10.000 Euro entstanden. Diese können zur Deckung des verbliebenen Mehraufwands in der Höhe von 7.000 Euro genutzt werden. Somit ist der gesamte Mehraufwand in Höhe von 29.000 Euro gedeckt. Der Kämmerer entscheidet hier im Rahmen des § 83 GO NRW und gibt dem Rat seine Entscheidung im Nachhinein zur Kenntnis.

2.10.3.4.2 Unechte Deckungsfähigkeit nach § 21 Abs. 2 KomHVO NRW

Demnach können Einzahlungen und Auszahlungen in der Haushaltssatzung oder in den Teilplänen per Zweckbindungsvermerk zu einem Budget verbunden werden. Mehreinzahlungen ermächtigen zu Mehrauszahlungen in gleicher Höhe. Mindereinzahlungen verringern die verbundene Auszahlungsermächtigung allerdings entsprechend. Die Budgetsumme ist nach § 79 Abs. 4 GO NRW in folgender Hinsicht verbindlich: In der Budgetsumme müssen die Einzahlungen mindestens die Höhe der verbundenen Auszahlungen erreichen oder übersteigen. Hierbei handelt es sich um die sog. „unechte Deckungsfähigkeit". Gleiches gilt für Erträge und Aufwendungen im Ergebnisplan. Wenn die Budgetierung als Lösungsvariante ausscheidet, ist nunmehr zu prüfen, ob die noch fehlenden Mittel gemäß § 83 GO NRW bereitgestellt werden können.

Unechte Deckungsfähigkeit

Erträge/ Einzahlungen	*Betrag*	*Aufwendungen/ Auszahlungen*	*Betrag*
a) Gewerbe-steuer	50.000 €	a) Personalaufwand	40.000 €
b) Bußgelder	40.000 €	b) Aufwendungen für Sach- und Dienst-leistungen	30.000 €
c) Hundesteuer	5.000 €	c) Büromaterial	5.000 €
d) Verwaltungs-gebühren	3.000 €	d) sonstige Aufwen-dungen	5.000 €
Summe	98.000 €	**Summe**	80.000 €

+ 5.000 € auf a), b), c) und/oder d) nur bei Mehrertrag/ -einzahlung

→ keine überplan-mäßige Mittelbereit-stellung

≥ Verbindlich nach § 79 Abs. 3 GO NRW

Legende:
→ Zweckbindungsvermerke

- *Grundsätzlich: Für Erträge und Einzahlungen müssen keine Obergrenzen („caps") festgelegt werden, da sich diese nur positiv auf den Haushalt auswirken.*
- **Unechte Deckungsfähigkeit**: Möglichkeit, Erträge und Einzahlungen mit Aufwendungen und Auszahlungen zu verbinden.
  Es kann nur ein Budget bestehen, wenn auch eine Zweckbindung (durch Zweckbindungsvermerk) besteht.

→ Es gibt bei der unechten Deckungsfähigkeit weder einseitige noch gegenseitige Deckungsvermerke, Man bezeichnet sie als Zweckbindungsvermerke.

Ziel: § 83 GO NRW umgehen/vermeiden

Problem: Ohne Mehrerträge/-einzahlungen keine Hochsetzung der Aufwendungen und Auszahlungen (= Gegenstromprinzip); kommen weniger Erträge und Einzahlungen als geplant zustande, können die Ermächtigungen der Aufwendungen und Auszahlungen gleichermaßen sinken.

Herleitung der Verbindlichkeit nach § 79 Abs. 4 GO NRW
Die Budgetsumme darf steigen und sinken, aber die Erträge und Einzahlungen müssen im Verhältnis zur ursprünglichen Planung immer höher oder gleich den Aufwendungen und Auszahlungen sein.

→ die Deckung muss gegeben sein

→ Werden weniger Erträge und Einzahlungen realisiert (beachte: Gültigkeit des Realisationsprinzips) als geplant, sinken die verknüpften Aufwendungen und Auszahlungen entsprechend.

2.10.3.4.3 Zusammenfassung Budgetierung

- gilt nicht für die Vormeidung von außerplanmäßigen, sondern nur von überplanmäßigen Mittelbereitstellungen
- wird in der Haushaltssatzung/in den Teilplänen festgesetzt → Zustimmung des Rates
- Ziel: Anträgen auf überplanmäßige Mittel vorbeugen
- Vorteile:
  - Ressourcenverantwortung dezentral stabilisieren, zu Sparsamkeit ermutigen
  - Entlastung der Kämmerei
  - Verfahren (insbesondere Prüfung der Unabweisbarkeit und Zustimmung) nach § 83 GO NRW fällt weg

Rangfolge der Betrachtung bei Mehraufwendungen/-auszahlungen
1.Haushaltsansatz
2.Budgetierung
3.Überplanmäßige Mittelbereitstellung

2.10.3.4.4 Beispielfall

Das Städtische Gymnasium Studienhausen ist in seinem Schuletat selbstständig (Budget). Im Oktober stellt der Schulleiter des Gymnasiums Studienhausen fest, dass er bei den Haushaltsansätzen 720.123, 720.200 und 740.308 insgesamt Einsparungen von 2.100 Euro haben wird. Evtl. weitere Auszahlungen bis zum Jahresende sind dabei bereits berücksichtigt.

Die Haushaltsansätze wurden für gegenseitig deckungsfähig erklärt, ferner sind sie einseitig deckungsfähig erklärt zugunsten des Haushaltsansatzes 780.120 „Beschaffung von beweglichem Vermögen". Angesichts der Einsparungen möchte der Schulleiter nun für den Ankauf eines dringend benötigten Stufenbarrens (Kaufpreis 1.900 Euro) diese Mittel verwenden.

Ferner bewilligt das Land Nordrhein-Westfalen pauschal zur besseren Medienausstattung einen über den Haushaltsansatz hinausgehenden Mehrbetrag von 3.000 Euro (Haushaltsansatz 610.068). Der Schulleiter will dafür eine dringend benötigte EDV-Anlage mit zehn Arbeitsplätzen beschaffen (Gesamtkosten 3.200 Euro). Der Kämmerer will diese Mittel auch beim Haushaltsansatz 780.120 bereitstellen. Deckungsvermerke liegen in diesem Fall nicht vor. Allerdings legt der Bürgermeister sein Veto ein und merkt an, dass diese Mehreinzahlung des Landes zugunsten seiner im Haushaltsplan vorgesehenen und mittlerweile ausgeschöpften Verfügungsmittel verwendet werden könnte. Er möchte noch verschiedene Veranstaltungen (z. B. Weihnachtsfeiern von Vereinen) bis zum Jahresende besuchen und dort die Mitbürger zu Getränken einladen.

Aufgaben:

1. Was ist haushaltsrechtlich zu veranlassen, um die vorgenannten Maßnahmen (Beschaffung des Stufenbarrens und der EDV-Anlage) durchzuführen? Erläutern und begründen Sie Ihre Entscheidung eingehend.
2. Nehmen Sie Stellung zur Aussage des Bürgermeisters und prüfen Sie die haushaltsrechtliche Machbarkeit.

Hinweis 1:
Auf etwaige Erhöhungen beim Ansatz für die bilanziellen Abschreibungen ist nicht einzugehen.

Hinweis 2:
Die Nummerierung/Bezeichnung der Haushaltsansätze ist rein fiktiv erfolgt, durch die jeweils ersten zwei Ziffern wird jedoch ein Hinweis auf den Finanzplan gegeben.

2.10.3.4.5 Lösung

Es ist zu prüfen, was haushaltsrechtlich zu veranlassen ist, um den Stufenbarren und die EDV-Anlage beschaffen zu können.

Es handelt sich um Auszahlungen im Finanzplan, weil es sich um den Kauf von Anlagevermögen gemäß § 34 KomHVO NRW handelt, dieser Geschäftsvorfall stellt zum Zeitpunkt der Anschaffung keinen Aufwand dar. Der Ergebnisplan (Abschreibungen) ist aufgrund der Aufgabenstellung nicht zu problematisieren.

Bei der Beschaffung des Stufenbarrens könnte § 21 Abs. 1 KomHVO NRW zur Lösung führen. § 21 Abs. 1 behandelt die sog. „echte Deckungsfähigkeit", demnach können u. a. Auszahlungen zu einem Budget verbunden werden. In diesem Budget kann man einzelne Auszahlungen für gegenseitig deckungsfähig erklären. Das bedeutet, dass Einsparungen zu Mehrauszahlungen in gleicher Höhe ermächtigen. § 21 Abs. 1 KomHVO NRW ermöglicht somit eine flexible Haushaltsbewirtschaftung und beugt übermäßig vielen überplanmäßigen Mittelbereitstellungen nach § 83 GO NRW vor.

Laut Sachverhalt sind alle Haushaltsansätze gegenseitig deckungsfähig und weisen Einsparungen i. H. v. 2.100 Euro auf. Weiterhin sind die Haushaltsansätze in der Summe einseitig deckungsfähig mit Haushaltsansatz 780.120 verbunden. Auf diesem sollen nun 1.900 Euro für den Stufenbarren bereitgestellt werden. Aufgrund der angebrachten Deckungsvermerke kann nach § 21 Abs. 1 KomHVO NRW verfahren werden. Die Mittel können ohne Anwendung von § 83 GO NRW im Rahmen der „echten Deckungsfähigkeit" bereitgestellt werden. 200 Euro verbleiben im Budget.
Weiterhin ist zu prüfen, auf welchem Weg die Mittel für die EDV-Anlage bereitgestellt werden können. Fraglich ist, ob im vorliegenden Fall § 21 Abs. 2 KomHVO NRW zur Lösung führt. Demnach können u. a. Einzahlungen und Auszahlungen per Zweckbindungsvermerk zu einem Budget verbunden werden. Mehreinzahlungen ermächtigen zu Mehrauszahlungen in gleicher Höhe. Hierbei handelt es sich um die sog. „unechte Deckungsfähigkeit".

Laut Sachverhalt liegt ein solcher Zweckbindungsvermerk nicht vor und somit ist diese Lösungsvariante auszuschließen.

Es ist zu prüfen, ob ein Teilbetrag für die Anschaffung der EDV-Anlage im Rahmen der „echten Deckungsfähigkeit" bereitgestellt werden kann. Da die EDV-Anlage auch bei 780.120 beschafft werden soll und dort noch Mittel in Höhe von 200 Euro zur Verfügung stehen, können zumindest diese für die EDV-Anlage verwendet werden. Im Übrigen verweise ich auf meine o. g. Ausführung.

Da § 21 Abs. 2 KomHVO NRW, wie bereits erwähnt, als Lösungsvariante ausscheidet, ist nunmehr zu prüfen, ob die noch fehlenden Mittel gemäß § 83 GO NRW bereitgestellt werden können. § 83 GO NRW regelt u. a. die Möglichkeit einer überplanmäßigen Mittelbereitstellung. Von einer überplanmäßigen Mittelbereitstellung spricht man, wenn die im Haushaltsplan festgelegten Ermächtigungen für beispielsweise Auszahlungen nicht ausreichen und über den Planansatz hinaus Mittel benötigt werden. Dies ist im vorliegenden Sachverhalt unstrittig, da die Mittel bei 780.120 geplant sind, aber nicht ausreichen.

Somit ist zunächst zu prüfen, ob die Beschaffung der EDV-Anlage unabweisbar ist. Unabweisbar bedeutet, dass ohne den Vollzug einer Maßnahme die Aufgabenerfüllung, insbesondere bei Pflichtaufgaben und der Gefahrenabwehr, nicht gewährleitet ist. Laut Sachverhalt wird dies nicht problematisiert, und es ist von der Unabweisbarkeit auszugehen. Weiterhin ist zu prüfen, ob die Deckung im laufenden Jahr gewährleistet ist. Laut Sachverhalt bezuschusst das Land NRW diese Maßnahme mit genau den noch fehlenden Mitteln i. H. v. 3.000 Euro.

Diese Tatbestandsvoraussetzung ist somit erfüllt. Fraglich ist weiterhin, ob der Kämmerer selbst über die überplanmäßige Mittelbereitstellung entscheiden darf, dafür müsste der Betrag unerheblich sein.

Bis zu welchem Betrag der Kämmerer entscheiden darf, regelt die Haushaltssatzung. Im Sachverhalt wird dazu nichts gesagt, und deshalb wird hier von der Entscheidungsbefugnis des Kämmerers ausgegangen. Der Betrag i. H. v. 3.000 Euro erscheint jedoch aufgrund haushaltsrechtlicher Erfahrung unerheblich zu sein. Der Rat bekommt die überplanmäßige Mittelbereitstellung mindestens zur Kenntnis.

Somit liegen alle Tatbestandsvoraussetzungen des § 83 GO NRW vor. Fazit: Stufenbarren und EDV-Anlage können, wie vom Kämmerer gefordert, beschafft werden.

Die Vorstellung des Bürgermeisters ist nicht umsetzbar, da dies einen Verstoß gegen § 14 KomHVO NRW darstellen würde. Weiterhin ist die Landeszuweisung für einen investiven Zweck bestimmt. Ein Verwendungsnachweis wäre dem Land zuzuleiten.

2.10.3.5 Nachtragssatzung

Im Rahmen der Ausführung des Haushaltsplans kann sich aufgrund von neuen Entwicklungen der Gemeinde ein Anpassungsbedarf bei den Ermächtigungen im Haushaltsplan ergeben. Die Veränderung in der wirtschaftlichen Entwicklung der Gemeinde kann dabei so wesentlich oder erheblich sein, dass die gemeindliche Haushaltssatzung anzupassen ist.

Bei den nachfolgenden Tatbeständen lassen sich die haushaltsmäßigen Ermächtigungen in der Regel nur durch eine Änderung der vom Rat beschlossenen Haushaltssatzung und im Rahmen des dafür gesetzlich vorgesehenen Verfahrens neu festlegen oder ergänzen (vgl. §§ 78 und 80 GO NRW). Eine erforderlich gewordene Nachtragssatzung kann aber nur erlassen werden, wenn der Rat der Gemeinde zuvor eine Haushaltssatzung für das betreffende Haushaltsjahr beschlossen hat und diese auch in Kraft getreten ist (vgl. § 80 GO NRW).

Zur Prüfung des § 81 Abs. 2 GO NRW ergibt sich folgende Reihenfolge:

1. § 81 Abs. 2 Nr. 1 GO NRW
   a) Ausnutzung jeder Sparmöglichkeit (Mehrerträge/Minderaufwendungen)
   b) Fehlbetrag im Ergebnisplan
   c) Erheblichkeit (Grenze muss in der Haushaltssatzung definiert werden)
   d) Haushaltsausgleich nur durch Änderung der Haushaltssatzung möglich
2. § 81 Abs. 2 Nr. 2 GO NRW
   a) bisher (bezieht sich auf das Haushaltsjahr)
   b) nicht veranschlagte oder zusätzliche Aufwendungen oder Auszahlungen
   c) Erheblichkeit (Grenze muss in der Haushaltssatzung definiert werden)
3. § 81 Abs. 2 Nr. 3 GO NRW
   a) bisher (bezieht sich darauf, dass die Investitionen oder Investitionsförderungsmaßnahmen neu sind, d. h., Fortsetzungsmaßnahmen bedingen keine Pflicht zum Erlass einer Nachtragssatzung)
   b) nicht veranschlagte Auszahlungen
   c) Investitionen und Investitionsförderungsmaßnahmen
4. Ausnahmen: § 81 Abs. 3 GO NRW
   Gemäß § 81 Abs. 3 GO NRW finden § 80 Abs. 2 Nr. 2 und 3 GO NRW keine Anwendung auf:
   a) Geringfügige Investitionen und Investitionsförderungsmaßnahmen (§ 81 Abs. 3 Nr. 1 GO NRW)
   b) Instandsetzungen an Bauten, die unabweisbar sind
   c) Umschuldungen für Kredite
   d) gilt nicht für Maßnahmen nach § 83 Abs. 3 GO NRW

Merke:
Sollte bereits § 81 Abs. 2 Nr. 2 bzw. Nr. 3 GO NRW verneint worden sein, erübrigt sich eine Prüfung des § 81 Abs. 3 GO NRW.

Sollte sich eine Pflicht zum Erlass einer Nachtragssatzung nicht aus § 81 Abs. 2 GO NRW ergeben, ist zu prüfen, inwieweit sich eine **Pflicht zum Erlass einer Nachtragssatzung** kraft Natur der Sache ergibt. Hierfür müssen folgende Tatbestände alternativ erfüllt sein:

a) Änderung eines Paragrafen der Haushaltssatzung
b) Mehrbedarf bei Verfügungsmitteln, da sie nicht nach § 21 KomHVO NRW oder § 83 GO NRW erhöht oder nachträglich in den Haushalt eingefügt werden dürfen
c) Neuaufnahme oder Änderung von Haushaltsvermerken im Rahmen der Budgetierung, da im Vorfeld bereits im beschlossenen Haushalt in der Satzung oder den Teilplänen enthalten

Die **Zuständigkeiten** zum Erlass einer Nachtragssatzung ergeben sich aus § 80 i. V. m. § 79 GO NRW. Dies bedeutet, es ist das dort umschriebene mehrstufige Verfahren wie beim Erlass der Haushaltssatzung erforderlich. Hieran wirken die betroffenen bzw. verursachenden Ämter/Abteilungen, die Kämmerei, der Kämmerer bzw. Bürgermeister sowie der Rat mit (bzw. auch die Ausschüsse).

Merke:
Der Beschluss des Rates über eine Nachtragssatzung hat spätestens bis zum Ablauf des Haushaltsjahres zu erfolgen (vgl. § 80 Abs. 1 Satz 1, 2. Halbsatz GO NRW).

2.11 KREDITE IM KOMMUNALEN HAUSHALTSRECHT

2.11.1 Einführung

Es gibt drei relevante Kreditarten, die für Kommunalverwaltungen eine Rolle spielen:

- Kredite zur Liquiditätssicherung
- Kredite für Investitionen
- Kredite zur Umschuldung

In den allgemeinen Haushaltsgrundsätzen des § 75 GO NRW heißt es in Absatz 6: „Die Gemeinde hat ihre Liquidität einschließlich der Finanzierung von Investitionen sicherzustellen."

Das steht dort ganz bewusst, auch wenn dieser Grundsatz für jede natürliche Person obligatorisch ist, denn es gibt kein „Aber". Es heißt im Volksmund sehr häufig: „Eine Verwaltung kann ja nicht pleitegehen." An dieser Stelle meint der Gesetzgeber wohl eher „sie darf es nicht", da eine Verwaltung ja auch und oft insbesondere die Erledigung von Pflichtaufgaben und zur Gefahrenabwehr sicherstellen muss, notfalls mit Fremdkapital. Sie darf sich dafür somit sehr wohl verschulden, jedoch nicht überschulden! Der Begriff der Überschuldung bzw. des Überschuldungsverbots ist haushaltsrechtlich/buchhalterisch so legal definiert, dass „eine Gemeinde überschuldet ist, wenn nach ihrer Bilanz das Eigenkapital aufgebraucht ist". Das heißt, dass die Passivseite der Bilanz ein Eigenkapital von 0 ausweist und in der Folge das Vermögen ausschließlich auf Fremdkapital basiert. In der Konstellation wäre eine Privatperson noch nicht überschuldet, da ja noch Vermögen, auch Umlaufvermögen und somit Liquidität, vorhanden wäre. Der Begriff wird im Haushaltsrecht somit anders verstanden als im „normalen Leben" (siehe auch § 75 Abs. 7 GO NRW).

Wie aus der Rangfolge der Finanzmittelbeschaffung entnommen werden kann (§ 77 Abs. 2 und 4 GO NRW),[31] ist ein Kredit das letzte Mittel bzw. im Zweifel das wirtschaftlich zweckmäßigste (man beachte die zwei Varianten des § 77 Abs. 4 GO NRW).

2.11.2 Kredit zur Liquiditätssicherung

Dieser Kredit wird auch „Kassenkredit" oder einfach „Dispo" genannt. In der Regel handelt es sich wie bei einer natürlichen Person um die Höhe des Überziehungskredits auf dem Girokonto bzw. bei den Gemeinden, die oft über mehrere Giro-Geschäftskonten verfügen, die Gesamtsumme der Überziehungsrahmen aller Konten.

Ermächtigungsgrundlage ist § 89 Abs. 2 GO NRW, der auch gleichzeitig alle Tatbestandsvoraussetzungen beinhaltet, ohne jedoch die Paragrafenkette genau zu nennen. § 89 Abs. 1

---

[31] Vgl. Kapitel 2.4.8 (Allgemeine Haushaltsgrundsätze).

GO NRW gibt mehr oder minder eine „Einleitung“ und wiederholt quasi die Notwendigkeit einer soliden Liquiditätsplanung aus § 75 Abs. 6 GO NRW. Man erkennt jedoch hier, dass für den Gesetzgeber dazu anscheinend auch das solide Management von Liquiditätskrediten gehört, da sichergestellt sein muss, dass insbesondere für die Erledigung von Pflichtaufgaben immer eine Liquidität vorhanden sein muss, notfalls fremdfinanziert. Diese Tätigkeit (oftmals Leiter/-in der Stadtkasse) ist in der Praxis ein oft unerwähnter, aber sehr verantwortungsvoller und fordernder Job im Hintergrund eines Kämmerers.

Dieser Rahmen wird als Pflichtbestandteil jeder Haushaltssatzung nach § 78 Abs. 2 Nr. 3 GO NRW vom Rat festgesetzt. Hier gibt es keine Faustformel, welcher Betrag angemessen oder unangemessen wäre, jedoch erscheinen die Kredithöhen von Gemeinden im Milliardenbereich doch erschreckend hoch.

Man spricht bilanziell auch von „kurzfristigen Krediten“, sodass die mittlerweile gängige Praxis, dass die Verwaltungen für einen „kurzen“ Zeitraum Geld ausleihen, was über das reine Überziehen der Girokonten an manchen Tagen hinausgeht, durchaus kritisch gesehen werden kann. Es handelt sich um Kreditverträge mit einer Laufzeit von in der Regel über einem Jahr. Hier gibt es aber eigentlich eine Analogie zu der umgekehrten Frage, ab wann eine Geldanlage dem Anlage- oder Umlaufvermögen zugeordnet wird, sodass man von einer Laufzeit von einem Jahr ausgehen müsste, was auch dem Runderlass zu Krediten und kreditähnlichen Rechtsgeschäften der Gemeinden und Gemeindeverbände vom Innenministerium (Randziffer 3.1) entnommen werden kann. Dort wird zu Recht darauf hingewiesen, dass in § 89 GO NRW keine Angabe über Laufzeiten gemacht wird, aber Liquiditätskredite grundsätzlich den Liquiditätsbedarf innerhalb eines Haushaltsjahres decken sollen und deshalb der kurzfristige Charakter dieser Kreditart nicht außer Acht gelassen werden darf. Auf mehrjährige Zinsbindungsmöglichkeiten und „Cashpooling“ wird hier nicht weiter eingegangen und auf den angesprochenen Runderlass verwiesen.

Das Prüfungsschema zur gutachtlichen Prüfung eines Übungsfalls lautet somit wie folgt:

1. Kreditart abgrenzen, dadurch Ermächtigungsgrundlage ermitteln (§ 89 Abs. 2 GO NRW)
2. Höchstbetrag laut Haushaltssatzung eingehalten (§ 78 Abs. 2 Nr. 3 GO NRW)?
3. § 77 Abs. 4 GO NRW (führt automatisch in die Rangfolgeprüfung nach Absatz 2)
4. Grundsatz der Wirtschaftlichkeit und Sparsamkeit nach § 75 Abs. 1 Satz 2 GO NRW, genauer definiert im o. a. Runderlass des Innenministeriums (Randziffer 2.1 gilt nach 3.1 analog)

2.11.3 Kredit für Investitionen

Diese Kreditart darf ausschließlich für investive Finanzierungen (des Anlagevermögens) in Anspruch genommen werden. Die Abgrenzung zum Liquiditätskredit erfolgt also mit der Frage: Handelt es sich um eine investive oder konsumtive Maßnahme/Angelegenheit?

Die Ermächtigungsgrundlage findet sich in § 86 Abs. 1 Satz 1 GO NRW. Darin enthalten ist direkt die erste Tatbestandsvoraussetzung: § 77 Abs. 4 GO NRW. Somit liegt hier die gleiche Tatbestandsvoraussetzung wie bei Liquiditätskrediten vor. Auf die Ausführungen dazu wird somit verwiesen. Die Kreditaufnahme erfolgt grundsätzlich in Euro, ansonsten ist die Kreditaufnahme nur in Verbindung mit einem Währungssicherungsgeschäft zulässig (vgl. § 86 Abs. 2 GO NRW).

Weiterhin wird auch für diese Kreditart ein separater Höchstbetrag in der Haushaltssatzung festgesetzt (§ 78 Abs. 2 Nr. 1c GO NRW) . Wie man feststellen kann, unterscheidet sich bis hierhin die Paragrafenkette unwesentlich von der des Liquiditätskredits.

Eine besondere Bedeutung kommt dem letzten Prüfpunkt zu: Der Grundsatz der Wirtschaftlichkeit und Sparsamkeit nach § 75 Abs. 1 Satz 2 GO NRW wird im o. a. Runderlass des Innenministeriums wesentlich unter Randziffer 2.1 genauer definiert. Die entscheidenden Eckpfeiler dieser Prüfung bzw. Auslegung des Grundsatzes der Wirtschaftlichkeit und Sparsamkeit sind:

1. Der Zinssatz ist von entscheidender Bedeutung.
2. Es sind verschiedene Angebote (somit mindestens zwei) verschiedener Kreditgeber einzuholen.
3. Die Laufzeit des Kredits hat sich an der jeweiligen Nutzungsdauer des damit finanzierten Vermögensgegenstands zu orientieren (intergenerative Gerechtigkeit).
4. Es sind alle **Vertragselemente** zu berücksichtigen und zu bewerten, und nur diese. Vertragsfremde Gründe dürfen bei der Entscheidung keine Rolle spielen, somit auch keine „politischen" Argumente.

Die Aufnahme eines langfristigen, investiven Kredits ist eine besonders nachhaltige Entscheidung, sodass § 86 GO NRW explizit verlangt, dass „die daraus übernommenen Verpflichtungen (Zins und Tilgung) mit der dauernden Leistungsfähigkeit im Einklang stehen müssen".

Weiterhin darf die Gemeinde nach § 86 Abs. 5 Satz 1 GO NRW keine Sicherheiten bestellen, was auch damit begründet werden kann, dass erstens der entsprechende Kreditgeber sich aus der Natur der Sache heraus auch keine großen „Sorgen" machen muss, sein Geld nicht zurückzubekommen wie bei einer Privatperson oder einem mittelständischen Unternehmen, und zweitens dem Gemeinwohl und der Pflichtaufgabenerfüllung dienende Gebäude etc. nicht als „Pfand" gegeben werden können/dürfen/sollen.

Die Rangfolge zur gutachtlichen Prüfung eines Übungsfalls lautet somit wie folgt:

1. Kreditart abgrenzen, dadurch Anspruchsgrundlage ermitteln (hier § 86 Abs. 1 Satz 1, 1. Halbsatz GO NRW)
2. Höchstbetrag laut Haushaltssatzung eingehalten (§ 78 Abs. 2 Nr. 1c GO NRW)
3. § 77 Abs. 4 GO NRW (führt automatisch in die Rangfolgeprüfung nach Absatz 3)
4. Grundsatz der Wirtschaftlichkeit und Sparsamkeit nach § 75 Abs. 1 Satz 2 GO NRW, genauer definiert im o. a. Runderlass des Innenministeriums (Randziffer 2.1)

2.11.4 Kredit zur Umschuldung

Der Kredit zur Umschuldung kann helfen, um bei auslaufender Zinsbindung ein besseres, der aktuellen Marktlage entsprechendes Angebot zu erhalten, dies bezieht sich meistens auf den Zinssatz. Man stelle sich vor, dass aktuell im Jahr 2019 eine 15-jährige Zinsbindung in der „Nullzinszeit" ausläuft, dann ist die Vorteilhaftigkeit bzw. der Sinn und Zweck dieser Kreditart schnell nachvollzogen. Umschuldung kann auch bedeuten, dass die Gemeinde ergänzend zum vorgenannten Argument diverse „gestückelte" Kredite zu einem größeren Kredit bündelt. Auch hier findet sich die Ermächtigungsgrundlage in § 86 Abs. 1 Satz 1 GO NRW, aber im 2. Halbsatz.

Durch die Satzstellung erkennt man, dass § 77 Abs. 4 GO NRW nicht als Tatbestandsvoraussetzung zu prüfen ist, genauso wenig wie ein etwaiger Höchstbetrag laut Haushaltssatzung, da in § 78 GO NRW ein derartiger Pflichtbestandteil der Haushaltssatzung nicht angegeben ist. Warum sollte die Gemeinde sich hier auch durch einen Höchstbetrag binden, da der Schuldenstand, anders als bei den zwei vorherigen Kreditarten, bei einer Umschuldung ja nicht steigt?

Allein durch die Umschuldung ist dem Grundsatz der Wirtschaftlichkeit und Sparsamkeit nach § 75 Abs. 1 Satz 2 GO NRW nicht Genüge getan. Denn hier muss als einzige Tatbestandsvoraussetzung genau dieser Grundsatz geprüft werden, erstens weil dieser Grundsatz als allgemeiner Haushaltsgrundsatz immer gilt und zweitens die reine Umschuldung ja nicht bedeutet, dass keine Angebote und Konditionen verglichen werden müssen. Ein besserer Zinssatz als zuvor muss ja nicht zwangsläufig der beste Zinssatz aktuell auf dem Markt der verschiedenen Kreditgeber sein.

Hier gilt also zusammenfassend folgende Prüfreihenfolge:

Ermächtigungsgrundlage ist § 86 Abs. 1 Satz 1, 2. Halbsatz GO NRW.
Einzig zu prüfende Tatbestandsvoraussetzung: § 75 Abs. 1 Satz 2 GO NRW in Verbindung mit dem vorgenannten Runderlass des Innenministeriums mit den vier Prüfpunkten:

1. Der Zinssatz ist von entscheidender Bedeutung.
2. Es sind verschiedene Angebote (somit mindestens zwei) verschiedener Kreditgeber einzuholen.
3. Die Laufzeit des Kredits hat sich an der jeweiligen Nutzungsdauer des damit finanzierten Vermögensgegenstands zu orientieren (intergenerative Gerechtigkeit).
4. Es sind alle **Vertragselemente** zu berücksichtigen und zu bewerten, und nur diese. Vertragsfremde Gründe dürfen bei der Entscheidung keine Rolle spielen, somit auch keine „politischen" Argumente.

2.11.5 Beispielfall

INTERNER VERMERK

Fb 1-20.1 We Studienhausen, 08.03.2025

Darlehen bei der Studienhauser Burgbank

In der Haushaltssatzung der Stadt Studienhausen wurde der Höchstbetrag der Kredite zur Liquiditätssicherung auf 6.000.000 Euro festgesetzt, für Investitionen auf 2.000.000 Euro. Nunmehr wurden mehrere zusammenhängende Grundstücke von der Stadt aufgekauft. Auf diesen Grundstücken möchte die Verwaltung ein neues Sport- und Freizeitzentrum errichten.

Mit dem ehemaligen Eigentümer aller Grundstücke wurde ein Kaufpreis i. H. v. 1.500.000 Euro vertraglich vereinbart. 20 % des Kaufpreises wurden vertragsgemäß sofort an den ehemaligen Grundstücksbesitzer per Banküberweisung überwiesen. Es besteht somit eine restliche Kapitalschuld, die mit einem Kredit finanziert werden soll. Andere Kreditaufnahmen sind bisher nicht erfolgt und auch nicht beabsichtigt.

Die Studienhauser Burgbank machte dazu telefonisch folgendes Angebot:
Angebot jährlicher Festzins über die Gesamtlaufzeit: 4,15 %

Die Lüdenscheider Sternbank machte dazu telefonisch folgendes Angebot:
Angebot jährlicher Festzins über die Gesamtlaufzeit: 4,11 %

Die Olper Biggebank machte dazu telefonisch folgendes Angebot:
Angebot jährlicher Festzins über die Gesamtlaufzeit: 4,16 %
Das Rathaus muss als Sicherheit bestellt werden.

Weitere Banken machten vergleichsweise unwirtschaftlichere Angebote.

Der Kämmerer entschied, das Angebot der Studienhauser Burgbank anzunehmen. Es handelt sich zwar nicht um das günstigste Angebot, aber „man möchte am Ort bleiben".
Der Studienhauser Burgbank wurde die Angebotsannahme mitgeteilt.

i. A.
gez. Wendelin

Aufgabe:
Ist die Entscheidung des Kämmerers zur Kreditvergabe haushaltsrechtlich zulässig? Begründen Sie Ihre Meinung eingehend. Gehen Sie auch auf alles kurz ein, was rechtlich einwandfrei abgewickelt wurde.

2.11.6 Lösung in kurzer Aufsatzform

Es ist zu prüfen, ob die Entscheidung zur Kreditvergabe rechtlich zulässig ist. Hierzu ist zu klären, um welche Kreditart es sich handelt. Ein Kredit zur Liquiditätssicherung ist für die Deckung kurzfristiger Verbindlichkeiten gedacht. Ein Kredit für Investitionen ist für die Deckung langfristiger Verbindlichkeiten vorgesehen. Mit Investitionen wird Vermögen (Anlagevermögen) geschaffen.

Die Stadt Studienhausen plant eine Kreditaufnahme zum Erwerb mehrerer Grundstücke. Bei Grundstücken handelt es sich um Anlagevermögen. Die Stadt Studienhausen nimmt somit einen Investitionskredit auf. Nach § 86 Abs. 1 Satz 1 GO NRW dürfen Kredite u. a. nur für Investitionen aufgenommen werden, wenn die Voraussetzungen des § 77 Abs. 4 GO NRW erfüllt sind.

Nach § 77 Abs. 4 GO NRW dürfen Kredite demnach nur aufgenommen werden, wenn eine andere Finanzierung nicht möglich oder wirtschaftlich unzweckmäßig ist. Daraus ergibt sich, dass die in § 77 Abs. 2 GO NRW aufgeführte Rangfolge der Finanzmittelbeschaffung zu berücksichtigen ist. Zu der anderen Finanzierung zählen die sonstigen Finanzmittel. Hierzu gehören z. B. Verkaufserlöse, Miete und Landeszuweisungen, außerdem spezielle Entgelte und Steuern.

Die Stadt Studienhausen erwirbt Grundstücke für einen Gesamtwert von 1.500.000 Euro. Hiervon wurden bereits 300.000 Euro an die Grundstücksverkäufer ausgezahlt. Es sind somit nur noch 1.200.000 Euro zu begleichen. Aus dem Sachverhalt geht nicht hervor, dass auch eine Begleichung des Restbetrags in Höhe von 1.200.000 Euro durch eine der o. g. anderen Finanzierungen möglich ist.

Eine andere Finanzierung wäre wirtschaftlich unzweckmäßig. Zum Beispiel wenn die Gewerbesteuern erhöht werden, um aus den Einnahmen die Kosten für den Grundstückserwerb zu decken. Dann würden die Gewerbetreibenden in die Zukunft gesehen einen anderen, günstigeren Standort suchen und somit das Gemeindegebiet verlassen. Ein Investitionskredit darf grundsätzlich aufgenommen werden.

Um einen Investitionskredit aufnehmen zu können, muss lt. § 78 Abs. 2 Nr. 1c GO NRW die Haushaltssatzung die Festsetzung des Haushaltsplans unter Angabe der vorgesehenen Kreditaufnahme für Investitionen enthalten. Aus dem Sachverhalt geht hervor, dass in der Haushaltssatzung der Stadt Studienhausen als Höchstbetrag für Investitionskredite 2.000.000 Euro festgelegt wurden. Der noch aufzunehmende Kredit in Höhe von 1.200.000 Euro ist also gedeckt.

Nach § 75 Abs. 1 Satz 2 GO NRW ist die Haushaltswirtschaft wirtschaftlich und sparsam zu führen. Gemäß dem Runderlass des Innenministers in der aktuellen Fassung sind vor der Aufnahme eines Kredits deshalb im Regelfall Angebote verschiedener Kreditgeber einzuholen. Für die Wirtschaftlichkeit eines Angebots sind alle Vertragselemente zu berücksichtigen (und nur diese, keine flankierenden Umstände) und zu bewerten. Für die

Kosten eines Kredits ist die Höhe der Zinsen von entscheidender Bedeutung. Die Laufzeit des Kredits soll sich an der Nutzungsdauer des Vermögensgegenstands orientieren.

Die Konditionen der einzelnen Kreditangebote der Banken sind demnach zu prüfen. Laut Sachverhalt wurden Kreditangebote von mehreren verschiedenen Banken eingeholt. Die Lüdenscheider Sternbank bietet über die Gesamtlaufzeit einen Festzins von 4,11 % p. a. an. Dieser Festzins ist das günstigste Angebot. Im Rahmen der Wirtschaftlichkeit und unter Berücksichtigung der Vertragselemente, also auch der Höhe der Zinsen, ist das Angebot der Lüdenscheider Sternbank anzunehmen.

Das Argument des Kämmerers, „am Ort bleiben zu wollen", spricht gegen den Grundsatz der Wirtschaftlichkeit. Von dem Kämmerer wurde die örtliche Nähe über die notwendige Prüfung der Vertragselemente und Vertragsinhalte bzw. die Höhe der Zinsen gestellt. Dies ist nach § 75 Abs. 1 Satz 2 GO NRW und dem Runderlass des Innenministeriums nicht rechtmäßig. Sicherheiten wie beim Olper Angebot dürfen nach § 86 Abs. 5 Satz 1 GO NRW nicht bestellt werden.

2.12 BESTANDTEILE UND FESTSTELLUNG DES JAHRESABSCHLUSSES NACH §§ 95 UND 96 GO NRW

Die Gemeinde hat zum Schluss eines jeden Haushaltsjahres einen Jahresabschluss aufzustellen, in dem das Ergebnis der Haushaltswirtschaft des Haushaltsjahres nachzuweisen ist. Er muss unter Beachtung der Grundsätze ordnungsmäßiger Buchführung (vgl. Kapitel 3) ein den tatsächlichen Verhältnissen entsprechendes Bild der Vermögens-, Ertrags- und Finanzlage der Gemeinde vermitteln und ist im Lagebericht zu erläutern.

Der Jahresabschluss besteht aus der Ergebnis- und Finanzrechnung sowie den entsprechenden Teilrechnungen auf der Grundlage des Produktplans (vgl. § 4 KomHVO NRW), der Bilanz, dem Anhang nach § 45 KomHVO NRW i. V. m. den §§ 46–48 KomHVO NRW (Anlagen-, Verbindlichkeiten- und Forderungsspiegel) und dem beizufügenden Lagebericht nach § 49 KomHVO NRW, in dem die Angaben nach § 95 Abs. 3–4 GO NRW enthalten sein müssen.

Die einzelnen Bestandteile des Jahresabschlusses werden in den Kapiteln zur Kommunalen Buchführung näher erläutert. An dieser Stelle wird das haushaltsrechtliche Verfahren nach § 95 Abs. 3–4 i. V. m. § 96 GO NRW dargestellt. Das Prüfwesen der Gemeinden, insbesondere die Aufgaben und die rechtliche Stellung der Rechnungsprüfungsämter, ist in den §§ 101–105 GO NRW nachzulesen.

Haushaltsrechtliches Verfahren:
Der Entwurf des Jahresabschlusses wird vom Kämmerer aufgestellt und dem Bürgermeister zur Bestätigung vorgelegt. Sollte der Bürgermeister den Entwurf nicht bestätigen und Änderungen veranlassen, hat der Kämmerer wie bei der Aufstellung des Haushalts das besondere Recht der Stellungnahme. Macht er von diesem Recht Gebrauch, hat der Bürgermeister die Stellungnahme dem Rat zuzuleiten. Der Entwurf des Jahresabschlusses muss bis zum 31.03. des (auf das zu beschließende Haushaltsjahr) folgenden Jahres dem Rat zugeleitet werden und muss somit bis zum o. g. Datum abgestimmt vorliegen. Der Rat leitet den Entwurf des Jahresabschlusses dem Rechnungsprüfungsausschuss zur Prüfung zu, dieser bedient sich zur Prüfung des örtlichen Rechnungsprüfungsamtes, falls die entsprechende Gemeinde ein Rechnungsprüfungsamt vorhalten muss (vgl. § 101 Abs. 8 GO NRW). Der Rat kann zudem ein externes Wirtschaftsprüfungsunternehmen mit dieser Aufgabe beauftragen (vgl. § 102 Abs. 2 GO NRW). Der Rechnungsausschuss selbst darf nicht mehr die Prüfung vornehmen, die Prüfer (Rechnungsprüfer oder Wirtschaftsprüfer) haben an der Sitzung des Rechnungsprüfungsausschusses teilzunehmen. Auf der Grundlage der Erläuterung und Berichterstattung der verantwortlichen Prüfer hat der Rechnungsprüfungsausschuss eine Stellungnahme über das Ergebnis zu fertigen, in dem er angibt, ob er den Jahresabschluss billigt und ob Einwendungen zu erheben sind (vgl. § 59 GO NRW).

Bis zum 31.12. des auf das zu beschließende Haushaltsjahr folgenden Jahres muss der Rat den Jahresabschluss beschließen. Das zuständige Rechnungsprüfungsamt hat in der Theorie somit zwischen dem 31.03. und Dezember Zeit, einen Rechnungsprüfungsbericht zu erstellen, der im Rechnungsprüfungsausschuss beraten und mit entsprechenden Beschlussempfehlungen an den Stadtrat weitergeleitet wird, der seinerseits dann bis zum

31.12. den Jahresabschluss feststellen, über die Verwendung des Jahresüberschusses bzw. die Abwicklung des Jahresdefizits beschließen und dem Bürgermeister Entlastung erteilen muss.

Die Beschlussfassung zur Behandlung des Jahresergebnisses ist reine Formsache im Sinne der jeweilig vorgeschriebenen Verfahrensweise nach § 75 Abs. 2, 3 oder 4 GO NRW. Jahresüberschüsse werden je nach Struktur des Eigenkapitals der Allgemeinen Rücklage und/oder Ausgleichsrücklage zugeführt, oder die Allgemeine Rücklage und/oder Ausgleichsrücklage wird bei einem Jahresdefizit verringert bzw. in Anspruch genommen.[32] Soweit in den Jahresabschlüssen der letzten drei vorhergehenden Haushaltsjahre aufgrund entstandener Fehlbeträge der Ergebnisrechnung die allgemeine Rücklage reduziert wurde, ist ein Jahresüberschuss insoweit zunächst der allgemeinen Rücklage zuzuführen (§ 96 Abs. 1 Satz 3 GO NRW).

Die Entlastung des Bürgermeisters für das entsprechende Haushaltsjahr kann verweigert werden, er kann eingeschränkt oder uneingeschränkt entlastet werden. Eine rechtliche Folge hat eine nicht uneingeschränkte Entlastung nicht. Nach Beschlussfassung durch den Rat ist der Jahresabschluss unverzüglich der Aufsichtsbehörde anzuzeigen und öffentlich bekannt zu machen. Hierbei muss, anders als bei der Bekanntmachung der Haushaltssatzung, keine „Wartefrist" nach Anzeige bei der Aufsichtsbehörde eingehalten werden. Im Nachgang ist der Jahresabschluss bis zur Beschlussfassung über den nächsten Jahresabschluss zur Einsichtnahme verfügbar zu halten.

Eine zeitliche Abfolge zur Veranschaulichung:
Der Jahresabschluss 2024 ist bis zum 31.03.2025 dem Rat zuzuleiten und muss bis zum 31.12.2025 vom Rat beschlossen werden.

Auf den nachfolgenden Seiten werden eine Niederschrift und Beschlussfassungen des Rechnungsprüfungsausschusses exemplarisch dargelegt. Die dort enthaltenen Beschlussempfehlungen kann der Rat in seiner anschließenden Sitzung übernehmen, muss er aber nicht. Im Normalfall ist das aber die logische Konsequenz.

Nachfolgend wird die Beschlussempfehlung des Rechnungsprüfungsausschusses exemplarisch dargestellt:

[32] Vgl. Kapitel 2.7 (Haushaltsausgleich und Haushaltssicherung).

Stadt Studienhausen

Niederschrift

der Sitzung des Rechnungsprüfungsausschusses der Stadt Studienhausen

Anwesende ordentliche Mitglieder des Rechnungsprüfungsausschusses:

1. Herr Penunzen
   (Vorsitzender des Rechnungsprüfungsausschusses)

2. Frau Kniepig
   (stellvertretende Vorsitzende)

3. Herr Moneten
   (ordentliches Mitglied)

4. Herr Geiz
   (ordentliches Mitglied)

5. Frau Geldmacher
   (ordentliches Mitglied)

6. Frau Bilanzia
   (ordentliches Mitglied)

TOP 1: Begrüßung und Feststellung der Beschlussfähigkeit

Der Vorsitzende begrüßt die anwesenden Ausschussmitglieder sowie als Gäste die Mitarbeiter des Rechnungsprüfungsamtes und die Kämmerin und stellt die ordnungsgemäße Einladung und Zusendung der Unterlagen sowie die Beschlussfähigkeit fest.

TOP 2: Bericht des Rechnungsprüfungsamtes der Stadt Studienhausen über die Prüfung des Jahresabschlusses 2024

Der Rechnungsprüfungsausschuss hat von dem Prüfungsbericht und der Stellungnahme der Kämmerin Kenntnis genommen.

TOP 3: Erläuterungen zum Jahresabschluss 2024

Der Jahresabschluss der Stadt Studienhausen ist in der Zeit von Juni bis August 2024 vom Rechnungsprüfungsamt der Stadt Studienhausen geprüft worden. In dem entsprechenden Prüfungsbericht vom 07.09.2024 ist eine mit einer Ziffer versehene Feststellung enthalten. Eine schriftliche Stellungnahme der Kämmerin zur Prüfungsbemerkung ist als

Anlage beigefügt. Frau Geldmacher regt zudem an, dass das neu eingeführte unterjährige Berichtswesen weiter optimiert wird, damit auf die durch die Stadt zu beeinflussenden Ermächtigungsüberschreitungen eher reagiert werden kann.

Die Kämmerin erläutert weiterhin die Kernpunkte des Jahresabschlusses. Eingehender erläutert sie die Chancen und Entwicklungen in Bezug auf die negative Entwicklung des Eigenkapitals und die umgesetzten (und vom Rechnungsprüfungsausschuss im letzten Jahr mitgetragenen) Gegenmaßnahmen sowie die positiven Einmaleffekte, die in ihrer Auswirkung im Jahr 2024 noch nicht ergebniswirksam durchschlagen konnten. Der Rechnungsprüfungsausschuss nimmt zur Kenntnis, dass die eingeleiteten Maßnahmen eine rechtmäßige und effektive Verfahrensweise darstellen.

Die Kämmerin berichtet über die aktuelle Aufstellung des Haushalts 2025 und geht auf die nunmehr eingepflegten haushaltsrechtlichen Instrumente ein, die im letzten Haushalt noch nicht zu 100 % ausgereizt wurden. Somit können zukünftig haushaltsrechtliche Probleme in der nachträglichen Mittelbereitstellung vermieden werden.

Nach eingehender Erörterung und Diskussion nimmt der Ausschuss das Ergebnis zur Kenntnis.

TOP 4: Beschlussfassungen

Dem Entlastungsvorschlag des Rechnungsprüfungsamtes folgend, fasst der Rechnungsprüfungsausschuss folgenden einstimmigen Beschluss:

Der Rechnungsprüfungsausschuss billigt den Jahresabschluss ohne Einwendungen und empfiehlt dem Stadtrat:

1.) Der Jahresabschluss für das Haushaltsjahr 2024 wird festgestellt.

2.) Der Jahresfehlbetrag in der Ergebnisrechnung 2024 wird durch Inanspruchnahme der Ausgleichsrücklage fiktiv ausgeglichen.

3.) Dem Bürgermeister wird für das Haushaltsjahr 2024 uneingeschränkte Entlastung erteilt.

TOP 5: Verschiedenes

Es werden keine weiteren Wortmeldungen abgegeben.

gez.

(Penunzen)	(Kniepig)	(Moneten)
Vorsitzender	stellv. Vorsitzende	Mitglied

Zur Buchungstechnik siehe Kapitel 3.13

2.13 ÜBUNGSAUFGABE WISSENSANWENDUNG, MIX AUS DIVERSEN THEMEN

Bei der kreisangehörigen Stadt Studienhausen sollen Sie in den Aufgabenbereich der Stadtkämmerei eingearbeitet werden. Der vor seiner Pensionierung stehende Stadtkämmerer überlässt Ihnen dazu die soeben frisch eingetroffenen Berichte über die überörtliche Prüfung der Jahresabschlüsse der Stadt Studienhausen für die geführten Haushaltsjahre 2019 bis 2024.

Sie sollen folgendes aus den Prüfungsberichten ausgesuchte Problem überdenken und nach den Bestimmungen des Haushaltsrechts überprüfen, ohne ein förmliches Gutachten zu verfassen. Sie sollen kritische Fragen aufwerfen und erklären, was aus Ihrer Sicht rechtlich bedenklich ist oder evtl. nicht bedacht wurde:

„Die Stadt nahm im Jahr 2019 für den überraschend notwendig gewordenen Erwerb eines Schulgebäudes das Angebot eines örtlichen Immobilienhändlers „Heute kaufen, 2020 bezahlen" an, da keinerlei Veranschlagung im Haushaltsplan für diesen Kauf 2019 vorgesehen und es deshalb ein hervorragendes Angebot war. Zudem kann man hier von § 83 Abs. 3 GO Gebrauch machen. Der Kaufvertrag wurde am 02.05.2019 notariell abgeschlossen, das Gebäude wurde 2020 sofort in Betrieb genommen, Zinsleistungen wurden dabei in Höhe von 15 % bei der Bank des Immobilienhändlers (KreditHaiHolding) vereinbart, die Veranschlagung des Kaufpreises von 2.222.345 € für das Haushaltsjahr 2021 vorgemerkt. Vergleiche erübrigten sich. Als Sicherheit wurde die bereits abbezahlte Kita Regenbogen bis zur vollständigen Tilgung des Darlehens verpfändet. Das städtische Girokonto musste dafür geringfügig (1.000.000 Euro) im Rahmen des vorgesehenen Überziehungskredits (nach § 89 Abs. 2 GO) überzogen werden."

Lösungsweg: Folgende kritischen Fragen müssten z. B. gestellt werden:

- Greift § 83 Abs. 3 GO NRW hier überhaupt, unabhängig davon, ob es sich um eine apl oder üpl handelt?
- Wäre § 85 GO NRW einschlägig gewesen? Wenn ja, in welchem Jahr?
- Welche Kreditart wäre korrekt gewesen?
- Wurde § 75 Abs. 1 Satz 2 GO missachtet? Wenn ja, wobei konkret?
- Durfte die städtische Kita verpfändet werden?

3 DOPPELTE BUCHFÜHRUNG IM KOMMUNALEN FINANZMANAGEMENT

(Eine Lösungsskizze zu allen Aufgaben finden Sie am Ende dieses Kapitels.)

3.1 KOMMUNALE BILANZ

Die maßgebliche Vorschrift für die kommunale Bilanz ist der § 42 KomHVO NRW. Übersichtlicher dargestellt als im Gesetzestext ist die Bilanz in der VV Muster zur GO NRW und KomHVO in der Anlage 25. Die Bilanz ist das zentrale Element der Buchführung! Daher ist für jemanden, der noch nie mit dem Thema Buchführung zu tun hatte, zunächst einmal zu klären, was eine Bilanz überhaupt ist. Ganz einfach ausgedrückt ist eine Bilanz rein formell eine Tabelle mit zwei Spalten.

Auf der linken Seite der Bilanz werden alle Vermögensgegenstände ausgewiesen; diese Seite wird Aktivseite genannt. Auf der rechten Seite der Bilanz stehen das Eigenkapital und die Schulden; diese Seite wird Passivseite genannt. Die rechte Seite der Bilanz gibt Auskunft darüber, wo die Mittel herkommen, und die linke Seite der Bilanz gibt Auskunft darüber, wie diese Mittel verwendet werden bzw. in welchen Vermögensgegenständen diese Mittel stecken.

Um sich das vorstellen zu können, hier eine einfache Grafik:

BILANZ

Aktiv	Passiv
Anlagevermögen	Eigenkapital
Umlaufvermögen	Fremdkapital
Bilanzsumme	Bilanzsumme

Gemäß § 34 Abs. 1 KomHVO NRW dürfen nur Vermögensgegenstände in die kommunale Bilanz aufgenommen werden, an denen die Kommune auch das wirtschaftliche Eigentum hat. Das bedeutet im Umkehrschluss, dass es Vermögensgegenstände bei der Kommune gibt, an denen sie nicht das wirtschaftliche Eigentum hat, und diese somit nicht mit in die Bilanz aufgenommen werden dürfen. Was könnten das für Vermögensgegenstände sein?

- Zum Beispiel Vermögensgegenstände, die von der Kommune geleast wurden (Fahrzeuge, EDV-Ausstattung etc.); grundsätzlich ist Leasing nämlich lediglich eine Form der Miete. Wirtschaftlicher Eigentümer ist dann der Leasinggeber.
- Finden z. B. Kunstausstellungen im Rathaus statt, so dürfen die Kunstgegenstände nicht

mit in die Bilanz aufgenommen werden, da diese lediglich vorübergehend für die Ausstellung geliehen sind; wirtschaftlicher Eigentümer ist nicht die Kommune.

- Denkt man an das eigene Büro, so sind dort möglicherweise private Vermögensgegenstände wie z. B. eine Schreibtischlampe oder für heiße Sommertage ein Ventilator etc. Auch diese Vermögensgegenstände gehören nicht in die kommunale Bilanz, da die Kommune hier nicht das wirtschaftliche Eigentum hat.

Alle anderen Vermögensgegenstände wie z. B. Gebäude (Rathaus, Schulgebäude etc.), Infrastrukturvermögen (Straßen, Wege, Plätze) etc. sind jedoch in die Bilanz aufzunehmen. Die Aktivseite ist untergliedert in Anlagevermögen und Umlaufvermögen. Worin unterscheiden sich nun diese beiden Kategorien? Hier lohnt ein Blick in das Gesetz.

§ 34 Abs. 1 KomHVO NRW sagt: *„[...] Als Anlagevermögen sind nur die Gegenstände auszuweisen, die dazu bestimmt sind, dauernd der Aufgabenerfüllung der Gemeinde zu dienen."*

Der Begriff „dauernd" umschreibt einen (unbestimmten) Zeitraum. Was bedeutet in diesem Zusammenhang „dauernd"? Hier muss dieser unbestimmte Rechtsbegriff ausgelegt werden, da sonst jede Kommune einen eigenen Zeitraum festlegt und die kommunalen Bilanzen in NRW nur noch bedingt einheitlich strukturiert wären.

Eine gute Hilfe bei der Auslegung der GO NRW/KomHVO NRW ist die *Handreichung für Kommunen*, die seinerzeit vom Ministerium für Inneres und Kommunales des Landes NRW (MIK) veröffentlicht wurde. Dort wird zum Begriff „dauernd" in § 34 Abs. 1 KomHVO NRW gesagt, dass bei einer Nutzungsabsicht von unter einem Jahr grundsätzlich davon ausgegangen werden kann, dass dieser Vermögensgegenstand dem Umlaufvermögen zuzuordnen ist. Dies bedeutet, dass bei einer Nutzungsabsicht <u>von mehr als einem Jahr</u> der Vermögensgegenstand grundsätzlich dem Anlagevermögen zuzuordnen ist.

<u>Einige Beispiele hierzu:</u>

1. *Die Kommune kauft eine Straßenkehrmaschine, um hiermit zukünftig die Straßen zu reinigen. Handelt es sich um Anlage- oder Umlaufvermögen? Offensichtlich will die Kommune diesen Vermögensgegenstand „dauernd" nutzen. Es erfolgt eine Zuordnung zum Anlagevermögen.*
2. *Die Kommune kauft ein Grundstück für 1 Mio. Euro, um es nach dem Kauf zu erschließen, zu parzellieren und als Baugrundstücke an Familien zu verkaufen. Anlage- oder Umlaufvermögen? Ein Grundstück ist ein sehr langlebiger Vermögensgegenstand. Man würde auf Anhieb entscheiden: Anlagevermögen. Aber wichtiger ist, was will die Kommune mit diesem Vermögensgegenstand? Dies lässt sich aus der Formulierung „[...] die dazu bestimmt sind [...]" im § 34 Abs. 1 KomHVO NRW ableiten. Bestimmt die Kommune schon beim Kauf, den Vermögensgegenstand weiterzuverkaufen und eben nicht dauernd zu nutzen, ist der Vermögensgegenstand dem Umlaufvermögen zuzuordnen. Dabei spielt es hier keine Rolle, wie lange es dauert, dieses Grundstück zu verkaufen.*

3. *Die Kommune kauft fünf Tonnen Streumaterial für den Winter. Anlage- oder Umlaufvermögen? Das Streumaterial ist dazu bestimmt, dass es verbraucht wird und nicht „dauernd" (länger als ein Jahr) bei der Kommune bleibt. Daher ist es dem Umlaufvermögen zuzuordnen. Selbst wenn es einen milden Winter gibt und das Streumaterial nicht verbraucht wird; es ist dennoch weiterhin zum Verbrauch bestimmt!*
4. *Die Kommune kauft einen elektrisch höhenverstellbaren Schreibtisch für insgesamt 1.000 Euro. Anlage- oder Umlaufvermögen? Obwohl der Schreibtisch „nur" einen Wert von 1.000 Euro hat, soll dieser offensichtlich „dauernd" (länger als ein Jahr) genutzt werden. Daher ist er dem Anlagevermögen zuzuordnen.*

Für die Zuordnung zum Anlage- oder Umlaufvermögen ist nicht der Wert eines Vermögensgegenstands entscheidend; auch nicht, ob der Vermögensgegenstand objektiv betrachtet langlebig ist. Entscheidend für die Zuordnung ist die Frage, was die Kommune mit diesem Vermögensgegenstand will. Wie lange möchte sie diesen Vermögensgegenstand nutzen? Maßgeblich ist also ein subjektives Kriterium!

Warum wird diese Unterscheidung überhaupt vorgenommen? Wichtig ist doch, dass die Bilanzsumme stimmt. Warum also diese Unterscheidung in Anlage- und Umlaufvermögen? Hier nur zwei Gründe:

1. Für den Kauf von aktiviertem Anlagevermögen (Investitionen) darf die Kommune gemäß § 86 Abs. 1 GO NRW Kredite aufnehmen. Das darf sie für den Kauf von Umlaufvermögen grundsätzlich nicht. Diese Vorschrift ist sehr sinnvoll. Angenommen, die Kommune würde für den Kauf von Winterstreumaterial einen Kredit aufnehmen. Der Kredit müsste noch zurückgezahlt werden (plus Zinsen), obwohl das Winterstreumaterial schon längst verbraucht ist.
2. Die abnutzbaren Vermögensgegenstände des Anlagevermögens werden planmäßig über die jeweilige mehrjährige Nutzungsdauer abgeschrieben. Dadurch soll der Wertverlust in der Buchführung dokumentiert werden.[33] Umlaufvermögen wird nicht planmäßig über eine jeweilige Nutzungsdauer abgeschrieben, da man ja davon ausgeht, dass es nicht länger als ein Jahr genutzt wird und in diesem Jahr „verbraucht" wird.

Die Passivseite ist grob untergliedert in Eigen- und Fremdkapital-/Verbindlichkeiten. Das Eigenkapital ergibt sich bei der Aufstellung der Bilanz von selbst. Es ist der Unterschiedsbetrag zwischen Vermögen auf der Aktivseite und Schulden/Verbindlichkeiten auf der Passivseite. Das Eigenkapital dient dazu, die Bilanz auszugleichen, damit Aktiv- und Passivseite gleich hoch sind. Dass damit das Eigenkapital lediglich eine rechnerische Größe ist, klingt zunächst einmal unbedeutend. Tatsächlich ist das Eigenkapital in jeder Bilanz die wichtigste Position. Am Eigenkapital lässt sich viel ablesen; es ist z. B. **die** entscheidende Größe, wenn es darum geht, ob eine Kommune in die sog. Haushaltssicherung „rutscht" und den Haushalt von der Aufsichtsbehörde genehmigen lassen muss. Dann ist die Kommune aus finanzieller Sicht nicht mehr „alleiniger Herr im eigenen Haus". Daher wird sich die

[33] Mehr zum Thema „Abschreibungen" siehe Kapitel 3.5 (Buchungen im Sachanlagenbereich: Abschreibungen).

Kommune bei Entscheidungen, die von finanzieller Bedeutung sind (beispielsweise dem Bau eines neuen Schwimmbads), immer sehr gründlich überlegen, welche Auswirkungen dies zukünftig auf das Eigenkapital hat.

Eines ist das Eigenkapital jedoch nicht: Es ist **kein Geld**, kein liquides Mittel! Liquide Mittel stehen auf der Aktivseite im Umlaufvermögen: Bank und Kasse. Das Fremdkapital/ die Verbindlichkeiten stehen auf der Passivseite unter dem Eigenkapital. Grundsätzlich kann gesagt werden, dass das Fremdkapital nach der jeweiligen Laufzeit gegliedert ist. Langfristige Schulden wie z. B. Hypotheken stehen weiter oben in der Bilanz, kurzfristige Verbindlichkeiten wie z. B. offene Rechnungen stehen weiter unten in der Bilanz auf der Passivseite. Darüber hinaus wird dieses Fremdkapital unterteilt nach Kreditgebern: Bei wem ist die Kommune lang-/mittel- oder kurzfristig verschuldet. Eine übersichtliche Darstellung liefert hier neben der Bilanz der Verbindlichkeitenspiegel, den die Kommune gemäß § 48 KomHVO NRW aufzustellen hat (siehe auch Muster VV zur GO NRW und KomHVO NRW, Anlage 30).

3.2 KONTEN DER KOMMUNALEN BILANZ – BESTANDSKONTEN

Nachdem wir die Struktur der Bilanz kennengelernt haben, können wir einen Schritt weitergehen. Die Bilanz ist eine Aufstellung über das Vermögen, das Eigen- und Fremdkapital einer Kommune zu einem Stichtag (31.12.). Im Laufe eines Jahres verändern sich jedoch die einzelnen Bilanzpositionen; evtl. kommen neue Posten hinzu, oder andere fallen weg. Wie geschieht dies?

Hierzu sagt § 28 Abs. 1 KomHVO NRW: *„Alle Geschäftsvorfälle sowie die Vermögens- und Schuldenlage sind nach dem System der doppelten Buchführung [...] aufzuzeichnen."*

Einfach ausgedrückt: Es wird unterjährig gebucht. Dazu gibt es verschieden Konten. Zunächst einmal wollen wir uns jetzt mit den Konten der Bilanz beschäftigen, die auch Bestandskonten genannt werden.

Jede Bilanzposition hat mindestens ein Konto. Solch ein Konto sieht so aus:

Soll	**Haben**

Die Struktur ähnelt der Bilanz, es handelt sich jedoch um ein „Konto". Die beiden Seiten heißen nicht „Aktiv" und „Passiv", sondern „SOLL" und „HABEN". Wenn man sich das Konto ansieht, weiß man auch wie diese Konten genannt werden: T-Konto. An dieser Stelle wird sehr häufig ein Fehler begangen, der das Verstehen der gesamten Buchführung verhindert. Man versucht die Worte „SOLL" und „HABEN" in der Buchführung mit dem Verständnis dieser Worte im täglichen Sprachgebrauch zu benutzen. Das geht schief! Das werden wir später mit Beispielen belegen. Hier zunächst nur so viel: Das Wort „Haben" suggeriert, dass die Kommune das, was auf dieser Kontoseite steht, hat, also Eigentümerin dessen ist, was auf der Habenseite steht. Dem ist (in den meisten Fällen) nicht so!
Die Worte „SOLL" und „HABEN" als Bezeichnung der beiden Kontenseiten haben **keine Bedeutung**. Diese Worte sind lediglich *Platzhalter*.

Anstelle dieser Worte könnte auch jedes andere Wortpaar stehen: heiß und kalt, hell und dunkel, dumm und dümmer oder links und rechts. Seit Generationen werden jedoch die Worte „SOLL" und „HABEN" gebraucht. Gut, nehmen wir das einfach mal hin. Es kann aber auch gedanklich mit „links" und „rechts" gearbeitet werden.

Zurück zum Zusammenhang zwischen Bilanz und (Bestands-)Konten. Wie bereits erwähnt, gibt es zu jeder Bilanzposition mindestens ein T-Konto. Am 01.01. eines jeden Jahres werden diese Bestandskonten zunächst einmal „eröffnet". Das heißt, der Wert, der zu einer Position in der Bilanz steht, wird in das entsprechende Bestandskonto gebucht.

Zur Verdeutlichung soll folgendes Beispiel dienen. Zunächst einmal wird eine Schlussbilanz (31.12.), die gleichzeitig Eröffnungsbilanz des neuen Jahres (01.01.) ist, auszugsweise dargestellt:

Eröffnungsbilanz

01.01.

Aktiva		Passiv	
Anlagevermögen		**Eigenkapital**	.....
....			
Fuhrpark	600.000 €	**Fremdkapital/Verbindlichkeiten**	
....		...	
		Kredit	100.000 €
		...	

Nun wird beispielhaft für die Position „Fuhrpark" und die Position „Kredit" jeweils ein Bestandskonto eröffnet. Dabei sind zwei Dinge zu beachten:

1. Positionen der Aktivseite, die also „links" in der Bilanz stehen, haben ihren Anfangsbestand im Konto auch auf der linken Seite, also auf der SOLL-Seite.
   Die Positionen der Passivseite, also der „rechten" Seite der Bilanz, haben ihren Anfangsbestand im Konto auch auf der rechten Seite, also auf der HABEN-Seite.
2. Jede Eintragung in einem Konto muss wie oben bereits ausgeführt gemäß § 28 Abs. 1 KomHVO NRW nach dem System der doppelten Buchführung erfolgen.

Jetzt könnte man einfach ein Konto „Fuhrpark" führen und den Anfangsbestand von 600.000 Euro dort auf der Sollseite eintragen. Damit wäre aber Punkt 2 nicht beachtet. Was bedeutet es, wenn es im § 28 Abs. 1 KomHVO NRW heißt, *„... nach dem System der doppelten Buchführung ..."?*

Es bedeutet, dass jede Eintragung in einem Konto „gebucht" werden muss und gleichzeitig immer ein entsprechendes „Gegenkonto" gebucht werden muss. Daher auch „doppelte" Buchführung, da mindestens immer zwei Konten bei einer Buchung betroffen sind. Und zwar: ein Konto auf der Sollseite und das andere (Gegen-)Konto auf der Habenseite.

Buchungen erfolgen immer nach dem Grundsatz: SOLL an HABEN!

Das bedeutet, dass in einem solchen Buchungssatz das Konto, das auf der SOLL-Seite berührt ist, zuerst genannt wird, und das Konto, das im HABEN berührt ist, danach genannt wird, getrennt durch die Präposition „an". Auch hier ist mit der Bedeutung des Worts „an" Vorsicht geboten. Dazu später mehr.

Zurück zum Beispiel.

Um den Anfangsbestand in die Bestandskonten buchen zu können, benötigen wir ein Hilfskonto. Dies ist das sog. „Eröffnungsbilanzkonto". Dieses Konto hat ausschließlich die Funktion, als Gegenkonto zu dienen, damit die Anfangsbestände in die Bestandskonten gebucht werden können. Wir wissen, dass der Anfangsbestand im Konto „Fuhrpark" auf der linken Seite (SOLL-Seite) im Konto stehen muss; und wir wissen nun, dass das entsprechende Gegenkonto zur Eröffnung der Bestandskonten das „Eröffnungsbilanzkonto (EBK)" ist.

Da alle Buchungssätze immer nach dem Prinzip *„Soll* **an** *Haben"* funktionieren, ergibt sich hier folgender Buchungssatz:

Fuhrpark **an** Eröffnungsbilanzkonto (EBK) 600.000 Euro.

Kontenansicht:

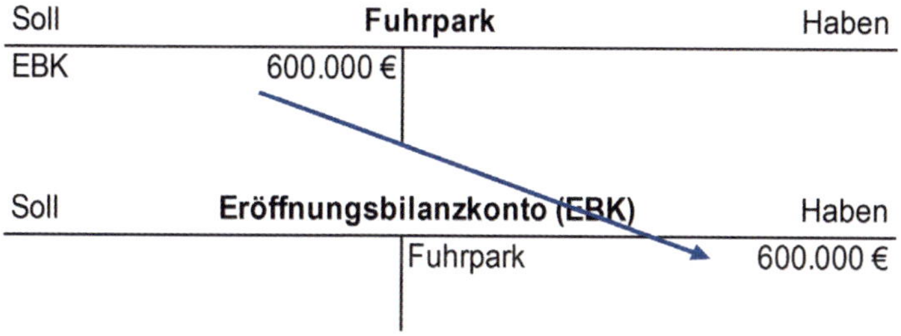

Ebenso bei den Passivkonten. Wir wissen, dass der Anfangsbestand im Konto „Kredit" auf der rechten Seite (Habenseite) im Konto stehen muss; und wir wissen, dass das entsprechende Gegenkonto zur Eröffnung der Bestandskonten das Eröffnungsbilanzkonto (EBK) ist. Da alle Buchungssätze immer nach dem Prinzip *„Soll* **an** *Haben"* funktionieren, ergibt sich hier folgender Buchungssatz:

Eröffnungsbilanzkonto (EBK) **an** Kredit 100.000 Euro.

Kontenansicht:

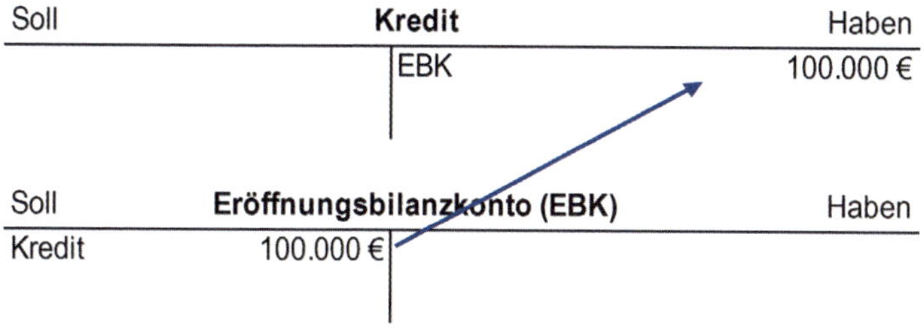

Das Eröffnungsbilanzkonto hat also lediglich die Aufgabe, alle Gegenbuchungen zur Eröffnung der Bestandskonten aufzunehmen. Schaut man sich nach Eröffnung aller Bestandskonten das Eröffnungsbilanzkonto an, so ist es ein Spiegelbild der Eröffnungsbilanz in Kontenform; alle Aktivposten stehen im EBK nun auf der rechten Seite (im Haben), und alle Passivposten der Eröffnungsbilanz stehen nun auf der linken Seite (im Soll). Da die

Eröffnungsbilanz ausgeglichen ist (Aktiv- und Passivseite sind gleich hoch), ist auch das Eröffnungsbilanzkonto nach der Eröffnung aller Bestandskonten ausgeglichen. Dieses Konto ist eine Art „Hilfskonto" zur Eröffnung der Bestandskonten. Sind alle Bestandskonten eröffnet, hat das Hilfskonto EBK seine Funktion erfüllt und wird nicht mehr gebraucht.

Nachdem nun alle Konten eröffnet sind, halten wir kurz inne und schauen uns mal das Konto „Fuhrpark" aus dem Beispiel genau an:

Soll	**Fuhrpark**		Haben
EBK	600.000 €		

Der Wert des Fuhrparks in Höhe von 600.000 Euro wurde aus der Eröffnungsbilanz übernommen und in das Konto als Anfangsbestand gebucht. Die Kommune **hat** also einen Fuhrpark im Wert von 600.000 Euro. Dem Sinn des Worts „Haben" nach müsste dieser Wert eigentlich auf der Habenseite stehen: Wir **haben** einen Fuhrpark im Wert von 600.000 Euro, oder?! Zur Erinnerung: Die Worte „Soll" und „Haben" sind in der Buchführung ohne die Bedeutung, die sie in unserem täglichen Sprachgebrauch haben!

Wie sieht es bei dem Bestandskonto „Kredit" aus?

Soll	**Kredit**		Haben
		EBK	100.000 €

Der Wert der Kredite in Höhe von 100.000 Euro wurde aus der Eröffnungsbilanz übernommen und in das Konto als Anfangsbestand gebucht. Die Kommune **hat** also Kredite im Wert von/in Höhe von 100.000 Euro. Hier passt ausnahmsweise der Begriff des Worts „Haben" aus unserem täglichen Sprachgebrauch: Wir „**haben**" Kredite im Wert/in der Höhe von 100.000 Euro; die 100.000 Euro stehen auf der **Habenseite**. Kehrt man aber zurück auf die Aktivseite, dreht sich die Bedeutung um, und es passt sprachlich nicht. Daher gibt es keine allgemein gültige Wortbedeutung für „Soll" und „Haben" in der Buchführung! Wir können hier auch einfach mit den Begriffen „links" und „rechts" arbeiten.

Diese Konten werden übrigens Bestandskonten genannt, da sie zum 01.01. eines Jahres einen Anfangsbestand (aus der Bilanz) aufweisen. Nachdem nun alle Bestandskonten eröffnet sind, ergeben sich im Laufe des Jahres Veränderungen. Vermögensgegenstände werden ge- oder verkauft; Schulden/Verbindlichkeiten werden bezahlt, und neue Kredite werden aufgenommen. All das muss nun durch die Buchung jedes einzelnen Vorgangs klar ersichtlich aufgezeichnet werden.

Für die Buchungen mit den Bestandskonten gelten folgende Regeln:

Aktivkonten	**Passivkonten**
Zugänge im Soll	Zugänge im Haben
Abgänge im Haben	Abgänge im Soll
End-/Schlussbestand im Haben	End-/Schlussbestand im Soll

Es gibt vier Fälle für die Buchungen auf Bestandskonten:

1. Aktivtausch
2. Passivtausch
3. Aktiv-/Passivmehrung (Bilanzverlängerung)
4. Aktiv-/Passivminderung (Bilanzverkürzung)

1. Aktivtausch
Umschichtung von Werten innerhalb der Aktivseite ohne Veränderung der Bilanzsumme.

Beispiel:
Ein Bürger hat von uns vor einer Woche einen Gebührenbescheid für eine Baugenehmigung (800 Euro) erhalten und bezahlt diese Gebühr heute per Überweisung. Welche beiden Bilanzpositionen sind berührt? Zum einen unser Konto „Bank", das zunimmt, und zum anderen unser Konto „Forderungen", das abnimmt. Welches Konto ist wo berührt? Unser Konto „Bank" nimmt zu; da es ein Aktivkonto ist, ist es im „Soll" berührt. Dann muss das Gegenkonto, hier „Forderungen", zwingend im „Haben" berührt sein.

Es ergibt sich folgender Buchungssatz: **Bank an Forderungen 800 Euro**

Kontenansicht:

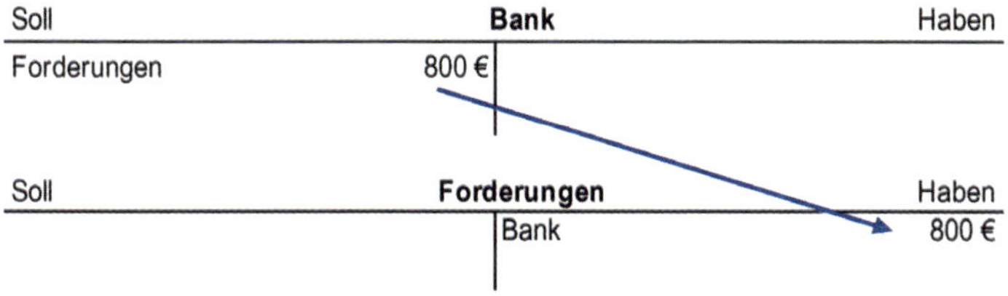

Das Konto „Forderungen" ist im „Haben" berührt, nimmt also ab.

2. Passivtausch
Umschichtung von Werten innerhalb der Passivseite ohne Veränderung der Bilanzsumme.

Beispiel:
Umwandlung einer Verbindlichkeit in Höhe von 1.000 Euro in einen Kredit. Welche beiden Bilanzpositionen sind berührt? Zum einen unser Konto „Verbindlichkeit", das abnimmt, und zum anderen unser Konto „Kredit", das zunimmt. Welches Konto ist wo berührt? Unser Konto

„Kredit“ nimmt zu; da es ein Passivkonto ist, ist es im „Haben“ berührt. Dann muss das Gegenkonto, hier „Verbindlichkeit“, zwingend im „Soll“ berührt sein.

Es ergibt sich folgender Buchungssatz: **Verbindlichkeit an Kredit 1.000 Euro**

Kontenansicht:

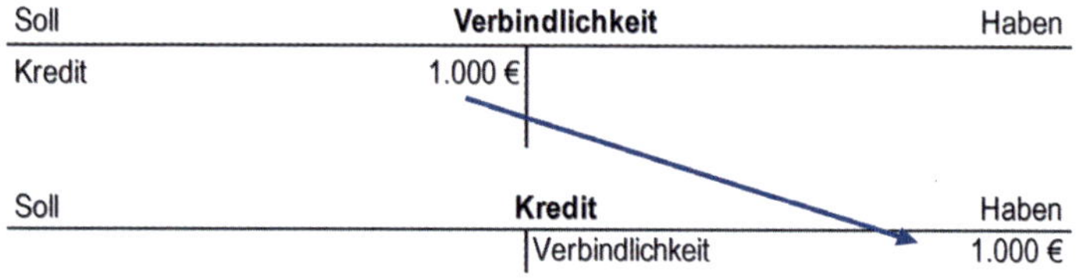

Das Konto „Kredit“ ist im Haben berührt, nimmt also zu.

3. Aktiv-/Passivmehrung (Bilanzverlängerung)

Zunahme auf beiden Seiten der Bilanz, also eine Erhöhung der Bilanzsumme.

Beispiel:
Wir nehmen ein Darlehen in Höhe von 10.000 Euro auf, und das Geld wird auf unser Bankkonto überwiesen. Welche beiden Bilanzpositionen sind berührt? Zum einen unser Konto „Bank“, das zunimmt, und zum anderen unser Konto „Darlehen“, das auch zunimmt. Welches Konto ist wo berührt? Unser Konto „Bank“ nimmt zu; da es ein Aktivkonto ist, ist es im „Soll“ berührt. Dann muss das Gegenkonto, hier „Darlehen“, zwingend im „Haben“ berührt sein.

Es ergibt sich der Buchungssatz: **Bank an Darlehen 10.000 Euro**

Kontenansicht:

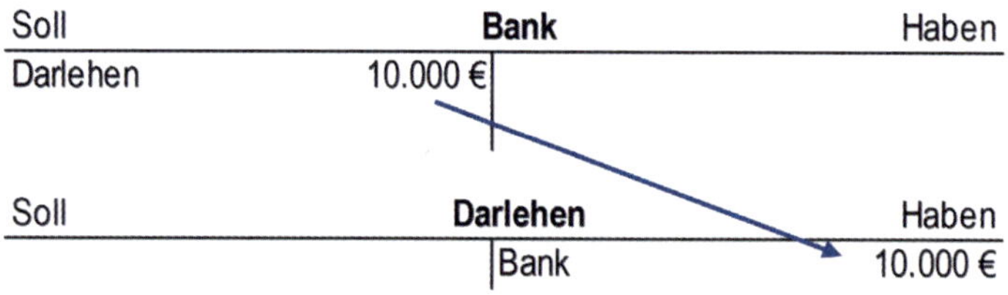

Das Konto „Darlehen“ ist im Haben berührt, nimmt demnach (auch) zu. Die Bilanzsumme erhöht sich hier um 10.000 Euro; daher auch der Ausdruck „Bilanzverlängerung“. Das Eigenkapital bleibt unverändert.

4. Aktiv-/Passivminderung (Bilanzverkürzung)

Abnahme auf beiden Seiten der Bilanz, also eine Verringerung der Bilanzsumme.

Beispiel:
Vor 14 Tagen haben wir eine Rechnung für den Kauf von Pflanzen für den Stadtpark in Höhe von 7.000 Euro erhalten. Diese Rechnung wird nun von uns bezahlt. Welche beiden Bilanzpositionen sind berührt? Zum einen unser Konto „Bank“, das abnimmt, und zum anderen unser Konto „Verbindlichkeiten“, das auch abnimmt. Welches Konto ist wo berührt? Unser Konto „Bank“ nimmt ab; da es ein Aktivkonto ist, ist es im „Haben“ berührt. Dann muss das Gegenkonto, hier „Verbindlichkeiten“, zwingend im „Soll“ berührt sein.

Es ergibt sich der Buchungssatz: **Verbindlichkeiten an Bank 7.000 Euro**

Kontenansicht:

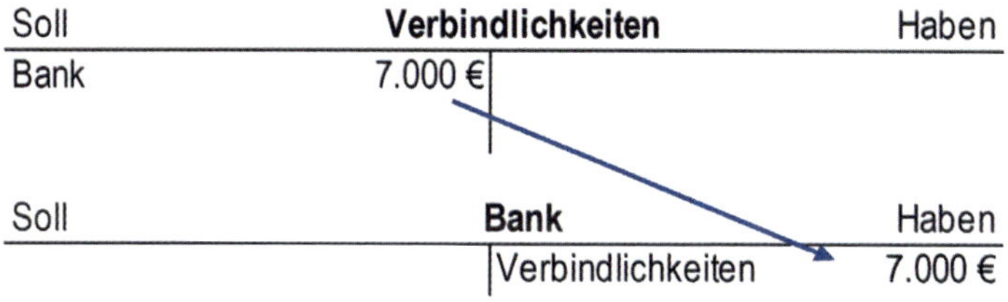

Da das Passivkonto „Verbindlichkeiten“ im Soll berührt ist, nimmt es ab. Das Aktivkonto „Bank“ ist im Haben berührt, nimmt also ebenso ab. Die Bilanzsumme wird verringert; daher auch der Ausdruck „Bilanzverkürzung“. Das Eigenkapital bleibt jedoch auch hier unberührt. Bei dem Buchungssatz „Verbindlichkeiten **an** Bank“ könnte man meinen, dass das Konto „Bank“ zunimmt, da es ja heißt: **an** Bank.

Noch deutlicher wird es z. B. bei dem Buchungssatz „Kasse **an** Bank“. Auch hier könnte man annehmen, dass die Bank zunimmt und die Kasse abnimmt; schließlich heißt es ja auch hier: **an** Bank. Dies ist jedoch nicht der Fall: Bei dem Buchungssatz „Kasse **an** Bank“ wurde Geld von der Bank abgehoben und in die Barkasse gelegt, evtl. Wechselgeld. Das Konto Bank nimmt ab, da es ein Aktivkonto ist und auf der Habenseite berührt wird!

Wie bereits oben angedeutet, kann die Präposition „**an**“ im Buchungssatz, die zwischen den Konten steht, sprachlich irreführend sein. Hier könnte auch jede andere Präposition stehen: „an“, „in“, „neben“, „auf“ etc. Bei dem Wort „an“ im Buchungssatz handelt es sich lediglich um eine Trennung der Soll- und der Habenkonten. Eine sprachliche Bedeutung hat dieses Wort hier nicht!

Merke:
Die Worte „Soll“, „Haben“ und „an“ haben in der Buchführung keine Bedeutung! Die Bedeutungen, die diese Worte in unserem täglichen Sprachgebrauch haben, gelten nicht für die Buchführung! Da bei allen vier Fällen (Aktivtausch, Passivtausch, Aktiv-/Passivmehrung,

Aktiv-/Passivminderung) der Buchung mit Bilanzkonten das Eigenkapital jeweils unverändert bleibt, werden diese Fälle auch **erfolgsneutrale Geschäftsvorfälle** genannt. Werden ausschließlich Bestandskonten gebucht, wird die Kommune dadurch weder „ärmer" noch „reicher".

Nachdem die Anfangsbestände und alle Kontobewegungen in den Bestandskonten gebucht wurden, werden diese dann zum 31.12. des Jahres abgeschlossen. Wie geschieht dies? Auch hier gilt § 28 Abs. 1 KomHVO NRW: Der Kontenabschluss erfolgt nach dem System der doppelten Buchführung.

Folgende zwei Konten sollen beispielhaft den Kontenabschluss zum 31.12. verdeutlichen.

Kontenansicht:

Soll	**Fuhrpark**		Haben
EBK	600.000 €	Abgang	100.000 €
Zugang	200.000 €	SBK	700.000 €
	800.000 €		800.000 €

Soll	**Kredit**		Haben
Abgang	30.000 €	EBK	100.000 €
SBK	140.000 €	Zugang	70.000 €
	170.000 €		170.000 €

Soll	**Schlussbilanzkonto (SBK)**		Haben
Fuhrpark	700.000 €	Kredit	140.000 €
...		...	

Da bei jeder Buchung das Prinzip „Soll **an** Haben" gilt, ergeben sich hier beim Kontenabschluss zum 31.12. folgende Buchungssätze:

Schlussbilanzkonto (SBK)	**an**	Fuhrpark	700.000 €
Kredit	**an**	Schlussbilanzkonto (SBK)	140.000 €

Alle Bestandskonten sind nach den Abschlussbuchungen – wie die Bilanz auch – zum 31.12. ausgeglichen; die Abschlussbuchungen gleichen die Bestandskonten aus.

Wie das Eröffnungsbilanzkonto (EBK) ist das Schlussbilanzkonto (SBK) auch eine Art „Hilfskonto", um die Abschlussbuchungen aller Bestandskonten aufzunehmen. Das Schlussbilanzkonto weist nach Abschluss aller Bestandskonten auf der Sollseite alle Aktivpositionen aus und auf der Habenseite alle Passivpositionen. Aus diesem Schlussbilanzkonto wird dann (ohne weitere Buchungen) die Schlussbilanz mit der bekannten Struktur auf der Aktivseite (Anlage-/Umlaufvermögen) sowie auf der Passivseite (Eigen-/Fremdkapital) erstellt. Das Schlussbilanzkonto weist diese Struktur nicht auf.

3.2.1 Übungssachverhalte Bilanz/Bilanzkonten

Die Stadt Studienhausen erstellt zum 01.01. eine Bilanz. Nach der Inventur stehen folgende Beträge fest:

Grundstücke: 100.000 Euro, Fuhrpark: 20.000 Euro, Verbindlichkeiten: 150.000 Euro, Kassenbestand: 100 Euro, Kredit: 350.000 Euro, Bankguthaben: 700.000 Euro, Gebäude: 500.000 Euro, Forderungen: 50.000 Euro.

Im Haushaltsjahr nach Aufstellung der Eröffnungsbilanz fallen folgende Geschäftsvorfälle an:

1. Die Stadt kauft ein Bürogebäude für 300.000 Euro und zahlt per Banküberweisung.
2. Es wird eine Hypothek in Höhe von 300.000 Euro aufgenommen. Das Kreditinstitut überweist den Betrag auf das Konto der Stadt.
3. Es wird ein Grundstück für 30.000 Euro verkauft. Der Grundstückskäufer zahlt per Banküberweisung.
4. Die Stadt tilgt einen Kredit per Banküberweisung (50.000 Euro).
5. Kauf von zehn Schreibtischen für insgesamt 10.000 Euro auf Ziel.
6. Zum Auffüllen des Bestands der Barkasse mit Wechselgeld werden 1.500 Euro vom Bankkonto abgehoben.

Aufgaben:
1. Erstellen Sie bitte die strukturierte Eröffnungsbilanz, und ermitteln Sie das Eigenkapital.
2. Notieren Sie bitte zu den Geschäftsvorfällen die Buchungssätze.
3. Tragen Sie die Buchungen in die entsprechenden T-Konten ein.
4. Schließen Sie bitte alle (Bestands-)Konten zum Schlussbilanzkonto (SBK) hin ab.
5. Entwickeln Sie bitte aus dem SBK eine strukturierte Schlussbilanz. Lösungshinweise am Ende des Kapitels 3.

3.2.2 Übungssachverhalte Bestandsbuchungen

Bilden Sie bitte zu folgenden Geschäftsvorfällen die Buchungssätze.

1. Die Stadt Studienhausen nimmt bei der Sparkasse einen Kredit in Höhe von 1.000.000 Euro auf. Der Betrag wird auf das Bankkonto überwiesen.
2. Es wird eine Drehleiter für die städtische Feuerwehr im Wert von 800.000 Euro gekauft und per Banküberweisung bezahlt.
3. Es wird eine (mobile) Beschallungsanlage für das Theater im Wert von 70.000 Euro gekauft. Der Kaufpreis soll vereinbarungsgemäß erst am 15.02. des nächsten Jahres gezahlt werden.
4. Ein kurzfristiger Kredit (52.000 Euro) wird in ein mittelfristiges Darlehen umgewandelt.
5. Die Firma „Fleißig“ bezahlt den Steuerbescheid der Stadt Studienhausen vom 31.03. am 24.04. per Banküberweisung in Höhe von 150.000 Euro.
6. Die Stadt Studienhausen erhält eine Lieferung des Büroausstatters B. (laut beiliegendem Lieferschein: sechs Schreibtische im Wert von 7.000 Euro).
7. Der Sachbearbeiter im Bauamt hat der Tiefbaufirma T. den Auftrag erteilt, den Rathausparkplatz auszubessern. Die Arbeiten wurden vor acht Tagen abgeschlossen. Das Auftragsvolumen beträgt 25.000 Euro.
8. Ein Mitarbeiter des Fachbereichs „Straßen und Grünflächen“ kauft für dienstliche Zwecke im Baumarkt P. eine Profi-Motorkettensäge für 1.000 Euro (Barzahlung).

9. Der Verwaltungsvorstand (VV) der Stadt S. beschließt, kurzfristig ein elektronisches Zeiterfassungssystem für alle Mitarbeiter einzuführen; Preis: 15.000 Euro.
10. Das Straßenverkehrsamt erhielt eine neue Aufrufanlage im Wert von 1.000 Euro, um den Kundenstrom besser lenken zu können, sowie einen Kassenautomaten, der 7.000 Euro gekostet hat; Rechnungsbetrag gesamt: 8.000 Euro + MwSt.
11. Die Stadt zahlt einen Kredit in Höhe von 17.000 Euro zurück.
12. Die Stadt verkauft im Eingangsbereich des Rathauses Heimatkalender zum Selbstkostenpreis. Der heimatverbundene Bürger M. kauft einen Kalender für 12 Euro und bezahlt diesen bar. Lösungshinweise am Ende des Kapitels 3.

3.2.3 Inventur/Inventar

Die Schlussbestände der Bestandskonten gehen in das Schlussbilanzkonto und somit in die Schlussbilanz ein. Dabei handelt es sich um einen im jeweiligen Konto „errechneten Wert". Ob dieser Wert tatsächlich so besteht, muss aber regelmäßig überprüft werden.

Beispiel:
Angenommen, die Kommune kauft Anfang Dezember einen neuen Dienst-Pkw. Mitte Dezember verursacht eine Mitarbeiterin damit einen „Parkrempler" an einem Betonpfeiler im Parkhaus, der einen Lackschaden zur Folge hat. Dieser Pkw würde, wenn die Anlagebuchhaltung nicht von dieser Wertminderung erfährt, mit dem „normalen" Wert in die Schlussbilanz eingehen. Das wäre nicht richtig, da der Pkw durch den Lackschaden eine zusätzliche Wertminderung erfahren hat. Diese Wertminderung muss in der Buchhaltung berücksichtigt werden.

Die Bilanz hat ein richtiges Bild der Vermögens- und Schuldenlage der Kommune abzugeben. Die tatsächlich vorhandenen Verhältnisse müssen berücksichtigt werden. Die Schlussbestände der Bestandskonten, die sich allein aus den Buchungen ergeben, sind zu prüfen. Dies geschieht im Rahmen einer Inventur!

§ 91 Abs. 1 GO NRW sagt hierzu:
„Die Gemeinde hat zum Schluss eines jeden Haushaltsjahres ihre Grundstücke und grundstücksgleichen Rechte, ihre Forderungen und Schulden, den Betrag des baren Geldes sowie ihre sonstigen Vermögensgegenstände genau zu verzeichnen und dabei den Wert der einzelnen Vermögensgegenstände und Schulden anzugeben (Inventar)."

Mit dem § 91 GO NRW korrespondiert der § 29 KomHVO NRW; dort wird z. B. im Abs. 1 Nr. 1 zusätzlich gesagt, dass mindestens alle fünf Jahre eine körperliche Inventur durchzuführen ist. Die Durchführung einer körperlichen Inventur ist ein unglaublich hoher Arbeitsaufwand und bindet sehr viel Personal. Die Durchführung einer körperlichen Inventur verursacht erhebliche Kosten. Es muss wirklich jede Straße, jeder Kanal, alle Gebäude und deren komplette Ausstattung (Kindertagesstätten, Schulen, Verwaltungsgebäude etc.) gezählt und bewertet werden. Daher hat der Gesetzgeber den Kommunen einen Zeitraum von fünf Jahren eingeräumt, der zwischen den körperlichen Inventuren liegen darf. – Was geschieht im ersten bis vierten Jahr? Findet dann keine Inventur statt? Es findet sehr wohl eine Inventur statt, aber keine körperliche Inventur. Hier vertraut man auf das, was die Bestandskonten ausweisen. Hier handelt es sich um eine sog. Buch- und Beleginventur. Aber spätestens im fünften Jahr müssen wieder Inventurteams „ausschwärmen" und alles, was im wirtschaftlichen Eigentum der Kommune steht, zählen, messen, wiegen, ggf. schätzen und bewerten. Die Inventurergebnisse werden in einem Verzeichnis, dem Inventar, zusammengefasst. Das Inventar kann man sich als Liste vorstellen. Das Inventar ist gegliedert in Anlage-/Umlaufvermögen, Fremdkapital, und ganz unten in der Liste wird dann das Eigenkapital (auch Reinkapital genannt) ausgewiesen. Hier wird wirklich jeder Vermögensgegenstand grundsätzlich einzeln ausgewiesen, z. B. ist dort jedes Fahrzeug einzeln mit dem jeweiligen aktuellen Wert aufgeführt.

Die Zusammenfassung/Komprimierung des Inventars in Kontenform ist dann die Bilanz. In der Bilanz steht dann z. B. eine Position „Fuhrpark", in der alle Fahrzeuge der Kommune, ob Feuerwehrfahrzeug, Müllentsorgungsfahrzeug oder andere Fahrzeuge, zusammengefasst mit einem Gesamtwert ausgewiesen werden. In der Bilanz sieht man dann den Gesamtwert des Fuhrparks. Was sich jedoch dahinter verbirgt, ist nicht zu erkennen. Das können sehr viele Fahrzeuge mit jeweils geringem Einzelwert sein oder aber wenige Fahrzeuge mit jeweils hohem Einzelwert. Diese Informationen liefert nur das Inventar.

Beispiel:

Inventar zum 31.12.	Menge	Wert
A. Vermögen		
I. Anlagevermögen		
1. …		
2. …		
3. Fuhrpark		**300.000,00 €**
3.1 Feuerwehrfahrzeug	1	100.000,00 €
3.2 Straßenkehrfahrzeug	1	100.000,00 €
3.3 Pkw Marke abc	1	50.000,00 €
3.4 Lkw Marke xyz	1	50.000,00 €

Gemäß § 29 Abs. 3 KomHVO NRW sind das Verfahren und die Ergebnisse der Inventur so zu dokumentieren, dass diese für sachverständige Dritte nachvollziehbar sind. Wer könnte der hier genannte sachverständige Dritte sein? Im Gesetz wird nicht bestimmt, welches Maß an Sachverstand erforderlich sein muss, um die Inventurergebnisse beurteilen und nachvollziehen zu können. Es kann davon ausgegangen werden, dass ein sachverständiger Dritter ausreichende Kenntnisse über die gemeindliche Haushaltswirtschaft bzw. das Rechnungswesen der Kommune besitzen muss. Beispielhaft sind hier zu nennen: Aufsichtsbehörde, Gemeindeprüfungsanstalt, Rechnungsprüfungsausschuss.

Um den hohen Arbeitsaufwand einer körperlichen Inventur zu minimieren, kann man sich diverser Hilfsmittel bedienen. So versehen viele Kommunen die Vermögensgegenstände mit sog. Inventuraufklebern/Barcodes. Dann brauchen die Inventurteams die Vermögensgegenstände im Rahmen der körperlichen Inventur „nur" noch zu scannen, um diese zu erfassen.

Wie dann genau die Inventur bei der jeweiligen Kommune durchgeführt wird, regelt gemäß § 29 Abs. 2 KomHVO NRW der Bürgermeister.

- Welche Inventurfelder werden gebildet?
- Welche Vereinfachungsregeln wendet die Kommune an?
- Wer ist in der Kommune die verantwortliche Person für die Inventur?
- Welche Inventurverfahren werden angewendet?

Diese und weitere Fragen regelt der Bürgermeister in einer örtlichen Inventurrichtlinie. Dass dies jede Kommune für sich im Rahmen der gesetzlichen Vorschriften selbst bestimmt, ist auch sinnvoll. Eine Inventur bei der Stadt K. mit gut 1 Mio. Einwohnern wird sich anders gestalten als bei der niederrheinischen Kommune S. mit rund 8.600 Einwohnern.

Die Inventur ist in der Regel immer **zum** 31.12. durchzuführen. § 91 Abs. 1 GO NRW sagt, die Inventur ist **zum** Schluss eines jeden Haushaltsjahres durchzuführen und nicht **am** Schluss eines jeden Haushaltsjahres. Dies bedeutet, dass vor- und nachgelagerte Inventurtätigkeiten durchgeführt werden können. Dabei ist aber immer so zu tun, als befände man sich gerade am 31.12.

Wie lange darf sich die Inventur in das neue Jahr hineinziehen? Nun, über den Jahresabschluss sagt § 95 Abs. 3 GO NRW, dass der Entwurf des Jahresabschlusses, vom Bürgermeister bestätigt, innerhalb von drei Monaten nach Ablauf des Haushaltsjahres dem Rat zur Feststellung zugeleitet wird. Da die Inventur Voraussetzung für die Erstellung des Jahresabschlusses ist, ist diese natürlich vorher abzuschließen. Zur Wahrheit gehört an dieser Stelle aber auch, dass viele Kommunen in der Praxis diesen Zeitraum aufgrund des sehr großen Arbeitsaufwands der Inventur nicht einhalten können.

3.3 ERGEBNISRECHNUNG

Das Rechnungswesen ist in drei Komponenten gegliedert. Man spricht auch von einem sog. Drei-Komponenten-Modell. Neben der Bilanz als zentrale Komponente (Mittelverwendung/Mittelherkunft) ist es Aufgabe der Buchführung, den Erfolg eines Unternehmens/der Kommune in einer Rechnungsperiode zu ermitteln. Der Erfolg zeigt sich an der Veränderung des Eigenkapitals.[34]

Dieses wird durch die Gegenüberstellung von Aufwendungen und Erträgen in der Gewinn- und Verlustrechnung (GuV) erreicht. Folgende Grafik soll dies verdeutlichen:

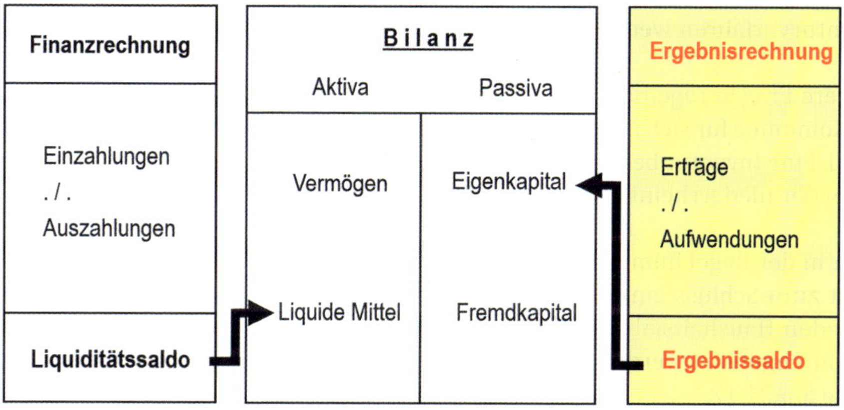

Die GuV wird auf kommunaler Ebene als „Ergebnisrechnung" bezeichnet. Inhaltlich entspricht die Ergebnisrechnung der KomHVO NRW im Wesentlichen der Gewinn- und Verlustrechnung (GuV) aus dem Handelsrecht gemäß Handelsgesetzbuch (HGB).

Auch bei der Bezeichnung des Ergebnisses bestehen Unterschiede:

- **Aufwand < Ertrag = Gewinn (kommunal: Jahresüberschuss)**
- **Aufwand > Ertrag = Verlust (kommunal: Jahresfehlbetrag)**

Warum grenzt sich das kommunale Rechnungswesen hier sprachlich vom Rechnungswesen der Privatwirtschaft nach HGB ab? Die Unternehmen, die das HGB anwenden, haben das Ziel, Gewinne zu erzielen. Ihre Motivation ist es, das Kapital der Firma zu mehren. Diese Ziele sind für die Kommune nicht maßgeblich. Aufgabe einer Kommune ist es nicht, Gewinne zu erzielen, sondern die Daseinsvorsorge, die Grundversorgung mit lebenswichtigen Gütern und Dienstleistungen für die Bürger und das öffentliche Leben zu organisieren. Das ist eine völlig andere Basis, auf der eine Kommune arbeitet und wirtschaftet.

---

[34] Siehe Kapitel 1 (Einführung in das Rechnungswesen).

Gesetzliche Grundlage für die Ergebnisrechnung ist der § 39 KomHVO NRW. Hier heißt es im ersten Satz des Absatzes 1:

„In der Ergebnisrechnung sind die dem Haushaltsjahr zuzurechnenden Erträge und Aufwendungen getrennt voneinander nachzuweisen."

Hier ist von **Erträgen und Aufwendungen** die Rede.

Aus der Erfahrung heraus kann gesagt werden, dass das hier ein „Knackpunkt" ist, um die Buchführung und alle weiteren Buchungsvarianten zu verstehen. Was sind Erträge, und was sind Aufwendungen? Die Beantwortung dieser Frage ist entscheidend für das weitere Verständnis. Experten und Fachleute geben an dieser Stelle oft folgende Definitionen ab:

Aufwand (Begriff):
Bewerteter Verbrauch von Gütern und Dienstleistungen in einer Periode (Ressourcenverbrauch, Werteverzehr).

Ertrag (Begriff):
Bewertete Güter und Dienstleistungen, die in einer Periode erbracht werden (Zuwachs an Ressourcen, Wertezuwachs).

Für jemanden, der gerade beginnt, die Buchführung zu lernen, wahrscheinlich sehr beeindruckend, aber wenig hilfreich.

Aber einfacher ausgedrückt:

Aufwand ist alles, was das Eigenkapital vermindert;
Ertrag ist alles, was das Eigenkapital vermehrt.

Dabei ist es unerheblich, ob bei dem jeweiligen Geschäftsvorfall auch Geld fließt oder nicht.

Zur Erinnerung: Die Position Eigenkapital in der Bilanz stellt kein Geld, keine liquiden Mittel dar. Daher kann es auch durch Erträge erhöht und durch Aufwendungen vermindert werden, bei denen tatsächlich kein Geld fließt. Es kann Geld fließen, es muss aber kein Geld fließen, wenn ein Ertrag oder ein Aufwand entsteht.

Was könnte ein Aufwand bzw. ein Ertrag sein?

Aufwand	**Ertrag**
Personalaufwand	Steuererträge
Aufwand für Sach- und Dienstleistungen	Verwaltungsgebühren
Mietaufwand	Mieterträge
Zinsaufwand	Zinserträge
Wertverlust von Vermögensgegenständen	Bußgelder
...	...

Nun müssen Aufwendungen und Erträge natürlich auch gebucht werden.

Erfolgskonten, also Aufwands- und Ertragskonten, haben (im Gegensatz zu den Bestandskonten aus der Bilanz) keinen Anfangsbestand!

- Zugänge bei Aufwendungen werden im SOLL gebucht.
- Zugänge bei Erträgen werden im HABEN gebucht.

Erfolgskonten werden am Jahresende über das Ergebnisrechnungskonto abgeschlossen. Das Ergebnisrechnungskonto ist eine Art „Sammelkonto", in dem alle Aufwands- und alle Ertragskonten zum Jahresabschluss hin abgeschlossen werden. Der Saldo des Ergebnisrechnungskontos ist der Jahresüberschuss bzw. Jahresfehlbetrag und wird in das Eigenkapitalkonto gebucht; dort verändert es entsprechend das Eigenkapital.

Konten	Zugang (+)	Ausgang (-)
Aktivkonto/ Aufwandkonto	Soll	Haben
Passivkonto/ Ertragskonto	Haben	Soll

Beispiel:
Geschäftsvorfall: Zahlung Gehälter durch Überweisung vom Bankkonto (320.000 Euro).
Da auch hier, wie immer, der Grundsatz „Soll ***an*** *Haben" gilt, lautet der Buchungssatz:*

Aufwand Gehälter **an** Bank: 320.000 Euro

Kontenansicht:

Beispiel:
Geschäftsvorfall: Eingang von Mieten auf unserem Bankkonto (484.000 Euro).
Da auch hier der Grundsatz „Soll ***an*** *Haben" gilt, lautet der Buchungssatz:*

Bank **an** Mieterträge: 484.000 Euro

Kontenansicht:

Soll	**Bank**		Haben
Mietertrag	484.000,00		

Soll	**Mietertrag**		Haben
		Bank	484.000,00

Sollten keine weiteren Buchungen in diesen Konten in diesem Jahr erfolgen, werden diese zum 31.12. abgeschlossen. Alle Aufwandskonten und alle Ertragskonten werden zum Ergebnisrechnungskonto hin abgeschlossen. Das Ergebnisrechnungskonto wird dann zum Eigenkapitalkonto hin abgeschlossen. Hier unten wurden jetzt lediglich exemplarisch die beiden o. g. Beispielkonten abgeschlossen:

S	**Aufwand Gehälter**		H
Bank	320.000,00		
		ERK	320.000,00
	320.000,00		320.000,00

S	**Mieterträge**		H
		Bank	484.000,00
ERK	484.000,00		
	484.000,00		484.000,00

S	**Ergebnisrechnungskonto (ERK)**		H
Aufwand Gehälter	320.000,00	Mieterträge	484.000,00
Eigenkapital	164.000,00		
	484.000,00		484.000,00

S	**EIGENKAPITAL**		H
		Anfangsbestand	1.000.000,00
Schlussbilanzkonto	1.164.000,00	ERK	164.000,00
	1.164.000,00		1.164.000,00

Der Anfangsbestand im Eigenkapitalkonto in Höhe von 1 Mio. Euro wurde nur für dieses Beispiel angenommen.

Wie erfolgreich in einer Rechnungsperiode gewirtschaftet wurde, kann am erzielten Gewinn (Jahresergebnis) abgelesen werden. Wie der erzielte Gewinn zum eingesetzten (Eigen-)Kapital steht, wird durch die Berechnung der **Eigenkapitalrendite** ermittelt. Die EK-Rendite sagt aus, wie sich das eingesetzte Kapital in der Rechnungsperiode (in der Regel ein Jahr) verzinst hat.

$$\frac{\text{Jahresergebnis x 100}}{\text{Anfangseigenkapital}} = \text{Rentabilität Eigenkapital}$$

Übertragen auf das o. g. Beispiel: 164.000 Euro x 100/1.000.000 Euro = 16,40 %. Das bedeutet, das eingesetzte Kapital hat sich um 16,40 % vermehrt; es hat sich mit 16,40 % verzinst. In Zeiten niedriger Guthabenzinsen bei Banken ein sehr guter Wert!

3.3.1 Aufgabe zum Themenkreis Auszahlung, Aufwand, Einzahlung, Ertrag

Nr.	GESCHÄFTSVORFALL	AUS-ZAHLUNG	AUFWAND	EIN-ZAHLUNG	ERTRAG
1.	Zahlung Gehälter tarifl. Beschäftigter am 31.12. (500.000 €)				
2.	Kauf von Büromaterial (sofortiger Verbrauch) für 10.000 €				
3.	Kauf eines Dienstfahrzeugs 21.000 €				
4.	Bezahlung der Stromrechnung an die Stadtwerke (15.000 €)				
5.	Abschreibung (AfA, Wertminderung) des Dienstwagens aus Nr. 3				
6.	Firma „Drauf und Dran GmbH" zahlt Gewerbesteuer (100.000 €)				
7.	Bezahlung der Juni-Miete (1.500 €) für eine Lagerhalle des Theaters				
8.	Tilgung eines Kredits (1.000 €)				
9.	Zahlung von Zinsen (400 €) für ein Darlehen.				
10.	Entnahme und Verbrauch von Büromaterial aus dem Lager (500 €)				
11.	Kauf eines Grundstücks für 250.000 €				
12.	Die Stadt verschickt zu Jahresbeginn die Grundsteuerbescheide für das lfd. Jahr in der Gesamthöhe von 15 Mio. €.				
13.	Zahlung der leistungsorientierten Bezahlung für die tariflich Beschäftigten 125.000 €				
14.	Zahlung der Beamtenbesoldung am 31.12. (500.000 €)				
15.	Erhebung von Verwaltungsgebühren für die Ausstellung eines Reisepasses (70 €)				
16.	Einkauf von Büromaterial für das nächste Jahr (10.000 €)				

Nr.	GESCHÄFTSVORFALL	AUS-ZAHLUNG	AUFWAND	EIN-ZAHLUNG	ERTRAG
17.	Bürger Bello zahlt Hundesteuer am 15.08. (30 €)				
18.	Verkauf eines voll abgeschriebenen Pkw für 600 €; aktueller Bilanzwert: 1 €				
19.	Zahlung von Kfz-Versicherungsbeiträgen (2.400 €) für den Zeitraum Juni des lfd. Jahres bis Mai kommenden Jahres				
20.	Zahlung von sozialen Hilfen (25.000 €) nach dem Landespflegegesetz				
21.	Bestellung von zehn Bilderrahmen im Wert von 1.800 €; geliefert wurde vor drei Tagen				

Aufgaben:
Bitte kreuzen Sie an, ob es sich um Aufwand, Auszahlung, Ertrag und/oder Einzahlung handelt. Lösungshinweise am Ende des Kapitels 3.

3.3.2 Übungssachverhalt

Die (vereinfachte) Bilanz der Stadt S. weist folgende Werte aus:

A	Bilanz zum 01.01.		P
Bebaute Grundstücke	1.000.000	Eigenkapital	1.150.000
Fahrzeuge	200.000	Bankverbindlichkeiten	600.000
BGA	100.000	Lieferantenverbindlichkeiten	50.000
Bankguthaben	500.000		
	1.800.000		**1.800.000**

Im laufenden Jahr fallen folgende „Geschäftsvorfälle" an:

1. Kauf von Büromöbeln mit sofortiger Bezahlung (20.000 Euro)
2. Verkauf eines Fahrzeugs zum Bilanzwert von 5.000 Euro (Geldeingang bei der Bank)
3. Ablösung einer Lieferverbindlichkeit durch einen Bankkredit (32.000 Euro)
4. Kauf eines Fahrzeugs am 15.12. mit Zahlungsziel von einem Monat (28.000 Euro)
5. Aufnahme eines Bankkredits mit Gutschrift auf dem Bankkonto (140.000 Euro)
6. Bezahlung von Lieferantenverbindlichkeiten durch Überweisung (4.000 Euro)
7. Zahlung von Gehältern durch Überweisung vom Bankkonto (320.000 Euro)
8. Abschreibung (Wertverlust) der Fahrzeuge (46.000 Euro)
9. Zahlung von Zinsen durch Überweisung vom Bankkonto (11.000 Euro)

10. Rücküberweisung (an uns) von zu viel ausgezahltem Gehalt auf unser Bankkonto (2.000 Euro)
11. Eingang von Mieten auf unserem Bankkonto (484.000 Euro)
12. Spende von Klettergeräten für den städtischen Kindergarten im Wert von 23.000 Euro durch einen Baumarkt
13. Rücküberweisung einer zu viel berechneten Miete an den Mieter (3.000 Euro)

Aufgaben:

1. Bitte bilden Sie die Buchungssätze für die o. g. Geschäftsvorfälle. Lösungshinweise am Ende des Kapitels 3.
2. Erstellen Sie bitte alle erforderlichen Erfolgskonten und Bestandskonten (mit Anfangsbeständen), und tragen Sie die Buchungssätze dort ein.
3. Bitte schließen Sie die Erfolgskonten über das Ergebnisrechnungskonto sowie die Bestandskonten über das Schlussbilanzkonto ab.
4. Erstellen Sie bitte die strukturierte Schlussbilanz zum 31.12.

3.4 FINANZRECHNUNG

Wie schon bei der Ergebnisrechnung ist das Rechnungswesen der Kommunen in drei Komponenten gegliedert. Man spricht hier von einem sog. Drei-Komponenten-Modell (siehe Grafik unten). Neben der Bilanz als zentrale Komponente (Mittelverwendung/Mittelherkunft) ist es Aufgabe der Buchführung, den Erfolg eines Unternehmens/der Kommune in einer Rechnungsperiode zu ermitteln. Der Erfolg zeigt sich an der Veränderung des Eigenkapitals. Diese Veränderung ergibt sich durch das Buchen von Erträgen und Aufwendungen in der Ergebnisrechnung gemäß § 39 KomHVO NRW.

Eine Besonderheit in der doppelten Buchführung im kommunalen Bereich ist die Finanzrechnung; diese kennt die Privatwirtschaft, die nach dem Handelsgesetzbuch (HGB) arbeitet, so nicht.

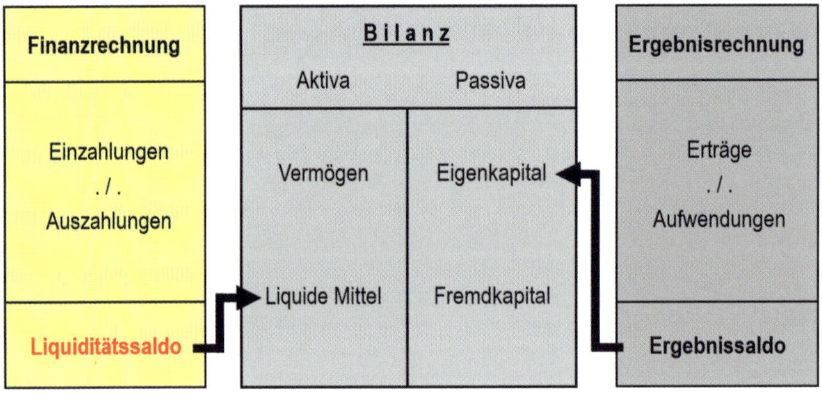

Gesetzliche Grundlage für die Finanzrechnung ist der § 40 KomHVO NRW. Hier heißt es im ersten Satz:

„In der Finanzrechnung sind die im Haushaltsjahr eingegangenen Einzahlungen und geleisteten Auszahlungen getrennt voneinander nachzuweisen. Dabei dürfen Auszahlungen nicht mit Einzahlungen verrechnet werden [...]".

Das bedeutet, dass in der Finanzrechnung die Zahlungsströme der Kommune abgebildet werden. **Hier muss zwingend Geld fließen, unabhängig davon, ob durch Überweisung vom Konto oder durch Barzahlung!** Im Gegensatz zur Ergebnisrechnung, wo nicht unbedingt ein Geldfluss erforderlich ist, z. B. Abschreibungen, Auflösung von Sonderposten etc.

Einzahlung: Zufluss von Geld
Auszahlung: Abfluss von Geld

Eine berechtigte Frage, die immer wieder aufkommt, ist, warum die Finanzrechnung (und auch die Finanzplanung) überhaupt in das Rechnungswesen der Kommunen aufgenommen/integriert wurde.

Von der Bedeutung her steht die Ergebnisrechnung eindeutig weit vor der Finanzrechnung!

Beispiel:
Der Haushaltsausgleich gemäß § 75 Abs. 2 GO NRW bezieht sich ausschließlich auf die Rechnungsgrößen der Ergebnisrechnung → Aufwand und Ertrag. Dort heißt es: „Der Haushalt [...] ist ausgeglichen, wenn der Gesamtbetrag der Erträge die Höhe des Gesamtbetrags der Aufwendungen erreicht oder übersteigt [...].“ Von Ein- und Auszahlungen ist hier nicht die Rede! Übrigens, an dieser Stelle räumt der Gesetzgeber den Kommunen ein, Jahresüberschüsse („Gewinne“) zu erzielen. Aber warum hat der Gesetzgeber die Finanzrechnung nun in das Rechnungswesen der Kommunen integriert?

Dazu muss man zunächst wissen, welches Rechnungswesen die Kommunen in NRW vor der Einführung des Kommunalen Finanzmanagements im Jahr 2009 hatten. Das war die Kameralistik. Dort lag der Fokus bis auf wenige Ausnahmen ausschließlich auf Ein- und Auszahlungen. Geld stand eindeutig im Vordergrund der Kameralistik. Eine Vermögensrechnung (Bilanz) oder eine Ergebnisrechnung (Aufwand und Ertrag), wie wir sie heute kennen, gab es so in der Kameralistik nicht.

Nun ist die Finanzrechnung nicht nur ein „Überbleibsel“ der Kameralistik, das man aus sentimentalen Gründen beibehalten hat. Die Finanzrechnung ergänzt die Vermögens- und Erfolgsrechnung. Sie stellt den Bedarf an liquiden Mitteln dar. Mit der Finanzrechnung (und -planung) wird ermittelt, welchen Bedarf die Kommune an Krediten hat; einmal an Investitionskrediten, aber auch der Bedarf an Liquiditätskrediten kann mit der Finanzrechnung ermittelt werden. Denn gemäß § 89 Abs. 1 GO NRW hat die Kommune ihre Zahlungsfähigkeit durch eine angemessene Liquiditätsplanung sicherzustellen. Die Höhe der Investitions- und Liquiditätskredite wird jährlich für die Aufstellung der Haushaltssatzung ermittelt. Durch den Beschluss der Haushaltssatzung mit den entsprechenden Beträgen der jeweiligen Kredite erhält die Kommune die Ermächtigung zur Kreditaufnahme vom Rat. Durch den Ausweis der Investitionen in der Finanzplanung erhält die Verwaltung darüber hinaus vom Rat die Erlaubnis, hierfür Geld auszugeben.

Nun müssen Auszahlungen und Einzahlungen natürlich auch gebucht werden. An dieser Stelle muss man zugeben, dass Theorie und Praxis an dieser Stelle „auseinanderklaffen“. Eine Variante ist, dass die Konten der Finanzrechnung bei einer Buchung lediglich „statistisch“ mitgeführt werden. Jedes Konto hat, wie auch jedes Girokonto im privaten Bereich, eine Kontonummer. Der Kontenplan ist (in der Lehre) dreistufig aufgebaut. Das heißt, eine Kontonummer ist dreistellig. In der Praxis haben die Kontonummern weit mehr Ziffern, was oft softwarebedingt ist. Wir konzentrieren uns auf den Kontenplan für die Ausbildung.

Ein Beispiel soll die Systematik des Kontenplans erklären. Wir kennen alle das Konto **„Fahrzeuge“**. Laut Kontenplan hat dieses Konto die Kontonummer **074**.

Diese drei Ziffern haben folgende Bedeutung:

1. Ziffer: 0	= Kontenklasse	(hier: immaterielle Vermögen und Sachanlagen)
2. Ziffer: 07	= Kontengruppe	(hier: Maschinen u. techn. Anlagen, Fahrzeuge)
3. Ziffer: 074	= Kontonummer	(hier: Fahrzeuge)

Die Kontenklassen sind wie folgt gegliedert:

Aktiva		Passiva		Ergebnisrechnung		Finanzrechnung		Abschluss	KLR
0	1	2	3	4	5	6	7	8	9
Immat. Vermögensgegenstände und Sachanlagen	Finanzanlagen, Umlaufvermögen und aktive Rechnungsabgrenzungsposten	Eigenkapital und Rückstellungen, Sonderposten	Verbindlichkeiten und passive Rechnungsabgrenzungsposten	ERTRÄGE	AUFWENDUNGEN	EINZAHLUNGEN	AUSZAHLUNGEN	ABSCHLUSSKONTEN	Internes Rechnungswesen

Da wir uns hier gerade mit der Finanzrechnung beschäftigen, sehen wir, dass die Konten der Finanzrechnung den Kontenklassen 6 (Einzahlungen) und 7 (Auszahlungen) zugeordnet sind. Bei der statistischen Mitführung der Finanzrechnungskonten geht man wie folgt vor.

Nehmen wir als Beispiel einen einfachen Geschäftsvorfall: Die Kommune überweist die Miete für ein von ihr gemietetes Gebäude.

Der Buchungssatz hierzu lautet:

Aufwand Miete an Bank

Wenn die Konten die jeweilige Kontonummer mit ausweisen, sieht es wie folgt aus:

Aufwand Miete (542) an Bank (181)

Hier fließt zwar Geld in Form einer Überweisung vom Bankkonto der Kommune, aber die Auszahlung ist (bis hierher) noch nicht in der Finanzrechnung berücksichtigt. Daher hängt man hinter dem Konto „Bank (181)" einfach die Ziffer des entsprechenden Kontos der Finanzrechnung, hier: Auszahlung für Miete. Der Buchungssatz würde nun lauten:

Aufwand Miete (542) an Bank (181) 742

Das Konto „Auszahlung Miete" (742) wird hier lediglich statistisch mitgeführt.

Übrigens, sowohl die Kontenklassen 4 und 6 als auch die Kontenklassen 5 und 7 korrespondieren miteinander. Das heißt, habe ich, wie im Beispiel oben, die Nummer des entsprechenden Aufwandskontos gefunden, muss ich nicht mehr nach der Kontonummer des korrespondierenden Auszahlungskontos suchen; die Ziffer der Kontoklasse (hier: 5) muss nur durch die Kontenklasse der Auszahlung (hier: 7) ersetzt werden. **Diese Systematik funktioniert aber nur bei Aufwendungen und Erträgen, die auch tatsächlich einen Zahlungsfluss auslösen!**

Die Frage bei dem System der statistischen Mitführung stellt sich, warum die Finanzrechnung hier in **Konten** gegliedert ist. Würde hier nicht einfach eine wie auch immer geartete *Statistikziffer* ausreichen?

Darüber hinaus weist der Kontenplan ja auch ein **Finanzrechnungskonto (804)** als Abschlusskonto für die Finanzrechnung aus. Wenn man dieses Finanzrechnungskonto (804) als vergleichbares Gegenstück zum Ergebnisrechnungskonto (803) sieht, ist auch eine andere Variante vorstellbar, um die Finanzrechnung zu verstehen:

Nehmen wir nun den Begriff Auszahlungs**konten** (Kontenklasse 7), Einzahlungs**konten** (Kontenklasse 6) und Finanzrechnungs**konto** (804) wörtlich. Wie würde eine Buchung dann aussehen?

Buchungssatz **ohne** Berücksichtigung der Finanzrechnung:

Aufwand Miete an Bank: 20.000,00 €

Buchungssatz mit Berücksichtigung der Finanzrechnung:

Aufwand Miete (542) an Auszahlung Miete (742): 20.000,00 €

Die Konten der Finanzrechnung könnte man sich dann als „Unterkonten" des Finanzrechnungskontos vorstellen; genauso, wie die Konten der Ergebnisrechnung „Unterkonten" des Ergebnisrechnungskontos sind.

Kontenansicht:

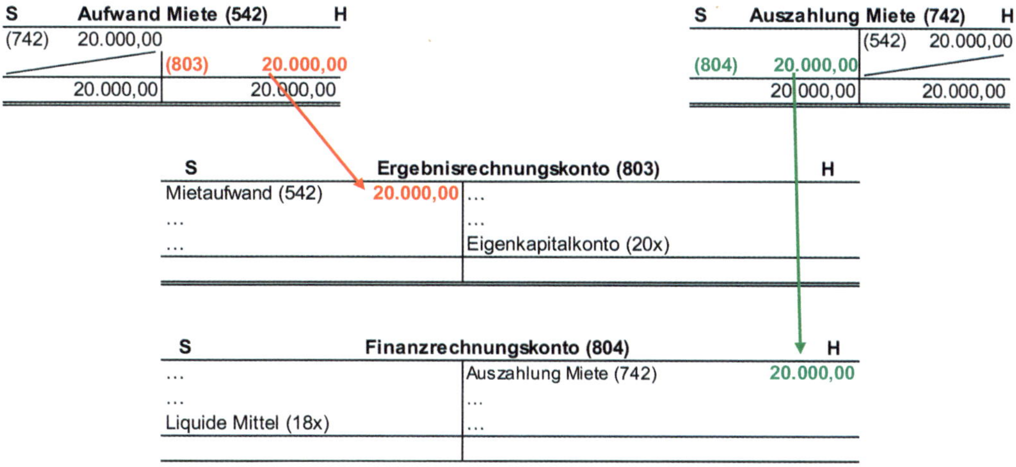

Zugegeben, auch diese Variante hat einen kleinen Schönheitsfehler: Hier ist nicht erkennbar, ob der Zahlungsvorgang bar erfolgte oder durch eine Überweisung vom Bankkonto.

Wie sieht es in der Praxis aus? Die Finanzrechnung wird in einer Finanzsoftware statistisch mitgeführt. Es ist jedoch jederzeit ein Finanzrechnungskonto einsehbar, bei dem alle Auszahlungen im „Haben" und alle Einzahlungen im „Soll" ausgewiesen werden. In der Buchungssoftware werden mitunter andere Begriffe für die Konten der Finanzrechnung verwendet wie z. B. *„Finanzpositionen"*. Es folgt eine Übersicht über den Abschluss der unterschiedlichen Konten; hier sind die Konten der Finanzrechnung als „echte" Konten ausgewiesen:

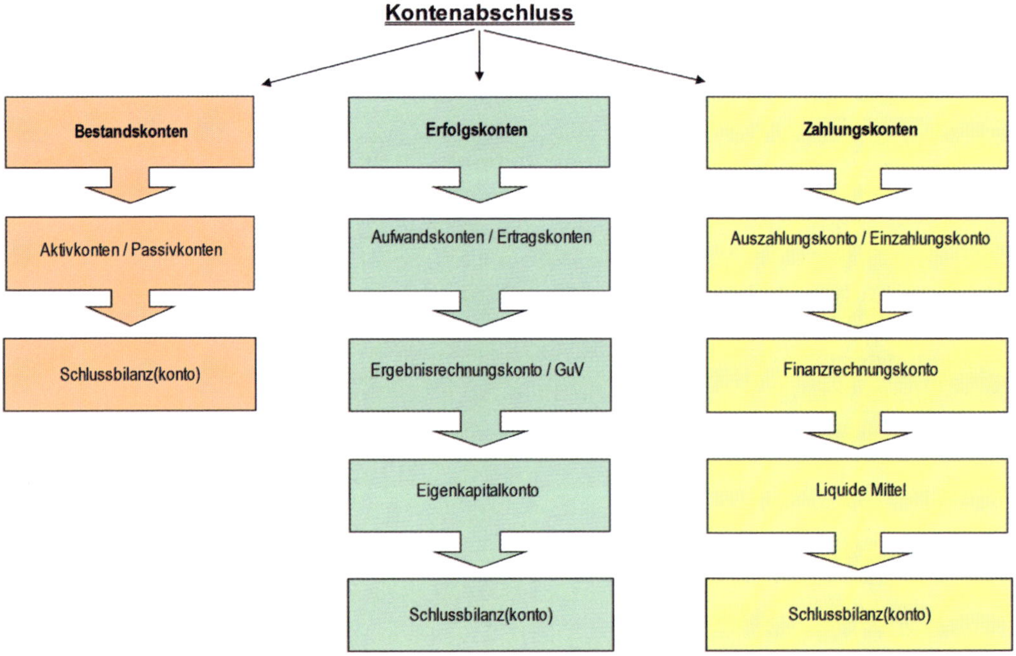

Wie gesagt, die Konten der Finanzrechnung können auch bei einer Buchung lediglich statistisch mitgeführt werden. Damit würde die Buchung in das Abschlusskonto „Finanzrechnungskonto (804)" entfallen. Es würden weiterhin die Konten „Bank" und „Kasse" geführt, die in der Schlussbilanz dann zur Position „Liquide Mittel" saldiert werden.

Um eine Vorstellung davon zu erhalten, wie der Kontenplan einer Kommune aufgebaut ist, soll folgendes Schaubild dies beispielhaft verdeutlichen:

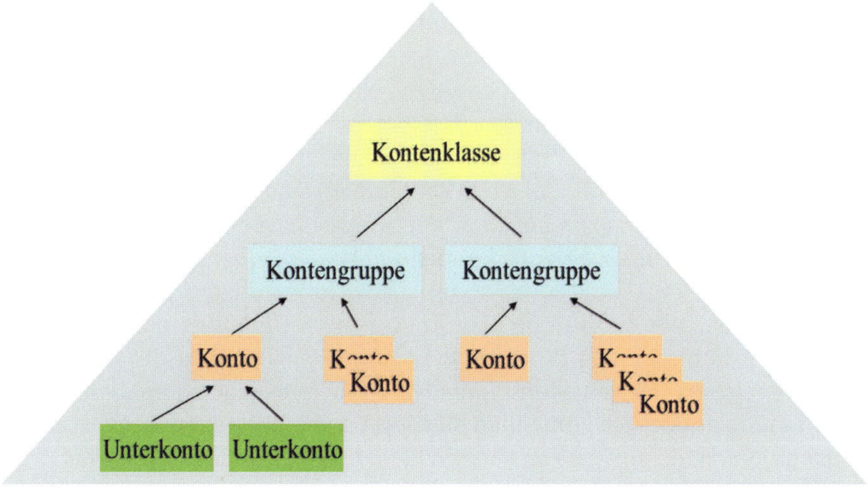

Auf der Grundlage des vom für Kommunales zuständigen Ministeriums in NRW bekannt gegebenen Kontenrahmens stellt jede Kommune für sich selbst gemäß § 28 Abs. 7 KomHVO NRW einen eigenen individuellen Kontenplan auf. Die Kommunen haben bei der (Unter-) Gliederung der Konten in Unterkonten Gestaltungsfreiheit, um die örtlichen Bedürfnisse zu berücksichtigen. Welche Kriterien könnten für eine individuelle Kontenuntergliederung eine Rolle spielen?

- Größe der Kommune
- Software-Einsatz
- Bewirtschaftungsbefugnisse
- individuelle Informationsbedürfnisse (Politik, Controlling ...)

3.5 BUCHUNGEN IM SACHANLAGEBEREICH – ABSCHREIBUNGEN

Zum Anlagevermögen eines Unternehmens/einer Kommune zählen alle Vermögensgegenstände, die dazu bestimmt sind, dem Geschäftsbetrieb dauernd bzw. langfristig zu dienen (§ 34 Abs. 1 Satz 2 KomHVO NRW). Der Begriff „dauernd" wird in der Handreichung zur GO NRW/KomHVO NRW näher definiert: *„... Dies bedeutet, dass Vermögensgegenstände, nur dann dem Anlagevermögen zuzurechnen sind, wenn sie der Gemeinde über mehrere Jahre ‚dienen', **mindestens aber über ein Jahr hinaus** zum Vermögen der Gemeinde zu zählen sind."*

Einen Überblick über die Zuordnung zum Anlage- bzw. Umlaufvermögen gibt die Mustergliederung der kommunalen Bilanz in § 42 KomHVO NRW. Für die Einordnung zum Anlagevermögen ist die Zweckbestimmung des Vermögensgegenstands maßgeblich. Die Zweckbestimmung ergibt sich zum einen aus der Art des Vermögensgegenstands (objektives Kriterium) und zum anderen aus dem Willen der Kommune (subjektives Kriterium).

Beispiele:

- *Grundstücke sind aufgrund ihrer Eigenart in der Regel dem Anlagevermögen (Bilanzposition 1.2.1 oder 1.2.2) zuzurechnen → objektives Kriterium! Hat die Kommune aber ein Grundstück in der Absicht gekauft, es evtl. nach Erschließung weiter zu veräußern, so ist das Grundstück im Umlaufvermögen auszuweisen → subjektives Kriterium!*
- *Fahrzeuge sind ebenfalls aufgrund ihrer Beschaffenheit in der Regel dem Anlagevermögen (Bilanzposition 1.2.6) zuzuordnen → objektives Kriterium! Das wird bei einem Automobilhersteller anders sein. Seine produzierten Fahrzeuge sind ausschließlich zum Verkauf bestimmt und somit in seinem Umlaufvermögen auszuweisen → subjektives Kriterium!*

Entscheidend ist das subjektive Kriterium. Dies lässt sich an der Formulierung im Gesetzestext des § 34 Abs. 1 KomHVO NRW *„..., die dazu bestimmt sind, ..."* erkennen.

Abgrenzung abnutzbares/nicht abnutzbares Anlagevermögen

Abnutzbare Vermögensgegenstände sind zeitlich begrenzt nutzbar. Sie existieren in Form von körperlichen Vermögensgegenständen, wie z. B. Fahrzeugen, und nicht körperlichen, physisch nicht fassbaren Vermögensgegenständen, wie z. B. ein Wegerecht. Bei nicht abnutzbarem Vermögen wird angenommen, dass es eine unbegrenzte Nutzungsdauer hat. Auch hier kann in körperliche (z. B. Kunstwerke) und nicht körperliche (z. B. Finanzanlagen) unterschieden werden. Beide Arten von Vermögensgegenständen (abnutzbar/nicht abnutzbar) können weiter unterteilt werden in bewegliche (z. B. Laptop, Regal, Rasenmäher) und unbewegliche Vermögensgegenstände (z. B. Grundstücke, Gebäude).

Planmäßige Abschreibungen des abnutzbaren Anlagevermögens

Der Wert von abnutzbaren Vermögensgegenständen nimmt im Lauf der Zeit ab. Diese **Wertminderung** ist der entsprechenden Periode (Haushaltsjahr) als **Aufwand** anzulasten. Die Verrechnung dieser Wertminderung wird als **Abschreibung** bezeichnet (siehe § 36 KomHVO NRW). Die Grundlage für die Abschreibung bildet die Anlagenbuchhaltung; hier wird für **jeden** Vermögensgegenstand eine sog. „Anlagenkarte" angelegt. In dieser Anlagenkarte werden alle für die Verrechnung der Abschreibung benötigten Daten vorgehalten, mit denen ein Abschreibungsplan erstellt wird:

1. Abschreibungsausgangswert (Anschaffungs-/Herstellungskosten)
2. Zeitpunkt der (möglichen) Inbetriebnahme
3. Nutzungsdauer
4. Abschreibungsmethode

Abschreibungsausgangswert
Hierunter versteht man die Anschaffungs-/Herstellungskosten sowie alle „Nebenkosten", die anfallen, um einen Vermögensgegenstand *in Betrieb zu nehmen* (siehe § 34 Abs. 2 KomHVO NRW). Eine Besonderheit nennt der § 36 Abs. 3 KomHVO NRW. Hier wird eine Wertgrenze für Vermögensgegenstände genannt: **< als 800 Euro** ohne Umsatzsteuer, abnutzbar und selbstständig nutzungsfähig. Hier sind mehrere Möglichkeiten gegeben:

1. Erfassung in der Anlagenbuchhaltung und Abschreibung über die „normale" Nutzungsdauer.
2. Vermögensgegenstände *können* sofort als **Aufwand** verbucht werde (siehe hierzu auch § 36 Abs. 3 KomHVO NRW). Diese Vorschrift dient der Vereinfachung der Bilanzierung, da Kommunen jährlich eine Vielzahl dieser geringwertigen Wirtschaftsgüter beschaffen. Diese Vermögensgegenstände müssen bei Anwendung dieser Vorschrift nicht mehr aktiviert werden; eine erhebliche Arbeitserleichterung!

Anschaffungs-/Herstellungsdatum (Zeitpunkt der [möglichen] Inbetriebnahme):
Die Wertminderung und damit die Abschreibung beginnen mit dem Tag, an dem der Vermögensgegenstand in Betrieb genommen werden **könnte** (Betriebsbereitschaft).
Dabei zählt der Monat der Inbetriebnahme mit zur Abschreibungsdauer.

Beispiel:
Das neue Streufahrzeug für den Winterdienst wird am 02.01. erstmalig zugelassen, steht aber aufgrund der milden Witterung zunächst sechs Wochen in der Garage. Abschreibungsbeginn ist der 01.01.

Nutzungsdauer:
Gemäß § 36 Abs. 4 KomHVO NRW ist die wirtschaftliche Nutzungsdauer von abnutzbaren Vermögensgegenständen nach der vom für Kommunales zuständigen Ministerium bekannt gegebenen Abschreibungstabelle zu bestimmen. In der Praxis hat jede Kommune für sich eine Abschreibungstabelle zu erstellen, in der die wirtschaftliche Nutzungsdauer der Vermögensgegenstände bestimmt wird, da die Tabelle des Innenministeriums einen Rahmen vorgibt, in dem sich die Kommune bewegt.

Abschreibungsmethode:
Hier wird festgelegt, wie der Aufwand für die Abschreibungen auf die Nutzungsdauer verteilt wird. Grundsätzlich ist die Abschreibung gemäß § 36 Abs. 1 Satz 2 KomHVO NRW **linear**

(gleichmäßig) vorzunehmen. Degressive Abschreibungen oder Leistungsabschreibungen sind zulässig, wenn dadurch der Wertverlust besser abgebildet werden kann.

Ansatz vollständig abgeschriebener Vermögensgegenstände

Die gemeindlichen abnutzbaren Vermögensgegenstände, die nach Ablauf der wirtschaftlichen Nutzungsdauer weiterhin bei der Gemeinde in Gebrauch sind, sind in der gemeindlichen Inventur zu erfassen.

Sie müssen weiterhin bewertet werden, denn sie sind noch Teil des Inventars der Gemeinde und müssen deshalb in der gemeindlichen Bilanz angesetzt werden. Ein bilanzieller Ansatz von gemeindlichen Vermögensgegenständen, die wirtschaftlich abgenutzt, aber tatsächlich noch nutzbar sind, ist jedoch nur möglich, wenn ihnen auch ein Wert zugeordnet werden kann, denn in der gemeindlichen Bilanz sind nur bewertete Vermögensgegenstände der Gemeinde angesetzt. Für den Ansatz von abgenutzten, aber noch aktivierten Vermögensgegenständen wird deshalb ein bilanzierungsfähiger „Restwert" für die Bilanz gebildet, denn ein Verzicht auf einen solchen Bilanzansatz würde einen Verstoß gegen die Bilanzierungsgrundsätze bedeuten.

Ein bilanzierungsfähiger „Restwert" von einem Euro wird als „Erinnerungswert" bezeichnet und stellt einen Merkposten in der gemeindlichen Bilanz für den betreffenden Vermögensgegenstand dar. Für diesen Bilanzansatz wird der Abschreibungsbetrag des letzten Jahres der Nutzungsdauer eines gemeindlichen Vermögensgegenstands um einen Euro gekürzt, sodass der betreffende Vermögensgegenstand noch einen ansatzfähigen „Restwert" von einem Euro hat. Einem Erinnerungswert von „null" Euro steht die vollständige Abschreibung entgegen, die dazu führt, dass der gemeindliche Vermögensgegenstand nicht mehr dem gemeindlichen Inventar zuzurechnen ist und dann von der Gemeinde auch nicht mehr bilanziert werden dürfte. Nach Abgang des betreffenden Vermögensgegenstands wird dann auch der bilanzierte Erinnerungswert tatsächlich ausgebucht.

Beispiel:
Die Stadt S. kauft einen neuen Dienstwagen.

Kaufpreis:	*60.000 €*
Überführungskosten:	*150 €*
Zulassungskosten:	*100 €*
Kfz-Steuer und -Versicherung	*2.000 €*

Wirtschaftliche Nutzungsdauer: 10 Jahre
Abschreibungsmethode: linear
Datum der Erstzulassung: 10.03.

Berechnung des Abschreibungswerts:

	Anschaffungskosten	60.000 €
+	Anschaffungsnebenkosten	250 €
=	Wert Vermögensgegenstand	60.250 €

Die 2.000 Euro für Kfz-Steuer und -Versicherung zählen nicht dazu. Sicher benötigt man diese, um den Vermögensgegenstand in Betrieb zu nehmen, genauso wie die erste Tankfüllung, aber diese Aufwendungen fallen immer wieder an und zählen somit zu den **laufenden Unterhaltungskosten**; diese Positionen haben nicht die Eigenschaft, dass sie nur einmalig bei der ersten Inbetriebnahme anfallen. Nur in diesem Fall würden sie mit zu den Anschaffungs-/Herstellungskosten zählen!

Berechnung der jährlichen Abschreibungsbeträge (gerundet auf zwei Dezimalstellen)

60.250 € : 10	=	6.025 € pro Jahr
6.025 € : 12	=	502,08 € pro Monat
AfA im 1. Jahr	=	10 x 502,08 € = 5.020,83 €

Abschreibungsplan:

1. Jahr	5.020,83 € (anteilig für 10 Monate)
2.–10. Jahr	6.025,00 €
11. Jahr	1.003,17 € (anteilig für 2 Monate)
	1 € Restbuchwert

Der Pkw wird über zehn Jahre abgeschrieben, die sich über elf Kalenderjahre erstrecken, da das erste und letzte Nutzungsjahr nur anteilig berührt sind.

Welche Buchungen fallen an?

Beim Kauf des Dienstwagens:

Fuhrpark (074) 60.250 €	**an**	Bank (181) 783 60.250 €

Zum Jahresabschluss des Anschaffungsjahres:

Aufwand Abschreibung Kfz (571) 5.020,83 €	**an**	Fuhrpark (074) 5.020,83 €

3.5.1 Übungssachverhalte zum Thema Abschreibungen

Bitte erstellen Sie für nachfolgende Sachverhalte jeweils einen Abschreibungsplan (soweit erforderlich).

1. Kauf einer Rutsche für den städt. Spielplatz für 750 Euro; Transportkosten 100 Euro, für die Montage werden 150 Euro bezahlt. Die Rutsche wird am 17.01.in Betrieb genommen.
2. Auf dem Dach des Gesundheitsamtes wird eine Photovoltaikanlage installiert. Die Anlage kostet 30.000 Euro. Die Elektrofirma berechnet für die Lieferung und Montage 5.000 Euro brutto. Für die Anlage wird eine Versicherung gegen Ausfall für die ersten beiden Betriebsjahre abgeschlossen; Kostenpunkt: 2.400 Euro. Darüber hinaus wird mit der Elektrofirma ein Wartungsvertrag über die nächsten zehn Jahre abgeschlossen; dafür wird 2.000 Euro bezahlt. Die Anlage beginnt am 10.03. mit der Stromproduktion.
3. Es wird ein Verwaltungsgebäude (Massivbauweise) gekauft. Kaufpreis: 500.000 Euro, wovon 100.000 Euro Grundstückskosten sind. Der Notar berechnet für die Kaufabwicklung 5.000 Euro. Die Grundbuchkosten belaufen sich auf 500 Euro.
4. Die Stadt Studienhausen kauft für ihren Zoo zehn Enten zu je 2,25 Euro. Lieferung: kostenfrei. Lösungshinweise am Ende des Kapitels 3.

3.6 RÜCKSTELLUNGEN

Zunächst ist einmal zu klären, was Rückstellungen überhaupt sind. Hierzu gibt der § 88 Abs. 1 GO NRW Auskunft: *„Rückstellungen sind für ungewisse Verbindlichkeiten, für drohende Verluste aus schwebenden Geschäften und für hinsichtlich ihrer Höhe oder des Zeitpunktes ihres Eintritts unbestimmte Aufwendungen in angemessener Höhe zu bilden."*

Anders ausgedrückt sind Rückstellungen Aufwand (ohne Auszahlung),

- der in der laufenden Periode verursacht wird/entsteht,
- aber erst in zukünftigen Perioden zu Auszahlungen führt, deren genaue Höhe oder exakter Auszahlungstermin nicht genau feststeht (sonst wäre es eine Verbindlichkeit).

Welche Rückstellungen es für die Kommune gibt, beschreibt der § 37 KomHVO NRW; der Absatz 1 beginnt sofort mit der für Kommunen höchsten Rückstellung, der Pensionsrückstellung. Weitere Rückstellungen werden in den darauffolgenden Absätzen genannt.

Es werden zwei Rückstellungsarten unterschieden:

1. Rückstellungen, die aufgrund einer Verpflichtung gegenüber Dritten gebildet werden, z. B. Pensionsrückstellungen; diese sind Verpflichtungen gegenüber den Beamten der Kommune.
2. Rückstellungen, die quasi eine Schuld gegen die betreffende Kommune selbst sind, z. B. Rückstellungen für unterlassene Instandhaltungen

Zuordnung zur Bilanz:
Da Rückstellungen, wie oben festgestellt, ungewisse **Verbindlichkeiten** sind, gehören diese auf die Passivseite der Bilanz. Gemäß § 42 Abs. 4 KomHVO NRW sind die Rückstellungen als dritte Position zwischen den Sonderposten und dem Fremdkapital/den Verbindlichkeiten einzuordnen. Folgendes Schaubild soll dies verdeutlichen:

Aktiva	Bilanz Passiva
1. Anlagevermögen	**1. Eigenkapital**
....	...
....	
	2. Sonderposten
	...
2. Umlaufvermögen	**3. Rückstellungen**
	Pensionsrückstellungen
	Rückstellungen für Deponien und Altlasten
	Instandhaltungsrückstellungen
	Sonst. Rückstellungen gemäß § 37 Abs. 5 und 6 KomHVO
...	**4. Verbindlichkeiten/Fremdkapital**
...	...

Zur Erinnerung: Passive Bestandskonten haben den Anfangsbestand im Haben, Zugänge im Haben und Abgänge im Soll.

Beispiel:
Die Kommune S. hat einen Bestand an Pensionsrückstellungen für die zurzeit aktiven Beamten in Höhe von 70 Mio. Euro.

Das Konto wird zunächst eröffnet mit dem Buchungssatz:

> Eröffnungsbilanzkonto (EBK) (801) **an** Pensionsrückstellungen (251) 70 Mio. €

Kontenansicht:

Soll		**Eröffnungsbilanzkonto (EBK) (801)**	Haben
Pensions-Rückst.	70.000.000 €		

Soll		**Pensionsrückstellungen (251)**	Haben
		EBK	70.000.000 €

Damit ist der Anfangsbestand in das Konto eingebucht. Am Jahresschluss wird nun ermittelt, welche zusätzlichen Pensionsansprüche die Beamten der Kommune im abgelaufenen Jahr erworben haben. Dieser Betrag ist dann als Zugang auf das Konto „Pensionsrückstellungen" zu buchen.

Angenommen, die Beamten haben in diesem Jahr zusätzliche Pensionsansprüche in Höhe von 2 Mio. Euro erworben. Das bedeutet, dass dieser Anspruch, der im lfd. Jahr erworben wurde, auch diesem Jahr als Aufwand zuzurechnen ist. Ob, in welcher exakten Höhe und wann genau dieser Betrag zur Auszahlung kommt, kann nur nach bestem Wissen kalkuliert werden. Der Betrag von 2 Mio. Euro muss dem Konto „Pensionsrückstellungen" mit folgender Buchung zugeführt werden:

> Aufwand Zuführung zu Pensionsrückstellungen (für aktive Beamte) (507) 2 Mio. €
> **an**
> Pensionsrückstellungen (251) 2 Mio. €

Kontenansicht:

Soll	Zuführung zu Pens.-Rückst. (507)		Haben
Pensions-Rückst	2.000.000 €		

Soll	Pensionsrückstellungen (251)		Haben
		EBK	70.000.000 €
		507	2.000.000 €

Diese Buchung belastet das Eigenkapital und hat Auswirkungen auf das Jahresergebnis. Nun werden in diesem Jahr aber auch aktive Beamte in den wohl verdienten Ruhestand gehen. Für jeden Einzelnen ist die Höhe der jeweiligen Pensionsrückstellung bekannt, da diese Jahr für Jahr gebildet wurden. Die für diese Kollegen angesammelten Pensionsrückstellungen sind nun umzubuchen. Der Gesamtbetrag (angenommen 1 Mio. Euro) für den Kollegen, der nun in den Ruhestand geht, wird wie folgt umgebucht:

Pensionsrückstellungen (für aktive Beamte) (251)
an
Pensionsrückstellungen (für Versorgungsempfänger) (252) 1 Mio. €

Kontenansicht:

Soll	Pensionsrückstellungen (251)		Haben
Pens.-Rückst. (252)	1.000.000 €	EBK	70.000.000 €
		507	2.000.000 €

Soll	Pensionsrückstellungen (252)		Haben
		EBK	...
		Pens.-Rückst. (251)	1.000.000 €

Es handelt sich hierbei um einen reinen Passivtausch, der keine Auswirkungen auf das Eigenkapital hat; diese Buchung ist ergebnisneutral.

Nun möchte der Beamte, der hier in den Ruhestand gegangen ist, natürlich auch monatlich seine Pension auf sein Konto überwiesen haben. Angenommen, die Kommune hat monatlich 4.000 Euro zu zahlen. Dann ist Folgendes zu buchen:

Pensionsrückstellungen (für aktive Beamte) (252) 4.000 €
an
Bank (181) (711) 4.000 €

Kontenansicht:

Soll		**Pensionsrückstellungen (252)**	Haben
Bank (181) (711)	4.000 €	EBK	...
		Pens.-Rückst. (251)	1.000.000 €

Soll		**Bank (181)**	Haben
		Pens.-Rückst. (252)	4.000 €

Und hier offenbart sich das Problem der Rückstellungen. Bei der Bildung der Rückstellung wurde zwar der kalkulierte Aufwand dem entsprechenden Jahr zugeordnet (wie es das Gesetz vorschreibt), aber tatsächlich wurde kein **Geld**, keine liquiden Mittel, zurückgelegt. Kommt eine Rückstellung zur Auszahlung, stellt sich spätestens dann die Frage, woher das Geld kommt. Denn Geld wurde bei der Bildung/Erhöhung einer Rückstellung nicht zurückgelegt, wie es das Wort „Rückstellung" möglicherweise annehmen lässt. Das, was als Rückstellungen in den kommunalen Bilanzen auf der Passivseite steht, hat in der Regel auf der Aktivseite kein „Gegenstück". Es fehlt schlicht das Geld.

Die Auszahlungen, die dann fällig werden, wenn eine Rückstellung in Anspruch genommen wird, kommen in der Regel aus dem laufenden Haushalt des laufenden Jahres. Im besten Fall kann eine Kommune das noch über die jährlichen Steuereinnahmen bezahlen, im schlechtesten Fall erfolgt die Auszahlung über die Aufnahme von Krediten. Kredite dürfen gemäß § 77 Abs. 4 GO i. V. m. § 86 GO NRW nur für Investitionen aufgenommen werden. Da die Auszahlung bzgl. der Rückstellungen aber keine Investition ist, bleiben hier nur die i. d. R. teureren, kurzfristigen Liquiditätskredite gemäß § 89 Abs. 2 GO NRW.

Dies ist umso unerfreulicher, wenn man weiß, dass die Pensionsrückstellungen in der Regel bei den Kommunen die höchste Einzelposition auf der Passivseite der Bilanz sind. Neben den Pensionsrückstellungen gemäß § 37 Abs. 1 KomHVO NRW gibt es aber noch andere Rückstellungsarten. Eine erhebliche Größe stellen auch die Rückstellungen für unterlassene Instandhaltungen gemäß § 37 Abs. 4 KomHVO NRW dar.

Hierzu ein Beispiel:
Bei Umbauarbeiten in den Herbstferien wird überraschend an einer städtischen Schulsporthalle festgestellt, dass die äußere Fassade der Halle mit Schadstoffen belastet ist. Die Fassade muss saniert werden. Da es sich um eine größere Maßnahme handelt, ist diese zunächst vom Rat zu genehmigen und anschließend öffentlich auszuschreiben.

Der Aufwand ist dem Jahr zuzurechnen, in dem der Instandhaltungsbedarf festgestellt wurde. Die Sanierung wird sicherlich erst aus zeitlichen Gründen im nächsten Jahr erfolgen können. Daher hat nun eine sachgerechte Schätzung der Kosten zu erfolgen. Hier bietet sich ein Kostenvoranschlag oder die Erstellung eines Gutachtens eines Sachverständigen an.

Der dann festgestellte Betrag ist als Rückstellung zu buchen. Angenommen, der Gutachter schätzt den Instandhaltungsaufwand auf 150.000 Euro. Dann ist Folgendes zu buchen:

Aufwand Instandhaltung [...] baulichen Anlagen (521) **an** Instandhaltungsrückstellung (270) 150.000 €

Nachdem die Rückstellung gebildet wurde, gibt es nun drei mögliche Varianten, mit denen die Rückstellung bei Durchführung der Instandhaltung wieder aufgelöst wird:

1. Der tatsächlich benötigte Betrag entspricht genau dem Rückstellungsbetrag (unwahrscheinlich).
2. Der tatsächlich benötigte Betrag ist geringer als der Rückstellungsbetrag.
3. Der tatsächlich benötigte Betrag ist höher als der Rückstellungsbetrag.

Welche Buchungen sind bei den drei Varianten erforderlich?

Zu 1.:
Dieser Fall ist unwahrscheinlich, da die Höhe der Rückstellungsbeträge ja „ungewiss" ist (sonst könnte man ja von einer Verbindlichkeit sprechen). Aber angenommen, die Beträge sind identisch, dann ist wie folgt zu buchen:

Instandhaltungsrückstellung (270) 150.000 € **an** Bank (181) (721) 150.000 €

Zu 2.:
Der Aufwand ist tatsächlich höher als ursprünglich kalkuliert. Angenommen, unsere 150.000 Euro reichen zur Instandhaltung der Sporthalle nicht aus und der Rechnungsbetrag der Firma, die die Sanierung durchgeführt hat, lautet über 170.000 Euro.
Es ist wie folgt zu buchen:

Instandhaltungsrückstellung (270) 150.000 € Aufwand Instandhaltung [...] baulichen Anlagen (521) 20.000 € **an** Bank (181) (721) 170.000 €

Zu 3.:
Der Aufwand ist tatsächlich niedriger als ursprünglich kalkuliert. Angenommen, die Instandhaltung der Sporthalle kostet laut Rechnung 120.000 Euro. Da wir eine Rückstellung über 150.000 Euro gebildet hatten, ist der nicht benötigte Betrag wieder „zurück ins Eigenkapital“ zu buchen. Dies funktioniert nur durch eine Ertragsbuchung. Der Unterschiedsbetrag in Höhe von 30.000 Euro ist ertragswirksam aufzulösen. Es wird wie folgt gebucht:

Instandhaltungsrückstellung (270) 150.000 €
an
Bank (181) (721) 120.000 €
Erträge aus der Auflösung oder Herabsetzung von Rückst. (458) 30.000 €

3.6.1 Übungssachverhalte zum Thema Rückstellungen

1. Für eine im Jahr 2018 errichtete Mülldeponie wird eine Nutzungsdauer von 25 Jahren geplant. Am 31.12.2018 ist die Deponie bereits zu 10 % des Gesamtvolumens gefüllt. Nach Kalkulation der Kämmerei betragen die Gesamtkosten für die Rekultivierung und Nachsorge der Deponie insgesamt 250.000 Euro. In welcher Höhe ist eine Rückstellung für die Rekultivierung und Nachsorge der Deponie zu bilden?
2. Die Kommune S. hat im November 2019 die Firma F. beauftragt, im Februar 2020 Graffiti an einem Schulgebäude zu entfernen. Hatte die Kommune S. am Abschlussstichtag eine Rückstellung zu bilden?
3. Die Kommune S. hat im September 2019 das Unternehmen U. beauftragt, im November 2019 Graffiti an einer Sporthalle zu entfernen. Das Unternehmen U. hat den Auftrag termingerecht erledigt. Die Rechnung liegt am Abschlussstichtag noch nicht vor. Ist am Abschlussstichtag eine Rückstellung zu bilden?
4. Die Kommune S. hat die Firma Y. im September 2019 beauftragt, im November 2019 Graffiti an einer Kindertagesstätte zu entfernen. Die Firma Y. hat die Arbeiten termingerecht ausgeführt. Die Rechnung geht am 30.12.2019 bei der Kommune ein. Ist hierfür am Abschlussstichtag eine Rückstellung zu bilden?
5. In der Schlussbilanz 2019 der Kommune K. sind Rückstellungen für nicht in Anspruch genommenen Urlaub aus dem Vorjahr in Höhe von 500.000 Euro gebildet worden. Da die Erträge im Jahr 2019 eingebrochen sind, plant der Kämmerer im Juni diese Rückstellung ertragswirksam aufzulösen und in Absprache mit dem Bürgermeister eine interne Anweisung zu erlassen, dass keine Urlaubsansprüche mehr in die Folgejahre übertragen werden dürfen und somit Rückstellungen für „Resturlaub“ zukünftig entfallen. Beurteilen Sie bitte die geplante Vorgehensweise des Kämmerers/Bürgermeisters.
6. Der aufmerksame Bürger B. hat gegen den Festsetzungsbescheid der Müllgebühren der Stadt S. geklagt. Das Urteil der ersten Instanz aus dem Jahr 2019 fällt zugunsten des Herrn B. aus. Die Stadt müsste ihm (und allen anderen Gebührenzahlern durchschnittlich) 100 Euro zurückzahlen. Die Stadt S. hält an ihrer gegenteiligen Rechtsauffassung fest und geht in die zweite Instanz. Hat die Stadt S. hier eine Rückstellung zu bilden?

Lösungshinweise am Ende des Kapitels 3.

3.7 RECHNUNGSABGRENZUNG, SONSTIGE FORDERUNGEN UND SONSTIGE VERBINDLICHKEITEN

Die **Ergebnisrechnung** ist eine Zeitraumrechnung. Sie weist alle Aufwendungen und Erträge **eines** Haushaltsjahres aus und ermöglicht einen Einblick, wie das Jahresergebnis zustande gekommen ist. So geht aus § 39 KomHVO NRW hervor, dass die dem Haushaltsjahr zuzuordnenden Erträge und Aufwendungen auszuweisen sind; § 40 KomHVO NRW spricht hingegen von Ein- und Auszahlungen, die im jeweiligen Haushaltsjahr angefallen sind.

Dies ist ein Unterschied und kann z. B. zu folgenden Konstellationen führen:

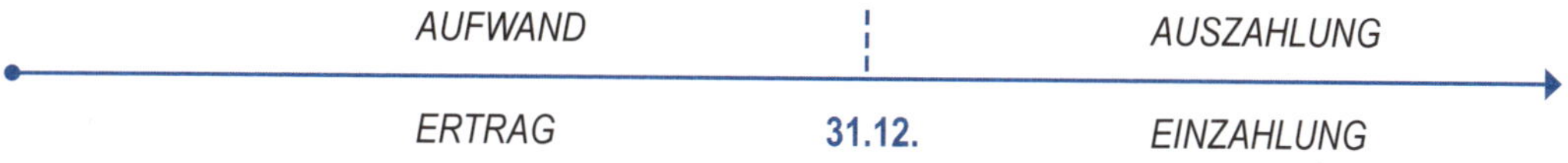

Das bedeutet, dass vor einer Buchung zunächst einmal festgestellt werden muss, in welches Haushaltsjahr der betreffende Aufwand oder Ertrag gehört und ob dieser auch tatsächlich ganz oder evtl. nur teilweise dem entsprechenden Haushaltsjahr zuzuordnen ist. Die zeitliche Abgrenzung der Aufwendungen und Erträge erfolgt (u. a.) mithilfe der Konten *„Sonstige Forderungen"* und *„Sonstige Verbindlichkeiten"*.

Führt ein Aufwand oder ein Ertrag des „alten" Jahres erst im neuen Jahr zu einer Auszahlung bzw. zu einer Einzahlung, muss dies erfasst werden als:

- Sonstige Verbindlichkeit (Kontonummer: 376)
- Sonstige Forderung (Kontonummer: 177)

Nachfolgende Beispiele sollen dies verdeutlichen:

Beispiel 1:
Die Lagermiete für Dezember (1.500 Euro) überweisen wir erst im Januar des „neuen" Jahres. Die Dezember-Miete ist Aufwand des alten Jahres, der erst im neuen Jahr zu einer Auszahlung führt. Aus Gründen einer periodengerechten Erfolgsermittlung gemäß § 39 Abs. 1 KomHVO NRW ist der Mietaufwand in der Ergebnisrechnung des „alten" Jahres zu erfassen und als „sonstige Verbindlichkeiten" gegenüber dem Vermieter in die Schlussbilanz aufzunehmen.

Buchungen im „alten" Jahr:

1. Mietaufwand	an	sonstige Verbindlichkeiten	1.500 €
2. Ergebnisrechnungskonto	an	Mietaufwand	1.500 €
3. Sonstige Verbindlichkeiten	an	Schlussbilanzkonto	1.500 €

Auf den Konten sieht das dann so aus:

Mietaufwand

SOLL			HABEN
1.)	1.500 €	2.)	1.500 €

Sonstige Verbindlichkeiten

SOLL			HABEN
3.)	1.500 €	1.)	1.500 €

Ergebnisrechnungskonto (GuV)

SOLL			HABEN
2.)	1.500 €		

Schlussbilanzkonto

SOLL			HABEN
		3.)	1.500 €

Buchungen im neuen Jahr:

Nach Eröffnung des Kontos „sonstige Verbindlichkeiten" ist die Mietzahlung zu buchen:

1. Eröffnungsbilanzkonto	an	sonstige Verbindlichkeiten	1.500 €
2. Sonstige Verbindlichkeiten	an	Bank (Auszahlung Miete)	1.500 €

Die Konten weisen folgende Beträge aus:

Bank

SOLL			HABEN
	...	2.)	1.500 €
	...		

Sonstige Verbindlichkeiten

SOLL			HABEN
2.)	1.500 €	1.)	1.500 €

Aufwendungen des alten Jahres, die erst im neuen Jahr zu Auszahlungen führen, sind auf dem Konto „sonstige Verbindlichkeiten" zu erfassen.

Buchungssatz: Aufwandskonto an Sonstige Verbindlichkeiten

Beispiel 2:
Unser Mieter überweist die Dezembermiete (800 Euro) erst im Januar des „neuen" Jahres. Die Dezembermiete stellt einen Ertrag des „alten" Jahres dar, der erst im neuen Jahr zu einer Einzahlung führt. Der Mietertrag ist deshalb gemäß § 39 Abs. 1 KomHVO NRW der Ergebnisrechnung des alten Jahres zuzurechnen und zugleich als „sonstige Forderung" zu erfassen.

Buchungen am 31.12.:

1. Sonstige Forderung	an	Mieterträge	800 €
2. Mieterträge	an	Ergebnisrechnungskonto (GuV)	800 €
3. Schlussbilanzkonto	an	sonstige Forderungen	800 €

Kontenansicht:

Sonstige Forderungen

SOLL			HABEN
1.)	800 €	3.)	800 €

Mieterträge

SOLL			HABEN
2.)	800 €	1.)	800 €

Schlussbilanzkonto

SOLL			HABEN
3.)	800 €		

Ergebnisrechnungskonto (GuV)

SOLL			HABEN
		2.)	800 €

Buchung im neuen Jahr (nach Eröffnung des Kontos „*sonstige Forderungen*") beim Eingang der Miete auf unserem Konto:

1. Sonstige Forderungen	**an**	Eröffnungsbilanzkonto	800 €
2. Bank (Einzahlung Miete)	**an**	sonstige Forderungen	800 €

Kontenansicht:

Sonstige Forderungen

SOLL			HABEN
1.)	800 €	2.)	800 €

Bank

SOLL			HABEN
2.)	800 €		

Erträge des alten Jahres, die erst im neuen Jahr zu Einzahlungen führen, werden zum Jahresschluss auf dem Konto „sonstige Forderungen" gebucht.

Buchungssatz: Sonstige Forderungen **an** Ertragskonto

Beispiel 3:
Wir haben am 01.09. des „alten Jahres" ein Darlehen für eine Existenzgründung in Höhe von 10.000 Euro zu 6 % Zinsen pro Jahr gewährt. Die halbjährlich an uns zu zahlenden Darlehenszinsen sind nachträglich fällig, erstmals am 01.03. des „neuen Jahres": 300 Euro. Von der am 01.03. des „neuen" Jahres fälligen Zinszahlung sind 200 Euro Ertrag dem alten und 100 Euro Ertrag dem neuen Jahr zuzurechnen.

Buchung am 31.12.:

1. Sonstige Forderung	**an**	Zinserträge	200 €
2. Zinserträge	**an**	Ergebnisrechnungskonto	200 €
3. Schlussbilanzkonto	**an**	Sonstige Forderungen	200 €

Kontenansicht:

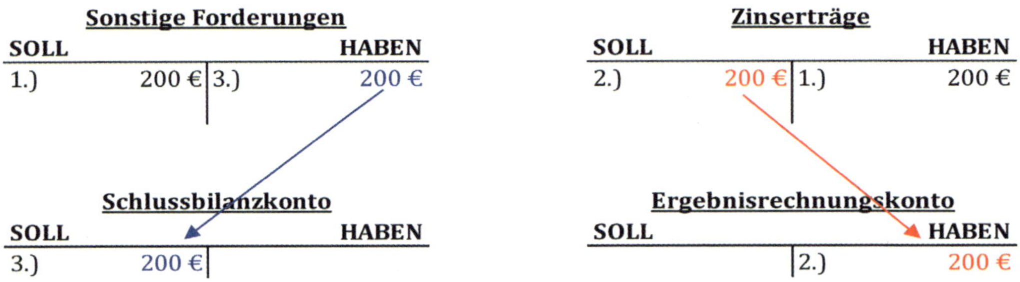

Buchung im neuen Jahr:

Am 01.03. ist nach Eröffnung des Kontos *„Sonstige Forderungen"* bei Zahlungseingang der volle Betrag von 300 Euro zu buchen sowie die restlichen 100 Euro Zinsertrag, die den Monaten Januar und Februar des „neuen" Jahres zuzuordnen sind:

1. Sonstige Forderungen	**an**	Eröffnungsbilanzkonto	200 €
2. Bank (Einzahlung Zinsen) 300 €	**an**	sonstige Forderungen	200 €
	an	Zinserträge	100 €

Kontenansicht:

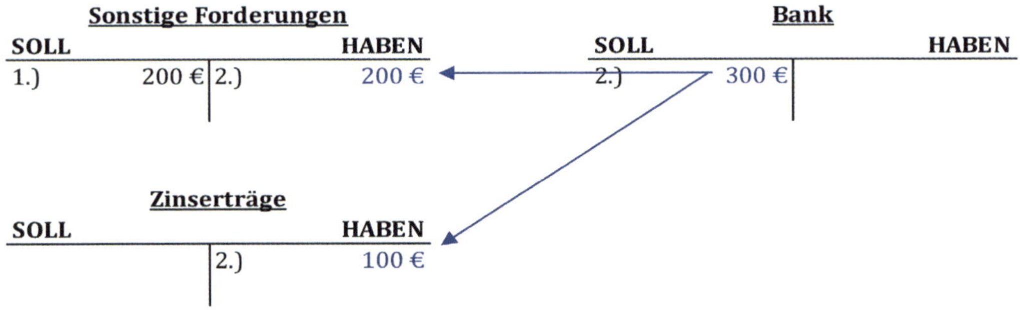

Aufwendungen und Erträge, die teils das alte und teils das neue Jahr betreffen, sind den jeweiligen Haushaltsjahren entsprechend zuzuordnen!

3.7.1 Übungssachverhalte zum Thema sonstige Forderungen und sonstige Verbindlichkeiten

Bilden Sie bitte zu nachstehenden Geschäftsvorfällen der Stadt S. die Buchungssätze
a) zum Jahresabschluss im „alten" Jahr,
b) im „neuen" Jahr beim Geldeingang bzw. -ausgang.

1. Die Dezembermiete für Gebäude wird von uns erst im Monat Januar des neuen Jahres beglichen: 2.800 Euro.
2. Ein Mieter in unserem Gebäude zahlt die Miete für Dezember erst im Januar des neuen Jahres: 1.650 Euro.
3. Eine Rechnung für verbrauchtes Kopierpapier steht am Jahresende noch aus. Der genaue Betrag ist bekannt, und es ist sicher, dass die Rechnung Anfang Januar eingeht: 3.000 Euro netto + 570 Euro Vorsteuer.
4. Die vierteljährlichen Zinsen (November bis Januar) für ein Darlehen werden von uns erst Ende Januar bezahlt: 1.500 Euro.
5. Unser Mieter hat die laut Vertrag zu zahlende Jahresmiete (Mietzeitraum: 01.04. bis 31.03.) am 31.03. des folgenden Jahres zu zahlen: 2.400 Euro.
6. Unser Darlehensschuldner zahlt uns für das Halbjahr 01.07. bis 31.12. die Zinsen erst im Januar des neuen Jahres: 700 Euro.
7. Der Beitrag zum Regionalverband Ruhr für das letzte Vierteljahr Oktober bis Dezember wird erst im Monat Januar gezahlt: 18.000 Euro.
   Buchung aus Sicht der Stadt.
8. Eine Zinsgutschrift der Hausbank für die Zeit vom 01.10. bis 31.12. steht noch aus und wird bei uns erst im Januar eingehen: 315 Euro. Lösungshinweise am Ende des Kapitels 3.

3.8 AKTIVE UND PASSIVE RECHNUNGSABGRENZUNGSPOSTEN

Auf den Konten „sonstige Verbindlichkeiten" und „sonstige Forderungen" sind Aufwendungen und Erträge des alten Haushaltsjahres erfasst, die erst im neuen Jahr zu Auszahlungen oder Einzahlungen führen. Es handelt sich hierbei um echte Verbindlichkeiten und Forderungen, die durch eine Zahlung im neuen Jahr beglichen werden. Es können aber auch folgende Konstellationen auftreten:

Werden **bereits Zahlungen im alten Jahr für Aufwendungen und Erträge des neuen Jahres** geleistet, sind folgende Konten zu führen:

- aktive Rechnungsabgrenzungsposten (aRAP), Kontonummer: 19x
- passive Rechnungsabgrenzungsposten (pRAP), Kontonummer: 390

Zur aktiven Rechnungsabgrenzung:
Hierunter fallen gemäß § 43 Abs. 1 KomHVO NRW Aufwendungen, die bereits im abzuschließenden Haushaltsjahr **im Voraus** bezahlt/gebucht wurden, aber entweder zum Teil oder ganz **wirtschaftlich dem neuen Jahr zuzurechnen** sind.

Beispiele:
- *geleistete Vorauszahlungen für Versicherungen*
- *Vorauszahlungen für Zinsen*
- *Vorauszahlungen für Mieten etc.*

Diese Rechnungsabgrenzung stellt praktisch eine **Leistungsforderung** dar: So haben wir z. B. durch unsere Mietvorauszahlung einen Anspruch auf Nutzung der gemieteten Räume im neuen Jahr.

Zur passiven Rechnungsabgrenzung:
Hierzu gehören gemäß § 43 Abs. 3 KomHVO NRW **Erträge**, die im abzuschließenden Haushaltsjahr bereits (als Einzahlung) gebucht wurden, aber mit einem Teil oder aber auch ganz dem **neuen** Jahr zuzuordnen sind.

Beispiele:
- *im Voraus erhaltene Mieten und Pachten*
- *an uns im Voraus gezahlte Zinsen etc.*

Die passive Rechnungsabgrenzung stellt eine **Leistungsverbindlichkeit** dar. Beispiel: Eine an uns geleistete Zinsvorauszahlung begründet unsere Verpflichtung auf weitere Überlassung des gewährten Darlehens im neuen Jahr.

Transitorische Posten:
Mit den aktiven und passiven Rechnungsabgrenzungsposten werden die im alten Haushaltsjahr im Voraus gebuchten Aufwendungen und Erträge über die Schlussbilanz in die Ergebnisrechnung des **neuen** Jahres übertragen. Man nennt sie deshalb auch „transitorische Posten" (lat. *transire* = hinübergehen).

Zur Bilanzgliederung: Gemäß § 42 Abs. 3 und 4 KomHVO NRW werden die aRAP am Ende der Aktivseite und die pRAP am Ende der Passivseite aufgeführt.

Periodengerechte Erfolgsermittlung:
Die Rechnungsabgrenzungsposten dienen ebenso wie die *sonstigen Forderungen* und *sonstigen Verbindlichkeiten* der zeitraumrichtigen Abgrenzung der Aufwendungen und Erträge. Damit wird das Gesamtergebnis zum Jahresabschluss ermittelt.

Beispiel 1:
Am 01.12. haben wir Lagerräume für monatlich 1.500 Euro gemietet. Im Mietvertrag wurde vereinbart: Zahlung der Miete vierteljährlich mit 4.500 Euro im Voraus.

Direkte Rechnungsabgrenzung:

Auszahlungen des laufenden Geschäftsjahres, die Aufwendungen des nächsten Jahres betreffen, können bereits direkt bei der Zahlung entsprechend zeitlich abgegrenzt werden. Dadurch erübrigt sich zum Jahresabschluss eine besondere Überprüfung aller Auszahlungen auf ihre periodengerechte Abgrenzung.

Buchung bei direkter Rechnungsabgrenzung am 01.12.:

1. Mietaufwand 1.500 €
   Aktive RAP 3.000 € an Bank (Mietauszahlung) 4.500 €

Kontenansicht:

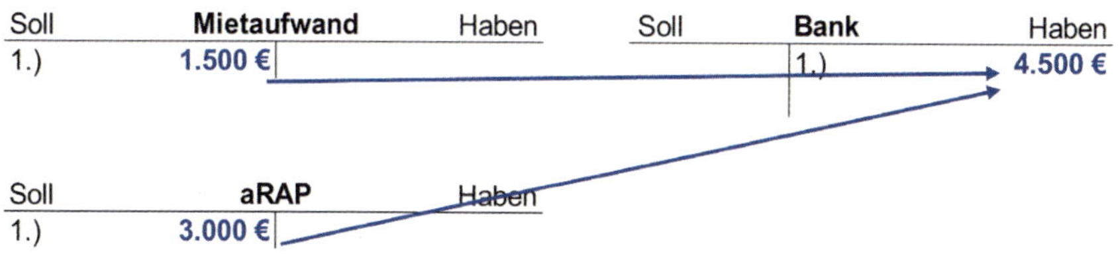

Buchung am 01.01. des Folgejahres:

1. Aktive RAP	an	Eröffnungsbilanzkonto	3.000 €
2. Mietaufwand	an	Aktive RAP	3.000 €

Das Konto Mietaufwand weist nun die Miete für Januar und Februar des neuen Jahres aus. Das Konto „Aktive Rechnungsabgrenzung" hat seine „transitorische" Aufgabe erfüllt.

Kontenansicht:

Soll	aRAP	Haben
1.) 3.000 €	2.)	3.000 €

Soll	Mietaufwand	Haben
2.) 3.000 €		

Das Konto **aktiver Rechnungsabgrenzungsposten (aRAP)** erfasst zum Jahresabschluss alle Auszahlungen des alten Jahres, die einen Aufwand im nächsten Jahr verursachen.

Buchung im „alten Jahr“:
aRAP an Bank (Auszahlungskonto)

Beispiel 2:
Von unserem Mieter haben wir am 01.12. die Vierteljahresmiete (Dezember bis Februar) in Höhe von insgesamt 2.400 Euro im Voraus erhalten.

Bei der direkten Abgrenzung ist am 01.12. zu buchen:

1. Bank (Einzahlung Miete)2.400 €	**an**	Mieterträge	800 €
	an	Passive RAP	1.600 €

Der volle Betrag in Höhe von 2.400 Euro ist im alten Jahr als Einzahlung zu buchen. Jedoch nur 800 Euro Mietertrag entfallen auf das alte Jahr, 1.600 Euro dagegen auf das neue Jahr. Für uns entsteht eine Leistungs**verbindlichkeit** (eine Verpflichtung zur Überlassung der Räume im nächsten Geschäftsjahr), die auf der Passivseite der Bilanz auszuweisen ist.

Buchungen zum 31.12. des Abschlussjahres:

1. Mieterträge	**an**	Ergebnisrechnungskonto	800 €
2. Passive RAP	**an**	Schlussbilanzkonto	1.600 €

Kontenansicht:

Soll	pRAP	Haben
3.) 1.600 €	1.)	1.600 €
1.600 €		1.600 €

Soll	Mieterträge	Haben
2.) 800 €	1.)	800 €
800 €		800 €

Soll	Schlussbilanzkonto	Haben
	3.)	1.600 €

Soll	Ergebnisrechnungskonto	Haben
	2.)	800 €

Buchung zum 01.01. des Folgejahres:

1. Eröffnungsbilanzkonto	**an**	Passive RAP	1.600 €
2. Passive RAP	**an**	Mieterträge	1.600 €

Das Konto Passive Rechnungsabgrenzung ist zu Beginn des neuen Jahres über das entsprechende Ertragskonto „aufzulösen". Nach der Buchung des passiven Rechnungsabgrenzungspostens weist das Konto Mieterträge nun den periodengerechten Mietertrag für die Monate Januar und Februar des neuen Jahres in Höhe von 1.600 Euro aus.

Kontenansicht:

Soll	**Mieterträge**	Haben
	2.)	**1.600 €**

Soll	**pRAP**	Haben
2.) **1.600 €**	1.)	1.600 €

Das Konto **passiver Rechnungsabgrenzungsposten (pRAP)** erfasst zum Jahresabschluss alle Einzahlungen des alten Jahres für Erträge des nächsten Jahres.

Buchung bei direkter Abgrenzung:
Bank (Einzahlung) an Passive Rechungsabgrenzung

Zusammenfassung:
Die zeitliche Abgrenzung der Aufwendungen und Erträge bezweckt eine periodengerechte Ermittlung des Jahresergebnisses. Rechtliche Vorschriften sind: §§ 39 und 40 KomHVO NRW sowie § 43 KomHVO NRW.

Man unterscheidet vier Fälle:

Geschäftsfall	**Vorgang**		**Buchung**
	im alten Jahr	**im neuen Jahr**	
Von uns noch zu zahlender Aufwand	Aufwand	Auszahlung	sonstige Verbindlichkeit
Noch zu vereinnahmender Ertrag	Ertrag	Einzahlung	sonstige Forderung
Von uns im Voraus bezahlter Aufwand	Auszahlung	Aufwand	aktive Rechnungsabgrenzung
Im Voraus vereinnahmter Ertrag	Einzahlung	Ertrag	passive Rechnungsabgrenzung

3.8.1 Übungssachverhalte zur aktiven und passiven Rechnungsabgrenzung

Nennen Sie bitte die Buchungssätze für die nachfolgenden Geschäftsvorfälle der Stadt S. bei einer direkten Rechnungsabgrenzung für das laufende Jahr und das **Folgejahr**!

1. Die Kfz-Steuer für die Dienstwagen wird am 01.07. für ein Jahr im Voraus vom Bankkonto überwiesen: 600 Euro.
2. Am 01.12. erhalten wir die Miete für vermietete Gebäude für Dezember, Januar und Februar im Voraus durch Banküberweisung: 4.500 Euro.
3. Für unsere Heizungsanlage im Rathaus besteht mit dem Lieferanten ein Wartungsvertrag. Am 01.05. wird der Jahresbetrag laut Rechnung überwiesen: 1.200 Euro netto + 228 Euro Vorsteuer = 1.428 Euro.
4. Am 01.10. werden die Jahreszinsen für ein von uns gewährtes Darlehen im Voraus auf unser Bankkonto überwiesen: 960 Euro.
5. Die Gebäudeversicherung für unsere Verwaltungsgebäude wird am 01.11. durch Banküberweisung für ein Jahr im Voraus gezahlt: 3.600 Euro.
6. Abbuchung des Jahresbeitrags per Lastschrift von unserem Konto für ein Fachzeitschriften-Abo am 01.07.: 170 Euro. Lösungshinweise am Ende des Kapitels 3.

3.9 BUCHUNGEN VON ZUWENDUNGEN

Unter Zuwendungen fallen Zuweisungen und Zuschüsse. Diese sind Finanzhilfen zur Erfüllung der Aufgaben des Empfängers. Bei der Frage, wie Zuwendungen buchhalterisch zu behandeln sind, ist zunächst zu klären, ob es sich um eine Zuwendung für die laufende Verwaltungstätigkeit handelt oder um eine Zuwendung für Investitionen. Alle Zuwendungen, die nicht ausdrücklich für die Durchführung von Investitionen geleistet werden, werden der laufenden Verwaltungstätigkeit zugeordnet (z. B. Schlüsselzuweisung des Landes im Rahmen des Gemeindefinanzierungsgesetzes [GFG] NRW, Bedarfszuweisungen für laufende Zwecke, Betriebskostenzuschüsse etc.). Diese **Zuwendungen für laufende Zwecke** werden buchhalterisch unmittelbar als **Ertrag** erfasst!

Beispiel:
Eingang des Bescheids für die Schlüsselzuweisung bei der Stadt S.
Buchungssatz:

Forderung gegen öffentlichen Bereich	**an**	Erträge Schlüsselzuweisung Land

Hier wird der gesamte Betrag sofort komplett als Ertrag gebucht.

Anders bei Zuwendungen, die **für Investitionen** geleistet werden (z. B. Allgemeine Investitionspauschale etc.). Dabei kann die Frage aufkommen, was überhaupt eine Investition ist. Buchhalterisch betrachtet sind Investitionen alles, was in der Bilanz im Anlagevermögen steht. Zum Anlagevermögen gehört alles, was gemäß § 34 Abs. 1 KomHVO NRW dauernd der Aufgabenerledigung der Kommune dienen soll; der Begriff „dauernd" wird wie folgt definiert: Es bedeutet, dass ein Vermögensgegenstand länger als ein Jahr von der Kommune genutzt werden soll.

Einfach ausgedrückt: Erhält die Kommune eine Zuwendung für den Erwerb von Anlagevermögen, ist ein Sonderposten zu bilden.

Siehe § 44 Abs. 5 KomHVO NRW:
„Für erhaltene [...] Zuwendungen [...] für Investitionen sind Sonderposten auf der Passivseite [...] anzusetzen.
Die Auflösung der Sonderposten ist entsprechend der Abnutzung des geförderten Vermögensgegenstands vorzunehmen. [...]"

Welcher Sinn steckt in dieser Vorgehensweise?
Die Gründe sind z. B.: In den kommunalen Haushalten sollen die Finanzquellen nachvollziehbar und transparent sein!

Darüber hinaus wird eine Investition über mehrere Jahre von der Kommune genutzt; daher soll sich auch die Zuwendung über diesen Zeitraum auswirken und nicht nur für das eine Jahr des Zahlungseingangs der Zuwendung. Hat die Kommune eine Zuwendung für eine

Investition erhalten, die Investition erfolgt aber erst zu einem späteren Zeitpunkt, muss evtl. zurückgezahlt werden, wenn die Investition aus welchem Grund auch immer unterbleibt. Wird die Investition jedoch später tatsächlich durchgeführt, ist die Zuwendung bis dahin zu „parken"/passivieren, allerdings nicht schon als Sonderposten, sondern zunächst unter der passiven Bilanzposition „Erhaltene Anzahlungen". Erst wenn das Geld der Zuwendung auch tatsächlich für die Investition ausgegeben/verwendet wurde, wird ein Sonderposten gebildet.

In diesem Fall wäre dann ein Passivtausch zu buchen:

Erhaltene Anzahlungen (380) **an** Sonderposten (231)

Die für die Vermögensgegenstände gewählte Abschreibungsdauer (wirtschaftliche Nutzungsdauer) und Abschreibungsmethode (linear, degressiv, Leistungsabschreibung) wirken sich entsprechend auf die Auflösung der Sonderposten aus. Auch bei gewährten Zuwendungen für nicht abnutzbare Anlagegüter (z. B. Grundstücke oder Kunstgegenstände) ist ein Sonderposten zu bilden. Dieser ist in der Bilanz anzusetzen und bleibt unverändert bestehen, solange die Kommune an dem betreffenden Vermögensgegenstand das wirtschaftliche Eigentum hat.

Die bilanzielle Behandlung von Zuwendungen ist unabhängig davon, ob einzelne Anlagegüter gefördert werden oder ob eine globale Förderung (Pauschale) erfolgt. Zu den globalen Förderungen zählen z. B. die allgemeine Investitionspauschale, die Sportpauschale, die Schulpauschale etc. Auch hier sind nach zweckentsprechender Verwendung des Geldes Sonderposten zu bilden, die analog der Nutzungsdauer der beschafften Vermögensgegenstände ertragswirksam aufzulösen sind. Da es nicht leicht ist, eine Verteilung der Investitionspauschalen auf die einzelnen Vermögensgegenstände vorzunehmen, hat die Kommune ein Ermessen. Sie kann die Verteilung detailliert vornehmen. Unter dem Gesichtspunkt der Wesentlichkeit und Wirtschaftlichkeit ist es angemessen, die Aufteilung der erhaltenen Zuwendungen nach dem Schwerpunktprinzip vorzunehmen. Das bedeutet dann, dass für die größten Investitionen des Jahres Sonderposten gebildet werden, bis der Zuwendungsbetrag hier aufgebraucht ist.

Buchungstechnik:
Zuwendungen für Investitionen beziehen sich nicht nur auf das Jahr des Zahlungseingangs der Zuwendung, sondern auf alle Jahre, in denen das mit der Zuwendung finanzierte Anlagegut von der Gemeinde verwendet wird.

Parallel zur Abschreibung des jeweiligen Vermögensgegenstands erfolgt eine **ertragswirksame Auflösung** der Zuwendung. Um dies bilanziell und buchhalterisch abzubilden, wird die Zuwendung als **Sonderposten passiviert**.

Es ergeben sich also mindestens vier Buchungen, wie ein einfaches Beispiel (Kauf einer Photovoltaikanlage mit einer Zuwendung des Landes NRW) kurz darstellt:

1. Technische Anlage (072)	**an**	Bank (783)
2. Aufwand Abschreibung (571)	**an**	Technische Anlage (072)
3. Bank (681)	**an**	Sonderposten (231)
4. Sonderposten (231)	**an**	Ertrag aus Auflösung SoPo (415)

Beispiel:
Die Stadt S. beschafft ein neues Löschfahrzeug für die Feuerwehr. Anschaffungskosten gesamt: 800.000 Euro. Das Land NRW gewährt für diese Maßnahme eine 15 %-ige Zuweisung.

Buchungssatz bei Anschaffung des Fahrzeugs bei sofortiger Überweisung des Kaufpreises:

Fahrzeuge 800.000 €	**an**	Bank (Auszahlung) 800.000 €

Buchungssatz bei Eingang des Zuweisungsbescheids bei der Stadt S.:

Forderung gegen öffentlichen Bereich 120.000 €	**an**	Sonderposten Zuweisung Land 120.000 €

Buchungssatz bei Zahlungseingang der Zuweisung:

Bank (Einzahlung ...) 120.000 €	**an**	Forderung gegen öffentl Bereich 120.000 €

Bilanziell ergeben sich durch diese Buchungen folgende Änderungen:

AKTIVA			**PASSIVA**
Anlagevermögen		Eigenkapital	0 €
Fahrzeuge	800.000 €		
		Sonderposten	
Umlaufvermögen		Zuwendung	120.000 €
Forderungen	0 €		
Bank (L. M.)	-680.000 €	Fremdkapital	0 €
	800.000 €		120.000 €

Dabei wird deutlich, dass weder die Investition noch die Zuwendung über Ergebnis/Erfolgskonten (Aufwand/Ertrag) gebucht wurde. Die Position „Eigenkapital" bleibt von diesem Vorgang zunächst unberührt. Was geschieht nun buchhalterisch, wenn der Kauf- und der Zuwendungsvorgang abgeschlossen sind?

1. Der Vermögensgegenstand „Feuerwehrlöschfahrzeug" wird abgeschrieben.
Das Löschfahrzeug wurde im Februar in Betrieb genommen und hat eine wirtschaftliche Nutzungsdauer von 15 Jahren.

AfA im ersten Jahr:
800.000,00 €/15 Jahre = 53.333,33 €
53.333,33 €/12 Monate x 11 Monate = **48.888,58 €**

Buchungssatz:
Aufwand Abschreibung (571) **an** Fahrzeuge (074) 48.888,58 €

Kontenansicht:

Soll	Fahrzeuge		Haben
Zugang	800.000 €	Abschreibung (1. Jahr)	48.888,58 €

Soll	Abschreibung		Haben
Löschfahrzeug	48.888,58 €		

2. Der Sonderposten „Zuwendung Land" wird ertragswirksam aufgelöst.
Die Zuweisung wird parallel zur Abschreibung des entsprechenden Vermögensgegenstands ertragswirksam aufgelöst. Diese Auflösung erfolgt daher ebenfalls über 15 Jahre über das Konto „Erträge aus der Auflösung von Sonderposten aus Zuweisung Land".

120.000 €/15 Jahre = 8.000 € 8.000 €/12 Monate x 11 Monate = **7.333,33 €**

Buchungssatz:
Sonderposten (231) **an** Erträge aus Auflösung Sonderposten (415) 7.333,33 €

Kontenansicht:
Nettoaufwand im ersten Jahr: 48.888,58 € – 7.333,33 € = **41.555,25 €**

Soll	Sonderposten Löschfahrzeug		Haben
Auflösung SoPo	7.333,33 €	Zugang	120.000 €

Soll	Erträge aus Auflösung SoPo		Haben
		SoPo Löschfahrzeug	7.333,33 €

Doch nicht nur für Zuwendungen „in Geld" werden Sonderposten gebildet, sondern auch bei **Sachzuwendungen**. Eine Kommune erhält mitunter auch Dinge geschenkt. Zum Beispiel die berühmte Parkbank, die von einer Firma „gespendet" wird. Der Wert dieser Parkbank sowie alle Aufwendungen, die anfallen, um diese Bank in Betrieb zu nehmen (Lieferung und Montage), sind als Sonderposten in die kommunale Bilanz aufzunehmen. Der Vermögensgegenstand selbst ist natürlich auch zu aktivieren.

Welche Buchungen fallen an?

1. Aktivierung des Vermögensgegenstands „Parkbank"
2. Passivierung des Sonderpostens
3. Abschreibung des Vermögensgegenstands
4. Auflösung des Sonderpostens

Übungsaufgabe:
Bitte bilden Sie alle Buchungssätze unter der Voraussetzung, dass die o. g. Parkbank einen Neuwert von insgesamt 1.000 Euro hat, am 01.08. in Betrieb genommen werden kann und eine wirtschaftliche Nutzungsdauer von drei Jahren hat.

3.9.1 Übungssachverhalt 1 zum Thema Sonderposten

Die Stadt S. kauft eine IT-Anlage für die Grundschule für insgesamt 80.000 Euro. Aus Landesmitteln wird die Anschaffung mit 20 % gefördert. Der Förderbescheid liegt bereits im April vor, die Auszahlung der Fördersumme wird aber erst im November erwartet. Die IT-Anlage ist ab 20.07. einsatzbereit. Die wirtschaftliche Nutzungsdauer beträgt vier Jahre.

Aufgabe:
Zeigen Sie bitte die Buchungssätze zum o. g. Sachverhalt für das Jahr der Anschaffung auf. Lösungshinweise am Ende des Kapitels 3.

3.9.2 Übungssachverhalt 2 zum Thema Sonderposten

Für den Produktbereich 08 „Sportförderung" liegen folgende Informationen zur Haushaltsplanung vor:

1. Im Juli des Jahres 01 soll mit dem Bau eines neuen Kombibads begonnen werden (wirtschaftliche Nutzungsdauer 40 Jahre).
   Die Baukosten (ohne Grundstück) betragen insgesamt 5.000.000 Euro.
   Die Bauzeit beträgt zwei Jahre, geplante Inbetriebnahme: 01.07.03.
   Das Land gewährt für den Neubau eine Zuwendung von insgesamt 800.000 Euro, zahlbar je zur Hälfte im August des Jahres 02 und nach Inbetriebnahme im Jahr 03.
2. Für die Sporthalle „Am Ostkamp" sind folgende Gegenstände zu beschaffen:
   - Stufenbarren zum Kaufpreis von 4.000 Euro und einer Nutzungsdauer von 15 Jahren, gefördert mit einer Zuweisung des Landessportbundes in Höhe von 2.000 Euro (Lieferung, Bezahlung und Inbetriebnahme im Oktober)

- Sprungmatten zum Kaufpreis von 6.000 Euro und einer Nutzungsdauer von 15 Jahren (Lieferung, Bezahlung und Inbetriebnahme im September)
- Die örtliche Sportartikelfirma wird im Juli des nächsten Jahres einen gebrauchten Schwebebalken im Wert von 2.000 Euro spenden (Sachspende). Die wirtschaftliche Nutzungsdauer wird hier mit zehn Jahren kalkuliert

Aufgaben:
Inwieweit ist zu den o. g. Geschäftsvorfällen das Thema Sonderposten zu beachten? Nennen Sie bitte die Buchungen zur Einrichtung und Auflösung der Sonderposten. Lösungshinweise am Ende des Kapitels 3.

3.10 BERÜCKSICHTIGUNG VON VOR- UND UMSATZSTEUER

Die Umsatzsteuer (USt) ist eine Steuer, die von einem Unternehmer aufgrund des Umsatzes bei erbrachten Lieferungen oder Leistungen berechnet wird und an die Finanzbehörde abzuführen ist. Wirtschaftlich betrachtet wird sie ausschließlich vom Endverbraucher getragen. Im deutschen Sprachgebrauch wird der Ausdruck „Umsatzsteuer (und Vorsteuer)" gleichbedeutend mit „Mehrwertsteuer" verwendet.

Folgende Grafik soll das System der Umsatzsteuer anhand eines Beispiels verdeutlichen. Bevor der Privatkunde einen Massivholzschrank im Geschäft für 11.900 Euro kaufen kann, ist schon einiges passiert:

Umsatzstufen	Einkaufspreis	Verkaufspreis	Mehrwert	Zahllast: 19% Ust. vom Mehrwert
Wald- / Forstbetrieb ↓	(eigene Herstellung)	2.000 € netto 2.380 € brutto	2.000 €	380 €
Holzwerk ↓	2.000 € netto 2.380 € brutto	6.500 € netto 7.735 € brutto	4.500 €	855 €
Möbelgroßhandel ↓	6.500 € netto 7.735 € brutto	8.000 € netto 9.520 € brutto	1.500 €	285 €
Möbeleinzelhandel ↓	8.000 € netto 9.520 € brutto	10.000 € netto 11.900 € brutto	2.000 €	380 €
Privatkunde zahlt an den Einzelhandel		**11.900 €** =	**10.000 €** +	**1.900 €**

Von dem auf jeder Umsatzstufe entstandenen Mehrwert werden 19 % Umsatzsteuer berechnet und als Zahllast an das Finanzamt abgeführt. Das sind in diesem Beispiel insgesamt 1.900 Euro Umsatzsteuer. Genau diesen Betrag hat der Privatkunde als Endverbraucher an Umsatzsteuer zu tragen und zu zahlen. Die Umsatzsteuer, die auf jeder Stufe des Warenwegs an das Finanzamt abgeführt wird, belastet nicht die Unternehmen, sondern, wie oben zu sehen, allein den Privatkunden. Er hat die Rechnung des Möbeleinzelhändlers einschließlich Umsatzsteuer in der Gesamthöhe von 11.900 Euro zu bezahlen.

Der Einzelhändler vereinnahmt die Umsatzsteuer im Namen des Finanzamtes, verrechnet diese mit der von ihm gezahlten Vorsteuer und führt den Unterschiedsbetrag an das Finanzamt ab. Der Steuersatz für die Umsatz-/Vorsteuer beträgt zurzeit 19 %; ein ermäßigter

Steuersatz von 7 % gilt z. B. bei: Verkauf von Lebensmitteln, Schnittblumen, Zeitungen/Büchern, ÖPNV etc.

Bei den umsatzsteuerpflichtigen kommunalen **Betrieben** gewerblicher Art (BgA), wie z. B. Wochenmärkte, Schwimmbäder, Parkhäuser etc., ist ein besonderer Ausweis der Umsatzsteuer und Vorsteuer nach den Vorschriften des Umsatzsteuergesetzes (UStG) erforderlich. Stellt ein Betrieb (gewerblicher Art) eine Rechnung aus, so ist die Umsatzsteuer gesondert auszuweisen und gesondert zu buchen. Die Umsatzsteuer ist für den Betrieb ein „durchlaufender Posten" und an das Finanzamt abzuführen. Erhält ein Betrieb (gewerblicher Art) eine Rechnung mit ausgewiesener Vorsteuer, so hat er diese zu zahlen. Die Vorsteuer wird aber gesondert gebucht und vom Finanzamt an den Betrieb erstattet.

Die Steuerschuld aus der Umsatzsteuer und die Steuerforderung aus der Vorsteuer werden zum Steuertermin saldiert. Ist die Vorsteuer höher als die Umsatzsteuer, erhält der Betrieb eine Erstattung von Finanzamt; ist die Umsatzsteuer höher als die Vorsteuer, zahlt der Betrieb die Differenz an das Finanzamt. Beide Vorgänge sind ergebnisneutral.

Beispiel:

Bezahlte Rechnungen netto	*100.000 € + Vorsteuer*	*19.000 €*
Ausgestellte Rechnungen netto	*300.000 € + Umsatzsteuer*	*57.000 €*
Zahllast an Finanzamt für Umsatzsteuerüberhang		*38.000 €*

Wie bucht ein Betrieb die Ausstellung einer Rechnung mit einem Rechnungsbetrag von brutto 1.190 Euro? Da netto gebucht werden muss und die Umsatzsteuer (19 %) separat auszuweisen ist (Passivkonto), wird ein **zusammengesetzter Buchungssatz** gebildet:

Forderung	1.190 €	**an**	Ertragskonto	1.000 €
		an	Umsatzsteuer	190 €

Wie bucht ein Betrieb den Eingang einer Rechnung mit einem Rechnungsbetrag von brutto 1.190 Euro? Da netto gebucht werden muss und die Vorsteuer (19 %) separat auszuweisen ist (Aktivkonto), wird ein **zusammengesetzter Buchungssatz** gebildet:

Aufwandskonto	1.000 €			
Vorsteuer	190 €	**an**	Verbindlichkeiten	1.190 €

Wie bucht ein Betrieb **den Eingang** einer Rechnung mit einem Rechnungsbetrag von **brutto** 1.190 Euro für den Kauf eines Computers?
Da netto gebucht werden muss und die Vorsteuer (19 %) separat auszuweisen ist (Aktivkonto), wird ein **zusammengesetzter Buchungssatz** gebildet:

Betriebs- und Geschäftsausstattung	1.000 €			
Vorsteuer	190 €	**an**	Verbindlichkeiten	1.190 €

Die von einem Betrieb oder der Kommune gezahlte Vorsteuer ist eine Forderung gegenüber dem Finanzamt. Daher wird das Konto „Vorsteuer" als aktives Bestandskonto unter der Kontonummer 176 geführt.

Die vom Kunden erhaltene Umsatzsteuer ist eine Verbindlichkeit gegenüber dem Finanzamt. Daher wird das Konto „Umsatzsteuer" als passives Bestandskonto unter der Kontonummer 373 geführt. Beide Konten werden zum Konto „Umsatzsteuerverrechnung" hin abgeschlossen und entweder an das Finanzamt ausgezahlt (wenn die Umsatzsteuer höher als die Vorsteuer ist), oder der Betrieb erhält eine Steuererstattung (wenn mehr Vorsteuer gezahlt wurde, als Umsatzsteuer vereinnahmt wurde).

Kontenansicht:

Soll	**Vorsteuer (176)**		Haben
1. Buchung	380,00 €	**UStV. -374-**	**28.880,00 €**
2. Buchung	28.500,00 €		
	28.880,00 €		28.880,00 €

Soll	**Umsatzsteuer (373)**		Haben
UStV. -374-	**5.613,64 €**	4. Buchung	5.233,64 €
		5. Buchung	380,00 €
	5.613,64 €		5.613,64 €

Soll	**Umsatzsteuerverrechnung -374-**		Haben
VSt. -176-	**28.880,00 €**	U.Steuer	**5.613,64 €**
		Bank	**23.266,36 €**
	28.880,00 €		28.880,00 €

Soll	**Bank -181-**		Haben
...		...	
UStV -374-	**23.266,36 €**	...	

In dieser beispielhaften Kontenansicht wurde für Einkäufe insgesamt 28.880 Euro Vorsteuer bezahlt. Von seinen Kunden hat der Betrieb durch Verkäufe lediglich insgesamt 5.613,64 Euro Umsatzsteuer erhalten. Diese beiden Konten werden in dem Konto „Umsatzsteuerverrechnung" *verrechnet*. Per saldo ergibt sich hier in dem Beispiel eine Forderung an das Finanzamt in Höhe von 23.266,36 Euro. Diesen Betrag überweist das Finanzamt an den Betrieb.

3.11 FORDERUNGEN

Bei der Erfassung und Bewertung der Forderungen sind zu unterscheiden:

- langfristige Forderungen
- kurzfristige Forderungen

Langfristige Forderungen (Ausleihungen) sind dem Anlagevermögen zuzuordnen und wie folgt in der Bilanz auszuweisen (§ 42 Abs. 3 Nr. 1.3.5 KomHVO NRW).

1.3 Finanzanlagen
...
1.3.5 Ausleihungen
1.3.5.1 an verbundene Unternehmen
1.3.5.2 an Beteiligungen
1.3.5.3 an Sondervermögen
1.3.5.4 sonstige Ausleihungen

Kurzfristige Forderungen sind dem Umlaufvermögen zuzuordnen und wie folgt in der Bilanz auszuweisen (§ 42 Abs. 3 Nr. 2.2 KomHVO NRW).

2.2 Forderungen und sonstige Vermögensgegenstände
2.2.1 Öffentlich-rechtliche Forderungen und Forderungen aus Transferleistungen
2.2.2 Privatrechtliche Forderungen
2.2.3 Sonstige Vermögensgegenstände

Grundsätzlich kann die Abgrenzung zwischen Anlagevermögen und Umlaufvermögen über die Laufzeit der „Forderung" herbeigeführt werden. Vermögensgegenstände (und damit auch die Ausleihungen) sind dem Anlagevermögen zuzuordnen, wenn sie dazu bestimmt sind, dauernd dem Verwaltungsbetrieb zu dienen. In der Regel geht man von einer Nutzung von mehr als einem Jahr aus. Alle Vermögensgegenstände, die nicht dazu bestimmt sind, dauernd dem Verwaltungsbetrieb zu dienen, sind dem Umlaufvermögen zuzuordnen.

(Folge-)Bewertung von Forderungen

Alle Forderungen sind mit ihrem Nominalwert zu erfassen und zu bewerten. Im Rahmen des **Jahresabschlusses** ist jeweils zu prüfen, ob die Forderungen noch „werthaltig" sind. Für den Bereich des Anlagevermögens gilt die Regelung, dass Forderungen mit dem Wert angesetzt werden können, der ihnen am Abschlussstichtag beizulegen ist (§ 36 Abs. 6 KomHVO NRW). Für das Umlaufvermögen gilt die Regelung, dass Forderungen mit dem Wert angesetzt werden müssen, der ihnen am Abschlussstichtag beizulegen ist (§ 36 Abs. 8 KomHVO NRW).

Zum Ende des Haushaltsjahres, also im Rahmen der Jahresabschlussarbeiten, sind die Forderungen hinsichtlich der Zahlungsfähigkeit des Schuldners zu überprüfen und zu bewerten.

Der Gläubiger (Kommune) ist nach dem Imparitätsprinzip gehalten, die Forderung mit dem Betrag des erwarteten Zahlungseingangs zu bewerten. Die gemäß Imparitätsprinzip gebotene Abwertung von Forderungen vollzieht sich buchstäblich über die Verrechnung von Abschreibungen auf Forderungen. Bei den **Abschreibungen auf Forderungen** handelt es sich um einen **Werteverzehr**, also um die Verrechnung von Aufwand, der Einfluss auf die Ergebnisrechnung hat. Man unterscheidet zwei Arten der Erfassung dieser Wertabschläge:

- Einzelwertberichtigung zu Forderungen
- Pauschalwertberichtigung zu Forderungen

Die Forderungen sind am Bilanzstichtag einzeln (Einzelwertberichtigung) zu bewerten. Die strenge Einhaltung dieses Prinzips würde jedoch gegen das über allem schwebende Wirtschaftlichkeitsprinzip verstoßen. Nicht für jede einzelne Forderung ist das Risiko bekannt, ob diese ausfällt oder nicht. Die Ermittlung dieses Risikos würde einen unverhältnismäßig hohen Arbeitsaufwand bedeuten. Deshalb wird in der Praxis wie folgt verfahren:

Eine Einzelwertberichtigung wird vorgenommen, um die speziellen Risiken einer bestimmten Forderung zu berücksichtigen. Dabei werden Forderungen mit hohen Beträgen genauer untersucht als solche mit niedrigen Beträgen. Eine Pauschalwertberichtigung wird dagegen vorgenommen, um das allgemeine Risiko zu berücksichtigen, das in einer Forderungsausfallquote (Erfahrungswerte der vergangenen Jahre) seinen Niederschlag findet. Dieses Risiko auszufallen, besteht letztlich auch bei vermeintlich sicheren Forderungen.

Einzelwertberichtigung

Das spezielle Risiko einer Forderung kann nach der Sicherheit des Zahlungseingangs in drei Kategorien (einwandfreie, zweifelhafte und uneinbringliche Forderungen) eingeteilt werden:

EINZELWERTBERICHTIGUNG			
Wie ist der Forderungsausfall einzuschätzen? (vollständig oder teilweise)	**sehr unwahrscheinlich**	**wahrscheinlich**	**sicher**
Wie muss die Forderung entsprechend des Forderungsausfalls klassifiziert werden?	einwandfreie Forderung	zweifelhafte Forderung	uneinbringliche Forderung
Auf welchem Bestandskonto sind die Forderungen auszuweisen und somit ggf. umzubuchen?	**Konto bisher:** Forderungen **Konto zukünftig:** Forderungen	**Konto bisher:** Forderungen **Konto zukünftig:** zweifelhafte Forderungen	**Konto bisher:** Forderungen oder zweifelhafte Forderungen **Konto zukünftig:** zweifelhafte Forderungen
Mit welchem Wert ist die Forderung anzusetzen?	Buchwert	Buchwert abzüglich des erwarteten Ausfalls	Buchwert abzüglich des sicheren Ausfalls
In welcher Höhe ist die Abschreibung vorzunehmen?	Es ist keine Abschreibung vorzunehmen	in Höhe des erwarteten Ausfalls	in Höhe des sicheren Ausfalls

Aus Gründen der Klarheit und Übersichtlichkeit werden die ermittelten zweifelhaften Forderungen von den einwandfreien Forderungen buchhalterisch getrennt. Es handelt sich lediglich um einen Aktivtausch. Dazu ist eine Umbuchung erforderlich:

Zweifelhafte Forderung (166 bzw. 173) an Forderungen (16x bzw. 17x)

In einem zweiten Schritt werden die zweifelhaften Forderungen oder die uneinbringlichen Forderungen abgeschrieben. Der Wertabschlag orientiert sich an der Höhe des erwarteten bzw. sicheren Forderungsausfalls. Nur diese Buchung ist ergebniswirksam. Bei den Einzelwertberichtigungen kann die direkte oder die indirekte Abschreibungsmethode angewendet werden. Für das kommunale Finanzmanagement ist die indirekte Abschreibungsmethode vorgesehen. Bei der indirekten Methode erfolgt die Abschreibung nicht direkt über das Konto „zweifelhafte Forderungen", sondern indirekt über ein Wertberichtigungskonto.

Das Wertberichtigungskonto „Einzelwertberichtigungen zu Forderungen (EWB)" ist ein passives Bestandskonto. Die Buchung in dieses passive Bestandskonto „Einzelwertberichtigung zu Forderungen (EWB)" erfolgt über das Aufwandskonto „Einstellung in EWB zu Forderungen".

Der Buchungssatz lautet also hier:

Einstellung in EWB (5471) an EWB zu Forderungen (211)

Vorteile der indirekten Abschreibungsmethode:
Der Bestand an zweifelhaften Forderungen wird zum Bilanzstichtag in voller Höhe auf den Konten ausgewiesen. Darüber hinaus wird auch die Höhe des zu erwartenden Verlusts im Konto „EWB zu Forderungen" bzw. „PWB zu Forderungen" ausgewiesen. Ein Bilanzausweis erfolgt nicht, da gemäß § 42 Abs. 6 KomHVO NRW ein Ausweis nicht zulässig ist! Im Rahmen des Bilanzausweises wird das passive Bestandskonto „EWB zu Forderungen" (und auch „PWB zu Forderungen") *aktivisch verrechnet*; **eine Buchung erfolgt nicht!**

Die indirekte Abschreibungsmethode dient der Klarheit und Übersichtlichkeit. Bei der direkten Abschreibungsmethode würde auch eine Berichtigung im Kontokorrentbuch (Debitor) erfolgen. Dies geschieht bei der indirekten Abschreibungsmethode nicht. Uneinbringliche Forderungen werden dagegen direkt abgeschrieben, d. h., dass auch eine 100 %-ige Korrektur des Debitors vorgenommen wird.

Pauschalwertberichtigung
Das allgemeine Risiko, dass Forderungen ausfallen, wird aus den Erfahrungswerten der Vergangenheit abgeleitet. Der Forderungsbestand einer Kommune setzt sich aus sehr vielen Einzelforderungen zusammen, deren jeweiliges Ausfallrisiko unbekannt ist. So ist z. B. jedes „Knöllchen" und jeder Steuerbescheid eine Forderung. Um das Risiko dennoch berücksichtigen zu können, kann in diesen Fällen eine Pauschalwertberichtigung vorgenommen werden. Die Pauschalwertberichtigung dient also der Berücksichtigung eines allgemeinen Ausfallrisikos. War der durchschnittliche Ausfall der Forderungen, für die kein einzelnes Risiko bekannt war, in den vergangenen Jahren beispielsweise 5 % des jeweiligen Forderungsbestands, so kann auch vom Forderungsbestand zum Ende des aktuellen Haushaltsjahres ein pauschaler Wertabschlag von 5 % vorgenommen werden.

Ermittlung der Bemessungsgrundlage für die Pauschalwertberichtigung (PWB):

	Forderungsbestand zum 31.12.
./.	darin enthaltene einzelwertberichtigte Forderungen
=	**Bemessungsgrundlage für PWB**

hiervon Wertberichtigungssatz in Prozent aufgrund der eigenen Erfahrungen.

Auch hier erfolgt die Abschreibung über ein Wertberichtigungskonto und nicht direkt über das Konto „Forderungen" (indirekte Methode). Das Wertberichtigungskonto „Pauschalwertberichtigungen zu Forderungen (PWB)" ist ein passives Bestandskonto. Die Einstellung in das Pauschalwert-Berichtigungskonto erfolgt über das Aufwandskonto „Einstellung in PWB" im Rahmen der Jahresabschlussarbeiten, sofern der Bestand des Vorjahres nicht ausreicht. Dann lautet der Buchungssatz:

Einstellung in PWB (5472) an PWB zu Forderungen (212)

Hat sich der Wert jedoch im Vergleich zum Vorjahr verringert, muss dieser Teil ertragswirksam aufgelöst werden. In diesem Fall lautet der Buchungssatz:

PWB zu Forderungen (212) an Erträge aus Auflösung PWB (459)

3.11.1 Beispiel-Sachverhalt zu Forderungen

Die Stadt S. hat am 31.12.01 einen Forderungsbestand in Höhe von 920.000 Euro. Darunter ist eine Forderung gegenüber Debitor B. in Höhe von 23.000 Euro. Noch vor der Bilanzaufstellung im März 02 erfährt die Kommune, dass B. einen Insolvenzantrag gestellt hat. Der Insolvenzverwalter, der das Insolvenzverfahren vom 01.11.01 leitet, hat eine Quote von 50 % in Aussicht gestellt. Darüber hinaus besteht gegenüber der Schlünz GmbH eine Gewerbesteuerforderung aus dem Jahr 01 in Höhe von 11.500 Euro. Die Firma ist im Februar 02 völlig abgebrannt; hiergegen war sie nicht versichert. Es muss ein Insolvenzantrag gestellt werden; dieser wurde jedoch abgelehnt, da kein verwertbares Vermögen mehr vorhanden ist. Zudem wird das allgemeine Forderungsausfallrisiko auf 5 % geschätzt. Das passive Bestandskonto Pauschalwertberichtigungen zu Forderungen (PWB) weist noch einen Anfangsbestand von 47.500 Euro auf.

Aufgabe:
Wie sind die Forderungen zum 31.12.01 zu bewerten? Bisher wurden keine Buchungen durchgeführt. Welche Buchungen sind erforderlich?

Lösung:
Forderungen unterliegen als Vermögensgegenstände (hier: des Umlaufvermögens) den strengen Niederstwertvorschriften gemäß **§ 36 Abs. 8 KomHVO NRW**. Nach der Wertaufhellungstheorie müssen bessere Erkenntnisse über Verhältnisse am Bilanzstichtag bis zur Schlussbilanzaufstellung (31.03. gemäß § 95 Abs. 5 Satz 2 GO NRW) berücksichtigt werden; Grundsatz der Vorsicht → Imparitätsprinzip → *wertaufhellende Tatsache gemäß* **§ 33 Abs. 1 Nr. 3 KomHVO NRW**.

Zurück zum Sachverhalt:
Da der Debitor B. den Insolvenzantrag bereits im November 01 gestellt hat, ist der 50 %-ige Ausfall der Forderung gegen ihn im Jahresabschluss zum 31.12.01 zu berücksichtigen. Der Ausfall der Forderung gegenüber der Schlünz GmbH kann dagegen nicht berücksichtigt werden, da der Grund für den Forderungsausfall hier erst nach dem Bilanzstichtag am 31.12.01 entstanden ist; die wirtschaftliche Ursache liegt nicht im abzuschließenden Jahr *(wertbegründende Information).*

	Forderungen insgesamt	920.000 Euro
./.	einzelwertberichtigte Forderung gegenüber Bond	23.000 Euro
=	Bemessungsgrundlage für Pauschalwertberichtigung	897.000 Euro

davon 5 % Ausfallrisiko-Forderungen 44.850 Euro

Buchungen:
Zweifelhafte Forderungen **an** Forderungen 23.000 Euro
(Forderungen gegenüber B. sind nun zweifelhaft)

Einstellung in Einzelwertberichtigung (Aufwand) **an** EWB 11.500 Euro
(50 % Quote aus Insolvenzverfahren B.)
Pauschalwertberichtigung **an** Erträge aus Auflösung PWB 2.650 Euro

Kontenansicht:

passives Besandskonto

Soll	Pauschalwertberichtigung zu Forderungen		Haben
Erträge aus Auflösung PWB	2.650	Anfangsbestand	47.500
Schlussbilanz-Konto	44.850		
	47.500		**47.500**

Nun stehen in der Schlussbilanz (bezogen auf Forderungen) folgende Werte:

Aktiv	Schlussbilanz		Passiv
Forderungen	897.000	EWB zu Forderungen	11.500
zweifelhafte Forderungen	23.000	PWB zu Forderungen	44.850

Aktivische Verrechnung:
897.000 €
\+ 23.000 €
\- 11.500 €
\- 44.850 €
= 863.650 €

Der Bestand der zweifelhaften Forderungen wird **zum Bilanzstichtag** in voller Höhe auf den Konten ausgewiesen, und darüber hinaus wird auch die Höhe des zu erwartenden Verlusts in den Konten „Einzelwertberichtigung bzw. Pauschalwertberichtigung zu Forderungen“ ausgewiesen.

Ein Ausweis (wie oben) in der Schlussbilanz erfolgt nicht, da dies gegen § 42 Abs. 6 KomHVO NRW verstoßen würde!

Im Rahmen des Bilanzausweises werden die passiven Bestandskonten „EWB bzw. PWB zu Forderungen“ mit den aktiven Bestandskonten „Forderungen bzw. zweifelhafte Forderungen“ verrechnet; eine Buchung erfolgt nicht *(aktivische Verrechnung)*. In dem o. g. Beispiel würde lediglich ein Forderungsbestand in Höhe von 863.650 Euro in der veröffentlichten Bilanz ausgewiesen.

Diese „indirekte Abschreibung“ dient der Klarheit und Übersichtlichkeit. Bei der direkten Abschreibung würde auch eine Korrektur im Kontokorrentbuch (Debitorenbuchhaltung) erfolgen. Dies passiert bei der indirekten Abschreibung nicht. Bis zur vollständigen Abschreibung bleibt der Debitor zu 100 % bestehen. Die Forderungen wurden hier in ihrem Wert berichtigt, aber nicht aufgegeben. Die Kommune hat jedoch sicherzustellen, dass die einzeln wertberichtigten Forderungen nicht verjähren. Absolut uneinbringliche Forderungen werden dagegen direkt abgeschrieben, d. h., dass eine 100 %-ige Korrektur des Debitors vorgenommen wird.

3.12 GRUNDSÄTZE ORDNUNGSGEMÄSSER (KOMMUNALER) BUCHFÜHRUNG (GOB-K)

Der Begriff „Grundsätze ordnungsgemäßer Buchführung" taucht immer wieder in Rechtsvorschriften auf (z. B. in § 28 Abs. 1 KomHVO NRW), ist aber nicht konkret in einer bestimmten Gesetzesvorschrift definiert.

Es handelt sich hier um die **allgemein anerkannten Regeln über die Buchführung und die Erstellung von Jahresabschlüssen.**

Die Grundsätze ordnungsgemäßer Buchführung für Kommunen gemäß § 28 Abs. 1 KomHVO NRW i. V. m. § 93 Abs. 1 GO NRW werden von den klassischen Grundsätzen ordnungsgemäßer Buchführung (GoB) des kaufmännischen Rechnungswesens abgeleitet. Dabei werden die GoB-k auf die Tauglichkeit zur Darstellung kommunaler Ziele überprüft.

Man kann die GoB-k in drei Hauptgruppen einteilen:

1. Dokumentation
2. Rechenschaft
3. Kapitalerhaltung

1. Dokumentation:
   Hierzu zählen die Grundsätze der Vollständigkeit, der Richtigkeit, der Willkürfreiheit und der Verständlichkeit gemäß § 11 Abs. 1 und § 28 Abs. 3 KomHVO NRW. Das Rechnungswesen der Kommune muss transparent sein! Sämtliche Geschäftsvorfälle müssen nachvollziehbar aufgezeichnet werden.
2. Rechenschaft:
   Hierzu zählen gemäß § 28 Abs. 1–3 KomHVO NRW die Grundsätze der Öffentlichkeit und der Aktualität. Hier stellt sich die Frage, wem die Kommune bezüglich ihres Rechnungswesens denn Rechenschaft schuldet. In erster Linie ist die Öffentlichkeit, insbesondere die Einwohner und Abgabepflichtigen, zu nennen, denn schließlich arbeitet die Kommune hier mit Steuergeldern. Aber auch gegenüber der Aufsichtsbehörde und der Rechnungsprüfung gegenüber ist Rechenschaft abzulegen.
3. Kapitalerhaltung:
   Hierzu zählen die Grundsätze der Stetigkeit und Dokumentation sowie der intergenerativen Gerechtigkeit. Dieser besagt, dass jede Generation nur so viel verbrauchen darf (Aufwand), wie sie auch gleichzeitig erwirtschaftet (Ertrag). Ist der Verbrauch (Aufwand) höher als das, was gleichzeitig erwirtschaftet wird (Ertrag), wird die Substanz (das Eigenkapital) aufgezehrt, und dies geht dann zulasten der nachfolgenden Generation. Dieser Grundsatz ergibt sich aus § 75 Abs. 2 GO NRW sowie aus § 20 KomHVO NRW; alle Aufwendungen einer Rechnungsperiode sind durch entsprechende Erträge zu decken.

Es gibt eine Vielzahl von Grundsätzen ordnungsgemäßer Buchführung. An dieser Stelle seien nur einige aufgezählt:

Grundsatz:

- des systematischen Aufbaus der Buchführung
- der Vollständigkeit
- der Ordnungsmäßigkeit des Belegwesens/der Belegaufbewahrung
- **„Keine Buchung ohne Beleg!"**
- der Vorsicht
- ...

Grundsatz systematischer Aufbau:

Darstellung der Geschäftsvorfälle:

- Richtige Verbuchung/Aufzeichnung der Geschäftsvorfälle gemäß § 28 Abs. 2 KomHVO NRW.
- Ein sachverständiger Dritter muss sich in angemessener Zeit einen Eindruck über die wirtschaftliche Lage der Kommune machen können gemäß § 93 Abs. 1 GO NRW.
- Zeitnahe Buchungen in fortlaufender Folge gemäß § 28 Abs. 2 KomHVO NRW.

Grundsatz der Vollständigkeit:

Nach § 42 Abs. 1 KomHVO NRW hat der Jahresabschluss **sämtliche** Vermögensgegenstände, Schulden, Rechnungsabgrenzungsposten (RAP) etc. zu enthalten: Gemäß § 42 Abs. 2 KomHVO NRW darf keine Verrechnung von Aktivposten mit Passivposten vorgenommen werden; auch dürfen gemäß § 39 Abs. 1 KomHVO NRW Aufwendungen nicht mit Erträgen verrechnet werden. Jeder Geschäftsvorfall ist einzeln darzustellen und zu buchen.

Grundsatz der Ordnungsmäßigkeit des Belegwesens:

- Alle Geschäftsvorfälle müssen sich in ihrer Entstehung und Abwicklung verfolgen lassen (siehe § 28 Abs. 2 KomHVO NRW).
- Belegzwang für alle Buchungen gemäß § 28 Abs. 3 HVO NRW:
  KEINE BUCHUNG OHNE BELEG!
  Der Buchungsbeleg lässt erkennen, warum gebucht wurde. Was könnte ein Buchungsbeleg sein? Der klassische Buchungsbeleg ist eine Rechnung oder eine Quittung. Aber auch Verträge, wie z. B. Miet- und Pachtverträge oder Arbeitsverträge, können als Buchungsbelege (hier: Dauerbeleg für monatliche Buchungen) dienen. Sollte die Situation eintreten, dass eine Buchung erfolgen muss, ohne dass ein Beleg vorliegt, wie z. B. bei der Bildung einer Rückstellung, so ist ein sog. Eigenbeleg zu fertigen. Die Kommune hat sicherzustellen, dass der i. d. R. physisch vorhandene Beleg (z. B. die Rechnung in Papierform) der Buchung in der Finanzsoftware zuzuordnen ist. Gewöhnlich geschieht dies, indem auf dem Beleg die Beleg-/Buchungsnummer etc. vermerkt wird.

Grundsatz der Vorsicht:

Hintergrund: Die Kommune darf sich nicht reich oder arm rechnen!
Die inhaltliche Bestimmung des Grundsatzes erfolgt durch vier Unterprinzipien:

↳ **Realisationsprinzip**
↳ **Imparitätsprinzip**
↳ **Niederstwertprinzip**
↳ **Höchstwertprinzip**

Realisationsprinzip:
Nur die am Abschlussstichtag tatsächlich verwirklichten Gewinne sind auszuweisen.

Beispiel:
Die Kommune hat ein mit 1 Mio. Euro (Anschaffungswert) bewertetes Aktienpaket in der Bilanz stehen. Aufgrund von Kurssteigerungen an der Börse hat das Aktienpaket zum 31.12. einen Wert von 1,2 Mio. Euro. Der Wert darf jedoch in der Schlussbilanz lediglich 1 Mio. Euro betragen. Erst wenn die Aktien zu einem höheren Preis als 1 Mio. Euro verkauft werden, darf der Unterschiedsbetrag von 1 Mio. Euro und dem höheren Verkaufspreis als Ertrag ausgewiesen werden.

Imparitätsprinzip:
Erkennbare Risiken und drohende Verluste, die im Haushaltsjahr entstanden sind, sind zu berücksichtigen. Das bedeutet, dass schon vor dem Eintritt eines Verlusts dieser in der Buchführung zu berücksichtigen ist, obwohl noch nichts passiert ist, ebenso bei Risiken, die schon erkennbar sind. Dieses Prinzip schreibt die Vorwegnahme eines in einem späteren Haushaltsjahr eintretenden negativen Ereignisses vor (= wertaufhellende Tatsache).

Beispiel:
Forderungen, die nicht mehr realisiert werden können. Gesetzliche Grundlage ist hier der § 33 Abs. 1 Nr. 3 KomHVO NRW. Bei diesem Prinzip ist im Vergleich zum Realisationsprinzip deutlich zu erkennen, in welche Richtung der Gesetzgeber das Rechnungswesen normiert/ gestaltet hat. Die Kommune hat sich eher „arm" zu rechnen, als sich besser darzustellen als unbedingt nötig.

Niederstwertprinzip:

- Für Positionen des **Anlagevermögens** gilt das sog. ***gemilderte*** *Niederstwertprinzip* gemäß § 36 Abs. 6 KomHVO NRW.
  Eine Bewertung mit dem sog. „beizulegenden Wert" oder „Niederstwert" ist zwingend geboten, wenn
  a) der Wert des Vermögensgegenstands unter den Anschaffungs-/Herstellungskosten ggf. vermindert um die Abschreibungen liegt
  und
  b) die Wertminderung voraussichtlich auf Dauer ist. Beispiel: Ein Vermögensgegenstand wird beschädigt und nicht repariert (Lackschaden an einem Dienstfahrzeug).

Ist die Wertminderung aber nur vorübergehend (der Lackschaden an einem Dienstfahrzeug wird im folgenden Jahr behoben), besteht ein Wahlrecht. Entweder die Kommune bildet eine Rückstellung für eine unterlassene Instandhaltung gemäß § 37 Abs. 4 KomHVO NRW in entsprechender Höhe, oder es erfolgt doch eine außerplanmäßige Abschreibung gemäß § 36 Abs. 6 KomHVO NRW; dann ist aber nach der Beseitigung des Lackschadens im Folgejahr wieder eine Zuschreibung vorzunehmen.

- Für Positionen des **Umlaufvermögens** gilt das sog. ***strenge** Niederstwertprinzip* gemäß § 36 Abs. 8 KomHVO NRW. Für Vermögensgegenstände des Umlaufvermögens besteht ein Abschreibungsgebot, wenn der Wert am Bilanzstichtag unter den Anschaffungs-/ Herstellungskosten liegt.

Beispiel:
Die Kommune kauft im Oktober einen großen Vorrat an Streumaterial für den Winterdienst. Aufgrund der milden Witterung ist zum 31.12. nichts von dem gekauften Streumaterial verbraucht, und der Preis ist nun 20 % geringer als der, den die Kommune im Oktober bezahlt hat. In dieser Situation hat die Kommune den Vorrat zum 31.12. um 20 % geringer zu bewerten und zu bilanzieren, als sie noch im Oktober dafür bezahlt hat. Es hat hier eine Abwertung/ Abschreibung gemäß § 36 Abs. 8 KomHVO NRW zu erfolgen.

Höchstwertprinzip:
Vermögensgegenstände sind höchstens mit ihren Anschaffungs-/Herstellungskosten (vermindert um die Abschreibungen) in der Bilanz auszuweisen. Wie könnte das in der Praxis aussehen? Angenommen, die Kommune hat ein Grundstück mit 10.000 Euro in der Bilanz stehen, das durch Ratsbeschluss von Ackerland in Bauland umgewandelt wird. Nun ist das Grundstück weit mehr wert als 10.000 Euro. Das Grundstück darf jedoch bilanziell höchstens mit 10.000 Euro ausgewiesen werden. Hier ist dann eine sog. „stille Reserve" entstanden. Erst wenn es verkauft wird, darf der Unterschiedsbetrag zwischen 10.000 Euro und dem Verkaufspreis als Ertrag ausgewiesen werden; hier greift wieder das Realisationsprinzip. Die o. g. Grundsätze sind nur ein Auszug aus der Vielzahl der Grundsätze ordnungsgemäßer Buchführung.

Eines wird hier deutlich: Die Grundsätze ordnungsgemäßer Buchführung sind darauf ausgerichtet, die Vermögens- und Schuldenlage der Kommunen realistisch darzustellen und allzu optimistische Darstellungen zu vermeiden. Die Tendenz geht hier eher dahin, zurückhaltend bei der Vermögensbewertung zu sein, wohl aber Schulden, Risiken und drohende Verluste großzügig zu berücksichtigen.

3.13 JAHRESABSCHLUSSBUCHUNGEN

Die **Schlussbilanz** ist eine Zeitpunktrechnung. Sie weist die Höhe des Vermögens, des Eigen- und des Fremdkapitals zum Bilanzstichtag (31.12.) aus und soll somit (bei Beachtung der Grundsätze ordnungsgemäßer Buchführung) ein den tatsächlichen Verhältnissen entsprechendes Bild der Vermögens- und Finanzlage der Kommune geben.

Die **Ergebnisrechnung** (Gewinn- und Verlustrechnung) ist dagegen eine Zeitraumrechnung. Sie weist alle Aufwendungen und Erträge eines Geschäftsjahres aus und verschafft einen Einblick in die Grundlagen des Jahresergebnisses.

Der **Anhang** hat die Aufgabe, bestimmte Einzelposten der Bilanz und der Ergebnisrechnung (GuV) näher zu erläutern. Als Erläuterungsbericht nimmt er z. B. Stellung zur Methode und Höhe der Abschreibungen auf das Anlagevermögen.

Aufgaben des Jahresabschlusses:

1. Rechenschaftslegung und Information über die Vermögens-, Finanz- und Ertragslage
2. Grundlage der Gewinnermittlung/Ergebnisermittlung
3. Steuerermittlung (bei Betrieben nach HGB/Betrieben gewerblicher Art)

Der Jahresabschluss muss sehr sorgfältig geplant und organisiert werden. Die Salden der Bestands- und Erfolgskonten können nicht ohne Prüfung und Inventur in die Schlussbilanz und Ergebnisrechnung/GuV übernommen werden. Der Entwurf des Jahresabschlusses wird vom Kämmerer aufgestellt und dem Bürgermeister zur Bestätigung vorgelegt. Der Bürgermeister leitet den von ihm bestätigten Jahresabschluss dann innerhalb von drei Monaten nach Ablauf des Haushaltsjahres dem Rat zur Feststellung zu (siehe § 95 Abs. 5 GO NRW).

Die wichtigsten Jahresabschlussarbeiten sind:

- Zeitraumrichtige/periodengerechte Erfassung und Abgrenzung der Aufwendungen und Erträge, damit auch der Erfolg (Jahresüberschuss bzw. -fehlbetrag) periodengerecht ausgewiesen wird.
- Inventur der Vermögensteile und Schulden vor Abschluss der Konten. So sind z. B. noch Abschreibungen auf Anlagegüter und zweifelhafte Forderungen vorzunehmen; Bestandsveränderungen sind zu buchen. Inventurdifferenzen müssen buchhalterisch erfasst werden. Schulden sind mit ihrem Höchstwert (z. B. bei Fremdwährungsverbindlichkeiten) zu ermitteln.
- Abschluss der Unterkonten über die entsprechenden Hauptkonten: Bezugskosten, Nachlässe, Erlösberichtigungen, Vor-/Umsatzsteuer u. a. sind entsprechend umzubuchen.
- Ordnungsgemäße Gliederung der Bilanz und der Ergebnisrechnung/GuV.

Die (Schluss-)Bilanz weist auf der Passivseite das Eigenkapital der Kommune aus. Gemäß § 42 Abs. 4 KomHVO NRW ist das Eigenkapital wie folgt gegliedert:

1. Eigenkapital

   1.1. Allgemeine Rücklage
   1.2. Sonderrücklagen
   1.3. Ausgleichsrücklage
   1.4. Jahresüberschuss/Jahresfehlbetrag

Wie ist das Jahresergebnis nun buchhalterisch zu behandeln?
Hier sind zwei Varianten denkbar:

1. Es ist ein Jahresfehlbetrag entstanden:

Nachdem alle Ertrags- und Aufwandskonten in das Ergebnisrechnungskonto abgeschlossen wurden, ergibt sich ein Jahresfehlbetrag (Verlust) von beispielsweise 1 Mio. Euro. Dieser Betrag wird dann vorläufig in der Bilanz unter der o. g. Position „1.4 Jahresfehlbetrag" ausgewiesen. Folgende Darstellung soll dies mit fiktiven Zahlen verdeutlichen:

1. Eigenkapital		44.000.000 €
1.1.	Allgemeine Rücklage	30.000.000 €
1.2.	Sonderrücklage	0 €
1.3.	Ausgleichsrücklage	15.000.000 €
1.4.	Jahresfehlbetrag	–1.000.000 €

Der Bilanzausweis erfolgt (vorläufig), wie oben dargestellt, und wird nun dem Rat der Kommune vorgelegt. Der Rat entscheidet gemäß § 96 Abs. 1 GO NRW über die Verwendung des Jahresüberschusses bzw. die Behandlung des Jahresfehlbetrags. In dem o. g. Beispiel hat der Rat nun zu entscheiden, wie mit dem Jahresfehlbetrag in Höhe von 1.000.000 Euro umgegangen werden soll.

In diesem Beispiel gibt es nur eine Option: Der Jahresfehlbetrag ist durch die Inanspruchnahme der Ausgleichsrücklage auszugleichen. Warum? § 75 Abs. 2 GO NRW schreibt vor, dass der Haushalt der Kommune in jedem Jahr sowohl bei der Planung als auch in der Ausführung (Rechnung) ausgeglichen sein muss. Dies stellt dem Wortlaut des Gesetzes folgend eine Verpflichtung für die Kommunen dar. Leider ist der Haushalt in dem o. g. Beispiel aber nicht ausgeglichen, was in der Praxis auch immer wieder vorkommt.
In einem solchen Fall greift § 75 Abs. 2 Satz 3 GO NRW: Die Verpflichtung zum Haushaltsausgleich gilt als erfüllt, wenn der [...] Fehlbetrag in der Ergebnisrechnung (hier: 1 Mio. Euro) durch Inanspruchnahme der Ausgleichsrücklage gedeckt werden kann. Der Haushalt **ist** nicht ausgeglichen, er **gilt** aber als ausgeglichen (sog. fiktiver Haushaltsausgleich).

Kontenansicht:

Soll	Ergebnisrechn.-Konto (803)		Haben
Summe aller Aufwendungen	50.000.000 €	Summe aller Erträge	49.000.000 €
		Jahresfehlbetrag	**1.000.000 €**
	50.000.000 €		50.000.000 €

Soll	Jahresfehlbetrag (205)		Haben
ERK (803)	**1.000.000 €**	Ausgleichs-rücklage (204)	**1.000.000 €**
	1.000.000 €		1.000.000 €

Soll	Ausgleichsrücklage (204)		Haben
Jahresfehl-betrag (205)	**1.000.000 €**	Anfangsbestand	15.000.000 €
Schlussbilanz-konto (802)	14.000.000 €		
	15.000.000 €		15.000.000 €

Buchung nach Ratsbeschluss

Es ergeben sich folgende Buchungssätze:

Jahresfehlbetrag (205)	an	Ergebnisrechnungskonto (803)	1.000.000 €

Dann wird der Jahresfehlbetrag in der vorläufigen Bilanz ausgewiesen und dem Rat zur Entscheidung vorgelegt. In der Zwischenzeit bleibt das Bestandskonto „Jahresfehlbetrag (205)" offen und wird noch nicht abgeschlossen.

Nach dem Ratsbeschluss erfolgt dann die allerletzte Buchung:

Ausgleichsrücklage (204)	**an**	Jahresfehlbetrag (205)	1.000.000 €

Die Schlussbilanz, die nach der letzten Buchung auch gemäß § 96 Abs. 2 GO NRW der Aufsichtsbehörde angezeigt und veröffentlicht wird, sieht dann auf der Passivseite im Eigenkapital wie folgt aus:

1.	Eigenkapital	44.000.000 €
1.1.	Allgemeine Rücklage	30.000.000 €
1.2.	Sonderrücklage	0 €
1.3.	Ausgleichsrücklage	14.000.000 €
1.4.	Jahresfehlbetrag	0 €

Sollte die Ausgleichsrücklage der Kommune aufgebraucht sein, so ist der Jahresfehlbetrag in die „Allgemeine Rücklage" zu buchen. Dann ist der Haushalt nicht ausgeglichen, und er gilt auch nicht mehr als ausgeglichen. In einem solchen Fall muss der Jahresabschluss von der Aufsichtsbehörde genehmigt werden; eine bloße Anzeige wie bei der Inanspruchnahme der Ausgleichsrücklage reicht dann nicht mehr aus. Bei einer massiven Verringerung der Allgemeinen Rücklage i. S. d. § 76 Abs. 1 GO NRW ist sogar ein Haushaltssicherungskonzept[35] erforderlich.

---

35 Siehe Kapitel 2.5.6 (Haushaltssicherung).

Immer wieder kommt die Frage auf, warum der Rat überhaupt gemäß § 96 GO NRW über die Behandlung des Jahresfehlbetrags (Verlust) entscheiden muss, wenn doch nur die eine Option besteht, die Ausgleichsrücklage in Anspruch zu nehmen. Kann dann nicht auch einfach die Verwaltung/der Kämmerer entscheiden?

Der Jahresabschluss besteht nicht nur aus der Schlussbilanz, sondern aus einer Vielzahl von Informationen wie z. B. Ergebnis- und Finanzrechnung, den Teilrechnungen und dem Anhang. Darüber hinaus ist dem Jahresabschluss ein Lagebericht beizufügen. All diese Bestandteile und der Lagebericht sind in den Rat einzubringen.

Darüber hinaus hat der Rat den Haushaltsplan beschlossen. Mit dem Jahresabschluss sieht er nun, was aus dem Plan letztendlich geworden ist. Ganz wichtig auch: Durch den Beschluss nach § 96 GO NRW wird jedem einzelnen Ratsmitglied bewusst, wie sich die finanzielle Lage der Kommune aktuell darstellt. Wie ist das Jahresergebnis buchhalterisch zu behandeln, wenn die zweite Variante eintritt und ein Jahresüberschuss (Gewinn) entsteht?

2. Es ist ein Jahresüberschuss (Gewinn) entstanden:

Nachdem alle Ertrags- und Aufwandskonten in das Ergebnisrechnungskonto abgeschlossen wurden, ergibt sich ein Jahresüberschuss (Gewinn) von beispielsweise 2 Mio. Euro. Dieser Betrag wird dann vorläufig in der Bilanz unter der o. g. Position „1.4 Jahresüberschuss“ ausgewiesen. Folgende Darstellung soll dies einmal mit fiktiven Zahlen verdeutlichen:

1. Eigenkapital		44.000.000 €
1.1.	Allgemeine Rücklage	30.000.000 €
1.2.	Sonderrücklagen	0 €
1.3.	Ausgleichsrücklage	12.000.000 €
1.4.	Jahresüberschuss	2.000.000 €

Der Bilanzausweis erfolgt auch in diesem Fall vorläufig (wie oben dargestellt) und wird nun dem Rat der Kommune vorgelegt. Der Rat entscheidet gemäß § 96 Abs. 1 GO NRW über die Verwendung des Jahresüberschusses (Gewinn). In dem o. g. Beispiel hat der Rat nun zu entscheiden, wie mit dem Jahresüberschuss in Höhe von 2.000.000 Euro umgegangen werden soll. In diesem Beispiel gibt es mehrere Optionen: Der Jahresüberschuss wird in die Ausgleichsrücklage oder in die Allgemeine Rücklage gebucht.

§ 75 Abs. 2 GO NRW schreibt vor, dass der Haushalt der Kommune in jedem Jahr sowohl bei der Planung als auch in der Ausführung (Rechnung) ausgeglichen sein muss. Dort heißt es, dass der Haushalt der Kommune ausgeglichen ist, wenn der Gesamtbetrag der Erträge den Gesamtbetrag der Aufwendungen erreicht **oder übersteigt**. An dieser Stelle wird den Kommunen eingeräumt, einen Jahresüberschuss (Gewinn) zu erzielen. Im o. g. Beispiel ist der Haushalt gemäß § 75 Abs. 2 GO NRW ausgeglichen, da ein Jahresüberschuss (Gewinn) entstanden ist; und dieser entsteht nur, wenn die Erträge die Aufwendungen übersteigen. Wie wird sich die Kommune bei der Konstellation des o. g. Beispiels entscheiden? Da die Ausgleichsrücklage in „schlechten“ Jahren dazu dient, den Haushalt auszugleichen, wenn auch nur fiktiv, hat die Kommune natürlich ein großes Interesse daran, die Ausgleichsrücklage so hoch zu halten wie nur eben möglich. Nimmt die Kommune nämlich „nur“ die Ausgleichsrücklage in Anspruch, besteht lediglich die Pflicht, den Haushalt bei der Aufsichtsbehörde „**anzuzeigen**“, d. h., zur Kenntnis zu geben; wird hingegen die Ausgleichsrücklage verringert, muss der Haushalt der Kommune von der Aufsichtsbehörde genehmigt werden.

Aber Vorsicht: Gemäß § 75 Abs. 3 GO NRW können der Ausgleichsrücklage Jahresüberschüsse durch Beschluss nach § 96 Abs. 1 Satz 2 GO NRW zugeführt werden, aber nur dann, wenn die **allgemeine Rücklage** einen Bestand in Höhe von mindestens 3 % der Bilanzsumme des Jahresabschlusses der Gemeinde aufweist.

Zurück zu unserem Beispiel:
Die Allgemeine Rücklage beträgt 30 Mio. Euro.

Wenn auch nach Zuführung des Jahresüberschusses zur Ausgleichsrücklage diese 30 Mio. Euro weiterhin mindestens 3 % der Bilanzsumme ausmachen, kann der Jahresüberschuss komplett in die Ausgleichsrücklage gebucht werden. In unserem Beispiel gehen wir davon aus, dass die vorhandenen 30 Mio. der Allgemeinen Rücklage mehr als 3 % von der Bilanzsumme sind.

Kontenansicht:

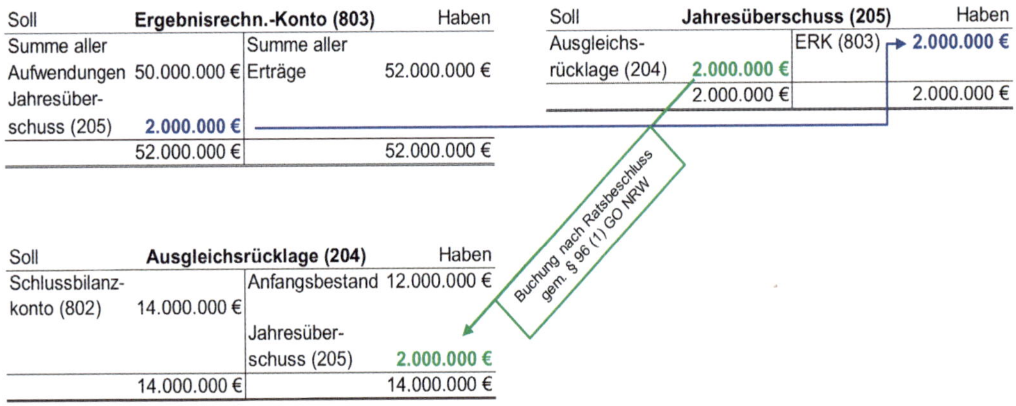

Es ergeben sich folgende Buchungssätze:

Ergebnisrechnungskonto (803)	**an**	Jahresüberschuss (205)	2.000.000 €

Dann wird der Jahresüberschuss (Gewinn) in der vorläufigen Bilanz ausgewiesen und dem Rat zur Entscheidung vorgelegt. In der Zwischenzeit bleibt das Bestandskonto „Jahresüberschuss (205)“ offen und wird noch nicht abgeschlossen.
Nach dem Ratsbeschluss und nachdem die Aufsichtsbehörde den Ratsbeschluss genehmigt bzw. nicht beanstandet hat, wird die Schlussbilanz veröffentlicht. Nach der Eröffnung aller Bestandskonten im neuen Jahr erfolgt am 02.01. des neuen Jahres dann die allerletzte Buchung:

Jahresüberschuss (205)	**an**	Ausgleichsrücklage (204)	2.000.000 €

Die Schlussbilanz, die nach der letzten Buchung auch gemäß § 96 Abs. 2 GO NRW der Aufsichtsbehörde angezeigt und veröffentlicht wird, sieht dann auf der Passivseite im Eigenkapital wie folgt aus:

1.	Eigenkapital	44.000.000 €
1.1.	Allgemeine Rücklage	30.000.000 €
1.2.	Sonderrücklagen	0 €
1.3.	Ausgleichsrücklage	14.000.000 €
1.4.	Jahresüberschuss	0 €

Behandlung eines Jahresfehlbetrages; hier: Bildung eines Verlustvortrages

Das 3. NKFWG NRW erlaubt erstmalig bei der Ergebnisverwendung des Jahresabschlusses ab dem Jahr 2023, dass ein Jahresfehlbetrag ganz oder teilweise in einen Verlustvortrag umgewandelt wird (§ 95 Abs. 2 GO NRW). So kann ggf. die Pflicht zur Aufstellung eines Haushaltssicherungskonzeptes vermieden werden, da die Allgemeine Rücklage nicht oder nicht über den Schwellenwerten des § 76 Abs. 1 Satz 1 Nr. 1 oder Nr. 2 GO NRW reduziert wird. Die Bildung eines Verlustvortrages ist von der Aufsichtsbehörde zu genehmigen.

Folgendes Beispiel soll dies verdeutlichen:

Der Jahresabschluss 2023 weist folgendes Eigenkapital aus:

1.	Allgemeine Rücklage	65.000.000,- €
2.	Sonderrücklage	0,- €
3.	Ausgleichsrücklage	5.000.000,- €
4.	Jahresfehlbetrag	–35.000.000,- €

Der Jahresfehlbetrag wird zunächst durch die Inanspruchnahme der Ausgleichsrücklage um 5.000.000 Euro verringert. Es verbleibt ein Jahresfehlbetrag in Höhe von –30.000.000 Euro. Dieser Betrag kann nun mit der Allgemeinen Rücklage verrechnet werden; dies würde aber die Pflicht zur Aufstellung eines Haushaltssicherungskonzeptes bedeuten, da der Betrag der Allgemeinen Rücklage somit in einem Jahr um mehr als 25 % reduziert würde (§ 76 Abs. 1 Nr. 1 GO NRW). Um dies zu vermeiden, kann aber nach der neuen Rechtslage ein Verlustvortrag im Eigenkapital gebildet werden. Damit ist der Haushalt nicht fiktiv ausgeglichen, es wird lediglich die Pflicht zur Aufstellung eines Haushaltssicherungskonzeptes vermieden.

Wird von der neuen Möglichkeit zur Bildung eines Verlustvortrages im Eigenkapital im o. g. Beispiel Gebrauch gemacht, sieht das Eigenkapital danach folgendermaßen aus:

1.	Allgemeine Rücklage	65.000.000,- €
2.	Verlustvortrag	-30.000.000,- €
3.	Sonderrücklage	0,- €
4.	Ausgleichsrücklage	0,- €
5.	Jahresfehlbetrag	0,- €

Der Buchungssatz hierzu würde dann lauten:

Bilanzieller Verlustvortrag (202)	30.000.000,- €	**an**	Jahresfehlbetrag (205)	30.000.000,- €
Ausgleichsrücklage (204)	5.000.000,- €			

Hiermit hat die Kommune jedoch nur Zeit gewonnen, da die Bildung des Verlustvortrages nur temporär wirkt. Gemäß § 95 Abs. 2 Satz 3 GO NRW ist ein Verlustvortrag spätestens nach drei Jahren mit der Allgemeinen Rücklage zu verrechnen. Für das o. g. Beispiel bedeutet dies, dass, sollte der Verlustvortrag nicht durch Jahresüberschüsse in den Jahren 2024 bis 2026 ausgebucht werden können, dass im Jahresabschluss 2026 (Buchung am 01.01.2027) der Betrag des Verlustvortrages 2023 mit der Allgemeinen Rücklage zu verrechnen ist. Spätestens dann könnte durch diese Verminderung der Allgemeinen Rücklage die Pflicht zur Aufstellung eines Haushaltssicherungskonzeptes entstehen.

Sollte in den auf das Jahr 2023 folgenden drei Jahren ein Jahresüberschuss erwirtschaftet werden, ist dieser zur „Ausbuchung" des Verlustvortrages zu nutzen. Angenommen, im Jahr 2024 ist in der Schlussbilanz ein Jahresüberschuss in Höhe von 7.000.000 Euro ausgewiesen, lautet die Buchung zur Reduzierung des Verlustvortrages:

Jahresüberschuss (205)	7.000.000,-€	**an**	Bilanzieller Verlustvortrag	7.000.000,- €

LÖSUNGEN ZU DEN ÜBUNGSAUFGABEN

KAPITEL 3.2.1

Lösungsansatz „Bilanz/Bilanzkonten“

Aufgabe Nr. 1:

Erstellen Sie bitte die strukturierte Eröffnungsbilanz, und ermitteln Sie das Eigenkapital.

ERÖFFNUNGSBILANZ			
AKTIV			PASSIV
1. Anlagevermögen		**1. Eigenkapital**	870.100,– €
1.1 Grundstücke	100.000,– €	**2. Fremdkapital/Verbindlichkeiten**	
1.2 Gebäude	500.000,– €	2.1 Kredit	350.000,– €
1.3 Fuhrpark	20.000,– €	2.2 Verbindlichkeiten	150.000,– €
2. Umlaufvermögen			
2.1 Forderungen	50.000,– €		
2.2 Bank	700.000,– €		
2.3 Kasse	100,– €		
BILANZSUMME:	**1.370.100,– €**	**BILANZSUMME:**	**1.370.100,– €**

Aufgabe Nr. 2:

Notieren Sie bitte zu den Geschäftsvorfällen die Buchungssätze.

1. Die Stadt kauft ein Bürogebäude für 300.000 Euro und zahlt per Banküberweisung.

   Gebäude 300.000,– € **an** Bank 300.000,– €

2. Es wird eine Hypothek i. H. v. 300.000 Euro aufgenommen. Das Kreditinstitut überweist den Betrag auf das Konto der Stadt.

   Bank 300.000,– € **an** Hypothek 300.000,– €

3. Es wird ein Grundstück für 30.000 Euro verkauft. Der Grundstückskäufer zahlt per Banküberweisung.

   Bank 30.000,– € **an** Grundstücke 30.000,– €

4. Die Stadt tilgt einen Kredit per Banküberweisung (50.000 Euro).

   Kredit 50.000,– € **an** Bank 50.000,– €

5. Kauf von zehn Schreibtischen für insgesamt 10.000 Euro auf Ziel.

   Betriebs-/Geschäftsausstattung (BGA) 10.000,– €
   an
   Verbindlichkeiten L.u.L. 10.000,– €

6. Zum Auffüllen des Bestands der Barkasse mit Wechselgeld werden 1.500 Euro vom Bankkonto abgehoben.

   Kasse 1.500,– € **an** Bank 1.500,– €

Aufgabe Nr. 3 und Nr. 4:

Nr. 3: Tragen Sie die Buchungen in die entsprechenden T-Konten ein.
Nr. 4: Schließen Sie bitte alle (Bestands-)Konten zum Schlussbilanzkonto (SBK) hin ab.

SOLL	Grundstücke		HABEN
EBK	100.000,00 €	Bank	30.000,00 €
		SBK	70.000,00 €
	100.000,00 €		100.000,00 €

SOLL	Gebäude		HABEN
EBK	500.000,00 €	SBK	800.000,00 €
Bank	300.000,00 €		
	800.000,00 €		800.000,00 €

SOLL	Fuhrpark		HABEN
EBK	20.000,00 €	SBK	20.000,00 €
	20.000,00 €		20.000,00 €

SOLL	Forderungen		HABEN
EBK	50.000,00 €	SBK	50.000,00 €
	50.000,00 €		50.000,00 €

SOLL	Bank		HABEN
EBK	700.000,00 €	Gebäude	300.000,00 €
Hypothek	300.000,00 €	Kredit	50.000,00 €
Grundstück	30.000,00 €	Kasse	1.500,00 €
		SBK	678.500,00 €
	1.030.000,00 €		1.030.000,00 €

SOLL	Kasse		HABEN
EBK	100,00 €	SBK	1.600,00 €
Bank	1.500,00 €		
	1.600,00 €		1.600,00 €

SOLL	Betr.-/ Geschäftsausstattung		HABEN
Verbindlichk.	10.000,00 €	SBK	10.000,00 €
	10.000,00 €		10.000,00 €

SOLL	Verbindlichkeiten		HABEN
SBK	160.000,00 €	EBK	150.000,00 €
		BGA	10.000,00 €
	160.000,00 €		160.000,00 €

SOLL	Kredit		HABEN
Bank	50.000,00 €	EBK	350.000,00 €
SBK	300.000,00 €		
	350.000,00 €		350.000,00 €

SOLL	Hypothek		HABEN
SBK	300.000,00 €	EBK	0,00 €
		Bank	300.000,00 €
	300.000,00 €		300.000,00 €

SOLL	Eigenkapital		HABEN
SBK	870.100,00 €	EBK	870.100,00 €
	870.100,00 €		870.100,00 €

SOLL	Schlussbilanzkonto (SBK)		HABEN
Grundstücke	70.000,00 €	Eigenkapital	870.100,00 €
Gebäude	800.000,00 €	Hypothek	300.000,00 €
Fuhrpark	20.000,00 €	Kredit	300.000,00 €
BGA	10.000,00 €	Verbindlichk.	160.000,00 €
Forderungen	50.000,00 €		
Bank	678.500,00 €		
Kasse	1.600,00 €		
	1.630.100,00 €		1.630.100,00 €

Aufgabe Nr. 5:

Entwickeln Sie aus dem SBK eine strukturierte Schlussbilanz.

SCHLUSSBILANZ (31.12.) AKTIV			PASSIV
1. Anlagevermögen		**1. Eigenkapital**	**870.100,– €**
1.1 Grundstücke	70.000,– €	**2. Fremdkapital/Verbindlichkeiten**	
1.2 Gebäude	800.000,– €	2.1 Hypothek	300.000,– €
1.3 Fuhrpark	20.000,– €	2.2 Kredit	300.000,– €
1.4 Betriebs-/Geschäftsausst.	10.000,– €	2.3 Verbindlichkeiten	160.000,– €
2. Umlaufvermögen			
2.1 Forderungen	50.000,– €		
2.2 Bank	678.500,– €		
2.3 Kasse	1.600,– €		
BILANZSUMME:	**1.630.100,– €**	**BILANZSUMME:**	**1.630.100,– €**

KAPITEL 3.2.2

Lösungsansätze zu „Übungssachverhalten Bestandsbuchungen"

Bilden Sie bitte zu folgenden Geschäftsvorfällen die Buchungssätze.

1. Die Stadt Studienhausen nimmt bei der Sparkasse einen Kredit in Höhe von 1.000.000 Euro auf. Der Betrag wird auf das Bankkonto überweisen.

   Bank 1.000.000,– € an Kredit 1.000.000,– €

2. Es wird eine Drehleiter für die städtische Feuerwehr im Wert von 800.000 Euro gekauft und per Banküberweisung bezahlt.

   Fuhrpark 800.000,– € an Bank 800.000,– €

3. Es wird eine (mobile) Beschallungsanlage für das Theater im Wert von 70.000 Euro gekauft. Der Kaufpreis soll vereinbarungsgemäß erst am 15.02. des nächsten Jahres gezahlt werden.

   Technische Anlage 70.000,– € **an** Verbindlichkeiten L. u. L. 70.000,– €

4. Ein kurzfristiger Kredit (52.000 Euro) wird in ein mittelfristiges Darlehen umgewandelt.

   Kredit 52.000,– € **an** Darlehen 52.000,– €

5. Die Firma „Fleißig" bezahlt den Steuerbescheid der Stadt Studienhausen vom 31.03. am 24.04. per Banküberweisung in Höhe von 150.000 Euro.

   Bank 150.000,– € **an** Forderungen 150.000,– €

6. Die Stadt Studienhausen erhält eine Lieferung des Büroausstatters B. (laut beiliegendem Lieferschein: sechs Schreibtische im Wert von 7.000 Euro).

   Hier erfolgt keine Buchung, da noch keine Verbindlichkeit entstanden ist; es liegt keine Rechnung vor.

7. Der Sachbearbeiter im Bauamt hat der Tiefbaufirma T. den Auftrag erteilt, den Rathausparkplatz auszubessern. Die Arbeiten wurden vor acht Tagen abgeschlossen. Das Auftragsvolumen beträgt 25.000 Euro.

   Auch hier erfolgt keine Buchung, da noch keine Verbindlichkeit entstanden ist; es liegt keine Rechnung vor.

8. Ein Mitarbeiter des Fachbereichs „Straßen und Grünflächen" kauft für dienstliche Zwecke im Baumarkt P. eine Profi-Motorkettensäge für 1.000 Euro (Barzahlung).

   Betriebs-/Geschäftsausstattung (BGA) 1.000,- € **an** Kasse 1.000,- €

9. Der Verwaltungsvorstand (VV) der Stadt S. beschließt, kurzfristig ein elektronisches Zeiterfassungssystem für alle Mitarbeiter einzuführen; Preis: 15.000 Euro.

   Auch hier erfolgt keine Buchung, da noch keine Verbindlichkeit entstanden ist; es liegt keine Rechnung vor.

10. Das Straßenverkehrsamt erhielt eine neue Aufrufanlage im Wert von 1.000 Euro, um den Kundenstrom besser lenken zu können, sowie einen Kassenautomaten, der 7.000 Euro gekostet hat; Rechnungsbetrag gesamt: 8.000 Euro + MwSt. (19 %).

    Betriebs-/Geschäftsausstattung 9.520,- € **an** Verbindlichkeiten L. u. L 9.520,- €

    bei Bezahlung der Rechnung:
    Verbindlichkeiten L. u. L 9.520,- € **an** Bank 9.520,- €

11. Die Stadt zahlt einen Kredit in Höhe von 17.000 Euro zurück.

    Kredit 17.000,- € **an** Bank 17.000,- €

12. Die Stadt verkauft im Eingangsbereich des Rathauses Heimatkalender zum Selbstkostenpreis. Der heimatverbundene Bürger M. kauft einen Kalender für 12 Euro und bezahlt diesen bar.

    Kasse 12,- € **an** Waren 12,- €

KAPITEL 3.3.1

Lösungsansätze zu Aufgabe „Zuordnung Auszahlung-Aufwand-Einzahlung-Ertrag“

Aufgaben:

Bitte kreuzen Sie an, ob es sich um Aufwand, Auszahlung, Ertrag und/oder Einzahlung handelt.

Nr.	GESCHÄFTSVORFALL	AUSZAHLUNG	AUFWAND	EINZAHLUNG	ERTRAG
1.	Zahlung von Angestelltenvergütung am 31.12. (500.000 €)	X	X		
2.	Kauf von Büromaterial (sofortiger Verbrauch) für 10.000 €	X	X		
3.	Kauf eines Dienstfahrzeugs 21.000 €	X			
4.	Bezahlung der Stromrechnung an die Stadtwerke (15.000 €)	X	X		
5.	Abschreibung (Wertminderung) des Dienstwagens aus Nr. 3	X			
6.	Firma „Drauf und Dran GmbH“ zahlt Gewerbesteuer (100.000 €)			X	X
7.	Bezahlung der Juni-Miete (1.500 €) für eine Lagerhalle des Theaters	X	X		
8.	Tilgung eines Kredits (1.000 €)	X			
9.	Zahlung von Zinsen (400 €) für ein Darlehen.	X	X		
10.	Entnahme und Verbrauch von Büromaterial aus dem Lager (500 €)		X		
11.	Kauf eines Grundstücks für 250.000 €	X			
12.	Die Stadt verschickt zu Jahresbeginn die Steuerbescheide für das lfd. Jahr in der Gesamthöhe von 15 Mio. €.				X
13.	Zahlung der leistungsorientierten Bezahlung für die tarifliche Beschäftigten 125.000 €	X	X		

Nr.	GESCHÄFTSVORFALL	AUSZAHLUNG	AUFWAND	EINZAHLUNG	ERTRAG
14.	Zahlung der Beamtenbesoldung am 31.12. (500.000 €)	X	(X)		
15.	Erhebung von Verwaltungsgebühren für die Ausstellung eines Reisepasses (70 €)			X	X
16.	Einkauf von Büromaterial für das nächste Jahr (10.000 €)	X			
17.	Bürger Bello zahlt Hundesteuer am 15.08. (30 €)			X	X
18.	Verkauf eines voll abgeschriebenen Pkw für 600 €; aktueller Bilanzwert: 1 €	X	X		
19.	Zahlung von Kfz-Versicherungsbeiträgen (2.400 €) für den Zeitraum Juni des lfd. Jahres bis Mai kommenden Jahres	X	X		
20.	Zahlung von sozialen Hilfen (25.000 €) nach dem Landespflegegesetz	X	X		
21.	Bestellung von zehn Bilderrahmen im Wert von 1.800 €; geliefert wurde vor drei Tagen.	–	–	–	–

KAPITEL 3.3.2

Lösungsansätze zu „Übungssachverhalt Erfolgsbuchungen“

Bitte bilden Sie die Buchungssätze für die o. g. Geschäftsvorfälle.

1. Kauf von Büromöbeln mit sofortiger Bezahlung (20.000 Euro).

   Betriebs-/Geschäftsausstattung (BGA) 20.000,- € **an** Bank 20.000,- €

2. Verkauf eines Fahrzeugs zum Bilanzwert von 5.000 Euro (Geldeingang bei der Bank).

   Bank 5.000,- € **an** Fuhrpark 5.000,- €

3. Ablösung einer Lieferverbindlichkeit durch einen Bankkredit (32.000 Euro).

   Verbindlichk. L. u. L. 32.000,- € **an** Kredit 32.000,- €

4. Kauf eines Fahrzeugs am 15.12. mit Zahlungsziel von einem Monat (28.000 Euro).

   Fuhrpark 28.000,- € **an** Verbindlichk. L. u. L. 28.000,- €

5. Aufnahme eines Bankkredits mit Gutschrift auf dem Bankkonto (140.000 Euro).

   Bank 140.000,- € **an** Kredit 140.000,- €

6. Bezahlung von Lieferantenverbindlichkeiten durch Überweisung (4.000 Euro).

   Verbindlichk. L. u. L. 4.000,- € **an** Bank 4.000,- €

7. Zahlung von Gehältern durch Überweisung vom Bankkonto (320.000 Euro).

   Personalaufwand 320.000,- € **an** Bank 320.000,- €

8. Abschreibung (Wertverlust) der Fahrzeuge (46.000 Euro).

   Aufwand für Abschreibung (AfA) 46.000,- € **an** Fuhrpark 46.000,- €

9. Zahlung von Zinsen durch Überweisung vom Bankkonto (11.000 Euro).

   Aufwand für Zinsen 11.000,- € **an** Bank 11.000,- €

10. Rücküberweisung (an uns) von zu viel ausgezahltem Gehalt auf unser Bankkonto (2.000 Euro).

Bank 2.000,– € **an** Personalaufwand2.000,–€
hier wird ausnahmsweise ein Aufwandskonto im „Haben" bebucht (Stornobuchung).

11. Eingang von Mieten auf unserem Bankkonto (484.000 Euro).

Bank 484.000,– € **an** Mieterträge 484.000,– €

12. Spende von Klettergeräten für den städtischen Kindergarten im Wert von 23.000 Euro durch einen Baumarkt.

Betriebs-/Geschäftsausstattung (BGA) 23.000,– € **an** Spendenerträge23.000,–€

13. Rücküberweisung einer zu viel berechneten Miete an den Mieter (3.000 Euro).

Mieterträge 3.000,– € **an** Bank 3.000,– €
hier wird ausnahmsweise ein Ertragskonto im „Soll" bebucht (Stornobuchung).

KAPITEL 3.5.1

Lösungsansätze zu „Übungssachverhalten Abschreibungen“

Bitte erstellen Sie für nachfolgende Sachverhalte jeweils einen Abschreibungsplan (soweit erforderlich).

1. Kauf einer Rutsche für den städt. Spielplatz für 750 Euro; Transportkosten 100 Euro, für die Montage werden 150 Euro bezahlt. Die Rutsche wird am 17.01. in Betrieb genommen.

   Anschaffungskosten: 750,– € + 100,– € + 150,– € = 1.000,– €
   Wirtschaftliche Nutzungsdauer: (8–10 Jahre) hier: 10 Jahre
   Beginn der Abschreibung im ersten Jahr: Januar
   Abschreibung im 1. Jahr: 1.000,– € : 10 Jahre = 100,– €
   Abschreibung in den Folgejahren: 100,– €
   Abschreibung im letzten Jahr: (100,– € – 1,– € = 99,– €)

2. Auf dem Dach des Gesundheitsamtes wird eine Photovoltaikanlage installiert. Die Anlage kostet 30.000 Euro. Die Elektrofirma berechnet für die Lieferung und Montage 5.000 Euro brutto. Für die Anlage wird eine Versicherung gegen Ausfall für die ersten beiden Betriebsjahre abgeschlossen; Kostenpunkt: 2.400 Euro. Darüber hinaus wird mit der Elektrofirma ein Wartungsvertrag über die nächsten zehn Jahre abgeschlossen; dafür wird 2.000 Euro bezahlt. Die Anlage beginnt am 10.03. mit der Stromproduktion.

   Anschaffungskosten: 30.000,– € + 5.000,– € = 35.000,– €.
   Wirtschaftliche Nutzungsdauer: (20–25 Jahre) hier: 20 Jahre.
   Beginn der Abschreibung im ersten Jahr: März.
   Abschreibung im 1. Jahr: 35.000,– € : 20 Jahre = 1.750,– € : 12 Monate × 10 Monate = 1.458,33 €.
   Abschreibung in den Folgejahren: 1.750,– €.
   Abschreibung im letzten Jahr: (291,67 € – 1,– € = 290,67 €).

3. Es wird ein Verwaltungsgebäude (Massivbauweise) gekauft. Kaufpreis: 500.000 Euro, wovon 100.000 Euro Grundstückskosten sind. Der Notar berechnet für die Kaufabwicklung 5.000 Euro. Die Grundbuchkosten belaufen sich auf 500 Euro.

   Anschaffungskosten: 400.000,– € + 4.000,– € + 400,– € = 404.400,– €.
   Wirtschaftliche Nutzungsdauer: (40–80 Jahre) hier: 40 Jahre.
   Beginn der Abschreibung im ersten Jahr: angenommen, das Gebäude ist im März betriebsbereit.
   Abschreibung im 1. Jahr: 404.400,– € : 40 Jahre = 10.110,– € : 12 Monate × 10 Monate = 8.425,– €.
   Abschreibung in den Folgejahren: 10.110,– €.
   Abschreibung im letzten Jahr: (1.685,– € – 1,– € = 1.684,– €).

4. Die Stadt Studienhausen kauft für ihren Zoo zehn Enten zu je 2,25 Euro. Lieferung: kostenfrei.

   Anschaffungskosten je Vermögensgegenstand: 2,25 €.
   Da die Anschaffungskosten unter 800,– € netto liegen, kann hier sofort gem. § 36 (3) KomHVO ein Aufwand gebucht werden:
   Sonstige Aufwand für Sach-/Dienstleistung (Konto 529) 22,50 € **an** Bank 22,50 €.

   Aber auch Tiere, deren Anschaffungs-/Herstellungskosten den Betrag von 800 Euro netto übersteigen, werden abgeschrieben. Denken wir an einen städtischen Zoo…
   Die jeweilige Nutzungsdauer kann dann anhand der Abschreibungstabellen der Finanzverwaltung (Finanzamt) ermittelt werden.

KAPITEL 3.6.1

Lösungsansätze zu „Übungssachverhalten Rückstellungen"

1. Für eine im Jahr 2018 errichtete Mülldeponie wird eine Nutzungsdauer von 25 Jahren geplant. Am 31.12.2018 ist die Deponie bereits zu 10 % des Gesamtvolumens gefüllt. Nach Kalkulation der Kämmerei betragen die Gesamtkosten für die Rekultivierung und Nachsorge der Deponie insgesamt 250.000 Euro. In welcher Höhe ist eine Rückstellung für die Rekultivierung und Nachsorge der Deponie zu bilden?

   Grundlage für die Rückstellung für die Rekultivierung und Nachsorge der Deponie ist die Verfüllmenge und nicht die geplante Nutzungsdauer der Deponie. Demnach ist gemäß § 37 (3) KomHVO eine Rückstellung von 25.000 Euro zu bilden (10 % von 250.000 Euro).

2. Die Kommune S. hat im November 2019 die Firma F. beauftragt, im Februar 2020 Graffiti an einem Schulgebäude zu entfernen. Hatte die Kommune S. am Abschlussstichtag eine Rückstellung zu bilden?

   Da der Auftrag noch nicht erfüllt ist, hat die Kommune keine Rückstellung für ungewisse Verbindlichkeiten zu bilden.

3. Die Kommune S. hat im September 2019 das Unternehmen U. beauftragt, im November 2019 Graffiti an einer Sporthalle zu entfernen. Das Unternehmen U. hat den Auftrag termingerecht erledigt. Die Rechnung liegt am Abschlussstichtag noch nicht vor. Ist am Abschlussstichtag eine Rückstellung zu bilden?

   Zwar hat das Unternehmen U. die Leistung erbracht, aber noch keine Rechnung an die Kommune S. verschickt. Solch ein Sachverhalt rechtfertigt die Bildung einer Rückstellung, da es ungewiss ist, ob bzw. wann und in welcher Höhe die Verbindlichkeit entsteht.

4. Die Kommune S. hat die Firma Y. im September 2019 beauftragt, im November 2019 Graffiti an einer Kindertagesstätte zu entfernen. Die Firma Y. hat die Arbeiten termingerecht ausgeführt. Die Rechnung geht am 30.12.2019 bei der Kommune ein. Ist hierfür am Abschlussstichtag eine Rückstellung zu bilden?

   Obwohl die Rechnung erst sehr spät eingeht, stehen am Abschlussstichtag Höhe und Fälligkeit der Verbindlichkeit fest. Aus diesem Grund ist keine Rückstellung zu buchen, sondern eine konkrete Verbindlichkeit.

5. In der Schlussbilanz der Kommune K. sind Rückstellungen für nicht in Anspruch genommenen Urlaub aus dem Vorjahr in Höhe von 500.000 Euro gebildet worden. Da die Erträge eingebrochen sind, plant der Kämmerer diese Rückstellung ertragswirksam aufzulösen und in Absprache mit dem Bürgermeister eine interne Anweisung zu erlassen, dass keine Urlaubsansprüche mehr in die Folgejahre übertragen werden dürfen

und somit Rückstellungen für „Resturlaub“ zukünftig entfallen. Beurteilen Sie bitte die geplante Vorgehensweise des Kämmerers/Bürgermeisters.

Aus finanzieller Perspektive sicher nachvollziehbar. Jedoch würde eine solche Anweisung gegen tarifvertragliche und beamtenrechtliche Vorschriften verstoßen und wäre somit nicht zulässig.

6. Der aufmerksame Bürger B. hat gegen den Festsetzungsbescheid der Müllgebühren der Stadt S. geklagt. Das Urteil der ersten Instanz fällt zugunsten des Herrn B. aus. Die Stadt müsste ihm (und allen anderen Gebührenzahlern) durchschnittlich 100 Euro zurückzahlen. Die Stadt S. hält aber an ihrer gegenteiligen Rechtsauffassung fest und geht in die zweite Instanz. Hat die Stadt S. hier eine Rückstellung zu bilden?

   Gem. § 88 GO NRW i. V. m. § 37 (6) KomHVO ist hier eine Rückstellung für drohende Verluste aus laufenden Verfahren zu bilden. In der Höhe nicht allein 100 Euro für den Bürger B., sondern in Höhe des Gesamtaufwandes, der entstehen würde, wenn die Stadt den Prozess endgültig verliert.

KAPITEL 3.7.1

Lösungsansätze zu „Übungssachverhalten sonstige Forderungen/sonstige Verbindlichkeiten"

Bilden Sie bitte zu nachstehenden Geschäftsvorfällen der Stadt S. die Buchungssätze

a) zum Jahresabschluss im „alten" Jahr,

b) im „neuen" Jahr beim Geldeingang bzw. -ausgang.

1. Die Dezembermiete für Gebäude wird von uns erst im Monat Jan. des neuen Jahres beglichen: 2.800 Euro.

Aufwand Miete	**an**	Sonstige Verbindlichkeiten	2.800,– €
Sonstige Verbindlichkeiten	**an**	Auszahlung Miete (Bank)	2.800,– €

2. Ein Mieter in unserem Gebäude zahlt die Miete für Dezember erst im Jan. des neuen Jahres: 1.650 Euro.

Sonstige Forderungen	**an**	Mieterträge	1.650,– €
Einzahlung Miete (Bank)	**an**	Sonstige Forderungen	1.650,– €

3. Eine Rechnung für verbrauchtes Kopierpapier steht am Jahresende noch aus. Der genaue Betrag ist bekannt, und es ist sicher, dass die Rechnung Anfang Januar eingeht: 3.000 Euro netto + 570 Euro Vorsteuer.

Aufwand Büromaterial	**an**	Sonst. Verbindlichkeiten	3.570,– €
Sonstige Verbindlichkeiten	**an**	Auszahlung Bürom. (Bank)	3.570,– €

4. Die vierteljährlichen Zinsen (November bis Januar) für ein Darlehen werden von uns erst Ende Januar bezahlt: 1.500 Euro.

Zinsaufwand	**an**	sonstige Verbindlichkeiten	1.000,– €
sonstige Verbindlichk. 1.000,– €			
Zinsaufwand 500,– €	**an**	Zinsauszahlung (Bank)	1.500,– €

5. Unser Mieter hat die laut Vertrag zu zahlende Jahresmiete (Mietzeitraum: 01.04. bis 31.03.) am 31.03. des folgenden Jahres zu zahlen: 2.400 Euro.

Sonstige Forderungen	**an**	Mieterträge	1.800,– €
Einzahl. Miete (Bank) 2.400,– €	**an**	Sonstige Forderungen	1.800,– €
		Mieterträge	600,– €

6. Unser Darlehensschuldner zahlt uns für das Halbjahr 01.07. bis 31.12. die Zinsen erst im Januar des neuen Jahres: 700 Euro.

Sonstige Forderungen	**an**	Zinserträge	700,– €
Einzahlung Zinsen (Bank)	**an**	Sonstige Forderungen	700,– €

7. Der Beitrag zum Regionalverband Ruhr für das letzte Vierteljahr Oktober bis Dezember wird erst im Monat Januar gezahlt: 18.000 Euro. Buchung aus Sicht der Stadt.

Aufwand Beiträge	**an**	Sonstige Verbindlichkeiten	18.000,– €
Sonstige Verbindlichkeiten	**an**	Auszahlung Beitrag (Bank)	18.000,– €

8. Eine Zinsgutschrift der Hausbank für die Zeit vom 01.10. bis 31.12. steht noch aus und wird bei uns erst im Januar eingehen: 315 Euro.

Sonstige Forderungen	**an**	Zinserträge	315,– €
Einzahlung Zinsen (Bank)	**an**	Sonstige Forderungen	315,– €

KAPITEL 3.8.1

Lösungsansätze zu „Übungssachverhalten aktive/passive Rechnungsabgrenzung“

Nennen Sie bitte die Buchungssätze für die nachfolgenden Geschäftsvorfälle der Stadt S. bei einer direkten Rechnungsabgrenzung für das **laufende Jahr** und das **Folgejahr**!

1. Die Kfz-Steuer für die Dienstwagen wird am 01.07. für ein Jahr im Voraus vom Bankkonto überwiesen: 600 Euro.

Aufwand Kfz-Steuer	300,– €			
Aktive Rechnungsabgrenzung	300,– €	**an**	Bank	600,– €
Aufwand Kfz-Steuer	300,– €	**an**	Aktive Rechnungsabgrenzung	300,– €

2. Am 01.12. erhalten wir die Miete für vermietete Gebäude für Dezember, Januar und Februar im Voraus durch Banküberweisung: 4.500 Euro.

Bank 4.500,– €		**an**	Mieterträge	1.500,– €
			Passive Rechnungsabgrenzung	3.000,– €
Passive Rechnungsabgrenzung	3.000,– €	**an**	Mieterträge	3.000,– €

3. Für unsere Heizungsanlage im Rathaus besteht mit dem Lieferanten ein Wartungsvertrag. Am 01.05. wird der Jahresbetrag laut Rechnung überwiesen: 1.200 Euro netto + 228 Euro Vorsteuer = 1.428 Euro.

Aufwand Unterhaltung	952,– €			
Aktive Rechnungsabgrenzung	476,– €	**an**	Bank	1.428,– €
Aufwand Unterhaltung	476,– €	**an**	Aktive Rechnungsabgrenzung	476,– €

4. Am 01.10. werden die Jahreszinsen für ein von uns gewährtes Darlehen im Voraus auf unser Bankkonto überwiesen: 960 Euro.

Bank	960,– €	**an**	Zinserträge	240,– €
			Passive Rechnungsabgrenzung	720,– €
Passive Rechnungsabgrenzung	720,– €	**an**	Zinserträge	720,– €

5. Die Gebäudeversicherung für unsere Verwaltungsgebäude wird am 01.11. durch Banküberweisung für ein Jahr im Voraus gezahlt: 3.600 Euro.

Aufwand Versicherung	600,– €			
Aktive Rechnungsabgrenzung	3.000,– €	**an**	Bank	3.600,– €
Aufwand Versicherung	3.000,– €	**an**	Aktive Rechnungsabgrenzung	3.000,– €

6. Abbuchung des Jahresbeitrags per Lastschrift von unserem Konto für ein Fachzeitschriften-Abo am 01.07.: 170 Euro.

Geschäftsaufwand	28,33 €			
Aktive Rechnungsabgrenzung	141,67 €	**an**	Bank	170,00 €
Geschäftsaufwand	141,67 €	**an**	Aktive Rechnungsabgrenzung	141,67 €

KAPITEL 3.9.1

Lösungsansätze zu „Übungssachverhalten Sonderposten“

Aufgabe:

Zeigen Sie bitte die Buchungssätze zum o. g. Sachverhalt für das Jahr der Anschaffung auf.

Übungssachverhalt 1 zum Thema Sonderposten

Die Stadt S. kauft eine IT-Anlage für die Grundschule für insgesamt 80.000 Euro. Aus Landesmitteln wird die Anschaffung mit 20 % gefördert. Der Förderbescheid liegt bereits im April vor, die Auszahlung der Fördersumme wird aber erst im November erwartet.
Die IT-Anlage ist ab 20.07. einsatzbereit. Die wirtschaftliche Nutzungsdauer beträgt vier Jahre.

Kauf der Anlage:

Betriebs-/Geschäftsausstattung **an** Bank 80.000,-€

Geldeingang der Zuwendung:

Bank **an** Sonderposten 16.000,-€

Im Rahmen des Jahresabschlusses:

Aufwand für Abschreibung **an** BGA 4.444,44,- €
(wirtschaftl. Nutzungsdauer drei Jahre; im ersten Jahr ab Juli)

Sonderposten **an** Ertrag aus Auflösung Sonderposten 888,88,- €

KAPITEL 3.9.2

Lösungsansätze zu „Übungssachverhalten Sonderposten“

Aufgaben:

Inwieweit ist zu den o. g. Geschäftsvorfällen das Thema Sonderposten zu beachten? Nennen Sie bitte die Buchungen zur Einrichtung und Auflösung der Sonderposten.

Für den Produktbereich 08 „Sportförderung“ liegen folgende Informationen zur Haushaltsplanung vor:

Im Juli des Jahres 1 soll mit dem Bau eines neuen Kombibads begonnen werden (wirtschaftliche Nutzungsdauer 40 Jahre).
Die Baukosten (ohne Grundstück) betragen insgesamt 5.000.000 Euro.
Die Bauzeit beträgt zwei Jahre, geplante Inbetriebnahme: 01.07.03.
Das Land gewährt für den Neubau eine Zuwendung von insgesamt 800.000 Euro, zahlbar je zur Hälfte im August des Jahres 2 und nach Inbetriebnahme im Jahr 3.

Gemäß § 44 (5) KomHVO sind Sonderposten für erhaltene und zweckentsprechend verwendete Zuwendungen für Investitionen zu bilden. Das Kombibad ist als Vermögensgegenstand des Anlagevermögens eine Investition. Die Zahlung der ersten Rate der Zuwendung im Jahr 2 ist als „erhaltene Anzahlung“ auf der Passivseite zu „parken“. Der Geldeingang der zweiten Rate im Jahr 3, nachdem das Bad in Betrieb genommen wurde, ist als Sonderposten zu buchen; gleichzeitig wird die „geparkte“ Anzahlung aus dem Jahr 2 in den Sonderposten umgebucht (Passivtausch). Anschließend wird der Sonderposten in Höhe von 800.000 Euro synchron zur Abschreibung des Vermögensgegenstandes ertragswirksam aufgelöst.

Für die Sporthalle „Am Ostkamp“ sind folgende Gegenstände zu beschaffen:

- Stufenbarren zum Kaufpreis von 4.000 Euro und einer Nutzungsdauer von 15 Jahren, gefördert mit einer Zuweisung des Landessportbundes in Höhe von 2.000 Euro (Lieferung, Bezahlung und Inbetriebnahme im Oktober).

  Die Zuweisung in Höhe von 2.000 Euro ist gem. § 44 (5) KomHVO als Sonderposten auf der Passivseite der Bilanz zu buchen. Anschließend wird dieser Sonderposten synchron zur Abschreibung des Vermögensgegenstandes ertragswirksam aufgelöst.

- Sprungmatten zum Kaufpreis von 6.000 Euro und einer Nutzungsdauer von 15 Jahren (Lieferung, Bezahlung und Inbetriebnahme im September).

  Da hier keine Zuwendung gewährt wird, muss auch kein Sonderposten gebildet werden.

Die örtliche Sportartikelfirma wird im Juli des nächsten Jahres einen gebrauchten Schwebebalken im Wert von 2.000 Euro spenden (Sachspende). Die wirtschaftliche Nutzungsdauer wird hier mit zehn Jahren kalkuliert.

Gemäß § 44 (5) KomHVO sind Sonderposten für erhaltene und zweckentsprechend verwendete Zuwendungen für Investitionen zu bilden. Dabei ist es nicht zwingend erforderlich, dass dabei auch Geld fließt. Bei dem Schwebebalken handelt es sich hier um eine Sachzuwendung. Der Schwebebalken ist als Vermögensgegenstand des Anlagevermögens eine Investition und in die Bilanz aufzunehmen (Buchung: BGA 2.000 Euro **an** Sonderposten 2.000 Euro). Sobald die Sachzuwendung geliefert und betriebsbereit ist, beginnt die Abschreibung. Parallel dazu wird der Sonderposten in Höhe von 2.000 Euro ertragswirksam aufgelöst.